钱曾怡文集

第六卷

山东大学中文专刊

社会科学文献出版社
SOCIAL SCIENCES ACADEMIC PRESS (CHINA)

本卷目录

潍坊方言志

莱州方言志

潍坊方言志

序

山东的方言研究工作,从 50 年代的方言普查起,一直做得不错。1982 年,山东省方言研究会成立。1984 年 9 月,《山东省方言调查提纲》出版。这几年的工作进展顺利,已写成三十五种方言志和一部《山东人学习普通话指南》。

《山东人学习普通话指南》已由山东大学出版社出版*,颇受读者欢迎。书中罗列山东话语言、词汇、语法的特点,指出山东人学习普通话的要点,叙事详明,切合实际,充分反映出山东方言研究的水平。这里就字音和句法选些例子来说。

一般的说,山东话和北京话声韵调的对应关系相当整齐。可是有些地方有些字音对应关系与众不同,学习时要个别记忆。书中(110～113 面)《山东人容易读错的字》举出一百五十一个字,现在转录十九个字。

	山东有些方言	北京话
猫	阳平	阴平
他	上声	阴平
放假的"假"	上声	去声
泥腻鸟	m—	n—
忘望	m—	w—
族	c—	z—
缩所森	sh—	s—
蛇	—a	—e

---

* 钱曾怡主编,曹志耘、罗福腾、武传涛编著,1988 年 9 月第一版第一次印刷。

做	—u，—ou	—uo
农	—u	—ong
龙茔	—iong	—ong
倾	—iong	—ing
横	—un，—ong	—eng

　　刚才说的一百五十一个字是就全省方言立论,要个别记忆的字各地多寡不同。山东各地教学普通话,不妨把那一百五十一个字检查一遍,把本地要注意的字都摘出来,分别造成句子反复练习,预计会有效果。

　　平常都说汉语方言之词,尤其是官话方言之间,语法的差别不大。其实就山东方言而言,句法颇有特色,《山东人学习普通话指南》(196～210 面)一共举了五项,现在只转录一项比较句的例子。青岛、烟台、威海、潍坊、淄博、新泰等大片地区最常见的比较句用"起"字,跟北京话对比如下。

青岛等地方言	北京话
一天强起一天	一天比一天好
一天热起一天	一天比一天热
他长得不高起我	他长得不比我高
	他长得没我高
这本书不好看起那本	这本书不比那本好看
	这本书没那本好看
论手艺他不差起你	论手艺他不比你差
全班儿没聪明起他	全班没有比他再聪明的了
我不知道起你?(反问)	我不比你知道吗?

　　这种成套格式的对比,对语文教学(包括推广普通话)很有参

考价值。

近年来全国各地都在编地方志,语言调查为国情调查重要内容之一,方言志为地方志不可缺少的部分。山东已写成的方言志可以分为两类,一类十万字左右,可以作为单行本出版;一类字数在两万到五万之间,可以作为方志的一部分或单独出版。我只看过其中两部的稿本。总的印象是体例符合方言志以记录事实为主的原则,并且报告了一些新鲜的事实,水平跟《山东人学习普通话指南》差不多。各地发行的方言志日渐增加,方言志的出版还是不容易的。好在山东省各地区、市、县已经筹措了一些出版费,《山东方言志丛书》即将陆续问世,令人欣慰。是为序。

李 荣

1989 年春

出 版 说 明

　　我国的传统文化发展中心之一的齐鲁之邦，对本地方言的研究方面也有值得称道的历史，近二十年来又有了较大的进展。有计划的调查工作主要包括下述内容：补充调查了方言普查时缺查的各点；为省方言志的编写，对 36 个代表点按统一的提纲作了较为全面系统的调查；对有的县市从不同角度作了重点调查。在此基础上分别编出了 35 种县（市）方言志。这批方言志分为三种类型：一类是 10 万字左右，可以单独作为专志的，有济南、诸城、曲阜、长岛、枣庄等 14 种；一类是两万字左右，可以直接纳入当地县（市）地方志的，有博山、崂山、临朐、青州、宁津等 19 种；另一类是为直接收入地市级地方史志而编写的，5～7 万字，有潍坊、烟台两种。

　　在逐步深入的山东方言实地调查中，山东的方言的工作者越来越感受到山东方言调查研究的价值。为巩固成果，我们决定陆续将上述第一类方言志编辑为《山东方言志丛书》正式出版。这套丛书规定有统一的编写体例，并要求在有限的字数内最大量地记录方言事实、突出方言特点。到目前为止，已经出版了利津、即墨、德州、平度、牟平五种。

　　现在出版的《潍坊方言志》编写的属于上述方言志的第三类，是为《潍坊市志》编写的一种地市级方言志，其内容安排和体例都跟第一类有所不同。这样的写法仅仅是一种尝试，为了能够提高此类方言志的编写水平，我们期待着读者行家的批评指正。

　　《山东方言志丛书》由钱曾怡主编。中国方言学会理事长、中国社会科学语言研究所顾问李荣先生为丛书写了总序。潍坊市新闻出版局和潍坊日报社印刷厂热情支持本志的出版。我们谨向关心这套丛书出版的所有同志表示由衷的感谢。当然，我们也不会忘记和潍坊市史志办公室的愉快合作。

山东大学方言研究室
1992 年 10 月

目 录

第一章　绪　　言

一　潍坊市和潍坊方言志

　　潍坊市位于山东半岛西部,东经 118°10′—120°01′,北纬 35°35′—37°26′,东接烟台、青岛两市,南部和西部分别跟临沂地区、淄博市相邻,北临渤海莱州湾,总面积 17302 平方公里,辖潍城、坊子、寒亭三区及昌邑、高密、诸城、五莲、安丘、昌乐、临朐、青州、寿光九县市。市人民政府驻潍城区。

　　潍坊市人口约 788.99 万,有汉、回、满、壮、朝鲜、蒙古等二十余个民族,其中汉族人口占总人口的 99% 以上。各民族全部用汉语进行交际,除青州市益都镇的北城村一带保留满族移民的一些东北口音以外,一般都是说的当地方言。

　　潍坊市历史悠久,是我国大汶口文化和龙山文化的重要发祥地之一。我们今天虽然已无从了解远古的潍坊市方言的情况,但从寒亭鲁家口、青州肖家庄、五莲丹土村等古遗址所发掘的器皿(包括石器、骨器、陶器、玉器、铜器等)可以想见,当时的语言应已相当发达。我国方言研究最早的记录是扬雄《𬨎轩使者绝代语释别国方言》,在这部著作中,潍坊市的方言应划在东齐方言的范围之内。首先对潍坊市方言进行专题描写的要数本市的一些地方志,有 1931年《潍县志稿·民社志》卷十五、十六的"方言",1935 年《临朐续志》卷十六"方言",1936 年《寿光县志》卷十八"方言"等,都是方言词汇的记录。此外,近代日照人丁惟汾《俚语证古》,对潍坊近邻日照一带的方言词汇进行考证,他的另一著作《方言音释》在对扬雄《方言》的诠释中也多次举到了日照等地的方言词汇。

　　解放后正式发表的有关潍坊方言的论文主要有:丁志坤《诸城

1

话与标准语音的系统比较》（《山东大学学生科学论文集刊》1956.1），董遵章《山东寿光方言里的一些语音、语法现象》（《中国语文》1957.5），曹正义1961年《山东安丘方言和北京音》《安丘方言词汇》《山东安丘方言在词汇上的一些特点》（《方言与普通话集刊》第八本，1961年），钱曾怡、罗福腾、曹志耘《山东诸城、五莲方言的声韵特点》（《中国语文》1984.3）、《山东诸城方言的语法特点》（《中国语文》1992.1），张树铮《寿光方言的指示代词》（《中国语文》1989.2）、《山东寿光方言的形容词》（《方言》1990.3）。

　　对潍坊市进行规模较大的方言调查共有两次：第一次1983年，由钱曾怡、罗福腾、曹志耘共同调查了诸城、五莲和潍城；第二次于1986年，由钱曾怡、郭展、李蓝、王淑霞、刘自力、张艳华共同记录了临朐，并在此基础上由上述同志加罗福腾分头调查了余下各县市。两次都得到了潍坊市史志办公室和各县市地方志办公室的大力支持和密切配合。

　　上述两次调查的材料就是本方言志的编写基础，为适应统一编志的要求，调查前设计了便于十二区、县比较的调查内容和有关表格。各区县由专人负责进行整理。十二区县的整理人是：潍城、青州、寿光（罗福腾）、寒亭（郭展）、坊子、五莲、临朐（钱曾怡）、诸城（曹志耘）、高密（王淑霞）、安丘（刘自力）、昌乐（李蓝）、昌邑（张艳华）。

二　潍坊方言的区属及特点

　　潍坊市方言属于汉语北方方言的胶辽官话。就山东来说，是属于山东东区方言的东潍片。山东东区方言，也就是胶辽官话分布在山东的部分。东潍片东临黄海，南至莒南，西到蒙阴、沂源、青州，北沿渤海莱州湾到莱州、平度、即墨，总共二十五个县市。潍坊市位于胶莱河之西，是潍河、涤河的流经地，其所属十二区县全部在东潍片的范围之内，处于东潍方言片中间偏西的位置。

　　山东方言以其声母的丰富特色而引人注目,主要是东区方言声母的发音部位区分细致。东潍片的方言在山东方言中是很有特色的一支,其声母发音部位的复杂情况较之处于北部的东莱片是有过之而无不及的。潍坊市所属各县市的方言完全具有东潍方言的种种特点,可以视为东潍片中的代表。全市各地虽然在地域上还存在一些分歧,但也有不少共同的地方。下面择要介绍本市方言比较显著又较一致的特点。

　　(一)语音特点

　　1.声母方面　　第一,潍坊全市都有一套舌尖后的 tʂtʂʻʂ 声母,但是普通话读 tʂtʂʻʂ 声母的字在潍坊各地除青州、寿光两县西部的少数点(道沟、寿光县城、化龙、西刘营)以外,其余各地分为两套,例如"争愁生"和"蒸酬声"两组字,普通话"争＝蒸"、"愁＝酬"、"生＝声",声母都是 tʂtʂʻʂ ,而潍坊方言则"争≠蒸"、"愁≠酬"、"生≠声","争愁生"读 tʂtʂʻʂ ,"蒸酬声"读 tʃtʃʻʃ(寿光北部牛头、崔家庄、河南道口等村读 tɕ tɕʻ ɕ)。　　第二,潍坊各地较普遍地有 ŋ 和 tθ tθʻθ 四个声母。前者是普通话开口呼的零声母字如"爱袄安恩"等,潍坊全市除高密读舌根浊擦音ɣ 声母以外,其余各地都读 ŋ 声母;后者是北京读 ts tsʻs 声母的字如"资刺四、租粗苏"等,潍坊除潍城三区及青州、寿光等某些县城也读 ts tsʻs 以外,其余一般都读 tθ tθʻθ。　　第三,普通话特殊韵母 ər,在潍坊各地除潍城、寒亭、寒亭的河南和青州市区、青州的闫家崖、怪场六点以外,其余口语都有一个舌尖后的边音 l 声母,韵母是 ə。这个音节发音比较特殊,开头发 l 的本音,拖了一会之后舌尖突然离开上腭,带出一个轻微的中央元音 ə。这个音无论在发音上还是在听感上都跟辅音 l 和元音 ə 的简单的拼合有明显的不同。

　　2.韵母方面　　第一,潍坊方言鼻辅音韵尾比较少,除去高密以外,一般没有舌尖中鼻辅音韵尾 n。凡普通话有 n 韵尾的字如"安烟弯冤"、"恩音温晕"等,潍坊方言读为 ŋã、iã、uã、yã 和 ŋẽ、iẽ、

3

uẽ、yẽ,都是鼻化元音韵母。　　　第二,潍坊方言有部分复合元音单元音化的趋势。凡古代蟹、效等摄普通话读 ai(uai)、ɑu(iɑu)的,例如"盖怪"、"高交"等字,潍坊各地普遍读为 ε(uε)和 ɔ(iɔ)。ε 和 ɔ 有时也存在由低元音滑向高元音的动程,但是极为微小。　　　第三,潍坊方言中读 ei 韵母的字比较多,象"革刻"、"白拍麦"、"伯默"三组字,普通话分别读为 ɤ 、ai、o 三个韵母,而潍坊各地一般都读 ei 韵母。此外,潍坊方言读 uo 和 a 韵母的字也比较多,前者如"各课河",后者如"蛇喝"等。

　　3.声调方面　　　潍坊方言声调的一致性较强,远远超过声母和韵母。在调类的古今分合上,除去古代的清声母入声字以外,其余完全一致。声调的一致性在调值方面尤为突出,全市各地四个调类的调值都是阴平低降升、阳平高降、上声高平、去声低降。值得注意的是变调和轻声的情况:两个上声相连时,前面的上声变阳平,例如上声"土"跟阳平"涂"本不同音,但在"改"的前面则"土改＝涂改",再如"有≠油",而"有水＝油水","起≠骑"而"起码＝骑马"。此外,在轻声前,阴平多读低降调,上声多读低降升调,等等。潍坊方言上述调值特点不仅全市各地一致,而且跟省城济南为代表的山东西齐方言也基本相同。

　　(二)词汇特点　　　由于当地的地理环境、社会历史及人们的生活习俗、心理状态等原因,潍坊方言的词汇在长期的历史发展中形成了自身统一、丰富、古朴、生动的特点。

　　据对三百特殊词语① 的调查来看,潍坊全市十二区县说法相同的计有八十余条,占三分之一强,这还不算"厨屋"、"饭屋"(厨房)和"香油果子"、"油炸果子"(油条)说法近似的条目在内,说明本市方言的词汇是相当一致的。

―――――――――

　　① 本志所谓特殊词语,是指跟普通话说法不同,并非一定是潍坊方言独有的。

潍坊方言的词库中存在着大量的同义词。例如："连襟"一词在各地差不多都有两种以上的说法，象五莲的"连襟"、"割不断"、"连乔儿"，临朐的"连梗"、"一担挑儿"，寿光的"连襟"、"一担挑儿"、"一条绳儿"等；制作时用刀切的方形馒头称"卷子"，用手揉的圆形的则称"饽饽"；长条的凳子称"板凳"，方形或圆形的则称"杌子"或"坐杌"；小孩死称"瞎了"或"摺了"，有别于大人死"不在了"、"老了"，等等。从构词成分看，潍坊方言中用人品称谓的名词词尾比较丰富，除去用得最多的"子"之外，还有"儿"、"的"、"汉"、"婆"、"厮"、"巴"等，例如："婶子、锢露子、光棍子"，"侄儿、孙女儿"，"送信的、玩藏掖的"，"聋汉、疯汉"，"老娘婆、老婆"，"小厮、秃厮、嫂厮（有的地方称嫂子）"，"瘸巴、野巴"等，这些词尾除极个别外都读轻声。大量同义词的存在及人称名词词尾之多，从两个不同的角度说明了潍坊方言词汇的丰富。

在潍坊市，人们日常生活交往的用语中，还保存着一些古汉语词。这些词已跟现代书面或普通说法存在一定的距离，往往被认为是比较土、比较俗的，例如称呼"爷"、"娘"，以及"家鸡子"、"菢（小鸡)"、"夜来"、"将（娶）"、"待"（将、打算）等。正是这些既古老又通俗的词语，构成了本市方言词汇古朴的特点。

潍坊方言中还有一批十分形象生动的词语，具有浓郁的乡土气息，例如："勺星"（北斗星）、"饭巴拉子"（雪珠儿)，"扁嘴"（鸭子)、"锤"（拳头)、"舔腚"（或"舔脸子"，拍马屁)、"带犊子"（随改嫁的母亲到继父家生活的孩子)、"叔伯字儿"（别字)、"棒（槌）子"（或"玉豆"，"玉米")、"地蛋"（马铃薯）等。

（三）语法特点　　　潍坊方言语法特点比较明显的有：第二人称代词"恩"（上声)、"恁"的用法；副词"刚"（上声）和"蒶"的运用及"大宽宽"、"精窄窄"等程度表示法；量词"块"、"根"、"溜"、"行"及介词"使"、"叫"、"巴"、"漫"等；"中啊不"，"有啊不"的疑问式；以及"知不道"、"刚手［脚］冷"的固定格式等。

三　潍坊方言的地域分歧及方言地图

　　潍坊方言除去上述较为一致的特点以外，也还存在着地域、城乡、新老、口语与书面语等各种差异。这些差异虽然都涉及到语音、词汇、语法等各个方面，而其中较为突出又成系统的是语音的地域差异，其次是新老差异。下面主要就几个语音问题，介绍本市方言的地域分歧。

　　1.尖团分不分　　这是划分山东方言东、西两区的重要标准之一，指"精清星"和"经轻兴"两组字同音不同音。山东东区一般不同音，西区则一般是同音的。在潍坊市，靠西区的临朐、青州、寿光及潍城、坊子、寒亭一带主要是同音的；昌邑、安丘及其以东、以南各县乃至昌乐大部、临朐东南及青州、寿光的少数点皆不同音。（参见《潍坊方言地图一》）

　　2.普通话z声母字的读音　　这也是山东方言东、西两区的划分标准，普通话z声母字如"热日扰柔然人让、如锐弱荣"等，东区一般读零声母，西区读z、l等不一。潍坊市的多数地区绝大多数字读为零声母，只有靠西区的临朐西部、青州、寿光两县及潍城读l或z。（参见《潍坊方言地图二》）

　　3.əŋ—uŋ、iŋ—yŋ分不分　　"东—登"不分、"用—硬"不分，是山东东潍方言片的重要语音特点之一，在潍坊市境内，东南部高密、安丘以南的地区都具有这一特点，昌邑、坊子、昌乐、临朐一线以西，以北则严格不同。（参见《潍坊方言地图三》）

　　4.iẽ韵母音节的多与寡　　潍坊方言跟普通话in韵母相对应的韵母是iẽ，例如"宾贫民、恁林、进今秦勤心欣"等字，但是这个齐齿呼韵母的字在本市不同地方有或多或少地读为开口呼ẽ的情况。从跟声母的配合关系看，普通话in韵母方言读ẽ的以l声母的分布地最广，其次是唇音声母p pʻ m。从地域看，普通话in韵母方言读ẽ的主要在南部地区（北部是个别现象），其中最突出的是诸城一带。诸城除 n l 和 p p´ m 不拼 iẽ 以外，还有 tʃ tʃ´ ʃ 和 tθ tθ´ θ，例如"今芹欣"和"进亲心"分别读为 tʃẽ tʃ´ẽ ʃẽ 和 tθẽ tθ´ẽ θẽ。这样，那里读 iẽ 韵母的就只剩下零声母字了。本市方言的 iẽ 韵母在各地的情况可以按与声母的组合关系大致划为五类，各举一点作比较如下：（并参见《潍坊方言地图四》）

声母	n l	p p´ m	tθ tθ´ θ	tɕ ʨ´ɕ	∅
例字	恁林	宾贫民	进亲心	今芹欣	音银
潍城	iẽ	iẽ	iẽ	iẽ	iẽ
潮海	ẽ	iẽ	iẽ	iẽ	iẽ
彭家沟	ẽ	ẽ~iẽ	iẽ	iẽ	iẽ
临朐	ẽ	ẽ	iẽ	iẽ	iẽ
诸城	ẽ	ẽ	ẽ	ẽ	iẽ

说明：上表 tθ tθ´ θ，潍城读 ts ts´ s；tɕ ʨ´ɕ，诸城读 tʃ tʃ´ ʃ。

5.古代清声母入声字的归类　中古的清声母入声字，山东东区一般归上声，西区一般归阴平。潍坊市有三种情况：第一种，绝大多数地方归上声；第二种，西北角从寿光等地向中直插到潍城，以及青州西南边上的道沟归阴平；第三种，部分字归阴平，部分字归上字。（参见《潍坊方言地图五》）在第三种情况的各点中，北面的坊子、寒亭、河南、三涝子、皇庄、黄旗堡、安丘等点以读阴平的字居多，而南面的辉渠、牟家沟、柘山、王家庄子等，则又以读上声的字居多。

6.局部地区的语音特点　本市方言中还有一些只通行于小片地域内的语音特点，从汉语语音演变的历史看，它具有相当特殊的演变规律，充分地反映了本市方言的丰富多彩，是十分值得注意的语音现象；从全市范围看，它又跟本市的多数地区不同，地域差异十分明显。下面酌举几例：

①诸城、五莲两县的大多数地方及寿光北部、青州少数点，古代知系字的一部分跟见系的一部分合流，例如：蒸＝经、知＝鸡、昌

7

＝腔、迟＝骑、商＝香、书＝虚。等号前的为古知系字，等号后的为古见系字。这些字在诸城、五莲一带都读 tʃ tʃʻ ʃ 声母，寿光、青州合流的点读 ʨ ʨʻ ɕ 声母。

②诸城、五莲两县市存在中古精组字跟端组字按韵母洪（开口呼、合口呼）细（齐齿呼）分别合音的情况。其中精组细音跟端组细音相合的现象几乎覆盖两县全境，只有诸城市区及两县市西部边境除外，向东则一直延伸到胶南市等地。洪音合流的情况只限于两市交界地带的石门、皇华、许孟等地。以上合音现象比较如下：

洪　　　在＝代　走＝抖　增＝登　租＝都　总＝董（方音 t）
　　　　菜＝太　草＝讨　仓＝汤　醋＝兔　葱＝通（方音 tʻ）
细　　　挤＝底　接＝跌　焦＝刁　尖＝颠　精＝丁（方音 ȶ）
　　　　妻＝梯　切＝铁　俏＝跳　千＝天　清＝听（方音 ȶʻ）

上述例字，各组等号前是精组字，等号后是端组字。等号前后的字在普通话及潍坊其他地区的方言不同音。

③昌邑县东部跟平度市相邻的柳家、李家、于流等地有 m 韵尾，来源于中古的通摄字，例如"东" ₌tom、"聪" ₌tθʻom、"共" komˀ、"冲" ₌tɕʻom、"雄" ₌ɕiom、"用" iomˀ、"绒" ₌iom 等。这跟平度市西部跟该昌邑接壤的冢东、杨家圈、西河等地通摄字读 m 尾正好相衔接。

④昌邑东北部的前柳、柳家、李家、戚斜、于流乃至油坊等地，以及高密北部的东风、六甲寨一带，中古蟹、止、山、臻四摄合口一、三等端系字，有部分地读为开口呼的情况，举四点比较如下：（详见下页）此类字读开口呼是山东东区东莱片方言的一个特点，普通话及本市的多数地方都读合口呼。昌邑、高密一些地方部分字读开口呼，是东莱方言这一特点的地域延伸，一种很自然的过渡形式。

	柳家 卜庄乡	于流 流河乡	东风 大栏乡	六甲寨 周·戈庄乡
对	tei²~tuei²	tei²	tei²	tei²
腿	ꜛt'ei	ꜛt'ei	ꜛt'ei	ꜛt'ei
岁	θei²	θei²	θei²	θei²
酸	꜒θã	꜒θã	꜒θuan	꜒θan
吞	꜒t'ẽ	꜒t'ẽ	꜒t'en	꜒t'en
轮	꜖lẽ	꜖lẽ	꜖luen	꜖len
村	꜒tθ'ẽ	꜒tθ'ẽ~꜒tθ'uẽ	꜒tθ'uen	꜒tθ'en
孙	꜒θẽ	꜒θẽ	꜒θuen	꜒θuen

⑤青州西端道沟一点只有三个调类。其与本市绝大多数地方四个调类的情况有所不同的是:四类中的阳平、上声,道沟合为一类,例如:盐＝眼、移＝椅,等等。这种三个调类的古今演变规律正好跟与之相邻的博山一带方言完全相同,而跟胶东的烟台等地不同。

以上语音的地域差异明显地说明两点:第一,本市接近山东西区的地片,包括寿光、青州、临朐乃至潍城一带,有些特点接近西区。可以说,本市方言的内部差异,也在一定程度上反映了山东方言东、西两区的不同。第二,以潍城为代表的城市方言,跟普通话的距离比其他地方要小,例如潍城有ʐ声母、尖团不分等。

关于词汇和语法的分歧,不可能象语音那样作出比较系统的说明。从对几个在各地有不同说法的名词、代词和程度副词的对照来看,其分歧主要也是存在于东与西,或西北一角跟其他地方之间。例如:"油条",说"油炸果子"的是包括潍城、寒亭在内的西部昌乐、临朐、青州、寿光等地;东部的昌邑、高密、诸城、五莲等地说"香油果子"。又如第二人称代词"你",说"恩"ꜛŋẽ 的是潍城三区及安丘、昌乐、青州、寿光等东北一角;其余多数地方说"恁"ꜛnẽ。(并见《潍坊方言地图六~九》"饺子""玉米"、"娶"、"很")

本市方言的新老差异如:潍城新派"争抄生"和"蒸超声"两组

9

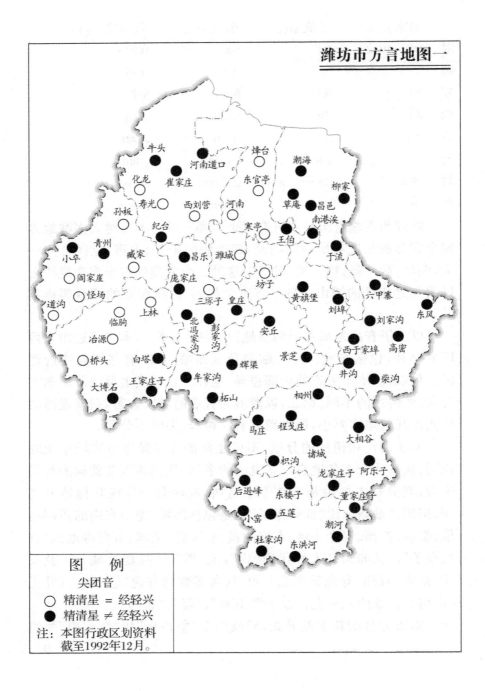

潍坊市方言地图一

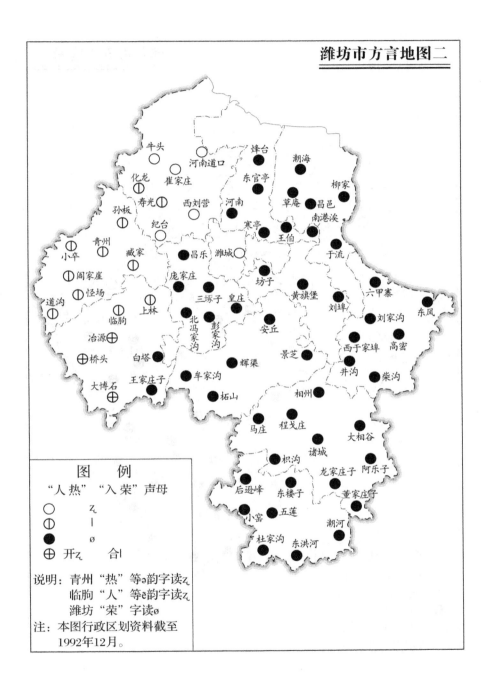

潍坊市方言地图二

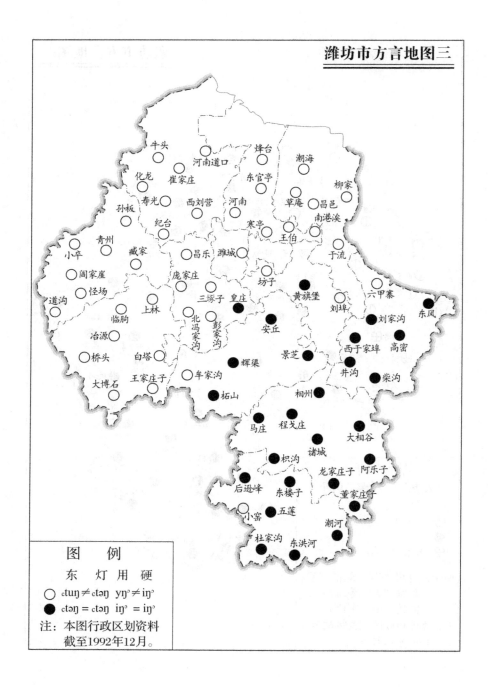

潍坊市方言地图三

图　例

东　灯　用　硬

○　$_ctuŋ \neq {}_ctəŋ$　$yŋ^\circ \neq iŋ^\circ$

●　$_ctəŋ = {}_ctəŋ$　$iŋ^\circ = iŋ^\circ$

注：本图行政区划资料
　　截至1992年12月。

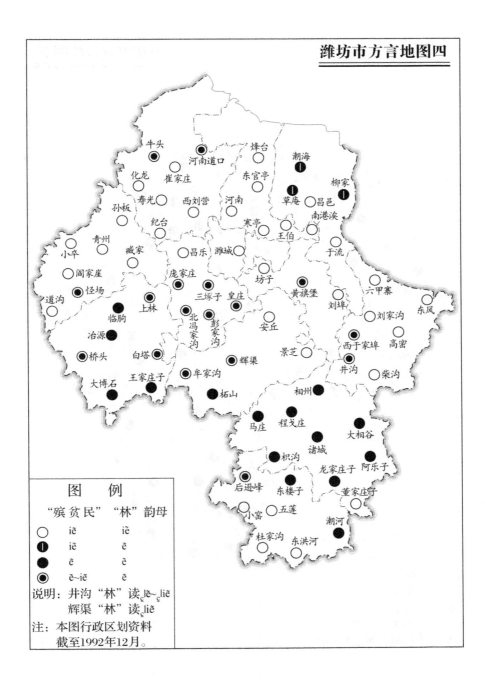

潍坊市方言地图四

图　例

"殡贫民"　"林"韵母

○　iẽ　　　　iẽ
◑　iẽ　　　　ẽ
●　ẽ　　　　ẽ
◉　ẽ~iẽ　　　ẽ

说明：井沟"林"读 ₉liẽ~ₐliə
　　　辉渠"林"读 ₉liẽ

注：本图行政区划资料
　　截至1992年12月。

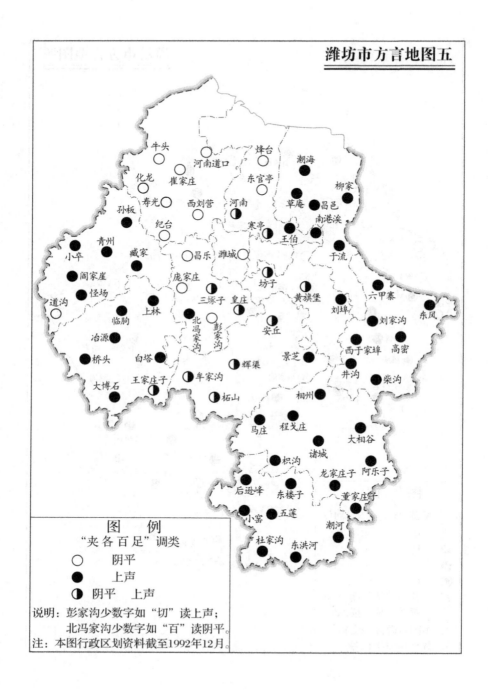

潍坊市方言地图五

图　例

"夹各百足"调类

○　阴平

●　上声

◐　阴平　上声

说明：彭家沟少数字如"切"读上声；

　　　北冯家沟少数字如"百"读阴平。

注：本图行政区划资料截至1992年12月。

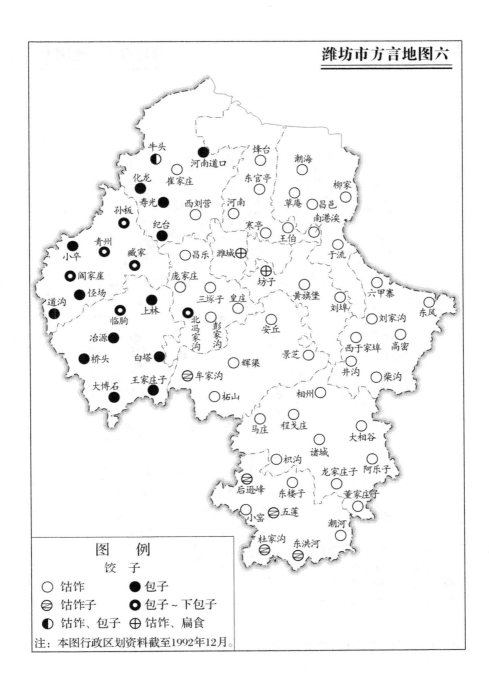

潍坊市方言地图六

图 例

饺子

○ 鈷鈼　　● 包子

⊖ 鈷鈼子　　◉ 包子～下包子

◐ 鈷鈼、包子　　⊕ 鈷鈼、扁食

注：本图行政区划资料截至1992年12月。

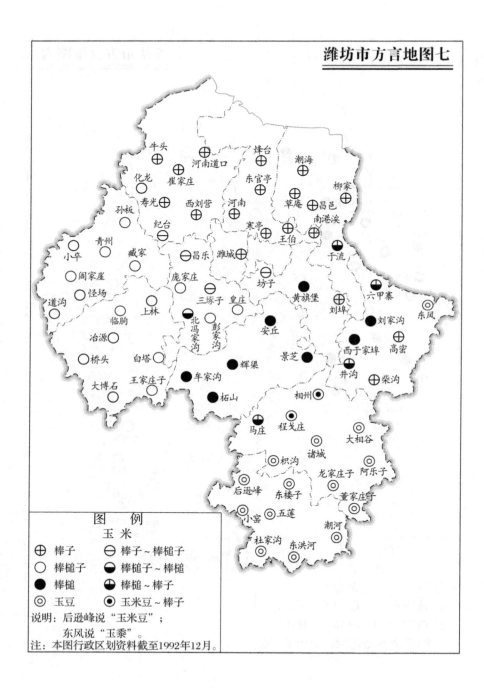

潍坊市方言地图七

图　例

玉　米

⊕ 棒子　　⊖ 棒子~棒槌子

○ 棒槌子　◐ 棒槌子~棒槌

● 棒槌　　◑ 棒槌~棒子

◉ 玉豆　　⊙ 玉米豆~棒子

说明：后逊峰说"玉米豆"；

　　　东风说"玉黍"。

注：本图行政区划资料截至1992年12月。

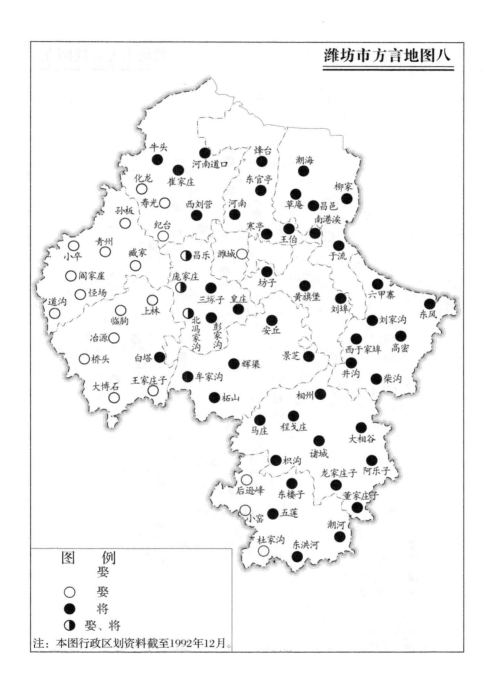

潍坊市方言地图八

图 例

娶

○ 娶

● 将

◐ 娶、将

注：本图行政区划资料截至1992年12月。

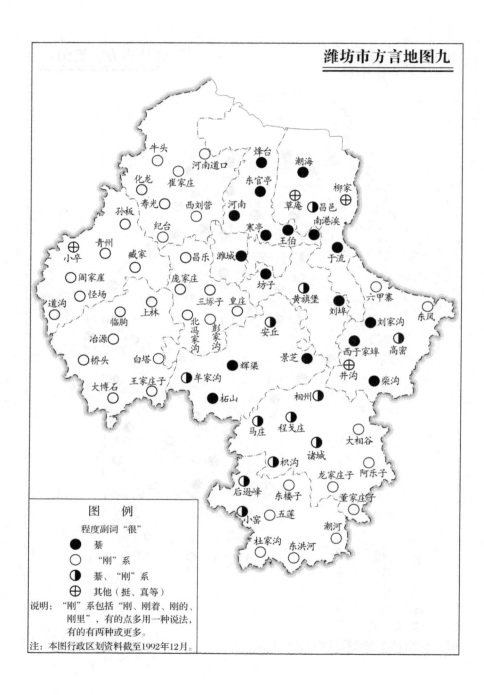

潍坊市方言地图九

字的声母已经混同，而老派有细微的差别。又如："歌科河"，老派读 uo 韵母而新派读ɤ 韵母，"国或"等字老派读 uei 而新派读 uo 等。新老差别在词汇、语法方面也是新派比较接近普通话或书面语，例如老派称父母为"爷、娘"而新派称"爸爸、妈（或妈妈）"；老派说"知不道"，新派说"不知道"，等等。

　　以上可见，潍坊市方言的地域差异不仅存在于区、县之间，也存在于同一区、县的不同乡、村之间，本志对各区、县的语音描写，均以县、区政府所在地的音系为准。

四　音标符号

（一）本志所用的国际音标表

　　1.辅音表

发音部位＼发音方法			双唇	齿唇	齿间	舌尖前	舌尖中	舌叶	舌尖后	舌面前	舌面中	舌根
塞音	不送气	清	p				t			ȶ	c	k
	送气		pʻ				tʻ			ȶʻ	cʻ	kʻ
塞擦音	不送气				tθ	ts		tʃ	tʂ	tɕ		
	送气				tθʻ	tsʻ		tʃʻ	tʂʻ	tɕʻ		
鼻音		浊	m				n			ȵ		ŋ
边音							l	*l*				
擦音	清			f	θ	s		ʃ	ʂ	ɕ	ç	x
	浊			v					ʐ			ɣ

　　2.元音表

音素	舌面元音					舌尖元音		
类别 前后 唇形 高低	前		央	后		前		后
	不圆	圆	不圆	不圆	圆	不圆	圆	不圆
高	i	y		ɯ	u			
半高	e			ɤ	o			
中			ə					
半低	ɛ			ʌ	ɔ			
低	a			ɑ	ɒ			

元音上标有"～"号者表示这是鼻化元音。

(二)本市声母、韵母所用国际音标跟《汉语拼音方案》对照

1.声母的对照

本市	《方案》	例字		本市	《方案》	例字
p	b	布		ʂ	sh	诗
p'	p	怕		ʐ	r	日（潍城）
m	m	门		l	—	儿（临朐）
f	f	飞		$tʂ_2$	—	知（潍城）
t	d	到		$tʂ'_2$	—	吃（潍城）
t'	t	太		$ʂ_2$	—	湿（潍城）
n	n	南		tʃ	—	知（诸城）
l	l	蓝		tʃ'	—	吃（诸城）
tθ	—	资（诸城）		ʃ	—	湿（诸城）
tθ'	—	粗（诸城）		ȶ	—	店（诸城）
θ	—	丝（诸城）		ȶ'	—	前（诸城）
ts	z	资（潍城）		tɕ	j	交
ts'	c	粗（潍城）		tɕ'	q	腔
s	s	丝（潍城）		ɕ	x	虚
tʂ	zh	支		c	—	交（高密）
tʂ'	ch	翅		c'	—	腔（高密）

本市	《方案》	例字		本市	《方案》	例字
ç	—	虚（高密）		ŋ	—	岸
k	g	贵		x	h	海
k'	k	开		ɣ	—	岸（高密）

2. 韵母的对照

本市	《方案》	例字		本市	《方案》	例字
ɑ	ɑ	爬		ei	ei	妹
iɑ	iɑ	牙		iei	—	谁（临朐）
uɑ	uɑ	花		uei	uei	桂
ɿ	-i	资		ɔ	(ɑo)	保
ʅ	-i	支		iɔ	(iɑo)	条
o	o	婆（高密）		ou	ou	头
ie	ie	野（高密）		iou	iou	流
uo	uo	多（高密）		əu	(ou)	头（潍城）
yo	(üe)	月（高密）		iəu	(iou)	流（潍城）
ə	(e)	车		ã	(ɑn)	三
iə	(ie)	野		iã	(iɑn)	言
uə	(uo)	多		uã	(uɑn)	欢
yə	(üe)	月		yã	(üɑn)	远
ər	er	耳（潍城）		an	ɑn	三（高密）
i	i	地		ian	iɑn	言（高密）
u	u	故		uan	uɑn	欢（高密）
y	ü	居		yan	üɑn	远（高密）
yu	(ü)	居（潍城）		ẽ	(en)	恩
ɛ	(ɑi)	盖		iẽ	(in)	音
iɛ	—	介		uẽ	(un)	温

21

本市	《方案》	例字	本市	《方案》	例字
uɛ	(uai)	怪	ye͂	(ün)	云
en	en	恩（高密）	uaŋ	uaŋ	王
in	in	音（高密）	əŋ	eng	封
uen	uen	温（高密）	iŋ	ing	英
yn	ün	云（高密）	uŋ	ong	东
aŋ	ang	帮	yŋ	iong	用
iaŋ	iang	央	uəŋ	ueng	翁（潍坊）

说明：①例字后未标地名者，表示此音在全市较为普遍，后面标有地名者，表示此音在全市不普遍，但也未必限于所标出的一地。

②韵母对比中凡《方案》加有括号的，表示这是与之相主尖的韵母，实际音值不同。

（三）声调符号

调类用传统的发圈法表示，例如："妈"。ma（阴平）、"麻"。ma（阳平）、"马""ma（上声）、"骂"ma°（去声）。调值用五度制表示，即将字调的相对音高五等分：高5、半高4、中3、半低2、低1。通常用一条竖线作比较，其左边自左至右不同走向的横线表示某调值的高低升降形式，为便于排版，本志略去调形符号单用数字表示：

213	214	（阴平）	53	42	（阳平）
55		（上声）	31	21	（去声）

例如潍城：妈 ma^{214}、麻 ma^{53}、马 ma^{55}、骂 ma^{31}；诸城：诗 ʂ ɿ ^{214}、时 ʂ ɿ ^{53}、史 ʂ ɿ ^{55}、是 ʂ ɿ ^{31}。

变调在单字调下加变调值，例如潍城："飞机"fei^{214}_{24} i^{214}，阴平字"飞"在阴平字"机"前，由214变为24，"机"字单字调下无变调值，表示此字不变调。

轻声不标单字调，也不标调值，只在音标后加轻声符号"·"，例如潍城："椅子"i^{55}_{214}ts1 ·。

22

（四）其他符号

1. 零声母用"∅"。

2. 文读与白读分别用"＝"、"—"，标在音标下面。

3. 儿化韵用"r"，标在韵母后。

4. 相同或不同分别用"＝"、"≠"，标在两者之间。

5. 自由变读的两个音间用"~"。

6. 其他符号随见各章节说明。

第二章　语　音

一　十二区、县音系

（一）潍城

1. 声母 26

p 布	p'怕	m 门	f 飞
t 到	t'太	n 南女	l 蓝扔
ts 祖	ts'醋	s 苏	
tʂ 争	tʂ'巢	ʂ 生	ʐ 日如
tʐ 蒸	tʐ'₂潮	ʂ₂声	
tɕ 精经	tɕ'秋丘	ɕ 修休	
k 贵	k'开	ŋ 岸	x 化　　∅言午元闰

说明：①tʐ 组是稍带舌叶色彩的舌尖后音。发音时舌尖较后的部位向上腭靠近，贴得较松。这组音跟 tʂ 组十分相近，青年人两组已经混同。

②合口呼零声母时，介音 u 实际是 v。

③n 声母拼齐、撮两呼时实际读ȵ。

2. 韵母 37

ɑ 爬蛇	iɑ 架	uɑ 花	
ə 波舌	iə 茄	uə 过歌	yə 靴
ɿ 资	ʅ 支知		
ər 耳	i 地	u 故	yu 居
ɛ 盖	iɛ 介	uɛ 怪	
ei 妹刻百墨		uei 桂	
ɔ 保	iɔ 条		
əu 收	iəu 流		
ã 含	iã 间	uã 官	yã 权

24

ẽ 根　　　　　iẽ 心　　　　　uẽ 魂　　　　　　yẽ 云

aŋ 党　　　　　iaŋ 讲　　　　　uaŋ 床

əŋ 庚　　　　　iŋ 星　　　　　uŋ 红翁　　　　　yuŋ 胸

说明：①单韵母ə在唇音声母后，前面有轻微的u，如"波"₍pᵘə；iə的ə，舌位靠后略低；yə的ə稍圆唇。

②ɛ是有轻微动程的复元音。

③uŋ和yuŋ中的u，舌位比u要低。

④iəɯ的ə，阴平时较明显，读其余各调时不明显。ɯ的舌位较低。

⑤uŋ为零声母时，实际读vəŋ。

3.单字调4

阴平	214	诗衣乌愚	百一速曲
阳平	53	时移无鱼	白极毒局
上声	55	使椅五雨	泼乙
去声	31	是意务遇	墨历物玉

两字组连调表

前字\后字	阴平 214	阳平 53	上声 55	去声 31
阴平 214	214/24　214 阴天　飞机	53　214 长江　离婚	55/24　214 火车　老师	31　214 电灯　下乡
阳平 53	214　53 虾皮　中学	53　53 黄河　银行	55/214　53 小学　水鞋	31　53 上学　下棋
上声 55	214　55 生产　挑水	53　55 牛奶　棉袄	55/53　55 海米　手表	31　55 电影儿　下雨
去声 31	214/24　31 车站　花布	53　31 学校　皮带	55/24　31 土地　打仗	31　31 害怕　看病
轻声	①214/31　·1 庄稼　冻冻 ②214　·5 骨头　桌子	55/55　·3 娘家　黄瓜	55/214　·5 椅子　耳朵	①31/55　·3 月明　豆腐 ②31　·1 后年　杌子

25

（二）坊子

1.声母 26

p 布	pʻ 怕	m 门	f 飞	
t 到	tʻ 太	n 南女		l 蓝
ts 资	tsʻ 刺		s 四	
tʃ 蒸	tʃʻ 春		ʃ 声	
tʂ 争	tʂʻ 初		ʂ 生	ɭ 二
tɕ 精经	tɕʻ 秋丘		ɕ 小晓	
k 贵	kʻ 开	ŋ 暗	x 汉	

∅ 啊衣乌鱼日如二

说明：①tʂ 组卷舌，发音时跟上腭贴得较紧；tʃ 组不卷舌，舌尖较后的部位向前硬腭抬起，与上腭靠得比较松。tʂ、tʃ 两组音值极相近。

②lə 音节的读书音为 ər。

2.韵母 37

ɑ 爬蛇	iɑ 家	uɑ 瓜	
ə 车二	iə 别热	uə 过河	yo 月若
ɿ 资	ʅ 支知		
ər 二	i 衣日	u 五	yu 鱼如
ɛ 盖	iɛ 街	uɛ 怪	
ei 妹刻百默		uei 贵	
ɔ 保	io 条扰		
oʊ 头	iou 流肉		
ã 三	iã 言然	uã 官	yã 远软
ẽ 恩	iẽ 音人	uẽ 温	yẽ 云闰
ɑŋ 帮	iaŋ 央让	uɑŋ 光	
əŋ 封	iŋ 英仍	uŋ 东翁	yŋ 用容

说明：①iə 的 ə，舌位稍后稍低，实际音值是 ʌ。

②uŋ 韵母零声母时实际读 uəŋ。

3.单字调 4

阴平	214	诗衣乌愚　迫一速曲
阳平	53	时移无鱼　石敌服局
上声	55	使椅五雨　设乙
去声	31	是意务遇　墨立物入

两字组连调表

前字 后字	阴平 214		阳平 53		上声 55		去声 31	
阴平 214	214 24 冰糕	214 飞机	53 牙膏	214 毛巾	55 火车	214 老师	31 电灯	214 汽车
阳平 53	214 虾皮	53 中学	53 白糖	53 咸鱼	55 小学	53 粉条儿	31 电台	53 社员
上声 55	214 生产	55 烧火	53 流水	55 牛奶	55 53 海米	55 手表	31 下雨	55 户口
去声 31	214 24 车站	31 花布	53 学校	31 毛裤	55 24 土地	31 眼泪	31 害怕	31 受气
轻声	①214 31 庄稼 ②214 桌子	·1 冻冻 ·5 媳妇	53 24 萝贝	·21 黄瓜	55 214 椅子	·5 耳朵	①31 55 豆腐 ②31 左边儿	·21 地上 ·1 后来

（三）寒亭

1.声母 25

p 布	pʻ 怕	m 门	f 飞	
t 到	tʻ 太	n 南女		l 蓝
ts 增	tsʻ 粗		s 苏	
tʃ 蒸	tʃʻ 除		ʃ 声	
tʂ 争	tʂʻ 锄		ʂ 生	

tɕ 精经　　　tɕ'秋丘　　　　　　　　ɕ 修休

k 贵　　　　k'开　　　　ŋ 岸　　　　x 海

∅ 啊言午元日入

　　说明：①n 声母拼齐、撮两呼时实际读ȵ。

　　②合口呼零声母，除单韵母 u 和复韵母 uə 外，其余各韵的 u 介音实际读 v。

　　2.韵母37

ɑ 爬蛇	iɑ 架	uɑ 花	
ə 舌婆	iə 铁惹	uə 郭河鸽	yo 月若
ɿ 资	ʅ 支知		
ər 耳	i 地日	u 故	yu 鱼入
ɛ 盖	iɛ 介	uɜ 怪	
ei 妹刻百默		uei 桂	
ɔ 烧	iɔ 条扰		
ou 收	iou 流肉		
ã 胆	iã 间然	uã 关	yã 权软
ẽ 根	iẽ 心人	uẽ 魂	yẽ 云闰
aŋ 党	iaŋ 良让	uaŋ 床	
əŋ 庚	iŋ 星	uŋ 红翁	yŋ 穷荣

　　说明：uŋ 为零声母时，实际读 vəŋ。

　　3.单字调4

阴平	213	诗天粗胸	北跌国缺
阳平	53	时皮文荣	直席活俗
上声	55	使比古远	各
去声	31	是命冻用	麦力落绿

　　两字组连读表（见下页）

后字＼前字	阴平 213		阳平 53		上声 55		去声 31	
阴平 213	213/24 213 天空	公司	53 毛巾	213 严冬	55 打通	213 起飞	31 自修	213 示威
阳平 53	213 天堂	53 生存	53 文明	53 流言	55/435 粉红	53 表明	31 地雷	53 电炉
上声 55	213 花草	55 亲手	53 文选	55 流水	55/53 起码	55 土改	31 地理	55 大雨
去声 31	213/24 生造	31 安静	53 毛重	31 流动	55 主事	31 土地	31 看病	31 电报
轻声	①213/31 亲戚 ②213 桌子	•1 庄稼 •4 结实	53/24 婆家	•3 头发	55/213 姐姐	•4 本事	①31/44 笑话 ①31 后头	•3 店家 •1 杌子

（四）昌邑

1. 声母 29

p 布	p'怕	m 门	f 飞
t 到	t'太	n 南女	l 蓝
tθ 租	tθ'仓	θ 三	
ts 精	ts'秋	s 修	
t∫ 蒸	t∫'潮	∫ 声	
tʂ 争	tʂ'巢	ʂ 生	ɭ 耳
c 经	c'丘	ç 休	
k 贵	k'开	ŋ 岸	x 海

∅ 延武碗元日软

说明：①n 声母拼齐、撮两呼时实际读ɲ。

②t∫ 组舌位稍靠前。

③c 组舌位稍靠前，c c'是塞擦音。

2.韵母 37

ɑ 爬蛇	iɑ 架	uɑ 花
ə 车河耳	ie 野惹	
o 婆	uo 多歌 　　yo 月若	
ɿ 资知	i 地日	u 木出　　y 雨乳
ʅ 支		
ɛ 盖	iɛ 介	ɜu 怪
ei 妹白刻腿		uei 桂罪队
ɔ 保	iɔ 条扰	
ou 收	iou 流肉	
ã 胆	iã 减然	uã 官　　yã 权软
ẽ 根	iẽ 进人	uẽ 温　　yẽ 群闰
ɑŋ 帮	iɑŋ 两让	uɑŋ 床
əŋ 等	iŋ 命	uŋ 通翁　　yŋ 用荣

说明:①ɿ 在 tθ 组声母后是齿间元音;在 tʃ 组声母后是与之同部位的舌叶不圆唇元音。

②u 在 tʃ 组声母后是与之同部位的舌叶圆唇元音。

3.单字调 4

阴平	213	诗梯乌虚	
阳平	42	时题船驴	舌席合局
上声	55	使体五远	北急国曲
去声	21	是替树劝	辣六木入

两字组连调表

前字 后字	阴平 213	阳平 42	上声 55	去声 21
阴平 213	²¹³₂₄ 213 天空　公司	42　213 洋灰儿 围巾儿	55　213 吃烟　手灯	21　213 订亲　面汤

阳平 42	213 荦油	42 分红	42 围脖儿	42 神婆	$^{55}_{213}$ 水鞋	42 眼馋	21 过年	42 下学
上声 55	213 丁点儿	55 生产	42 涂改	55 洋火	$^{55}_{42}$ 手戳	55 土改	21 大氅	55 下晚儿
去声 21	$^{213}_{24}$ 声势	21 公债	42 平地	21 河崖儿	$^{55}_{24}$ 打仗	21 眼泪	21 路费	21 下蛋
轻声	$^{213}_{21}$ 闺女	·1 冻冻	$^{42}_{55}$ 贼星	·5 棉花	$^{55}_{213}$ 姥爷	·5 小厮	①$^{21}_{544}$ 日头 ②21 后日	·3 夜来 ·1 左边儿

（五）高密

1.声母 29

p 布　　　　p' 怕　　　　m 门　　　　f 飞

t 到　　　　t' 太　　　　n 南女　　　　　　　1 蓝

tθ 尊　　　tθ' 仓　　　　　　　　θ 三

ts 酒　　　ts' 娶　　　　　　　　s 修

tʃ 蒸　　　tʃ' 潮　　　　　　　　ʃ 声

tʂ 争　　　tʂ' 巢　　　　　　　　ʂ 生　　　l 耳

c 九　　　c' 曲　　　　　　　　休

k 贵　　　k' 开　　　　　　　　x 海　　　ɣ 袄

∅ 延午元日软

说明：①n 声母拼齐、撮两呼时实际读n 。

　　　②c 组的舌位稍靠前，但不到舌面前。

2.韵母 35

ɑ 爬蛇　　　　ia 架　　　　uɑ 花

ə 车歌耳　　　iə 野惹

o 婆　　　　　　　　　uo 多　　　　　yo 月若

ɿ 资知　　　i 地日　　　u 故　　　　yu 居如

ʅ 支

ɛ 盖　　　　　iɛ 介　　　　　ɜu 怪

ei 妹刻白　　　　　　　　　uei 桂

ɔ 保　　　　　iɔ 条扰

ou 收　　　　　iou 流肉

an 山　　　　　ian 先然　　　　uan 宽　　　　yan 选软

en 深　　　　　in 贫认　　　　uen 孙　　　　yn 运闰

ɑŋ 汤　　　　　iɑŋ 向让　　　　uɑŋ 狂

əŋ 丰红翁　　　iŋ 精穷荣

说明：①1 在 tθ 组声母后是齿间元音；在 tʃ 组后则是舌叶元音。

②əŋ 的实际音值是 əuŋ。

3.单字调 4

阴平　　213　　诗梯粗虚

阳平　　42　　时娘床玄　　舌席服局

上声　　55　　使染午女　　各切国确

去声　　21　　是变望用　　辣日木药

两字组连调表

前字／后字	阴平 213		阳平 42		上声 55		去声 21	
阴平 213	213/24 冰糕	213 飞机	42 洋灰	213 牙膏	55 吃烟	213 火车	21 定亲	213 大衣
阳平 42	213 今年	42 荤油	42 毛驴	42 调皮	55/213 脸盆	42 老人	21 看人儿	42 大娘
上声 55	213 生产	55 花草	42 年底	55 牛角	55/42 马掌	55 理想	21 细粉	55 大集
去声 21	213/24 车站	21 花轿	42 平地	21 毛裤	55 水库	21 老汉	21 布袋	21 上课

| 轻声 | $^{213}_{21}$ 饥困 | $\cdot1$ 冻冻 | $^{42}_{55}$ 贼星 | $\cdot5$ 明日 | $^{55}_{213}$ 脊梁 | $\cdot5$ 想着 | ①$^{21}_{544}$ 日头 | $\cdot5$ 月明 |
| | | | | | | | ②21 左边儿 | $\cdot1$ 后日 |

（六）诸城

1. 声母 26

p 布	p' 怕	m 门	f 飞
t 端	t' 汤	n 能女	l 蓝
tθ 早	tθ' 粗	θ 三	
ʈ 店贱	ʈ' 甜钱	ɕ 星雪	
tʃ 战见	tʃ' 缠钳	ʃ 声兴	
tʂ 站	tʂ' 馋	ʂ 生	ʐ 耳
k 刚	k' 开	ŋ 岸	x 海

∅ 啊烟无远日软

说明：①本音系是诸城城关音,跟城里略有不同:城关 ʈ ʈ' ɕ 城里读 t t'(店甜)和 tθ tθ' θ(贱钱星)。城关音在诸城有代表性。

②合口呼零声母时,介音 u 实际读 v。

③n 声母拼齐、撮两呼时实际读 ȵ。

2. 韵母 35

ɑ 妈蛇架	iɑ 牙	uɑ 瓜	
ə 波车协耳	eə 夜热	uə 多河确	yə 月弱
ɿ 资知鸡	i 衣日	u 乌猪居	y 鱼如
ʅ 支			
ɛ 盖街	iɛ 矮	uɜ 怪	
ei 悲择白墨		uei 对雷	
ɔ 包交	iɔ 标扰		
ou 斗九	iou 丢柔		
ã 班兼	iã 边然	uã 端拳	yã 远软

33

ẽ 根金民　　　　iẽ 音人　　　　　uẽ 顿军　　　　　　yẽ 云闰

ɑŋ 帮讲　　　　iɑŋ 良让　　　　　uɑŋ 庄

əŋ 登东形熊　　iŋ 勇荣　　　　　uəŋ 翁

说明：①1 在 tθ 组声母后是齿间元音；在 tʃ 组后则是舌叶不圆唇元音。

②u 在 tʃ 组声母后是舌叶圆唇元音。

③əŋ、iŋ 的实际音值不稳定，是 əŋ 和 ɑŋ、iŋ 和 iɑŋ 的自由变读。（ɔ 介于 u 和 o 之音的元音。）

3. 单字调 4

阴平　　214　　诗衣乌冤

阳平　　53　　 时移无元　　杂敌学绝

上声　　55　　 史椅五远　　八接刮雪

去声　　31　　 是意务院　　辣日落月

两字组连调表

后字　　前字	阴平 214		阳平 53		上声 55		去声 31	
阴平 214	²¹⁴/²⁴ 西关	214 蜂窝	53 农村	214 床单儿	⁵⁵/⁵³ 火车	214 老师	31 电灯	214 旱烟
阳平 53	214 丢人	53 猪食	53 食堂	53 年头儿	⁵⁵/⁴³⁵ 赶集	53 作文	31 大学	53 碾房
上声 55	214 薅草	55 山顶儿	53 堂屋	55 河底儿	⁵⁵/⁵³ 洗澡	55 小米儿	31 热水	55 傍黑
去声 31	²¹⁴/²⁴ 耕地	31 家兔	53 学校	31 门框	⁵⁵/⁵³ 打仗	31 海带	31 热炕	31 上冻
轻声	²¹⁴/³¹ 今日	·1 稀罕	①⁵³/²⁴ 棉花　寻思 ②53 头里　别人	·3 ·2	⁵⁵/²¹⁴ 小心	·5 脊梁	①³¹/³¹ 外甥　帽子 ②31 左边儿　汽灯	·3 ·1

（七）五莲

1.声母 25

p 布	p' 怕	m 门	f 飞
t 到	t' 太	n 南女	l 蓝
tθ 早	tθ' 粗		θ 苏线徐
ȶ 丁精	ȶ' 听清		
tʃ 蒸经	tʃ' 称轻		ʃ 声兄
tȿ 争	tȿ' 充	ȿ 生	ʐ 耳
k 贵	k' 开	ŋ 岸	x 海

∅ 啊延午元日软

说明：①合口呼零声母时，介音 u 实际是 v。

②ȶ ȶ'有时读 tɕ tɕ'。

③θ 在撮口呼前，有时读 ɕ。

④n 声母拼齐、撮两呼时实际读 ȵ。

2.韵母 35

ɑ 妈割架	iɑ 牙	uɑ 瓜	
ə 波车协耳	iə 夜热	uə 多河确	yə 月弱
ɿ 资知鸡	i 衣日	u 乌猪居	y 鱼乳
ʅ 支			
ɛ 盖街	iɛ 矮	uɛ 怪	
ei 悲刻白墨		uei 对	
ɔ 包交	iɔ 标扰		
ou 斗救	iou 丢柔		
ã 班兼	iã 边然	uã 端拳	yã 远软
ẽ 根金林	iẽ 音人	uẽ 顿军	yẽ 云闰
ɑŋ 帮讲	iɑŋ 良让	uɑŋ 庄	
əŋ 登东形雄	iŋ 丁用	uəŋ 翁	

说明：①ɿ 在 tθ 组声母后是齿间元音；在 tʃ 组后则是舌叶不

35

圆唇元音。

②u 在 tʃ 组声母后是舌叶圆唇元音。

③ɑŋ 的 ɑ 稍带鼻化，ŋ 尾不到位。

3.单字调 4

阴平　　214　　诗衣乌愚　　北一
阳平　　53　　 时移无鱼　　贼截学绝
上声　　55　　 史椅五雨　　德铁托雪
去声　　31　　 事意务遇　　墨业物弱

两字组连调表

后字＼前字	阴平 214		阳平 53		上去 55		去声 31	
阴平 214	²¹⁴₂₄ 214 公司	214 阴天	53 毛巾	214 农村	⁵⁵₅₃ 214 火车	214 老师	31 电灯	214 下乡
阳平 53	214 花篮	53 天堂	53 毛驴	53 食堂	55 打雷	53 小寒	31 社员	53 大爷
上声 55	214 蓘草	55 生产	53 流水	55 骑马	⁵⁵₅₃ 小米儿	55 起码	31 动手	55 受苦
去声 31	²¹⁴₂₄ 31 中队	31 花布	53 学校	31 油料	⁵⁵₂₄ 土地	31 打仗	31 看病	31 办饭
轻声	①²¹⁴₃₁ ·1 天井 冻冻 ②214 ·5 嬷嬷		①⁵³₃₃ ·3 毛病 萝贝 ②53 ·3 明白 别人		①⁵⁵₂₁₄ ·5 口粮 桌子 ②55 ·3 铁匠 可怜		①³¹₄₄ ·3 过去 夜来 ②31 ·1 大大 下年	

（八）安丘

1.声母 29

p 布　　　　pʻ 怕　　　　m 门　　　　f 飞
t 到　　　　tʻ 太　　　　n 南女　　　　　　　l 蓝
tθ 增　　　 tθʻ 粗　　　　　　　　　　θ 思

ts 精　　　ts‘全　　　　　　s 修

tʃ 蒸　　　tʃ‘潮　　　　　　ʃ 声

tʂ 争　　　tʂ‘巢　　　　　　ʂ 生　　　l 耳

tɕ 经　　　tɕ‘拳　　　　　　ɕ 休

k 贵　　　k‘开　　　　ŋ 岸　　　x 海

∅ 言午碗元日软

说明：①tθ 组发音时舌尖不外露。

②tʃ 声母有时读为与之同部位的浊擦音 ʒ。

③n 声母拼齐、撮两呼时实际读ɲ 。

2. 韵母 36

ɑ 爬蛇　　　iɑ 架　　　　uɑ 花

o 婆　　　　　　　　　uo 过　　　　yo 月若

ə 车耳　　　iə 茄惹

ɿ 资知　　　i 地日　　　u 故　　　　yu 居如

ʅ 支

ε 盖　　　　iε 介　　　　uε 怪

ei 妹刻白墨　　　　　　uei 桂

ɔ 保　　　　iɔ 条扰

ou 斗　　　iou 流肉

ã 三　　　　iã 减然　　　uã 官　　　yã 远软

ẽ 根　　　　iẽ 林人　　　uẽ 温　　　yẽ 云闰

ɑŋ 帮　　　iɑŋ 良让　　　uɑŋ 床

əŋ 庚通　　　iŋ 灵胸绒　　　uəŋ 翁

说明：①ɿ 在 tθ 组声母后是齿间元音；在 tʃ 组后则是舌叶不圆唇元音。

②u 在 tʃ 组声母后是舌叶圆唇元音。

③iə 的 ə 舌位稍后稍低，实际是 ʌ。

3. 单字调 4

阴平	213	诗边初居　割铁刮确
阳平	42	时平文云　舌席合俗
上声	55	使比古女　各
去声	21	是用坐去　麦六木药

两字组连调表

后字 前字	阴平 213	阳平 42	上声 55	去声 21
阴平 213	$^{213}_{44}$　213 吃烟　听说	42　213 洋灰　牛角	55　213 手灯　老师	21　213 上坡　电灯
阳平 42	213　42 亲人　腥油	42　42 铜盆　连乔儿	55　42 水鞋　老人	21　42 大爷　剃头
上声 55	213　55 添喜　拉屎	42　55 行李　折本儿	$^{55}_{42}$　55 有喜　木桶	21　55 案板　大雨
去声 21	$^{213}_{44}$　21 天地　花轿	42　21 同志　平地	55　21 眼热　打仗	21　21 看病　做饭
轻声	①$^{213}_{21}$　·1 巴掌　冻冻 ②213　·5 媳妇　桌子	$^{42}_{55}$　·3 雹子　土	$^{55}_{213}$　·5 姥娘　顶针	①$^{21}_{44}$　·3 月明　后晌 ②21　·1 后头　杌子

(九)昌乐

1.声母 29

p 布	p'怕	m 门	f 飞
t 到	t'太	n 南女	l 蓝
tθ 增	tθ'粗		θ 思
ts 精	ts'秋		s 修
tʃ 蒸	tʃ'潮		ʃ 声
tʂ 争	tʂ'巢		ʂ 生　　l 耳

38

ʨ 经　　　ʨ'丘　　　　　　ɕ 休
k 贵　　　k'开　　　ŋ 岸　　　x 海
∅ 延午元日软

　　说明:①tʃ 组舌位稍靠前。

　　②ʨ组舌位略后,但不到舌面中。

　　③n 声母拼齐、撮两呼时实际读n。

　　④合口呼零声母时,介音 u 的实际音值是 v。

　　2.韵母 36

ɑ 爬蛇　　　　iɑ 架　　　　　uɑ 花

ə 车耳　　　　iə 野惹　　　　uo 过各　　　　yo 月若

ɿ 资知　　　　i 地日　　　　u 故　　　　　yu 昌如

ʅ 支

ɛ 盖　　　　　iɛ 介　　　　　uɛ 帅

ei 妹刻白墨　　　　　　　　　uei 水

ɔ 保　　　　　iɔ 条扰

ou 斗　　　　　iou 流肉

ã 三　　　　　iã 减然　　　　uã 官　　　　yã 远软

ẽ 根　　　　　iẽ 心认　　　　uẽ 温　　　　yẽ 运闰

ɑŋ 方　　　　iɑŋ 向让　　　uɑŋ 床

əŋ 朋　　　　iŋ 命　　　　uŋ 东翁　　　yŋ 用荣

　　说明:①ɿ 在 tθ 组声母后是齿间元音;在 tʃ 组后则是舌叶不圆唇元音。

　　②u 在 tʃ 组声母后是舌叶圆唇元音。

　　③iə 的 ə 舌位稍后稍低,实际是 ʌ。

　　④ɔ 的舌位较高,但不到 o。

　　⑤uŋ 为零声母时,实际读 vəŋ。

3.单字调 4

阴平　　213　　诗衣关居　尺一出削
阳平　　42　　　时娘文徐　白席合局
上声　　55　　　使椅五许　各
去声　　21　　　是意树用　辣六物入

两字组连调表：

前字＼后字	阴平 213		阳平 42		上声 55		去声 21	
阴平 213	$^{213}_{24}$ 飞机	213 吃烟	42 洋灰	213 毛巾	55 老师	213 火车	21 定亲	213 上坡
阳平 42	213 今年	42 书房	42 河崖	42 白糖	55 礼堂	42 眼皮	21 大娘	42 放学
上声 55	213 干粉	55 鸡子儿	42 沿海	55 调解	$^{55}_{42}$ 海米	55 打盹	21 送柬儿	55 大雨
去声 21	$^{213}_{24}$ 花布	21 安静	42 坟地	21 毛裤	$^{55}_{24}$ 闯外	21 打仗	21 困觉	21 下蛋
轻声	$^{213}_{21}$ 张家	·1 冻冻	$^{42}_{55}$ 娘家	·3 学生	$^{55}_{213}$ 晌午	·4 小厮	$^{21}_{544}$ 日头	·3 笑话

（十）临朐

1.声母 27

p 布　　　p' 怕　　　m 门　　　f 飞
t 到　　　t' 太　　　n 南女　　　　　　l 蓝惹如
tθ 增　　　tθ' 粗　　　　　　　　θ 苏
tʃ 蒸　　　tʃ' 除　　　　　　　　ʃ 书
tʂ 争　　　tʂ' 锄　　　　　　　　ʂ 生　　　ʐ 人　 l 二日
tɕ 精经　　tɕ' 秋丘　　　　　　　ɕ 修休
k 贵　　　k' 开　　　ŋ 岸　　　x 海
∅ 啊言完远软

40

说明：①n 声母拼齐、撮两呼时实际读ȵ。

②tʃ 组舌位稍靠前，近 ts tsʻ s。

③ȶ组舌位稍后，不到舌面中。

④ʐ 声母只拼ẽ的韵母。

2. 韵母 37

ɑ 爬蛇	iɑ 架	uɑ 花	
ə 车耳	iə 姐	uo 过鸽河	yo 月
ɿ 资知	i 以	u 故猪	y 雨
ʅ 支			
ɛ 盖	iɜ 街	uɛ 怪	
ei 妹麦百墨	iei 谁	uei 桂	
ɔ 保	iɔ 条		
ou 收	iou 流		
ã 山	iã 减	uã 关	yã 元
ẽ 根林门	iẽ 心音	uẽ 温	yẽ 群
ɑŋ 桑	iɑŋ 良	uɑŋ 光	
əŋ 登	iŋ 英	uŋ 东翁	yŋ 拥

说明：①ɿ 在 tθ 组声母后是齿间元音；在 tʃ 组后则是与之同部位的舌叶不圆唇元音。

②u 在 tʃ 组后是与之同部位的舌叶圆唇元音。

③iə 的 ə，舌位靠后略低，近 ʌ。

④ɔ 的舌位较高，近 o。

⑤uŋ 的零声母时，实际读 uəŋ。

3. 单字调 4

阴平	213	诗衣乌于	一速
阳平	42	时移无鱼	白极毒局
上声	55	使椅五雨	百乙屋足
去声	21	是意务预	墨历物玉

说明：上声55调，收尾时略向上扬。

两字组连调表

后字＼前字	阴平 213	阳平 42	上声 55	去声 21
阴平 213	$\frac{213}{24}$　213 飞机　冰糕	42　213 牙膏　毛巾	55　213 火车　北关	21　213 电灯　汽车
阳平 42	213　42 分红　标明	42　42 白糖　咸鱼	$\frac{55}{213}$　42 粉红　表明	21　42 社员　电台
上声 55	213　55 生产　烧火	42　55 涂改　骑马	$\frac{55}{42}$　55 土改　起码	21　55 户口　大米
去声 21	$\frac{213}{24}$　21 僵化　干面	42　21 迟到　学校	$\frac{55}{24}$　21 讲话　擀面	21　21 犯病　受气
轻声	①$\frac{213}{21}$　·1 饥困　闺女 ②213　·5 嬷嬷　多少	①$\frac{42}{55}$　·5 临朐　萝贝 ②42　·3 年成　年头	①$\frac{55}{213}$　·5 椅子　暖壶 ②55　·5 想想　蚂蚱	①$\frac{21}{44}$　·3 木头　忌讳 ①21　·1 下边儿　后来

（十一）青州
　　1.声母26

p布　　　p'怕　　　m门　　　f飞
t到　　　t'太　　　n南女　　　　　　l蓝认软
ts资精　ts'仓秋　　　　s苏修
tʃ蒸　　tʃ'潮　　　　ʃ声
tʂ争　　tʂ'巢　　　　ʂ生　　　ʐ惹热
tɕ经　　tɕ'丘　　　　ɕ休
k贵　　　k'开　　　ŋ岸　　　x海
∅啊言温元日

　　说明：①ts组在洪音前有时近齿间音。
　　②城里有分尖团和不分尖团两种，在所调查的五个发音人中，

三人分尖团。住在同一条街上的也有分或不分两种情况。

③n 声母拼齐、撮两呼时实际读ȵ 。

2.韵母 38

ɑ 爬蛇	iɑ 架	uɑ 花	
o 婆		uó 过河	yo 月
ə 舌热	iə 茄		
ɿ 资知	i 地	u 故书	y 居
ʅ 支			
ɚ 二			
ε 盖	iε 介	uε 怪	
ei 妹百刻墨		uei 桂	
ɔ 保	iɔ 条		
ou 收	iou 流		
ã 胆	iã 减	uã 官	yã 权
ẽ 根	iẽ 心	uẽ 温	yẽ 云
ɑŋ 帮	iɑŋ 羊	uɑŋ 床	
əŋ 朋	iŋ 灵	uŋ 通翁	yŋ 胸

说明：①ɿ 在 tʃ 组声母后是舌叶不圆唇元音。

②u 在 tʃ 组声母后是舌叶圆唇元音。

③iə 的 ə 稍后稍低，实际是 ʌ。

④uŋ 为零声母时，实际读 uəŋ。

3.单字调 4

阴平	213	妈欺乌居	
阳平	42	麻皮胡驴	直席合俗
上声	55	马比五许	北铁出缺
去声	21	骂地故句	日灭鹿月

两字组连调表

前字＼后字	阴平 213	阳平 42	上声 55	去声 21
阴平 213	²¹³₂₄ 213　飞机　冬天	42 213　茶杯　毛巾	⁵⁵₂₄ 213　吃烟　火车	21 213　电灯　下乡
阳平 42	213 42　分红　标明	42 42　毛驴　学徒	⁵⁵₄₃₅ 42　打雷　水鞋儿	21 42　树皮　下棋
上声 55	213 55　生产　烧火	42 55　长果　涂改	⁵⁵₄₂ 55　打盹　土改	21 55　下雨　户口
去声 21	²¹³₂₄ 21　花布　浇地	42 21　咸肉　毛裤	⁵⁵₂₄ 21　打仗　抓地	21 21　掉向　庙会
轻声	①²¹³₂₁ ·1　庄稼　冻冻　②213 ·5　嬷嬷	⁴²₄₄₅ ·5　娘家　炉子	⁵⁵₂₁₃ ·5　椅子　耳朵	²¹₅₅ ·3　笑话　妹妹　②21 1　过年

（十二）寿光

1. 声母 23

p 布	p' 怕	m 门	f 飞
t 到	t' 太	n 南	l 蓝然若
ts 增	ts' 粗		s 苏
tʂ 争蒸	tʂ' 巢潮		ʂ 生声　　ʐ 儿日
tɕ 精经	tɕ' 秋丘		ɕ 修休
k 贵	k' 开	ŋ 岸	x 海

∅ 啊言午元

说明：①ts 组带有齿间音色彩。

②n 声母拼齐、撮两呼时实际读 n 。

③合口呼零声母时，介音 u 的实际音值是 v。

44

2. 韵母 36

ɑ 爬蛇	iɑ 架	uɑ 花	
ə 舌日	iə 野	uə 过河	yə 月
ɿ 资	i 地	u 故	yu 居
ʅ 知支			
ɛ 盖	iɛ 介	uɛ 怪	
ei 妹百刻墨		uei 桂	
ɔ 保	iɔ 条		
ou 收	iou 流		
ã 胆	iã 减	uã 官	yã 权
ẽ 根	iẽ 心	uẽ 温	yẽ 云
ɑŋ 帮	iɑŋ 羊	uɑŋ 床	
əŋ 朋	iŋ 命	uŋ 虫翁	yŋ 胸

说明：①ɑ iɑ uɑ 和 ɑŋ iɑŋ uɑŋ 的 ɑ 皆圆唇，实为 ɒ 。

②iə 的 ə 稍后稍低，实为 ʌ。

③uŋ 的 u 稍低，但不到 o；uŋ 为零声母时，实际读 vəŋ。

3. 单字调 4

阴平	213	妈欺猪靴	北铁出确
阳平	53	麻皮狂鱼	直席活绝
上声	55	马底土选	
去声	21	骂地故用	日力木药

两字组连调表

前字 后字	阴平 213	阳平 53	上声 55	去声 21
阴平 213	²¹³₂₄ 213 飞机　阴天	53　213 茶杯　毛巾	⁵⁵₂₄ 213 火车　海军	21　213 电灯　下乡
阳平 53	213　53 中学　发明	53　53 邮局　毛驴	⁵⁵₄₃₅ 53 老人　眼睛	21　53 受凉　下棋

上声 55	213 生产	55 浇水	53 无理	55 骑马	55/53 小米	55 起码儿	21 户口	55 下雨
去声 21	213/24 天亮	21 花布	53 同意	21 毛裤	55/24 演戏	21 老汉儿	21 电话	21 庙会
轻声	213/21 张家	·1 冻冻	53/24 娘家	·5 粮食	55/213 椅子	·5 耳朵	①21/55 笑话 ②21 爸爸	·3 妹妹 ·1 左边儿

二　潍坊方音与普通话语音的比较

　　方言与普通话语音的差别主要表现为两方面：一方面是音值的差别，即方言某一类的音读得跟普通话不一样；另一方面是音类的差别，即方言读一类的音，普通话是两类、三类或更多，或者是，方言读两类以上的音，普通话是一类。音类差别的前一种往往是当地人学习普通话主要的障碍。下面分声母、韵母和声调三项，谈谈潍坊方音跟普通话的主要对立关系。限于篇幅，小范围内的个别语音差异暂不涉及。

　　（一）声母

　　1.普通话读卷舌声母 tʂ tʂ‘ʂ 的字，潍坊除寿光部分地区以外都读成两套：卷舌的 tʂ tʂ‘ʂ 和舌叶的 tʃ tʃ‘ʃ（潍坊市读 tʂ₂ tʂ‘₂ʂ₂），"争愁生"和"蒸抽声"两组字不同音。

　　诸城、五莲和寿光（北部），普通话 tɕ tɕ‘ɕ 声母的一部分字也读 tʃ tʃ‘ʃ，这样就造成了"蒸抽声"这组字与普通话读 tɕ tɕ‘ɕ 的"经丘兴"一组同音的情况，见下面的常用字比较表：

常用字 普通话韵母 ＼ 诸城等普通话声母	tʃ		tʃ‘		ʃ	
	tʂ	tɕ	tʂ‘	tɕ‘	ʂ	ɕ
a ia		加枷嘉驾家傢稼嫁佳夹荚假甲贾架价		掐恰洽	啥傻	虾瞎辖霞暇狭峡
ɤ ie	遮蜇折哲辙者蔗这浙	介阶界疥芥街皆秸洁结揭竭杰解戒	车扯撤彻	茄怯	奢赊蛇舌折舍社射设涉	歇蝎楔鞋携协胁挟械懈蟹

i	知蜘织汁直值植职执侄致只帜制治置智质掷稚	基几机饥肌讥鸡稽箕激击及级急己季记纪忌寄既计继冀系伎技妓	吃痴池驰弛迟耻尺赤	其欺期棋旗奇骑歧祈起启企岂乞讫气汽器弃泣	湿失食实十石拾识世势逝室式适释	希稀牺溪吸喜系戏
au iau	召招昭照朝赵兆	交郊胶狡绞饺校骄娇矫较轿浇教缴搅脚叫酵窖觉	超朝潮嘲	敲跷乔桥侨荞巧窍撬翘	烧勺芍少绍	晓效桥孝
ou iou	周州洲舟粥轴宙肘帚咒昼	究纠赳鸠久九韭灸旧舅臼	抽仇酬绸稠筹丑臭	丘蚯求球囚	收守手首受授兽	休朽
an ian	沾毡瞻展占战	间坚肩奸艰监兼简减检俭拣茧碱件建健键见舰鉴剑涧	缠蝉颤	牵铅谦歉钳黔乾遣欠嵌	膻扇搧闪陕善膳擅赡	掀锨闲贤嫌衔咸弦显险现限县献陷觅宪馅
ən in	真针珍贞侦斟诊疹枕振阵镇震	斤今金巾筋禁襟紧仅谨锦劲禁	押辰晨陈沉臣尘趁	钦勤芹禽擒	身深申伸神审婶甚沈慎肾	欣
aŋ iaŋ	章樟彰长张胀涨掌丈仗杖障	江姜疆僵缰讲耩降虹	昌倡猖长场常肠尝偿唱厂畅	腔强	商墒伤上赏尚	香乡降享向巷项
əŋ iŋ	正征拯蒸整政证症郑	京惊景经兢敬警颈竞境镜竞径痉	称成城诚盛程乘承呈惩逞秤	轻顷倾庆	升声绳剩盛圣胜	兴形行刑型邢幸杏兴高~

uo　ye	拙	决诀觉角掘倔撅橛镢孓	戳	缺瘸确却	说硕	靴学穴
u　y	朱珠蛛株猪诸煮主拄住注驻柱蛀著铸	居锯剧俱惧拘鞠局菊桔举巨拒距矩句具据	出除厨处理~诸处到~	区驱躯屈曲渠去	书输舒殊叔熟赎鼠暑署薯属树竖恕戍术述庶	虚许畜蓄
uan　yan	专传砖转赚撰篆	捐卷倦圈猪~绢	穿川船传椽喘串	圈权拳犬劝券	拴栓	喧玄悬楦
uen　yn	谆准	均军菌君	春椿纯唇淳蠢	群裙	顺舜瞬	熏燻勋驯训

　　2.在潍坊市,除潍城、坊子、寒亭、寿光、临朐等地以外,其余各地"经丘兴"和"精秋星"两组字不同音,而普通话这两组字都读ʨ ʨʻɕ声母。普通话读ʨ ʨʻɕ而潍坊读为两套的分三类:①昌邑、高密一带,"精秋星"读ts tsʻs,"经丘兴"读为c cʻç。②安丘、昌乐、青州一带,"精秋星"读ts tsʻs,"经丘兴"读ʨ ʨʻɕ。③诸城、五莲一带,"精秋星"读ʦ ʦʻç,"经丘兴"读tʃ tʃʻʃ。

　　今将普通话ʨ ʨʻɕ、ʦ ʦʻʂ两组声母跟潍坊市十二区县的对应关系列表比较于下(表见下页)。

　　3.普通话的ʐ声母字,潍坊方言除潍城市区和寿光北部等小部分地区多数也读ʐ以外,坊子、寒亭、昌邑、高密、诸城、五莲、安丘、昌乐等八区县基本都读齐齿呼和和撮口呼的零声母(普通话ʐ声母只拼开、合两呼的韵母),例如"然"ʐiã(=言)、"如"读ʐy(=鱼)。青州、寿光等地,普通话的ʐ声母字多数读

地点＼例字	精秋星	经丘兴	蒸抽声	争愁生
普通话	tɕ tɕʻ ɕ		tʂ tʂʻ ʂ	
潍城	tɕ tɕʻ ɕ		tɕ tɕʻ ʂ₂	tʂ tʂʻ ʂ
坊子	tɕ tɕʻ ɕ		tʃ tʃʻ ʃ	tʂ tʂʻ ʂ
寒亭	tɕ tɕʻ ɕ		tʃ tʃʻ ʃ	tʂ tʂʻ ʂ
昌邑	ts tsʻ s	c cʻ ç	tʃ tʃʻ ʃ	tʂ tʂʻ ʂ
高密	ts tsʻ s	c cʻ ç	tʃ tʃʻ ʃ	tʂ tʂʻ ʂ
诸城	ʈ ʈʻ ɕ	tʃ tʃʻ ʃ		tʂ tʂʻ ʂ
五莲	ʈ ʈʻ ɕ	tʃ tʃʻ ʃ		tʂ tʂʻ ʂ
安丘	ts tsʻ s	tɕ tɕʻ ɕ	tʃ tʃʻ ʃ	tʂ tʂʻ ʂ
昌乐	ts tsʻ s	tɕ tɕʻ ɕ	tʃ tʃʻ ʃ	tʂ tʂʻ ʂ
临朐	tɕ tɕʻ ɕ		tʃ tʃʻ ʃ	tʂ tʂʻ ʂ
青州	ts tsʻ s	tɕ tɕʻ ɕ	tʃ tʃʻ ʃ	tʂ tʂʻ ʂ
寿光	tɕ tɕʻ ɕ		tʂ tʂʻ ʂ	

为 l 声母，例如"然"读 ₒlã(＝兰)，"如"读 ₒlu(＝炉)，临朐则部分字读 ʐ，部分字读 l，例如"人"读 ₒʐ ẽ 而"如"读 ₒlu。参见下列二表：

表一　普通话 ʐ 声母与潍坊市各区县的比较

例字＼地点	普通话	潍城	坊子等八点		青州 寿光 临朐北	临朐南
然肉	ʐ	ʐ	∅	（齐齿呼）	1	ʐ
如软	ʐ	ʐ		（撮口呼）		1

表二　普通话读 ʐ 声母的常用字（表中韵母是普通话读音）

韵母	常用字	韵母	常用字	韵母	常用字	韵母	常用字
ɤ	惹热	an	然燃冉染	uo	若弱	uən	闰润
ʅ	日	ən	人认仁壬任	u	如儒孺蠕汝	uŋ	容溶熔蓉戎
au	饶绕扰		任刃忍纫韧		乳辱褥入		绒荣融茸冗
ou	柔揉肉	aŋ	攘瓤壤嚷让	uei	蕊瑞锐		冗茸
		əŋ	仍扔	uan	软阮		

4.潍坊方言 tʂʰ ʂ 拼 ei 韵母的字,普通话是 ts tsʰ s 拼 ɤ 韵母。这类字不多,常用的有:责泽择(tsɤ),策册侧(tsʰɤ),涩色(sɤ),等。

5.潍坊方言(潍城、寒亭等少数地区除外)的齿间音 tθ tθʰ θ声母,例如,"资雌思、租粗苏"等,普通话是舌尖前音 ts tsʰ s。这是潍坊方言声母发音的重要特点之一,发音时舌尖放在上下齿中间,甚至明显从上下齿间露出来。

6.潍坊方言的 ŋ声母,例如"袄恩"等字,普通话是开口呼的零声母。

7.潍坊方言多数地方的 l 声母字不多,例如"儿而耳二"等,普通话是中央卷舌元音韵母 ɚ。

(二)韵母

1.潍坊方言韵母发音上跟普通话明显不同的主要有:

①普通话的 ai(uai)和 au(iau)是发音动程较大的复合元音,例如"拜怪"、"包标"等字。这些字的韵母在潍坊方言中主要元音偏高,舌位没有动程或动程极小,基本上是单元音,本志记作 ɛ(iɛ、uɛ) ɔ(iɔ)。

②普通话的 an ian uan yan 和 ən in uən yn 是带鼻辅尾 n 的鼻韵母,例如"安烟弯冤"、"恩音温晕"等字。潍坊人发这些字的韵母时除高密以外一般都没有 n 韵尾,而只是主要元音鼻化,本志记作 ã iã uã yã 和 ẽ iẽ uẽ yẽ。

③潍城、坊子、寒亭、安丘等地,普通话的单韵母 y 大多数发成了复合音 yu,例如"女律居去虚鱼"等字。

④普通话的 ou iou 韵母,如"周有"等字,潍城一带读 mei iəu ,其与普通话的主要不同是韵尾的唇形,潍城的音唇形较扁。

2.潍坊市有一个跟 ɛ、uɛ 配套的 iɛ 韵母(诸城、五莲拼 tʃ ʃ 两个声母时读 ɛ)。在潍坊市的各区县,iɛ 跟 iə 是两个不同的韵母,例如潍城:"鞋"ɕ iɛ≠"协"ɕ iə("协"的韵母跟 ə、uə、yə 配套)。普通

51

话没有跟 ai、uai 配套的 iai 韵母，在普通话中，"鞋"和"协"同音，读₃ɕiɛ（iɛ 韵母跟 yɛ 配套）。比较潍坊市方言 iɛ、iə 两个韵母跟普通话 iɛ 韵母的关系如下表：

地点 ＼ 例字	别	灭	爹	铁	列	街	揭	茄	鞋	协	矮	野
潍坊市	₂piə	miə°	₃tiə	₃t'iə	liə°	₃ɕiə	₃tɕiə	₂tɕ'iə	₂ɕiə	₃ɕiə	ei°	°iə
普通话	₂piɛ	miɛ°	₃tiɛ	₃t'iɛ	liɛ°	₃tɕiɛ	₃tɕiɛ	₂tɕ'iɛ	₂ɕiɛ	₃ɕiɛ	°ai	°iɛ

上表可见，潍坊市的 iɛ 韵母只限于 tɕ ɕ、∅ 三个声母，其中 tɕ、ɕ 声母的字普通话读 iɛ 韵母，零声母字普通话读 ai 或 ia。常用字有：阶街皆秸解介界届戒（tɕ iɛ）、鞋械蟹懈（ɕ iɛ）、崖涯（ia）、挨矮（ai）。

3.潍坊方言的 uo 韵母字，普通话读 uo 和 ɣ 两个韵母。"歌锅"和"贺货"两组字，在潍坊分别同音而普通话不同音。这些字限于 k k' x 和零声母。潍坊方言读 uo 而普通话读 ɣ 韵母的常用字有：哥歌个各胳鸽搁割又音（kɣ）、可苛科棵颗咳（k'ɣ）、和何河荷贺合盒鹤（xɣ）、俄饿蛾鹅恶~毒（ɣ），等。

4.潍坊方言的 ei 韵母字，普通话除读 ei 韵母以外，还读 o、ai、ɣ 三个韵母，这主要是来自古代入声的一些字，方言读 ei 韵母普通话读 o 的限于唇音声母字，有"伯迫魄墨默"等字。方言唇音字拼 ei 韵母的字普通话还有"百白拍麦脉"读 ai 韵母，其余都读 ei 韵母，如"杯配梅"等字。方言 tʂ tʂ'ʂ 声母拼 ei 韵母的有两部分：一部分普通话为 ts ts' s 声母而韵母是 ɣ 的，已见声母部分所述；另一部分"窄摘宅拆色骰"等字，普通话读 ai 韵母。凡 t t'和 k k' ŋ 五个声母的，普通话一般读 ɣ 韵母，常用字有："德得"、"格革隔刻客克扼"等，其中只有"得"字普通话另有 tei 一音。

5.潍坊方言的 ə 韵母，相当于普通话的 o、ər、ɣ 等韵母。凡声母是 p p' m 的，普通话是 o，例如"波坡摸"等。凡声母是 l 的，普通

话是零声母音节 ər（已见声母部分）。其余声母，普通话是稍高稍后的 ɣ，如"遮车射"。另外，诸城、五莲等地，凡方言声母是 tʃ tʃʻ ʃ 而普通话又读 ʨ ʨʻɕ 声母的，普通话韵母是 ie，如"杰茄歇"等。

6.高密、诸城、五莲、安丘等地的 əŋ、iŋ 两个韵母，普通话分别是 əŋ、uŋ 和 iŋ、yŋ，例如：方言"登冬"读 təŋ，"硬用"读 iŋ，普通话则是"登"təŋ、"冬"tuŋ、"硬"iŋ、"用"yŋ 四种读法。

因为普通话 p pʻ m f 不拼 uŋ 韵母，方言 tʃ tʃʻ ʃ 和 ʂ 四个声母拼 əŋ 的字，普通话中也没有读 uŋ 韵母的，所以凡方言上述八个声母拼 əŋ 韵母的，普通话也是 əŋ 韵母，如"崩朋猛凤正成声生"等。方言读 əŋ 而普通话读 əŋ、uŋ 两音的限于方言的 t tʻ n l、tθ tθʻ θ、ʈʂ ʈʂʻ 和 k kʻ x 十二个声母的字，比较如下：

常用字 方言韵母／普通话韵母 方言声母	əŋ	
	əŋ	uŋ
t tʻ n l	登灯等邓凳瞪腾藤誊疼能扔仍冷楞	东冬董懂洞冻动栋通同铜桐童潼瞳筒统捅桶痛脓浓龙笼聋拢垅隆弄
tθ tθʻ θ	曾增赠憎层曾~经蹭僧	宗棕鬃踪综总粽纵聪囱匆葱从丛松耸宋送颂诵
ʈʂ ʈʂʻ	争挣筝睁撑	中忠钟盅衷终种肿仲重众充冲舂虫崇重~复宠
k kʻ x	羹更~改梗耿坑哼衡恒	公工功攻弓宫供恭躬拱巩汞共贡空恐孔控轰烘洪红宠鸿哄

普通话 yŋ 韵母只限于跟 ʨ ʨʻɕ 和零声母拼，所以凡方言其他声母拼 iŋ 韵母的字，普通话也是 iŋ 韵母，如"兵平明丁停宁灵"等，方言 iŋ 韵母普通话读 iŋ、yŋ 两个韵母的字见下表：

常用字 方言声母 ＼ 方言韵母 ／普通话 普通话韵母	iŋ	
	iŋ	yŋ
tɕ tɕʻ ɕ	京惊鲸茎荆警景颈竟镜境竞敬劲径痉轻倾卿顷庆兴形刑型行幸兴杏	窘迥穷琼凶匈胸雄熊
∅	英应鹰莺婴樱缨营迎蝇盈影硬映	拥佣庸壅臃永泳咏甬勇涌蛹踊用

7. 在本市的南部高密、安丘、昌乐、临朐以及诸城、五莲等地的部分地区，ē（高密 en）拼 p pʻ m 和 n l 的字，普通话分为 ən、in 两类，这些地方的人"宾贫民林"的韵母都没有 i 介音，"民"跟"门"是同音的。因为普通话 l 不拼 ən，n 与 ən 相拼的也只有"嫩"一字，所以凡方言 n l 拼 ē（高密 en）韵母的字，普通话都读 in 韵母（"嫩"除外），如"您林淋临邻鳞檩吝赁躏"等字。方言 p pʻ m 拼 ē 的常用字与普通话的 ən、in 两韵比较如下表：

方言 ＼ 声母 ／普通话		p	pʻ	m
ne	ən	奔锛本笨	喷盆	门闷们
	in	宾滨缤濒斌彬殡鬓	拼贫频苹品聘	民敏闽悯抿

此外，诸城等地凡 tθ tθʻ θ 拼 ē 的多数字（除"怎参～差"个别字外）和 tʃ tʃʻ ʃ 拼 ē 的部分字，普通话读 in 韵母。前者如"进亲心"；后者限于方言声母 tʃ tʃʻ ʃ 而普通话读 tɕ tɕʻ ɕ 的，字见声母部分 1 项表格中有关内容。

（三）声调

1. 调值　潍坊方言四个调值中的阴平、上声跟普通话的上声、阴平基本相当。即本方言阴平的调值跟读普通话的上声差不多，而本方言上声的调值又跟普通话的阴平相同。也就是说，本方言读

"妈"的调值跟读普通话的"马"差不多,而本方言读"马"的调值又跟普通话的"妈"一样。潍坊的去声跟普通话相比都是降调,只是普通话是全降调,从 5 直降到 1,而方言是低降调,起点要低一些。至于阳平,方言是高降调,而普通话是高升调,两者的调形正好相反。

　　2.潍坊方言阴平、阳平、上声和去声四类所包含的字跟普通话基本一致。但有一小部分字与普通话所属调类不相同,这些字在本市也不一致。这部分字主要是古代的清声母入声字。昌邑、高密、诸城、五莲、临朐、青州等地归上声,潍坊、坊子、寒亭、安丘、昌乐及寿光等地归阴平,这些字普通话分归阴平、阳平、上声和去声四类。下面列出常用的古清声母入声字,按普通话的声调排列,以便本市不同地区的人对比(表中韵母系普通话读音):

阴平	八发答裕耷塌哂扎插杀煞(a)夹掐瞎(ia)刷刮鸹挖(ua)蜇鸽割胳喝(ɤ)钵剥泼(o)脱讬托撮缩拙桌卓捉绰~号戳说郭豁(uo)鳖憋瘪撇跌贴帖接结~实切些歇蝎楔噎(ie)绋阙缺哕约(ye)汁织只吃虱失(ʅ)逼劈霹滴踢剔积激击七漆戚吸息熄悉膝蟋惜析淅晰皙夕一掖(i)扑督突秃出叔哭窟忽屋(u)锔屈麯(y)拍塞摘拆(ai)黑(ei)剥着(ɑu)削~皮约~~(iɑu)
阳平	答砸扎札察(a)袷荚颊(ia)得德则责辄摺蛰辙折哲蜇阁搁蛤壳(ɤ)博搏驳伯(o)酌琢啄镯国帼掴虢(uo)蹩睫捷劫孑节疖结洁拮诘协胁(ie)绝厥蹶蕨决诀抉镢攫觉角(ye)职识(ʅ)的嫡急级汲芨吉即棘脊媳昔锡(i)福蝠幅辐凸卒竹逐烛(u)桔菊鞠(y)凿勺芍(ɑu)妯轴(ou)
上声	法髪塔獭撒眨(a)甲胛(ia)葛渴恶~心(ɤ)索(uo)撇帖铁血(ie)蹶雪(ye)尺(ʅ)笔匹癖劈戟乞乙(i)朴幅笃嘱瞩骨谷榖(u)曲(y)百柏色骰(ai)北得给(ei)郝(ɑu)脚角饺(iɑu)宿~~(iou)
去声	榻挞萨刹(a)恰洽轧(ia)忒仄侧测恻策册涩瑟色啬浙彻撤掣设摄各克刻客赫吓扼(ɤ)迫魄粕(o)掇剟拓作绰宽~烁朔硕阔括廓霍藿握斡沃(uo)弩妾怯切燮屑泄亵屧谒(ie)阙阅雀鹊却确血(ye)栉掷炙赤斥室式轼拭饰适释(ʅ)滗壁僻壁碧僻癖的鲫绩稷寂缉讫迄戚隙邑抑(i)不复腹猝蹙簇促速肃夙宿粟祝筑畜触束倏酷亚厌~(u)恤旭畜蓄郁(y)壳(iɑu)

第三章 词汇 十二区县
三百词语与普通话对照表

1.潍坊方言词汇极为丰富,本表只能收录其中的三百十四条。选收的原则是:一要有地方特点,二须是常用词。各条的词目即普通话说法;方言按十二区、县的顺序排列。一个词在某方言中有多种说法的,酌情选录二到三种,至多四种,中间用顿号隔开。

2.全部词语按内容大致分为十项:(一)天时地理、方位;(二)亲属称谓、代词;(三)身体、疾病医疗;(四)生活交往、红白事;(五)房舍用品;(六)服饰饮食;(七)农工商学各业;(八)动物植物;(九)性质状态;(十)其他。在每一项的第一条词目前分别标出(一)、(二)等序号。

3.圆括号内的字表示此字可有可无,例如:"土块",五莲、临朐记作"(土)坷垃",意指此两地"土块"有"坷垃"、"土坷垃"两说;方括号内的字表示此字可代其前字,例如"去年",潍城等地记作"上〔头〕年",意指潍城等地"去年"有"上年"、"头年"两说。

4.属于正常读音的皆不记音,凡轻声都在字下加轻声符号"·"。

5.写不出的字用同音字代替;连同音字也没有的用方框"□",后面标出读音。

词目	(一)太阳	月亮	流星	彗星	北斗星
潍城	日头	月明	贼星	扫帚星	勺星
坊子	日头儿	月明	贼星	扫帚星	勺星
寒亭	日头儿	月明	贼星	扫帚星	勺星
昌邑	日头	月明	贼星	扫帚星	勺星
高密	日头	月明	贼星	扫帚星	勺星、北斗星
诸城	日头	月明	贼星、天老鼠	扫帚星	勺星
五莲	日头	月亮	天老鼠	扫帚星	勺星
安丘	日头	月明	贼星	扫帚星	勺子星
昌乐	日头	月明	贼星	扫帚星	北斗(星)
临朐	太阳	月明	贼星	扫帚星	勺星
青州	太阳	月明	贼星	扫帚星	勺星
寿光	日头	月明	贼星、飞鼠儿	扫帚星	勺星

词目	霹雷	雪珠	冰	冰锥儿
潍城	刮拉	饭巴拉子	冻冻	辘轳锤
坊子	刮拉、霹雳	饭巴拉子	冻冻	辘轳锤
寒亭	刮拉、沉雷	饭巴拉子	冻冻	辘轳〔银铛〕锤
昌邑	霹雳	饭巴拉子	冻冻	龙骨锥子
高密	霹雳	米粒子、饭巴拉子	冻冻	冻冻凌子
诸城	霹雳	雪爽子	冻冻	冻冻凌子
五莲	憋雷、打乌雷	雪爽子、爽雪子	冻冻	冻冻溜子
安丘	霹雷	饭巴拉子	冻冻	辘轳锤
昌乐	刮拉、沉雷	饭〔散〕巴拉子	冻冻	龙骨穗
临朐	刮拉	饭巴拉子	冻冻	冻冻凌子
青州	刮拉	杀巴拉子	冻冻	龙锥儿
寿光	刮拉、沉雷	散巴拉子	冻冻	龙锥

词目	冰雹	发大水	风停了
潍城	雹子	发大水[河水]	宿了风
坊子	雹子	发大水[河水]	刹[宿]了风、住(里)风了
寒亭	雹子	发大水	住[宿]了风儿了
昌邑	雹子	发大水	刹风了
高密	雹子	发大水	住[刹]了风了
诸城	雹子	发大水[河水]	刹[住]了风了
五莲	雹子	发河水	刹风儿了
安丘	雹子	发大水	刹风儿了
昌乐	雹子	发山水	刹风儿了
临朐	雹子	发大[河][山]水	刹[住]风了
青州	雹子	发山水	刹儿风了
寿光	雹子	发大水	刹了风了

词目	雨停了	明年	去年	今天
潍城	住了雨儿	过年	上[头]年	今门儿
坊子	住下[不下]了	下[过了]年	上[头]年	今门儿
寒亭	住了雨了	过年	头年	今日
昌邑	住雨了	过年	头年	今日
高密	住雨了	下[过了]年	上[头]年	今日
诸城	住雨了	过了年	上[头]年	今日
五莲	雨停[不下]了	下年	上[头]年	今日
安丘	住雨了	下年	上年	今日
昌乐	住雨儿、雨住了	过了年儿	上年	今日、今门儿
临朐	住点儿了	下年	上年	今 [ǐə³]门儿
青州	雨停[不下]了	过年	上[头]年	今门儿
寿光	雨住了	过年	今上年	今门儿

词目	明天	后天	昨天	上午	下午
潍城	早晨	后日	夜来	头晌	下晌
坊子	早晨	后日	夜来	头上 xaŋ·[晌]	下上 xaŋ·[晌]
寒亭	早晨	后日	夜来	头上 xaŋ·	下上 xaŋ·
昌邑	明日	后日	夜来	头晌间	过晌间
高密	明日	后日	夜来	头晌儿	过晌
诸城	明日	后日	夜来	头午	下晌
五莲	明日	后日	夜来	晌□iə·	下晌儿
安丘	早晨	后日	夜来	头晌	下晌
昌乐	早晨	后日	夜来	头上 xaŋ·	下上 xaŋ
临朐	早晨	后日	夜来	头晌	下晌
青州	赶明儿	赶后儿	夜来	头晌[上 xaŋ·]	下上 xaŋ·
寿光	早晨	后日	夜来	头晌[上 xaŋ·]	下晌[上 xaŋ·]

词目	中午	早晨	白天
潍城	晌午（头儿）	早上	白夜
坊子	晌午、晌午头（里）	早上、清晨、（大）清起来	白夜
寒亭	晌晚儿、晌午头儿	清晨、清起来	白夜
昌邑	晌午头儿	早晨起来	白间
高密	晌午（头儿）	早晨起来	白日
诸城	晌晚	早晨	白夜
五莲	晌□iə·头儿	早晨	□□pə̃iə·
安丘	晌天	清起来	白夜 ia·
昌乐	晌午	清起来	白夜
临朐	晌午头儿里	清清	白夜
青州	晌午（头儿）	早晨、早上	白夜 ia·
寿光	晌午（头）	清起来、清清	白夜

词目	晚上	黑夜	除夕	元宵
潍城	后晌	黑夜	年除儿	正月十五
坊子	后上 xaŋˑ	黑夜	年除儿[除日]	正月十五
寒亭	后上 xaŋˑ	黑夜	年除日	正月十五
昌邑	下晚儿	黑间	年除日	正月十五
高密	下晚儿、后晌	黑日	年除日	正月十五
诸城	后晌	黑日里	年除日	正月十五
五莲	后晌	□□xə̃⁵⁵ʨiə̃ˑ	年除日	正月十五
安丘	后晌	黑夜 iaˑ	年除日	正月十五
昌乐	后上 xaŋˑ	黑夜	年除日	正月十五
临朐	后上 xaŋˑ	黑夜	年除日	正月十五
青州	后上 xaŋˑ	黑夜 iaˑ	年除儿	正月十五
寿光	后上 xaŋˑ	黑夜	年除儿[三十]	正月十五

词目	端午	中秋	重阳	这一会儿
潍城	（五月）端午	八月十五	九月九	这霎儿
坊子	（五月）端午	八月十五、八月节	九月九	这霎儿（里）
寒亭	五月端午	八月十五	九月九	这霎儿里
昌邑	五月端午	八月十五	九月九	这霎儿
高密	五月端午	八月十五	九月九	这一霎儿
诸城	五月端午	八月十五	九月九	这霎儿
五莲	五月端午	八月十五	九月九	这末儿
安丘	（五月）端午	八月十五	九月九	这霎儿
昌乐	（五月）端午	八月十五	九月九	这霎儿
临朐	五月端午	八月十五	九月九	这一霎里
青州	五月端午	八月十五	九月九	这霎儿
寿光	五月端午	八月十五	九月九	这一霎儿（里）

词目	什么时候	这时候	那时候
潍城	几儿、多暂	这霎儿	那霎儿
坊子	几儿、多暂[怎]	这怎[暂]	那怎[暂]
寒亭	多怎	这怎	那怎
昌邑	多暂、哪霎儿	这暂、这霎儿	那暂[霎儿]
高密	哪霎儿、多暂	这霎儿、这暂	那霎儿[暂]
诸城	多暂 tθaŋ·、几时	这霎儿	那霎儿
五莲	什么时候	这会儿	那会子
安丘	几儿、多怎	这霎儿	那霎儿
昌乐	几儿、多暂	这霎儿、这怎	那霎儿、那怎
临朐	几儿、多暂	这时候[霎(里)]	那时候[霎(里)]
青州	几儿、多暂	天这暂	天那暂、那霎儿
寿光	几儿、多怎	天这怎	天那怎

词目	平地	土丘	地方	野外
潍城	平地	山埠岭子	埝儿	坡里
坊子	平地	山埠岭子	埝儿	坡里
寒亭	坡 pʻə²¹³	土埠子	埝儿	坡里 ni·
昌邑	平地儿	土埠子	地场儿	坡里 lɑ·
高密	平地	土埠子	地场儿	坡里 lɑ·
诸城	平地	岭	埝儿、地场[处]	坡里
五莲	洼 uɑ³¹地	顶子、岭	埝儿、地场	野坡里 lə·
安丘	平地	土[埠]岭子	埝儿、	坡里
昌乐	平地	土孤堆儿	埝儿	坡里
临朐	平地	土孤突	埝儿	坡里
青州	坡 pʻo⁵⁵	土堆子	埝儿	坡里
寿光	平地	埠子	埝儿	坡里

词目	河岸	路	角落	土块
潍城	河涯	路	旮旯	土坷垃
坊子	河涯头[边][儿]	路	旮旯	坷垃
寒亭	河涯头	道[路]儿	旮旯	坷垃
昌邑	河涯儿	道儿	旮旯儿	坷垃
高密	河涯儿	道儿、路	旮哈旯儿	坷垃
诸城	河涯	路	旮旯儿	土坷垃
五莲	河涯边儿	路	旮旯儿	(土)坷垃
安丘	河涯	路	旮旯儿	坷垃
昌乐	河涯	道儿	旮旯儿	坷垃、土块
临朐	河涯	道儿	旮旯儿	(土)坷垃
青州	河涯	道儿	旮旯儿	土坷垃
寿光	河涯	道儿	旮旯儿	坷垃

词目	灰尘	左边儿
潍城	垺土	左边儿 pãr·
坊子	灰、垺土	左边儿 pãr·
寒亭	灰、垺土	左边儿 pãr·
昌邑	垺土、暴 po⁴²土儿	左边儿 pãr·
高密	垺土	左边儿 panr·
诸城	灰、垺土	左边儿 pãr·、左一劈儿[劈子]
五莲	垺土	左边儿 pãr·、左一撇子
安丘	灰、垺土	左边儿 pãr·
昌乐	灰、垺土	左边儿 pãr·
临朐	垺土	左边儿 pãr·
青州	垺土	左边儿 pãr·
寿光	垺[暴]土、尘灰	左边儿 pãr·

词目	右边儿	外边儿
潍城	右边儿 pãr˙	外边[头]儿 uei$^{31}_{24}$ pãr˙
坊子	右边儿 pãr˙	外边[头]儿 uei$^{31}_{24}$ pãr˙
寒亭	右边儿 pãr˙	外边儿 uei$^{31}_{24}$ pãr˙
昌邑	右边儿 pãr˙	外边儿 uɛ$^{31}_{24}$ pãr˙
高密	右边儿 panr˙	外边儿 uɛ$^{21}_{24}$ panr˙
诸城	右边儿 pãr˙、右一劈儿[劈子]	外边儿 uɛ$^{35}_{55}$ pãr˙
五莲	右边儿 pãr˙、右一撇子	外边[头]儿 uɛ$^{35}_{55}$ pãr˙
安丘	右边儿 pãr˙	外边儿 uei$^{21}_{24}$ pãr˙
昌乐	右边儿 pãr˙	外边儿 uei$^{21}_{24}$ pãr˙
临朐	右边儿 pãr˙	外边儿 uei$^{21}_{24}$ pãr˙
青州	右边儿 pãr˙	外边儿 uei$^{21}_{24}$ pãr˙
寿光	右边儿 pãr˙	外边儿 uei$^{35}_{55}$ pãr˙

词目	中间	附近	(二)祖父	外祖父
潍城	中间	靠近、围近处	爷爷 iə$^{14}_{21}$iə˙	姥爷
坊子	当中间[央]儿	近便处里	爷爷 iə$^{14}_{21}$iə˙	姥爷
寒亭	当央	围近处	爷爷 iə$^{13}_{21}$iə˙	姥爷
昌邑	当央儿	近便处	爷爷 iɛ$^{13}_{21}$iɛ˙	老爷
高密	中间儿	这一窝子	爷爷 iɛ$^{13}_{21}$iɛ˙	姥爷
诸城	当央儿	近便	爷爷 iə$^{14}_{21}$iə˙	姥爷
五莲	当当央儿	大□□ka³¹lar⁵⁵	爷爷 iə$^{14}_{21}$iə˙	姥爷
安丘	当央(里)	根下	爷爷 iə$^{13}_{21}$iə˙	姥爷
昌乐	当(中)央儿	根下	爷爷 iɛ$^{13}_{21}$iɛ˙	姥爷
临朐	当间央儿	左近处	爷爷 ir$^{13}_{21}$iɛ˙	姥爷
青州	当中央	围近处	爷爷 iə$^{13}_{21}$iə˙	姥爷
寿光	当央儿	围近处	爷爷 iə$^{13}_{21}$iə˙	姥爷

词目	祖母	外祖母	父亲
潍城	嬷嬷 ma²¹⁴ma˙	姥娘	爹、爷 iə⁵³、达
坊子	嬷嬷 ma²¹⁴ma˙	姥娘、姥儿姥儿	爹、爷 iə⁵³
寒亭	嬷嬷 ma²¹³ma˙	姥娘	爹
昌邑	嬷嬷 ma²¹³ma˙	姥娘	爹、爷 ie⁴²
高密	嬷嬷 ma²¹³ma˙	姥娘	爹、大大、爷 ie⁴²
诸城	嬷嬷 ma²¹⁴ma˙	姥娘	爷 iə⁵³、达达
五莲	嬷嬷 ma²¹⁴ma˙	姥娘	爹、大大、爷 iə⁵³
安丘	嬷嬷 ma²¹³ma˙	姥娘	爷 iə⁴²、爹、大大
昌乐	嬷嬷 ma²¹³ma˙	姥娘、姥姥	爷 ie⁴²、爹
临朐	嬷嬷 ma²¹³ma˙	姥娘	爹、爷 ie⁴²
青州	嬷嬷 ma²¹³ma˙	姥娘	爹、爷 iə⁴²、达达
寿光	嬷嬷 ma²¹³ma˙	姥娘	爹、爷 iə⁵³

词目	母亲	伯父	伯母	婶母
潍城	娘	大爷 ta³¹iə⁵³	大娘	婶子
坊子	娘	大爷 ta³¹iə⁵³	大娘	婶子
寒亭	娘	大爷 ta³¹iə⁵³	大娘	婶子
昌邑	娘	大爷 ta²¹ie⁴²	大娘、亲娘	婶子
高密	娘	大爷 ta²¹ie⁴²	大娘	婶子
诸城	娘（娘）	大爷 ta³¹iə⁵³	大娘	婶子、娘娘
五莲	娘	大爷 ta³¹iə⁵³	大娘	婶子、娘娘
安丘	娘	大爷 ta²¹iə⁴²	大娘	婶子、婶儿婶儿
昌乐	娘	大爷 ta²¹ie⁴²	大娘	婶子、婶儿
临朐	娘	大爷 ta²¹ie⁴²	大娘	婶子
青州	娘	大爷 ta²¹ie⁴²	大娘	婶子
寿光	娘	大爷 ta²¹ie⁴²	大娘、娘娘	婶子

词目	舅母	丈夫	妻子
潍坊	妗子	汉子、男人、当家的	老婆、家里
坊子	妗子	汉子、男人、男的、当家的	老婆、媳妇、家里
寒亭	妗子	汉子、男人、男的	老婆、媳妇
昌邑	妗子	汉子、男人、男的	老婆、媳妇、家里
高密	妗子	汉子、男人、男的	老婆、媳妇、家里
诸城	妗子	汉子、男人	媳子、老婆
五莲	妗子	男人、当家的、老汉子	老婆、办饭的
安丘	妗子	汉子、男的、外头、当家的	老婆、媳妇、家里
昌乐	妗子	汉子、男人、男的、外头	老婆、媳妇、家里
临朐	妗子	男的、外头、女婿	老婆、媳妇
青州	妗子	汉子、男人、当家的	老婆、媳妇
寿光	妗子	汉子、男人、当家的	老婆、女人

词目	儿子	女儿	男孩儿
潍城	儿	闺 kuẽ²¹⁴女	小厮
坊子	儿	闺 kuẽ²¹⁴女、嫚儿	小厮
寒亭	儿	闺女	小厮
昌邑	儿	闺 kuẽ²¹³女、嫚姑子	小厮
高密	儿	闺女、嫚儿（姑子）	小厮
诸城	儿	闺女	小厮
五莲	儿、小儿 θiɔr⁵⁵	闺女、丫头、嫚儿、识字班	小厮
安丘	儿	闺 kuẽ²¹³女	小厮
昌乐	儿	闺 kuẽ²¹³女儿	小厮
临朐	儿	闺 kuẽ²¹³女	小厮
青州	儿	闺 kuẽ²¹³女	小厮
寿光	儿	闺女	小厮

词目	外甥、外孙	外甥女、外孙女	嫂子
潍城	外甥	外甥女儿、女外甥	嫂子
坊子	外甥	外甥闺 kuẽ²¹⁴女、女外甥	嫂子
寒亭	外甥	外甥闺女	嫂子
昌邑	外甥	外甥	嫂子
高密	外甥	外甥(女)	嫂子
诸城	外甥	外甥(闺女)	嫂子
五莲	外甥	女外甥	嫂厮
安丘	外甥	外甥闺女	嫂子
昌乐	外甥	外甥(闺 kuẽ²¹³)女	嫂
临朐	外甥	外甥闺 kuẽ²¹³女	嫂厮
青州	外甥	女外甥	嫂子、嫂嫂
寿光	外甥	外甥闺女	嫂

词目	连襟	邻居
潍城	连襟	邻晨(百)家 ka˙
坊子	连襟、割不断	邻晨家 ka˙
寒亭	连乔儿、连襟	邻晨家 ka˙
昌邑	连襟、连乔儿	邻亲家
高密	连襟	邻亲、邻身家
诸城	连襟、割不断	邻身家
五莲	连襟、连乔儿、割不断	邻舍ʃ˙百家
安丘	连襟、连乔儿、割不断	邻身家 ka˙
昌乐	连乔儿、一条绳儿	邻(身)家 ka˙
临朐	连梗、一担挑儿	邻舍 ʂ˙百家
青州	一担挑儿	邻身[百]家 ka˙
寿光	连襟、一担挑儿、一条绳儿	邻舍百家

67

词目	老头儿	老婆儿	女孩儿
潍城	老头儿	老婆儿、老嬷嬷儿	闺 $kuẽ^{214}$ 女儿、小妮儿
坊子	老汉子[头儿]	老嬷嬷[婆儿]	小闺 $kuẽ^{214}$ 女
寒亭	老汉子[头儿]	老婆儿	小闺女
昌邑	老汉子[头儿]	老婆儿[子]	闺 $kuẽ^{213}$ 女、小嫚儿
高密	老汉[头儿]	老嬷嬷[婆子]	小嫚儿
诸城	老汉儿	老嬷儿	小闺女子儿
五莲	老汉儿	老嬷嬷儿	识字班
安丘	老汉儿	老婆儿	闺女
昌乐	老汉[头儿]	老婆儿	闺 $kuẽ^{213}$ 女、妮儿
临朐	老汉子	老婆子	闺 $kuẽ^{213}$ 女
青州	老汉儿	老婆儿	小闺 $kuẽ^{213}$ 女[妮儿]
寿光	老汉儿	老婆儿	妮子

词目	姑娘	老姑娘	谁　我
潍城	大闺 $kuẽ^{214}$ 女	老姑娘	谁　我、俺 $ŋã^{55}$
坊子	大闺 $kuẽ^{214}$ 女	老(大)闺 $kuẽ^{214}$ 女	谁　我、俺 $ŋã^{55}$
寒亭	大闺女	老大闺女	谁　我、俺 $ŋã^{55}$
昌邑	大闺 $kuẽ^{213}$ 女	老大闺 $kuẽ^{213}$ 女	谁　我、俺 $ŋã^{55}$
高密	大闺女(姑娘)	老大闺女	谁　我、俺 $ɣan^{55}$
诸城	识字班	老姑娘	谁　我、俺 $ŋã^{55}$
五莲	闺女、识字班	老闺女	谁　我、俺 $ŋã^{55}$
安丘	大闺女	老大闺妞	谁　我、俺 $ŋã^{55}$
昌乐	大闺 $kuẽ^{213}$ 女	老大闺 $kuẽ^{213}$ 女	谁　我、俺 $ŋã^{55}$
临朐	大闺 $kuẽ^{213}$ 女	老大闺 $kuẽ^{213}$ 女	谁　我、俺 $ŋã^{55}$
青州	大闺 $kuẽ^{213}$ 女	老大闺 $kuẽ^{213}$ 女	谁　俺 $ŋã^{55}$
寿光	大闺女	老闺女	谁　我、俺 $ŋã^{55}$

词目	你	他	我们	你们
潍城	你、□ŋə̃⁵⁵	他 t'ɑ²¹⁴	俺(们)	□ŋə̃⁵⁵
坊子	你、□nẽ⁵⁵	他 t'ɑ²¹⁴	俺、咱 tsẽ⁵³	□nẽ⁵⁵
寒亭	你	他 t'ɑ²¹³	俺	□nẽ⁵⁵
昌邑	你	他 t'ɑ⁵⁵	咱 tθã⁴²	恁 nẽ⁵⁵
高密	你、恁 nen⁵⁵	他 t'ɑ⁵⁵	咱 tsã⁴²	恁 nen⁵⁵
诸城	你、恁 nẽ⁵⁵	他 t'ɑ⁵⁵	俺、咱 tθẽ⁵³	恁 nẽ⁵⁵
五莲	你	他 t'ɑ⁵⁵	俺、咱 tθã⁵³	恁 nẽ⁵⁵
安丘	你、□ŋẽ⁵⁵	他 t'ɑ²¹³	俺、咱 tθẽ⁴²	□nẽ⁵⁵
昌乐	你、□ŋẽ⁵⁵	他 t'ɑ²¹³	俺、咱 tθẽ⁴²	□ŋẽ⁵⁵
临朐	你、恁 nẽ⁵⁵	他 t'ɑ⁵⁵	俺、咱 tsẽ⁵⁵	恁 nẽ⁵⁵、你们
青州	你、□ŋẽ⁵⁵	他 t'ɑ⁵⁵	俺、咱 tsẽ⁴²	□ŋẽ⁵⁵
寿光	你、□ŋẽ⁵⁵	他 t'ɑ²¹³	俺、咱 tsẽ⁵³	□ŋẽ⁵⁵

词目	他们	这样	那样
潍城	他们	这样 tʂ ₂ɑŋ²¹⁴	那样 nɑŋ²¹⁴~niɑŋ²¹⁴
坊子	他们	这样 tʃɑŋ²¹⁴	那样 nɑŋ²¹⁴~niɑŋ²¹⁴
寒亭	他们	这样 tʃɑŋ²¹³	那样 nɑŋ²¹³~niɑŋ²¹³
昌邑	他们	这样 tʃɑŋ²¹³	那样 nɑŋ²¹³
高密	他们	这样儿 tʃə²¹iɑŋr²¹	那样儿 nɛ⁴²iɑŋr²¹
诸城	他这[那]些人	这样儿 tʃə³¹iɑŋr·	那样儿 nɑ³¹iɑŋr·
五莲	他那些人	这么 tʃə³¹₅₅mə·	那么 nɑ³¹₅₅mə·
安丘	他一大些[群]	这样 tʃɑŋ²¹³	那样 nɑŋ²¹³
昌乐	他那些	这样 tʃɑŋ²¹³	那样 nɑŋ²¹³~niɑŋ²¹³
临朐	他们	这样 tʃɑŋ²¹³	那样 nɑŋ²¹³~niɑŋ²¹³
青州	他们	这样 tʃɑŋ²¹³	那样 nɑŋ²¹³
寿光	他们	这样 tʂ ɑŋ²¹³	那样 nɑŋ²¹³~niɑŋ²¹³

词目	什么	(三)身体	脖子
潍城	啥、什么 ʂ ʐən³¹₅₅ma·	身板儿、身子	脖子
坊子	什么 ʃən⁵³mə·	身子、腰板儿	脖儿颈 kən⁵⁵₂₁₄子
寒亭	什么 ʃən⁵³mə·	身子	脖子
昌邑	什么 ʃən⁴²mə·	身子、身膀骨	脖颈 kən⁵⁵₂₁₃子
高密	什么 ʃen⁵³mə·	身子	脖(子)颈儿 kənr⁵⁵
诸城	什么 ʃẽ⁵³mə·	身子	脖(罗颈 kən⁵⁵₂₁₄)子
五莲	什么 ʃən⁵³mə·	身子	脖子
安丘	什么 ʃən⁴²mə·	身子	脖子
昌乐	啥、什么 ʃən⁴²mə·	身子	脖儿[子]
临朐	什么 ʃən²¹₄₄mə·	身子	脖子
青州	啥、什 ʃẽ⁴²么嘎	身子	脖儿颈 kən⁵⁵
寿光	啥嘎	身子	脖(了颈 kən⁵⁵₂₁₃)子

词目	额头	眼珠儿	白眼珠	口水
潍城	额 iə³¹₅₅来盖	眼睛珠儿	白眼睛珠儿	斜涎
坊子	额 iə³¹来盖	眼蛋[珠]子	白眼珠	斜斜
寒亭	额 ie³¹₅₄₄来盖	眼睛珠子	白眼睛珠子	斜斜
昌邑	额 ie²¹₅₄₄来盖	眼睛珠子	白眼珠子	漦拉拉
高密	额 ie²¹₅₄₄来盖	眼珠子[儿]	白眼珠儿	漦拉拉
诸城	额 iə³¹₅₅来盖	眼珠子	白眼珠	斜斜
五莲	额 iə³¹耳 lə⁵⁵盖	眼蛋子	眼白	斜斜
安丘	额 ie²¹₅₄₄来盖	眼珠子	白眼珠子	斜涎
昌乐	额 ie²¹₅₄₄来盖	眼蛋[珠]子	白眼珠	斜涎
临朐	额 ie²¹₅₄₄来盖	眼蛋[珠]子	白眼珠子	斜涎
青州	额 iə³¹₅₅拉盖	眼珠子	白眼珠儿	斜涎
寿光	额 iə²¹₅₅娄盖	眼珠子	白眼珠儿	斜涎

词目	黑眼珠	鼻涕	鼻孔	夹肢窝
潍城	黑眼睛珠儿	鼻子	鼻孔眼儿	夹肘窝
坊子	黑眼珠	鼻子	鼻孔眼子	夹肘窝
寒亭	黑眼睛珠子	鼻子	鼻孔眼子	夹肘窝
昌邑	黑眼珠子	鼻子	鼻孔眼儿	夹肢窝
高密	黑眼珠儿	鼻廷	鼻孔眼儿	夹肢窝
诸城	黑眼珠	鼻子	鼻孔眼儿	夹肘窝儿
五莲	眼核儿	鼻子、鼻涕	鼻孔眼儿	肞拉直
安丘	黑眼珠子	鼻子	鼻孔眼儿	夹肘窝
昌乐	黑眼珠	鼻子、鼻廷水	鼻孔眼儿[子]	夹肘窝
临朐	黑眼珠子	鼻子	鼻孔眼子	夹紧窝
青州	黑眼珠儿	鼻子、鼻清	鼻孔眼儿	夹臭窝
寿光	黑眼珠儿	鼻子	鼻子眼儿	夹肘窝

词目	拳头	手掌	手背	背
潍城	锤	手巴掌	手背	脊梁 niaŋ·
坊子	锤	(手)巴掌、耳子	手背(子)	脊梁 liaŋ·(骨)
寒亭	锤	手巴掌	手背子	脊梁 niaŋ·
昌邑	锤	巴掌、手掌	手背子	脊梁 liaŋ·
高密	锤	手巴掌	手背子	脊梁 liaŋ·
诸城	锤	手掌子[巴掌]	手面子	脊梁 liaŋ·
五莲	锤	巴掌、耳子	手面子	脊梁 liaŋ·杆子
安丘	锤	手巴掌	手面子	脊梁 niaŋ·
昌乐	锤	巴掌	手背[面]子	脊梁 niaŋ·
临朐	锤	巴掌	手面子	脊梁 niaŋ·
青州	锤	巴掌	手面子	脊梁 niaŋ·
寿光	锤	手巴掌、夹耳	手面子	脊梁 niaŋ·

词目	肋骨	乳房	肚脐眼儿
潍城	肋条	奶子	布脐（眼儿）
坊子	肋巴骨、肋条	奶子	布脐眼儿
寒亭	肋肢骨	奶子	布脐
昌邑	肋齿骨	奶子、乳□ʃəˑ子	布脐眼儿
高密	肋叉骨	奶子	布脐（眼儿）
诸城	肋叉骨	奶子	布脐
五莲	肋膀骨、肋膀条子	奶子	布脐眼儿
安丘	肋肢骨	奶子	布脐
昌乐	肋肢骨	奶子	布脐（眼子）
临朐	肋椎骨	奶子	布脐眼子
青州	肋椎骨	奶子	布脐眼儿
寿光	肋肢骨	奶子	布脐

词目	屁股	膝盖	不舒服	肺病
潍城	腚、腚锤子	波罗盖	不如作	痨病
坊子	腚	波拉盖	不熨作、不舒坦	痨病
寒亭	腚、腚锤子	波罗盖	不舒坦	痨病
昌邑	腚、腚锤子	波儿盖	不熨作	痨病
高密	腚	波龙盖	不熨作	痨病
诸城	腚、腚锤子	波罗盖	不熨作	痨病
五莲	腚、腚锤子	波楞盖	不熨作、不爱动弹	痨病
安丘	腚、腚锤子	波拉盖	不熨作、不舒索	痨病
昌乐	腚、腚锤子	波拉盖	不熨作、不舒坦	痨病
临朐	腚、腚锤子	波罗盖	不熨括、嫌不济、不好受	痨病
青州	腚、腚锤子	波罗盖	不舒坦、不熨括	痨病
寿光	腚、腚锤子	波勒盖	不熨作	痨病

词目	感冒	发炎	拉肚子
潍城	冻着了	发发了	拉肚子
坊子	冻着了	发恶了	拉肚子
寒亭	冻着了	发恶了	拉肚子
昌邑	冻闪着了	发炎	破肚子
高密	冻了	发恶	破肚子
诸城	冻着了	发了、脓哼了	拉[淌]肚子
五莲	发痨发	发了、脓哼了	淌肚子
安丘	冻着了	发恶	跑[拉]肚子
昌乐	冻[闪]着了、发大痨病	发恶	拉肚子、跑栏
临朐	冻着了	发恶	拉肚子
青州	冻着了	发恶	拉肚子
寿光	冻着了	发恶	跑茅子、跑栏

词目	恶心	胃疼	发疟疾	治病
潍城	恶心[紫]	心口疼	发脾寒	扎裹病
坊子	恶心[紫]	心口[里]疼	发脾寒、打摆子	扎裹病
寒亭	恶心[紫]	心口疼	发脾寒	扎裹病
昌邑	恶紫	心口疼	发脾寒	扎箍病
高密	恶心	心口疼	发脾寒	扎箍病
诸城	恶心[紫]	心口疼	发脾寒	扎箍病
五莲	恶[劙]心	心口疼	发脾寒、打摆子	扎箍症候
安丘	恶心[紫]	心口[肚子]疼	发脾寒	扎裹病
昌乐	恶紫	心口疼	发脾寒	扎裹病
临朐	恶心	心口疼	发脾寒	扎裹病
青州	恶紫	心口里 ni·疼	发脾寒	扎裹病
寿光	恶紫	心口疼	发脾寒	扎裹病

词目	医生	中医	西医	结痂
潍城	先生、大夫	中医	西医	长疙渣
坊子	大夫	中医先生	大夫、医生	长(上)疙渣了
寒亭	先生、大夫	先生、大夫	大夫、医生	长疙渣了
昌邑	先生、大夫	先生	大夫	长疙渣
高密	先生、大夫	先生	大夫	长疙渣
诸城	大夫、医生	中医、先生	西医、大夫	长疙渣
五莲	先生	(老)中医	西医	长了疙渣了
安丘	先生、大夫	先生、大夫	先生、大夫	作疤
昌乐	先生、大夫	先生、大夫	大夫	结疙渣
临朐	先生	草药先生	洋(药)先生	长疙渣
青州	先生、大夫	(本)先生	洋先生	长疙渣
寿光	大夫	中医、先生	洋大夫	长疙渣

词目	瘸子	傻子	疯子	瞎子
潍城	瘸腿	嘲巴	野巴	瞎汉
坊子	瘸腿[巴][子]	嘲巴	疯斯	瞎汉[斯]
寒亭	瘸腿	嘲巴、傻子	野巴	瞎汉
昌邑	瘸腿	嘲巴、野巴	野巴	瞎汉
高密	瘸腿	嘲巴	痴巴	瞎汉
诸城	瘸腿	嘲巴	嘲巴、野巴	瞎汉
五莲	瘸腿	嘲巴、彪子	颠汉	瞎汉
安丘	瘸腿	嘲巴、野巴	嘲巴	瞎汉
昌乐	瘸巴	嘲巴	嘲巴、野巴	瞎汉
临朐	瘸巴	嘲巴	疯汉	瞎汉[斯]
青州	瘸巴	嘲巴	疯汉	瞎汉
寿光	瘸巴	嘲巴	嘲巴	瞎汉

词目	聋子	秃子	驼背	豁唇	（四）饿
潍城	聋汉	秃厮	锅腰子	豁唇儿（子）	饥困
坊子	聋汉	秃厮	锅腰子	豁（唇）子	（害）饥困
寒亭	聋汉	秃厮	锅腰子	豁唇子	饥困
昌邑	聋汉	秃厮	锅腰儿	切唇儿	饥困
高密	聋汉	秃厮	锅腰子、马棚腰	切唇儿	饥困
诸城	聋汉	秃厮	锅腰子	豁唇子	饥困
五莲	聋汉	秃厮	锅腰子	豁子	饥困
安丘	聋汉	秃厮	锅腰子	豁（唇）子	饥困
昌乐	聋汉	秃厮	锅腰子	豁［切］唇子	饥困
临朐	聋汉	秃厮	锅腰子	豁唇子	饥困
青州	聋汉	秃厮	锅腰子	豁唇子	饥困
寿光	聋汉	秃子	锅腰子	豁唇子	饥困

词目	打扮	干活	抽烟	大便
潍城	扎裹	干营生	吃烟	拉屎
坊子	扎裹、理整	干［做］营生	吃烟	拉屎、出恭
寒亭	打扮	做营生儿	吃烟	拉屎
昌邑	扎箍	干活、做营生	吃烟	拉屎
高密	扎箍	干营生	吃烟	拉屎
诸城	扎箍	做营生	吃烟	拉屎
五莲	扎裹、理整	做营生	吃烟	拉屎
安丘	打扮、扎裹	做营生、做活路儿	吃烟	拉屎
昌乐	打扮、扎裹	干营生［活路］	吃烟	拉屎
临朐	打扮	做营生	吃烟	拉屎
青州	扎裹	干营生儿	吃烟	拉屎
寿光	扎裹	干营生儿	吃烟	拉屎

词目	小便	打盹儿	打鼾
潍城	尿尿 $\text{ni}\mathfrak{o}^{31}\text{ci}\mathfrak{n}^{31}$	打盹儿	打呼噜
坊子	尿尿 $\text{ni}\mathfrak{o}^{31}\text{ci}\mathfrak{n}^{31}$	打盹、害困	打呼隆
寒亭	尿尿 $\text{ni}\mathfrak{o}^{31}\text{ci}\mathfrak{n}^{31}$	打盹	打呼噜
昌邑	尿尿 $\text{ni}\mathfrak{o}^{21}\text{ci}\mathfrak{n}^{21}$	打盹儿、迷昏[糊]	打呼噜
高密	尿尿 $\text{ni}\mathfrak{o}^{21}\text{ci}\mathfrak{n}^{21}$	打盹儿、迷糊了	打呼噜
诸城	尿尿 $\text{ni}\mathfrak{o}^{31}\text{ci}\mathfrak{n}^{31}$	打盹儿	打呼噜[隆]
五莲	尿尿 $\text{ni}\mathfrak{o}^{31}\text{ci}\mathfrak{n}^{31}$	（害)打盹儿	打呼隆
安丘	尿尿 $\text{ni}\mathfrak{o}^{21}\text{ci}\mathfrak{n}^{21}$	打盹儿	打呼隆
昌乐	尿尿 $\text{ni}\mathfrak{o}^{21}\text{ci}\mathfrak{n}^{21}$	打盹儿	打呼噜[亮鼻]
临朐	尿尿 $\text{ni}\mathfrak{o}^{21}\theta\text{uei}^{213}$	打盹	打鼾睡
青州	尿尿 $\text{ni}\mathfrak{o}^{21}\text{suei}^{213}$	打盹	打呼噜
寿光	尿尿 $\text{ni}\mathfrak{o}^{31}\text{ci}\mathfrak{n}^{31}$	打盹	打呼噜

词目	睡觉	躺下	休息	闲谈	串门儿
潍城	困觉	趄下	歇歇	拉呱儿	闯门儿[子]
坊子	困觉	趄下	歇歇	拉(闲)呱	闯门儿[子]
寒亭	困觉	趄下	歇歇	拉呱	闯门子
昌邑	困觉	趄下、倒下	歇儿歇儿	闲拉[扯]	闯门儿
高密	困觉	趄下	歇儿歇儿	闲拉	闯门儿
诸城	困觉	趄下	歇下	拉呱儿	闯门子
五莲	困觉	趄下	歇下	拉呱儿	闯门子
安丘	困觉	趄下	歇歇儿	拉呱儿	闯门子
昌乐	困觉	趄下、倒下	歇歇	拉呱儿	闯门子
临朐	困觉	趄下	歇歇	拉呱儿	闯门子
青州	困觉	趄下	歇歇	拉呱儿	闯门子
寿光	困觉	趄下	歇歇儿	拉呱儿	闯门子

词目	骂	外出谋生	玩	吵嘴	打架
潍城	噘	闯外	耍	打仗	打仗
坊子	噘	闯[出]外	耍	吵架	打架[仗]
寒亭	噘	闯外	耍	打仗、打吵子	打仗
昌邑	噘	出门儿	耍	打仗	打仗
高密	噘	闯外	耍	打仗	打仗
诸城	噘	闯外	耍	打仗	打仗
五莲	噘	出门儿、闯外	耍	吵仗子	打仗
安丘	噘	出门儿、闯外	耍	打吵子	打仗
昌乐	噘	闯外、出门儿	耍	打仗、吵吵	打仗
临朐	噘	出门儿	耍	打仗	打仗
青州	噘	闯外	玩儿	打仗	打仗
寿光	噘	闯外	玩儿	吵吵	打仗

词目	拍马屁	喜欢	眼红	不知道
潍城	舔腚	稀罕	眼馋	知不道
坊子	舔腚[脸子]	欢喜 tɕ‘i·、稀罕	眼馋[热]	知不道
寒亭	舔腚	稀见	眼馋	知不道
昌邑	舔腚	稀罕、喜见	眼馋	知不道
高密	舔腚	喜欢	眼馋	知不道
诸城	舔腚	喜欢	眼馋	知不道
五莲	舔腚（门子）	稀罕、信见	热眼儿、眼馋	知不道
安丘	舔腚	欢喜 tɕ‘i·	眼热	知不道
昌乐	舔腚	稀罕、欢喜 tɕ‘i·	眼馋	知不道
临朐	舔腚	喜欢	眼馋	知不道
青州	舔腚	稀罕	眼馋	知不道
寿光	舔腚	稀罕	眼馋	知不道

词目	记得	转向	婚事	相（亲）
潍城	想[记]着	掉向、迷糊	喜公事儿	相
坊子	想着、记得[着]	糊迷、掉了向	红[喜]公事儿	相
寒亭	记得	掉了向	喜公事	相相
昌邑	想[记]着	掉向	红公事	看
高密	想着	掉向	红事	看
诸城	想着	掉向	喜公事	验
五莲	想着	掉了向、糊迷	喜事儿	验
安丘	想着	掉向、糊迷了	红[喜]公事	相
昌乐	想着	掉向、迷糊了	喜公事	相
临朐	想住	掉了向、糊迷	喜公事	相
青州	想着	掉向	红[喜]公事	相
寿光	想着	糊迷	红公事	相

词目	送柬	娶亲	出嫁
潍城	定亲	将媳妇	做媳妇
坊子	定亲	将媳妇	出门子、做媳妇
寒亭	定亲	将媳妇	做媳妇、出阁
昌邑	定亲	将媳妇儿	做媳妇儿、出阁
高密	投契	将媳妇	出门子
诸城	过红	将媳子	做媳子
五莲	送柬[红定]儿、割衣裳	将媳子	出门子
安丘	送柬儿、定亲	将媳妇	做媳妇
昌乐	送柬儿、定亲	将[娶]媳妇	做媳妇儿
临朐	定亲	娶媳妇儿	出嫁
青州	送柬儿、定亲	娶媳妇	做媳妇
寿光	送柬儿	娶[将]媳妇	做媳妇

词目	怀孕	小产	丧事
潍城	有了喜	小产	丧公事儿
坊子	有喜了、怕吃饭	掉了	白公事儿
寒亭	有喜[事]了	掉了	丧公事
昌邑	有喜了、双身	掉了	白公事
高密	有喜了、双身	小产	白事儿
诸城	有喜了、双身	小产	丧公事
五莲	有喜了	掉[小产]了	丧事儿
安丘	有了喜	小瞎了	丧事、白公事
昌乐	有了喜[身子]	掉了、过了小月子	白公事
临朐	上了身	掉了	白公事
青州	有了喜	小月了	白公事
寿光	有喜	掉了	白公事

词目	死了	夭折
潍城	老了	糟踏 tʻaˑ 了
坊子	老啦、咽气	拽[扔][瞎]了
寒亭	老了	踢蹬了
昌邑	老了	踢蹬了、糟踏 tʻaˑ
高密	老了	踢蹬了、糟踏 tʻanˑ
诸城	老了	撂了、瞎了、糟踏 tʻaˑ
五莲	老了	□xəŋ³¹₅₅了
安丘	老了、不在了	踢蹬、瞎了
昌乐	老了	瞎了、糟残[踏]
临朐	不在了、老了、没有了	瞎了
青州	老了	死了、夭折
寿光	老了	□luɛ²¹³₂₁了、没了

词目	坟地	（五）房子	屋子	厨房
潍城	墓田	房子	屋子	厨[饭]屋
坊子	墓田地、林[坟]地	宅子	屋子	饭屋
寒亭	墓田、墓茔	房儿	屋	饭屋
昌邑	墓田、坟茔	屋、房	屋	饭屋
高密	墓田、茔地、舍茔	屋	屋	饭屋
诸城	林[茔]地、舍林	宅子、屋	屋	饭屋
五莲	（老）林、少亡林子	屋	屋	伙屋
安丘	林地	宅子	屋	饭屋、伙房
昌乐	墓田、坟地	宅子	屋子、房屋	饭屋
临朐	林（地）、坟子	屋、宅子	屋	饭屋
青州	林地、墓田	房子	房子	饭屋
寿光	老坟、墓田	宅子	屋	饭[厨]屋

词目	厕所	影壁	篱笆	顶棚
潍城	茅房	影壁 pei^{214}墙	障子	虚棚
坊子	茅房、圈	影壁 pei·（墙）	箔障子	虚棚
寒亭	栏、茅房	影壁 pei·（墙）	箔障子	虚棚、仰车
昌邑	栏、圈	照壁 pei·	障子	虚[天]棚
高密	圈	影壁 pi·墙	障子	虚[天]棚
诸城	圈、茅房	影壁 pei·墙	障子	伏棚
五莲	茅房、屎拉茅子	影壁 pei·墙	障子	天棚
安丘	圈、茅房儿	影壁 pei·墙	箔障子	虚棚
昌乐	圈、栏、茅厕	影壁 pei·（墙）	箔障子	虚棚
临朐	栏、茅房	影壁 pei·墙	园笆障子	虚棚
青州	茅子[房]、栏	影壁 pei·墙	障栏子	虚[□xu^{55}]棚
寿光	茅子	影壁 pei·墙	箔障子	虚棚

词目	门闩	烟囱	风箱
潍城	门关儿	烟囱、灶突 tu˙	风扇
坊子	门关子、门插关儿	烟筒、灶[倒]突 tu˙	风匣[扇]
寒亭	门关子	釜台 t‘uei˙、灶突 tu˙	风掀
昌邑	门关子	烟筒、釜台 t‘ɛ˙	风掀
高密	门关子	釜台 t‘ei˙	风掀
诸城	门关子	釜台 t‘uei˙	风扇
五莲	门关子	倒突 tu˙、烟筒	风扇
安丘	门关子	烟筒、灶突、釜台 t‘uei˙	风匣
昌乐	门关子	烟筒、灶突 tu˙	风匣
临朐	门关子	烟筒、灶突 tu˙	风匣
青州	门关子	烟筒、倒突 tu˙	风匣
寿光	插关儿	烟筒、倒突 tu˙	风匣

词目	（长条形）板凳	凳子	抽屉	篮子
潍城	板凳	杌子	抽头	篮子、篓子
坊子	板凳	杌子	抽头	提篮子、筐子
寒亭	板凳	杌子	抽头	提篮子
昌邑	板凳	杌子	抽头	篓子
高密	板凳	杌子、凳子	抽屉	篮[篓][筐]子
诸城	板凳 t‘əŋ˙	杌子	抽头	篮子、提篮 liã˙
五莲	板凳 t‘əŋ˙	杌子	抽头	提篮
安丘	板凳	杌子	抽头	篮[筐]子
昌乐	板凳	杌子	抽头	篮[筐]子
临朐	板凳	杌子	抽匣盒子	提篮、筐子
青州	板凳	杌子	抽头[匣]	筐子
寿光	板凳	杌子	抽匣儿	筐子

81

词目	水桶	脸盆	毛巾	顶针
潍城	筲	脸盆	手巾	顶针儿
坊子	筲	洗脸盆子	擦脸布子、手巾	顶针儿
寒亭	筲	洗脸盆子	手巾	顶针儿
昌邑	筲	脸盆子	（羊肚子）手巾	顶指儿
高密	筲	脸盆	擦脸布子	顶指
诸城	筲	筒［脸］盆	擦脸布子	顶针子
五莲	筲	铜盆	擦脸布子	顶针子
安丘	筲	铜［脸］盆	擦脸布子	顶指儿
昌乐	筲	洗脸盆子、脸盆	擦脸布子	顶指儿
临朐	罐	洗脸盆子	擦脸布子	顶指［锥］子
青州	筲	脸盆	擦脸布子	顶针［锥］子
寿光	筲	脸盆	擦脸布子	顶指

词目	抹布	图章	手电	土坯
潍城	抹布	手戳儿、戳子、图书	电棒子	墼
坊子	抹布、抹桌布子	戳子、手戳儿	电棒子	墼
寒亭	抹布	手戳儿、戳子	电棒子	墼
昌邑	抹布	手戳儿、戳子	电棒子	墼
高密	抹布	手戳儿、戳子	电棒子	墼
诸城	抹布子	手戳、戳子	电棒子	墼
五莲	抹桌布子	戳子、手戳儿	电棒子	墼
安丘	抹布	手戳儿、戳子	电棒子	墼
昌乐	抹［摱］布子	手戳儿、戳子	电棒子	墼
临朐	抹桌布子	手戳儿、戳子	电棒子	墼
青州	抹桌布子	手戳儿	电棒子	墼
寿光	抹布	手戳儿、戳子	电棒子	墼

词目	**手纸**	**自行车**	**手杖**
潍城	擦腚纸	脚踏车	拄棒
坊子	擦腚纸、草[手]纸	脚踏车	拄棒
寒亭	擦腚纸	骑车子	拄棒
昌邑	擦腚纸	骑车子	拄棒
高密	擦腚纸	脚踏车	拄棒
诸城	擦腚纸	脚踏车子、自行车子	拄棒
五莲	擦腚纸	脚踏车	拐杖
安丘	擦腚纸	脚踏车	拄棒
昌乐	擦腚纸、手纸	自行车子、骑车子	拄棒
临朐	擦腚纸	脚踏车、洋车子	拄棒
青州	擦腚纸	骑车子	拄棒
寿光	手纸	骑车子	拄棒

词目	**樟脑丸**	**(六)衣服**	**大衣**	**裤头**
潍城	避瘟球儿	衣裳	大氅	裤头[衩]
坊子	臭球[潮脑]儿	衣裳	大氅	裤衩儿[子]
寒亭	潮脑蛋儿	衣裳	大氅	裤衩子
昌邑	潮脑[臭蛋]儿	衣裳	大氅	裤衩、叉裤子
高密	樟脑蛋儿	衣裳	大氅	裤衩儿
诸城	臭蛋	衣裳	大衣	裤衩儿
五莲	臭脑	衣裳	大氅	裤衩子
安丘	臭球儿、卫生球	衣裳	大氅	裤头子
昌乐	臭蛋[球]、潮脑	衣裳	大氅	裤衩儿、裤头(子)
临朐	臭蛋子	衣裳	大氅	裤衩子[头儿]
青州	臭[避瘟]球儿	衣裳	大氅	裤衩儿
寿光	臭球儿	衣裳	大氅	裤衩儿

词目	短裤	雨鞋	围巾
潍城	裤衩	水鞋	围脖儿
坊子	半截裤	水鞋	围脖儿[子]
寒亭	半截裤	水[胶][雨]鞋	围巾儿
昌邑	半截裤儿	水[胶]鞋	围脖[巾]儿
高密	半截裤儿	水[胶][雨]鞋	围脖儿、围巾
诸城	裤衩儿	水鞋	围脖[巾]
五莲	裤乍子	水鞋	围脖
安丘	裤头子	油[水]鞋、靴子	围脖儿
昌乐	半截裤	水鞋	围脖
临朐	半裤子、裤衩子	胶鞋、水靴	围脖子
青州	半裤儿	水鞋	围脖子
寿光	半截裤儿	水鞋	围脖儿、围巾

词目	衣兜	腰带	尿布	枕头	耳环
潍城	布袋儿	扎腰带子	褯子	豆枕	圈子
坊子	布袋儿	扎腰带子	褯子	豆枕	耳圈子、坠子
寒亭	布袋儿	扎腰带子	褯子	豆枕	圈子、耳环
昌邑	布袋儿	扎腰带子	褯子	豆枕	圈子
高密	布袋儿	扎腰带子	褯子	豆枕	圈子、耳环儿
诸城	布袋儿	束腰带子	褯子	豆枕	圈子、耳环儿
五莲	布袋儿	束腰绳子	褯子	豆枕	耳坠子
安丘	布袋儿、口袋	扎腰带子	褯子	豆枕	圈[环][坠]子
昌乐	布袋儿	扎腰带子	褯子	豆枕	坠子
临朐	布袋子	扎腰带子	褯子	豆枕	坠子
青州	布袋儿	扎腰带子	褯子	豆枕	坠子
寿光	布袋儿	扎腰带子	褯子	豆枕	坠子

词目	早饭	午饭	晚饭	（圆形）馒头
潍城	清晨饭	晌（午）饭	晚饭	馍馍
坊子	清晨饭	晌（午）饭	后晌饭	饽饽
寒亭	清晨饭	晌（午）饭	后晌饭	饽饽
昌邑	早晨饭	晌午饭	下晌饭	饽饽
高密	早晨饭	晌午饭	下晌饭	饽饽
诸城	早晨饭	晌（午）饭	后晌饭	饽饽、馒头
五莲	早晨饭	晌□iə·饭	后晌饭	饽饽、馒头
安丘	清起来饭	晌饭	后[下]晌饭	饽饽
昌乐	清晨饭	晌午饭	后上 xɑŋ·饭	饽饽
临朐	清晨饭	晌（午）饭	后上 xɑŋ·饭	饽饽
青州	早晨饭	晌饭	后上 xɑŋ·饭	饽饽、馍馍
寿光	清清饭	晌（午）饭	后上 xɑŋ·饭	饽饽、馍馍

词目	（方形）馒头	水饺	包子	面条
潍城	卷子	扁食、饸饹	包子	汤
坊子	卷子	饸饹、扁食	包子	面汤
寒亭	卷子	饸饹、扁食	包子	面汤
昌邑	卷子	饸饹	包子	面汤、豆面饸饹
高密	卷子	饸饹	包子	面汤
诸城	卷子	饸饹	包子	面汤
五莲	卷子	饸饹（子）	包子	面汤
安丘	卷子	饸饹	包子	面汤
昌乐	卷子	饸饹、下包子	蒸包子	面汤
临朐	卷子	包子	蒸包子	面汤
青州	卷子	（下）包子	蒸包子	面汤
寿光	卷子	包子、扁食	蒸包子	条子

词目	油条	猪油	花生油	粉条
潍城	油炸果子	大油	果子油	干粉
坊子	油炸[香油]果子	猪大油	果子油	粉（条）
寒亭	（油炸）果子	腥[大]油	花生油	粉
昌邑	香油果子	荤油	果子油	粉、细粉
高密	香油果子	荤油	果子油	细粉
诸城	香油果子	大[猪]油	果子油	干粉
五莲	香油果子	（猪）大油	果子油	粉条
安丘	油炸果（子）	腥[大]油	果子油	粉（汤）
昌乐	油炸果子	腥[大]油	果子油	干粉、粉条子
临朐	油炸果子	大[腥]油	果子油	干粉
青州	油炸果子	大油	果子油	干粉
寿光	油炸果子、麻糖	大油	果子油	干粉

词目	锅巴	（七）农民	下地	刨地
潍城	锅疙渣	下庄户的	上坡	刨地
坊子	煳疙渣	下庄户的	上坡	抓地
寒亭	煳疙渣	庄户人	上坡	抓地
昌邑	（煳）疙渣	下庄户地的	上坡	抓地
高密	（煳）疙渣	庄户人、下庄户地的	上坡	抓[掘]地
诸城	煳疙渣	庄户人、下庄户的	上坡	抓地
五莲	煳疙渣	下庄户地的、庄户佬儿	上坡	抓地
安丘	锅[火]疙渣	下庄户的	上坡	抓地
昌乐	煳疙渣	庄户人、下庄户的	上坡	抓地
临朐	煳疙渣	下庄户的	上坡	抓地
青州	煳疙渣	下庄户的、庄户人	上坡	抓地
寿光	疙渣	下庄户的	上坡	抓地

词目	货郎	店	旅店	饭店
潍城	货郎	铺子	店、旅馆	饭铺儿
坊子	货郎	铺子	店、客栈	饭铺子、(饭)馆子
寒亭	货郎	铺子	店	饭馆儿
昌邑	货郎	店	店、栈房	店、馆子
高密	货郎	铺子	店	馆子
诸城	货郎	铺子	店、客栈	饭店
五莲	货郎	铺子	店	饭馆子
安丘	(铜)货郎	铺子	店	饭店、菜馆儿
昌乐	铜货郎	店、铺子	店	店、(菜)馆子
临朐	叫货郎子	铺子、门市	店	馆子
青州	货郎	铺子	店	饭馆子
寿光	货郎	铺子	店	(饭)馆子

词目	理发店	浴池	赚钱
潍城	剃头铺儿	澡堂	挣钱
坊子	剃头铺子、代诏 tʃou·屋子	洗澡堂子	挣[闯]钱
寒亭	剃头铺子	澡堂子	挣钱
昌邑	剃头棚	堂子	挣钱
高密	剃头铺儿	堂子	挣钱
诸城	代诏 tʃou·铺子	澡堂子[儿]	挣钱
五莲	剃头铺儿	澡堂	赚钱
安丘	剃头铺儿	堂子	挣[闯]钱
昌乐	剃头铺儿	澡堂子	挣[闯]钱
临朐	剃头铺子	堂子	挣[闯]钱
青州	剃头房子	堂子	挣钱
寿光	剃头铺儿	堂子	挣钱

词目	学校	老师	学生
潍城	书房、学堂	老师	学生
坊子	书房、学堂[屋]	先生	学生
寒亭	书房	先生、老师	学生
昌邑	学屋	先生、教习、老师	学生
高密	学屋	先生、老师	学生
诸城	洋学堂	老师、师傅	学生
五莲	学堂	先生、老师	学生
安丘	学堂[屋]	先生、老师	学生
昌乐	书房、学屋	老师	学生
临朐	书房	先生、老师	学生、学宝子
青州	书房、学堂	教书先生	学生
寿光	书房、学堂	先生、老师	学生

词目	上课	放学	别字	瓦匠
潍城	上班	放学	叔伯字儿	窑匠
坊子	上班	散学	叔伯字儿	窑匠
寒亭	上班	散学	叔伯字儿	窑匠
昌邑	上班	下[放]学	叔伯字儿	瓦匠、窑匠
高密	上班	放学	叔伯字儿	窑[泥瓦]匠
诸城	上课	放学	叔伯字儿	窑匠
五莲	上课	散学	别字	窑匠
安丘	上班	散[放]学	二讹子字儿、白字	窑匠
昌乐	上班	散[放]学	叔伯字	窑哥、窑匠
临朐	上班	散学	白[叔伯]字	窑匠
青州	上班	散[放]学	叔伯字儿	窑匠
寿光	上班	散学	白字	窑匠

词目	窑匠	锔锅匠	裁缝	厨子
潍城	烧窑的	锢露子	裁坊	大师傅
坊子	烧窑的、窑把头	锢露子	裁坊	大师傅
寒亭	窑把头、烧窑的	锢露子	裁坊	大师傅
昌邑	烧窑的	锢露子	做衣裳的	大师傅
高密	窑[泥瓦]匠	锢露子	裁坊	大师傅
诸城	窑包子、窑把头	锢露子	裁坊	伙夫、大师傅
五莲	窑包子、烧窑的	锢露子	裁缝	做饭的、伙夫
安丘	窑包子、烧窑把头	(西)锢露子	裁坊	大师傅
昌乐	窑匠[哥]	锢露子	裁缝	大师傅
临朐	窑保士、烧窑的	锢露子	裁坊	大师傅
青州	窑师傅	锢露子	裁坊	大师傅
寿光	窑工儿	锢露子	裁缝	大师傅

词目	理发师	杂技演员	(八)公牛
潍城	代诏 tɕəu·、剃头的	耍把戏的、变戏法的	犍子
坊子	代诏 tʃou·、剃头的	耍藏掖的	犍子
寒亭	剃头的	耍把戏的	犍子
昌邑	剃头匠	耍藏掖的	犍子
高密	代诏 tʃɔ·、剃头的	耍藏眼的	犍子
诸城	代诏 tʃou·、剃头的	耍藏掖的	犍子
五莲	代诏 tʃou·	耍藏掖的	犍子
安丘	代诏 tʃɔ·、剃头的	耍藏掖的	犍子
昌乐	代诏 tʃou·、剃头的	耍[玩]藏掖的	犍子
临朐	剃头匠[的]	玩藏掖的	犍子
青州	剃头匠	玩藏掖的	犍子
寿光	剃头匠[的]、理发的	耍藏掖的	犍子

词目	母牛	牛角	公猪
潍城	氏牛	牛角 niəɯ^{53}tɕiɑ^{213}	公猪
坊子	氏牛	牛角 niou^{53}tɕiɑ^{214}	角 tɕ yo^{213}猪
寒亭	氏牛	牛角 niou^{53}tɕiɑ^{213}	豵 tsuŋ$^{31}_{544}$［角］［tɕyo$^{55}_{213}$］猪
昌邑	氏牛	牛角 niou^{42}ciɑ^{55}	豵 tθuŋ$^{21}_{544}$［角］［cyo$^{55}_{213}$］猪
高密	氏牛	牛角 iou^{42}ciɑ^{55}	豵 tθəŋ$^{31}_{55}$猪
诸城	虾牛	牛角 iou^{53}tʃɑ^{55}	豵 tθəŋ$^{31}_{55}$猪
五莲	□ ʂ ɑ$^{214}_{21}$牛	牛角 iou^{53}tʃɑ^{55}	爬猪
安丘	氏牛	牛角 niou^{42}tɕiɑ^{213}	角 tɕyo^{213}猪
昌乐	氏牛	牛角 niou^{42}tɕiɑ^{213}	豵 tθuŋ$^{21}_{544}$［角］［tɕyo^{213}］猪
临朐	氏牛	牛角 iou^{42}tɕiɑ^{213}	豵角 tɕyo$^{55}_{213}$猪
青州	氏牛	牛角 niou^{42}tɕiɑ^{55}	豵 tɕyŋ$^{21}_{55}$［角］［tɕyo$^{55}_{214}$］猪
寿光	氏牛	牛角 niou^{53}tɕiɑ^{213}	豵 tɕyŋ$^{21}_{55}$［角］［tɕyə^{213}］猪子

词目	母猪	公驴	母驴	公狗	母狗	公猫	狼
潍城	母猪	叫驴	草驴	牙狗	母狗	牙猫	妈虎
坊子	(老)母猪	叫驴	草驴	牙狗	母狗子	牙猫	妈虎
寒亭	母猪	叫驴	草驴	牙狗	母狗	牙猫	妈虎
昌邑	豚猪	叫驴	草驴	牙狗	母狗	儿猫	妈虎
高密	豚猪	叫驴	草驴	牙狗	母狗	牙猫	妈虎
诸城	老母猪	叫驴	草驴	牙狗	母狗	牙猫	妈虎
五莲	老母猪	叫驴	草驴	牙狗	母狗子	牙猫	妈虎
安丘	母猪	叫驴	草驴	牙狗	母狗	牙猫	妈虎
昌乐	母［豚］猪	叫驴	草驴	牙狗	母狗	牙猫	妈虎
临朐	母猪	叫驴	草驴	牙狗	母狗	牙猫	妈虎
青州	母猪	叫驴	草驴	牙狗	母狗	牙猫	妈虎
寿光	母［豚］猪子	叫驴	草驴	牙狗	母狗	牙猫	妈虎

90

词目	母猫	黄鼠狼	蛇	蝙蝠
潍城	女猫	黄鼠狼子	长虫	檐蝙虎
坊子	女猫	黄鼠狼子、黄老鼠	长虫	檐蝙虎（子）
寒亭	女猫	（黄）鼠狼子	长虫	檐面虎儿
昌邑	女猫	黄鼠狼子	长虫	檐蝙虎
高密	女[母]猫	黄鼬子	长虫	檐蝥虎
诸城	女猫	黄鼬子	长虫	檐蝙蝠子
五莲	女猫	黄老鼠、鼬子	长虫	蝥蝠子
安丘	女猫	黄鼠狼子	长虫	檐蝙虎儿
昌乐	女猫	黄鼠狼子、黄鼬子	长虫	檐蝙虎（子）
临朐	女猫	黄鼠狼子、黄鼬子	长虫	檐蝙虎子
青州	女猫	黄鼠狼子、黄鼬子	长虫	檐片虎儿
寿光	女猫	黄鼬子	长虫	檐蝙虎儿

词目	鸭子	下蛋	孵（小鸡）	鸽子
潍城	扁嘴	下蛋	抱	鹁鸽 pu$^{31}_{24}$kuɑ·
坊子	扁嘴、嘎嘎	下蛋	抱	鹁鸽 pu$^{31}_{24}$kuɑ·
寒亭	扁嘴	下蛋	抱	鹁鸽 pu$^{53}_{24}$kuə·
昌邑	扁嘴、嘎嘎儿	下蛋	抱	□谷 p'u$^{21}_{44}$ku·
高密	扁嘴	下蛋	抱	鹁鸽 pu$^{21}_{44}$kɑ·
诸城	扁嘴、老歪	媿蛋	抱	鹁鸽 pə^{53}kɑ·
五莲	扁嘴、老歪	下蛋	抱	鹁鸽 pu$^{31}_{55}$kɑ·
安丘	扁嘴	下蛋	抱	鹁鸽 pu$^{42}_{55}$kɑ·
昌乐	扁嘴、嘎嘎	下蛋	抱	鹁鸽 pə$^{42}_{55}$kuo·[鹁 pə·]
临朐	扁嘴	下蛋	抱	鹁鸽 pə$^{42}_{55}$kuo·
青州	扁嘴	下蛋	抱	鹁鸽 pu$^{31}_{55}$kuɑ·
寿光	扁嘴	下蛋	抱	鹁鹁 pə$^{53}_{44}$pə·

91

词目	猫头鹰	乌鸦	麻雀	啄木鸟
潍城	夜猫子	老鸹	家[小]鹐儿	剁木鸟
坊子	夜猫子	老鸹	(老)家鹐子	剁木虫
寒亭	夜猫子	老鸹	老家鹐儿	剁木虫
昌邑	夜猫子	老鸹	家鹐儿	剟树虫
高密	夜猫子	老鸹	家翅儿	剟木虫
诸城	夜猫子	老鸹	家鹐子	啄木虫
五莲	夜猫子	老鸹	家鹐子	啄木鹐子
安丘	夜猫子	老鸹	(老)家鹐子	剟食猫子
昌乐	夜猫子	(黑)老[哇啦]鸹	家鹐子	剟打猫子
临朐	夜猫子	老鸹	家鹐子	搔打□mə$^{55}_{213}$子
青州	夜猫子	老鸹	家鹐儿	剁木鸟
寿光	夜猫子	老鸹	家鹐儿	剟打猫子

词目	蚕	蚕蛹	蚂蚁	跳蚤
潍城	蚕妹儿	蛹子	蚂蛘	屹蚤
坊子	蚕妹儿	蛹子	蚁蛘	屹蚤
寒亭	蚕妹儿	蛹子	蚁蛘	屹蚤
昌邑	蚕妹儿	蛹子、蚕妹儿、蛹儿	蚁蛘	屹蚤
高密	蚕儿	蚕蛹子	蚁蛘	屹蚤
诸城	蚕	蛹子	蚁蛘、蚂蚁蛘	屹蚤
五莲	蚕	蛹子	蚁蛘	屹蚤
安丘	蚕妹儿	蛹子	蚁蛘	屹蚤
昌乐	蚕妹儿	蛹子	蚁蛘	屹蚤
临朐	蚕[妹儿]	蛹子	蚁蛘	屹蚤
青州	蚕妹儿	蛹子	蚁蛘	屹蚤
寿光	蚕妹儿	蚕蛹儿	蚁蛘	屹蚤

词目	苍蝇	苍蝇卵	蝼蛄	壁虎
潍城	苍蝇	白渣	蝼蛄 lu$^{53}_{24}$ku·	蝎鳖虎子
坊子	苍蝇	白渣	蝼蛄 lu$^{53}_{24}$ku·	蝎(帘)虎子
寒亭	苍蝇	白渣	蝼蛄 lu$^{53}_{24}$ku·	蝎面虎子
昌邑	苍蝇	白渣	蝼蛄 lu$^{42}_{55}$ku·	蝎虎子
高密	苍蝇	白渣	蝼蛄 lu$^{42}_{55}$ku·	蝎虎子
诸城	苍蝇 iaŋ·	白渣	蝼蛄 lu$^{53}_{24}$ku·	蝎虎子
五莲	苍蝇 iaŋ·	白渣	蝼蛄 lu$^{53}_{24}$kou·	蝎虎子
安丘	苍蝇 iaŋ·	白渣	蝼蛄 lu$^{42}_{55}$ku·	蝎虎子
昌乐	苍蝇	白渣	蝼蛄 lou$^{42}_{55}$kou·	蝎鳖虎子
临朐	苍蝇	白渣	蝼蛄 lu$^{42}_{55}$ku·	蝎(片)虎子
青州	苍蝇	白渣	蝼蛄 lou$^{42}_{45}$kou·	蝎虎流儿(子)
寿光	苍蝇	白渣	蝼蛄 lou$^{42}_{55}$kou·	蝎变虎儿

词目	蟋蟀	蝗虫	蝈蝈
潍城	土蛰儿	蚂蚱儿	蝈 kuε$^{214}_{21}$子
坊子	土蛰儿[子]	蚂蚱儿	蝈 kuε$^{214}_{21}$子
寒亭	土蛰子	蚂蚱	蝈 kuε$^{214}_{21}$子
昌邑	土蛰儿	蚂蚱	蝈 kuε$^{213}_{21}$蝈
高密	土蚱	蚂蚱	蝈儿 kuer$^{213}_{21}$蝈儿
诸城	土蛰儿	蚂蚱	蝈 kuε$^{214}_{21}$子
五莲	土蛰子	蚂蚱	蝈 kuε$^{214}_{21}$子
安丘	土蛰子	蚂蚱	蝈 kuε$^{213}_{21}$子
昌乐	土蛰子	蚂蚱	蝈 kuε$^{213}_{21}$子、叫咬蝈儿
临朐	土蛰子、拆拆洗洗	蚂蚱	叫咬子
青州	蛐蛐儿	蚂蚱儿	咬子
寿光	促蛰儿[子]、蛐蛐儿	蚂蚱儿	蝈子、叫咬、母咬

93

词目	螳螂	蜻蜓	青蛙
潍城	刀螂	蜻蜓 t ʻiŋ²¹⁴t ʻiŋ·	蛤蟆歪 uɛ⁵³₂₅子
坊子	刀螂	蜻蜓 t ʻiŋ²¹⁴t ʻiŋ·	歪 uɛ²¹⁴子
寒亭	刀螂	蜻蜓 t ʻiŋ²¹³t ʻiŋ·	歪 uɛ⁵³₂₄子
昌邑	刀螂	蜻蜓 t ʻiŋ²¹³— ʻiŋ·	蛤蟆
高密	刀螂	蜻蜓 t ʻiŋ²¹³t ʻiŋ·	蛤蟆
诸城	刀 taŋ²¹⁴₃₁螂	蜻蜓 t ʻiŋ²¹⁴ t ʻiŋ·	蛤蟆
五莲	刀螂、老刀	蜻蜓 t ʻiŋ²¹⁴t ʻiŋ·	歪 uɛ⁵³₂₄子
安丘	刀螂 lɔ⁴²	蜻蜓 t ʻiŋ²¹³t ʻiŋ·	歪 uɛ⁵³₂₅子
昌乐	刀螂 laŋ·～lɔ·	蜻蜓 t ʻiŋ²¹³t ʻiŋ·	歪 uɛ⁵³₂₅子
临朐	刀螂	蜻蜓 t ʻiŋ²¹³t ʻiŋ·	蛤蟆
青州	刀螂	蜻蜓 t ʻiŋ²¹³t ʻiŋ·	歪 uɛ²¹³₂₁子
寿光	老刀	蜻蜓 t ʻiŋ²¹³t ʻiŋ·	蛤蟆（歪 uɛ²¹³子）

词目	蝌蚪		玉米	高粱
潍城	蛤蟆蝌索子 xa⁵³₃₅ma·k ʻuə²¹⁴suə·tsɿ·		棒锤子	秫秫
坊子	蛤蟆蝌索子 xa⁵³₂₄ma·k ʻuə²¹⁴suɛ⁵³₃₁tsɿ·		棒（锤）子	秫秫
寒亭	蛤蟆蝌索子 xa⁵³₃₅ma·k ʻuə²¹³suə·tsɿ·		棒子	秫秫
昌邑	蛤蟆趸趸子 xa⁴²₃₅ma·tʃ ʻou²¹,tʃ⁴⁴₁₁ou·tθɿ·		棒子	秫秫
高密	蛤蟆哥丁子 xa⁴²₃₅ma·kə²¹³tiŋ²¹tθɿ·		棒子	秫秫
诸城	哥哥荡子 kuə²¹⁴₃₁kuə·taŋ³¹₃₅tθɿ·		玉豆	秫秫
五莲	哥哥豆子 kuə²¹⁴₃₁kuə·tou⁵³₃₅tθɿ·		玉豆	秫秫
安丘	蛤蟆蝌心子 xa⁴²₃₅k ʻuo²¹³₂₄xie·tθɿ·		棒锤子	秫秫
昌乐	蛤蟆蝌索子 xa⁴²₃₅ma·k ʻuo²¹³₂₄suo·tsɿ·		棒（锤）子	秫秫
临朐	蛤蟆果角子 xa⁴²₃₅ma·k ʻuo⁵⁵₂₁₃tɕ yo·tθɿ·		棒锤子	秫秫
青州	蛤蟆哭袋儿 xa⁴²₃₅ma·k ʻu⁵⁵₂₁₄tɚ·		棒锤子	秫秫
寿光	蛤蟆蝌索（子）xa⁵³₃₅ma·k ʻuə²¹³suər·		棒（锤）子	秫秫

词目	白薯	马铃薯	花生	辣椒
潍城	地瓜	地蛋	长果儿	辣椒（子）
坊子	地瓜	地蛋、土豆儿［子］	长（虫）果	辣椒子
寒亭	地瓜	土豆子、地蛋	长果	辣椒子
昌邑	地瓜	土豆子、地蛋	长长果儿	（辣）椒子
高密	地瓜	地蛋	长生［虫］果	（辣）椒子
诸城	地瓜	地蛋	长生果	椒子
五莲	地瓜	地蛋、土豆	果子	椒子
安丘	地瓜	地蛋	长生果	椒子
昌乐	地瓜	地蛋、土豆	果子	（辣）椒子
临朐	地瓜	地蛋	果子、长虫果儿	椒子
青州	地瓜	地蛋、土豆儿	长果	辣椒（子）
寿光	地瓜	地蛋	长果儿	辣椒（子）

词目	花生米	西红柿	香椿芽	花骨朵儿
潍城	长果仁儿	洋柿子	香椿芽儿	花骨朵 tuˑ
坊子	长果仁儿	洋柿子	香芽	花骨朵 tuˑ
寒亭	长果仁儿	洋柿子	香芽	花骨朵 tuˑ
昌邑	长长果仁儿	洋柿子	香树菜	花骨朵 tuˑ
高密	长生果仁儿	洋柿子	香椿芽	花骨朵儿 turˑ
诸城	果子仁儿	洋柿子	香椿芽	花骨朵儿 turˑ
五莲	果子仁儿	洋柿子	香椿芽儿	花骨朵儿 tourˑ
安丘	果子仁儿	洋柿子	香樗芽儿	（花）骨朵儿 turˑ
昌乐	果子仁儿［子］	（洋）柿子	香（樗）芽	（花）骨朵儿 turˑ
临朐	果子仁儿	洋柿子	樗芽	花骨朵 tuˑ
青州	长果仁	洋柿子	椿芽	花骨朵儿 turˑ
寿光	果子仁	洋柿子	香芽	花骨朵儿 turˑ

词目	向日葵	（九）漂亮	脏	笨
潍城	场阳花	俊	脏、派赖	笨
坊子	场院iā·花	俊	窝囊	拙
寒亭	朝阳花	俊	派赖	拙
昌邑	朝阳花儿	俊	窝囊	笨、拙
高密	朝阳iɔ⁴²花儿	俊	脏、窝囊	笨、拙
诸城	朝阳花	俊	派赖	笨、拙
五莲	朝阳花	俊	赖、窝囊	拙
安丘	场阳花	俊	脏、窝囊	拙、拙古
昌乐	场阳花	俊	脏、窝囊	拙、拙古
临朐	场院花	俊	窝囊	拙（古）
青州	朝阳花、葵花头	俊	窝囊	拙古
寿光	葵［朝阳］花、可乐杆子	俊	窝囊	拙古

词目	精	吝啬	累	听话	顽皮
潍城	精	㞞渣子、㞞古	使	听说	（调）皮
坊子	精、鬼	㞞古	使	听说	皮
寒亭	精细	㞞古	使	听说	皮
昌邑	精、鬼儿	㞞古	使	听说	（调）皮
高密	精、鬼儿	㞞古	使	听说	（调）皮
诸城	鬼	㞞古	使	听说	皮
五莲	□k'ou⁵³	㞞答	使	听说	皮、□tθuə³¹
安丘	灵头、精儿	㞞古	使	听说	麻滑
昌乐	精细、鬼灵头	㞞古	使	听说	皮、□suo⁴²
临朐	精	㞞古	使	听说	（调）皮
青州	精、扣、灵头	㞞古	使	听说	调皮
寿光	精、鬼	㞞古	使	听说	皮

词目	舒服	很多	挤	重	行、好
潍城	舒坦	萘多	挤	沉	中
坊子	熨作	萘多、一大些	塞得慌	沉	中
寒亭	舒坦	萘多	挤	沉	中
昌邑	熨作	离巴多	挤	沉	中
高密	熨作	刚的货、若干	挤	沉	中
诸城	熨作	萘多、若干	挤	沉	中
五莲	熨作	若勒干	塞	沉	中
安丘	熨作、舒索	刚货	㲉 naŋ²¹	沉	中
昌乐	熨作、舒坦	刚货	挤、塞	沉	中
临朐	舒坦	刚货	㲉 naŋ²¹、挤巴	沉	中
青州	舒坦	刚货	㲉 naŋ²¹	沉	中
寿光	舒坦	刚货	㲉 naŋ²¹	沉	中

词目	很	马上	来不及
潍城	萘、真	坐卧	送不(当)的
坊子	萘、真	接着	送不(当)的
寒亭	萘、真	接着	送不当的
昌邑	萘、刚、真	接着	顾[送]不当的
高密	刚、萘、真	赶忙儿	送不当
诸城	萘、刚的、过的	赶么	送不当的
五莲	刚里、过里、精	赶么	送不的
安丘	刚、海、萘	坐卧子	等不得、送不当的
昌乐	刚	赶子	送不当的
临朐	刚	赶[就]着	送不的
青州	刚、刚着	赶着	送不当的
寿光	刚、刚着	赶着	送不当的

词目	故意	悄悄
潍城	特 tei²¹⁴ 为地	偷偷地
坊子	处心地	悄悄地、猫 miɔ²¹⁴乎猫乎地
寒亭	处心地	猫 miɔ²¹³猫 miɔ²¹³地
昌邑	直□kuŋ²¹³地	轻轻地
高密	特 tei²¹ 为地	悄悄地、遮没声儿地
诸城	特 tei²¹ 为地	遮没声儿地
五莲	贼惊着 tɕ·	憋没声儿地
安丘	处心	慢儿慢儿地
昌乐	处心地	慢儿慢儿地、巧天猫 miɔ²¹³脚地
临朐	特 tei²¹ 为地	不动不惊儿
青州	特 tei⁴²₅₅ 为地	慢慢地
寿光	特 tei²¹³ 为地	悄悄地、朝天没 mei⁵³脚地

词目	恐怕	不用	(十)自（今天起）
潍城	恐怕 p‘əŋ²¹⁴p‘ɑ³¹	甭 pəŋ⁵⁵、别 pɛ⁵³	自、从
坊子	恐怕 p‘əŋ⁵⁵p‘ɑ³¹	别 piə⁵³～pɛ⁵³	从、打、自打
寒亭	恐怕 p‘əŋ²⁴p‘ɑ·	甭嘎 pəŋ³¹₄₄kɑ·	打
昌邑	覃怕 t‘ɑ̃⁴²p‘ɑ²¹	甭 pəŋ⁴²	打
高密	怕是	甭 pəŋ²¹³、别 piə⁴²	打
诸城	怕是	别 pɛ⁵³、不用	打、从、自
五莲	恐成 k‘əŋ⁵⁵tʃ‘əŋ·	甭 pəŋ³¹	从、自打
安丘	恐怕 p‘əŋ⁵⁵p‘ɑ²¹	别 pei⁴²	自、从
昌乐	恐怕 p‘əŋ⁵⁵p‘ɑ 21	甭嘎 pəŋ²¹₄₄kɑ·	打、从
临朐	恐怕 p‘əŋ⁵⁵p‘ɑ²¹	甭 pɛ̃²¹	打
青州	恐怕 p‘əŋ⁵⁵p‘ɑ·	甭 pɛ̃⁴²～pəŋ⁴²	从
寿光	恐怕 p‘əŋ⁵⁵p‘ɑ²¹	甭 pəŋ⁵³	打

词目	从（济南来）	向（东走）	用（笔写）	被（他撕了）
潍城	打、漫	望、向	使	叫
坊子	漫	上	使	叫
寒亭	漫、从	朝	使	叫
昌邑	打、从、漫	朝、望	使	叫
高密	打、从、漫	朝、望	使	叫
诸城	打、从、巴	朝、望	使	叫
五莲	漫	向、望	使	叫
安丘	打、巴、漫	朝、上	使	叫
昌乐	打、从、巴、漫	上、朝	使	叫
临朐	打、从、巴	上	使	叫
青州	打、巴、漫	望	使	叫
寿光	打、漫	上	使	叫

词目	和（他一起）	一点儿
潍城	和 xuə^{53}	没大点儿
坊子	和 xuə^{53}	一点儿点儿、丁格点儿
寒亭	和 xuə^{42}	顶点儿
昌邑	和 xaŋ^{42}	没点儿
高密	和 xə^{42}	没[精]点儿
诸城	和 xə^{53}xɔ^{53}～xaŋ^{53}～xuaŋ^{53}	一点儿点儿
五莲	和 xɔ^{31}	一点儿点儿
安丘	和 xuo^{42}	丁格[星]点儿
昌乐	和 xuo^{42}	（一）丁点儿
临朐	和 xaŋ^{42}	一点儿点儿、顶（星）点儿
青州	和 xuo^{42}	顶点儿
寿光	和 xuo^{53}	一点儿点儿

词目	一场电影	一条鱼	一排座位	一层皮
潍城	一场电影	一根鱼	一排[趟]座位	一行皮
坊子	一块电影	一根鱼	一溜座位	一行皮
寒亭	一块电影	一根鱼	一溜座位	一行皮
昌邑	一块电影	一个[条]鱼	一溜座位	一行皮
高密	一块电影	一个[条]鱼	一趟[溜]座位	一行皮
诸城	一块电影	一根鱼	一趟[溜]座位	一行皮
五莲	一块电影	一条鱼	一趟座位	一行皮
安丘	一块电影	一根鱼	一溜[趟]座位	一行皮
昌乐	一块电影	一根鱼	一溜座位	一行皮
临朐	一块电影	一根鱼	一溜[趟]座位	一行皮
青州	一块电影	一条[个]鱼	一溜儿座位儿	一行皮
寿光	一块电影	一根鱼	一趟[溜]座位	一行皮

词目	一所房子	(玩)一会儿
潍城	一栋房子	一盘子、一气儿
坊子	一位宅子	一盘子、一气儿
寒亭	一位宅子	一气儿
昌邑	一位宅子、一口屋	一盘子、一气儿
高密	一处宅子	一盼子
诸城	一块宅子	一盼子、一气儿
五莲	一栋[处]房子	一盘子、一气儿
安丘	一位[个]宅子	一盘子
昌乐	一位宅子	一盘子、一气儿
临朐	一位宅子	一盘子、一气儿
青州	一位[处]宅子	一盘子
寿光	一位宅子	一盘子

第四章 语 法

潍坊方言的语法与普通话大多一致,但也存在一些值得注意的特殊现象,本志只介绍跟普通话相比有明显不同而在潍坊各地又比较通行的特点,共十项。

一 名词和动词后缀

1. 名词后缀

(1) 子

潍坊方言的名词后缀主要有"子"、"头"等。其中由"子"作后缀构成的子尾词十分丰富。全市各地比较通用的如:

雹子、身子、手背子、鼻孔眼子、奶子、婶子、锢露子(锢锅匠)、豁唇子(裂唇的人)、锅腰子(驼背的人)、杌子、电棒子(手电筒)、褯子(尿布)、扎腰带子(腰带)、擦脸布子(洗脸手巾)、圈子(临朐等地称坠子,即耳环)、胰子(肥皂)、油炸果子(诸城等地称香油果子,即油条)、饭馆子、澡堂子、闯门子(串门儿)、黄鼠狼子、蛹子(蚕蛹)

此外还有许多通行地区大小不等的子尾词,任举潍城、诸城、寿光为例:

潍 城:泉子(泉)、画子(画儿)、拐肘子(胳膊肘儿)、坙砸子(吝啬鬼)、地排子(地排车)、锅子(锅)、箸笼子(筷筒)、糨子(糨糊)、黑板擦子、手套子(手套儿)、摸和鱼子(木鱼)、马子(马)、苦菜子(苦菜)

诸 城:雪瓜子(大雪花)、雨点子、东边子、手掌子、拐角子(胳膊肘儿)、干腿子(小腿)、雀子(雀斑)、障子(篱笆)、鸡屋子(鸡窝)、猪食槽子、门关子(门栓)、自行车子、灯罩子、饭盒子、抹布子、匙子(调羹)、牙刷子、针鼻子、干线子(土布)、坎肩

子、呱哒板子（木屐）、香炉子、木拉鱼子（木鱼）、汤圆子、柿
饼子、虾皮子、牛犊子、土耗子（老鼠）、黄鼬子（黄鼠狼）、檐
蝙蝠子（蝙蝠）、鸡冠子、乌子（乌贼）、树枝子、榆钱子、蒜苗
子。

寿光：耳朵唇子（耳垂子）、腚眼子（肛门）、茅子（厕所）、箔障子（篱
笆）、窨子（地窖）、门关子（门闩）、插子（铁簸箕）、车脚子（车
轮）、焦子（焦炭）、大褂子（长布衫）、蛾子（飞蛾）、虮子（虱子
卵）、树秧子（树苗）、树梃子（树干）、扎猛子（潜水）、招压虎子
（梦魇）。

(2)人品称谓的后缀

潍坊方言用来组成人品称谓的后缀仍以"子"居多。此外还有
"汉"、"巴"、"厮"、"的"、"蛋子"、"婆"等。其中，"汉"、"巴"、"厮"主
要用于指有生理缺陷的人，"子"有时也有类似用法。除"的"外，其
余后缀构成的人的称谓多带有贬义色彩。"婆"限指女性，其他一般
不分性别。以诸城方言为例：

子：媳子（媳妇）、妗子（舅母）、闺女子、孙女子、侄妞子（侄女）、大伯
头子（大伯子，贬称）、姑子（尼姑）、跟婆子（旧称伴随新娘去婆
家的妇女）、窑包子（窑匠）、城滑子（对城里人的贬称）、土包子
（对乡下人的贬称）、二秆子（很倔的人）、斜眼子。

汉：瞎汉（瞎子）、聋汉（聋子）、疯汉（麻风病人）、胖汉（胖子，指男
性）、外门汉（外汉）

巴：痴巴（傻子）、潮巴（统称傻子、白痴、精神病人）、哑巴

厮：小厮（小男孩儿）、秃厮（秃子）

的：做买卖的、送信的、剃头的、要饭的、绑票的（绑匪）

蛋子：伙夫蛋子（伙夫）、乇古蛋子（小气鬼）

婆：老婆、老娘婆（接生婆）

2.动词后缀

潍坊方言动词后缀常用的有："巴"、"查"、"棱"、"拉"、"悠"、

"索"、"乎"等,都读轻声。它们具有使动词轻化、小化、动作随便、反复、漫不经心等意思。以诸城为例:

巴　捏巴(反复捏)、搓巴(反复搓)、拉巴(用手拉;辛勤抚养)

查　扒查(扒拉)、抠查(抠搜)、刮查(反复刮;搜刮)、划查(拨弄;涂抹)

棱　扑棱、斜棱(歪斜)、侧棱(侧;歪斜)

拉　扒拉、搅拉(搅拌)、摆拉(随便摆放)

悠　转悠、晃悠、搓悠(随意地搓)

乎　贴乎(巴结)、惹乎、嫌乎

索　摸索、掖索

二　代　词

1.人称代词

潍坊方言人称代词系统见下表:

	单　数	复　数
第一人称	俺、我	俺、咱
第二人称	恩ᶜŋẽ 恁ᶜnẽ、你	恩ᶜŋẽ、恁ᶜnẽ、你们
第三人称	他	他们、他这些人 他乜些人、他那些人

说明:①第二人称"恩"和"恁"是地域差异,详见词语对照表。"恁"有人写作"您",但无明显敬称义。②第一、二人称复数一般不用"们"表示,"俺"和"恩"("恁")都可兼表单、复数,还可表示单复数的领有。例如:"恁哪儿疼?""俺(恩、恁)仁都去。""恩(恁)男人在家吧?""俺男人不在家。""俺(恩、恁)学校后日开学。"③第三人称复数有的地方用"们",有的地方也不用"们",如诸城方言"他这些人"、"他乜些人"、"他那些人"。

2.指示代词

潍坊方言指示代词有"这"、"乜"、"那"三个。"这"是近指;"乜"和"那"都是跟"这"相对而言的,一般都是远指。下面的四句

话,近指用"这",远指用"乜"用"那"都可以:

这是俺家,乜(那)是张平家。

俺不要这个,要乜(那)个。

这块地的麦子不强起乜(那)块。

夜来俺这里下雨了,恁乜(那)里下了没?

但是"乜"和"那"也有区别,主要是在当需要有近、中、远三级区分时,"乜"就成了介乎"这"和"那"之间的中指。例如:

你是要这个啊,是乜个啊,还是姥娘家的那个啊?

屋里这个是老大,天井里的乜个是老二,街上要的那个是老三。

此外从语体色彩看,"乜"显得比较土,口气有些随便;"那"则显得文雅、郑重一些。

3. 疑问代词

潍坊方言疑问代词的说法各地虽有差异,但是问人的用"谁"没有分歧。其他如"哪"、"啥"(什么)、"咋"(怎么)、"多怎"或"几儿"(什么时候)等也是基本一致的。

寿光、寒亭等县区,指示代词和疑问代词后还常常有一个轻声音节"嘎"音 kɑ·,例如:"这嘎"、"哪里嘎"、"啥嘎"等。"嘎"并没有实在意义,在语流中有停顿作用,含有肯定的语气。

三 量 词

总起来说,潍坊多数地方量词"个"的使用范围较之普通话要宽泛些。普通话里某些用其他量词的场合,潍坊多数县市用"个"。例如:

一个手、一个耳朵、一个手表、一个帽子、一个褂子、一个袄、一个方桌、一个杌子、一个镜子、一个门、一个灯、一个炕、一个机器、一个炸弹、一个桥、一个猪、一个牛、一个牲口、一个米粒儿

其他较特殊的量词还有:块、根、溜、行、位等。

块 用于戏剧、电影的场次,分段的物品或整个物品的一部分。例如:一块电影、一块戏、一块电池、一块甘蔗、一块甜棒(一段甜玉米秆或高粱秆)、一块卷子,等。

根 用于长条形物体。例如:一根袖子、一根裤腿、一根藕、一根烟筒、一根板凳、一根蜡烛、一根鱼、一根街、一根道儿,等。

溜 用于成行的物体,例如:一溜墙、一溜座位、一溜屋、一溜人、一溜树,等。

行 相当于普通话的"层",例如:一行皮、一行灰,等。

位 例如:一位宅子。

此外还有表时间的量词如:玩一气、歇一气;坐了一盼子、使(用)了一盼子;表动作次数的量词如:喝了一伐子(次)酒,等等。

四 介 词

潍坊市较特殊的介词有:巴、漫、打、上、望、叫、捋着、了等。

巴、漫、打,均表示起点,例如:

巴南边儿来。　　　　　漫哪条道儿走?

打济南来。　　　　　打今日(或,今门儿)起。

上、望,表示正对某方向。例如:

巴这儿上西走。　　　　望东去。

叫,用于被动句式。例如:

玻璃叫他打了。　　　　手叫玻璃划破了。

捋着("捋"音 ᵊly),表示顺着、沿着,例如:

捋着河沿儿走。　　　　捋着右边开过去。

了(音 lə·),用在动词和处所补语之间,相当于普通话的"在""到""进"。例如:

拽了院子里。　　　　你搁了哪里?

放了锅底里。　　　　搁了布袋儿里吧。

掉了地上了。　　　　跑了家里来了。

105

五　程度表示法

1.程度副词

潍坊方言大致与普通话"很"相当的程度副词除有"很"、"挺"、"真"、"极"以外,还有最能反映本地特点,使用频率最高的"綦"、"刚"(或刚着、刚里、刚的,本志统称"刚系"),等。例如:

綦好　綦臭　綦长　綦大　綦短　綦老实　綦好看
綦黄　綦冷　綦沉　綦巧　綦粗　綦会辩　綦能跑
刚热　刚香　刚枵　刚长　刚红　刚热闹　刚干净
刚俊　刚坏　刚累　刚忙　刚贵　刚能干　刚会说

其他较为特殊的程度副词还有"离巴"、"海"、"着"、"诚的"等。"离巴"见于寿光、寒亭、昌邑等地,例如"离巴好"、"离巴快"、"离巴坏"、"离巴好看"。"离巴"还可以说成"离了巴子"、"离了巴儿",都是"特别"、"非常"的意思。"着"多见于潍城、寒亭等地,相当于普通话的"特别"、"太"、"过于",有时含有某种嫌弃的感情色彩,如"着好"、"着厚"、"着甜"、"着瘦"、"着老实"、"着爱吃",等等。"海"通行于安丘一带,如"海高"、"海大"等,一般用于修饰限定含有积极意义的形容词。"诚的"通行于高密等地,如"诚的好"、"诚的丑"、"诚的冷"等,含有"的确是"的意思。

2.用副词变音的程度表示法

有的县市通过程度副词音变(变调、变韵)的方式来表示程度的进一步加深。

诸城方言表示最高程度时,除常用"极"以外,另一种形式就是用"很"的特殊变调。具体情况是:"很"如果按正常变调规律读单字调 55 或由 55 变为高降调 53 时,其意义跟普通话的"很"相当,如果不按这个规律而变为中升调 24 时,其意义程度与普通话的"极"、"非常"相当。比较如下:

很高　$x\tilde{ə}^{55}_{53}kɔ^{213}$(很高)　　　　　$x\tilde{ə}^{55}_{24}kɔ^{213}$(非常高)

很香　xə⁵⁵₅₃ʃaŋ²¹³（很香）　　　xə⁵⁵₂₄₂ʃaŋ²¹³（非常香）

很甜　xə⁵⁵ ‘ia⁵³（很甜）　　　　xə⁵⁵₂₄₂ ‘ia⁵³（非常甜）

很穷　xə⁵⁵tʃ ‘əŋ⁵³（很穷）　　　xə⁵⁵₂₄₂tʃ ‘əŋ³¹（非常穷）

很好　xə⁵⁵₅₃xɔ⁵⁵（很好）　　　　xə⁵⁵₂₄₂xɔ⁵⁵（非常好）

很不好　xə⁵⁵₅₃pu⁵⁵₅₃xɔ⁵⁵（很不好）　　xə⁵⁵₅₃pu⁵⁵₅₃xɔ⁵⁵（非常不好）

很坏　xə⁵⁵xuɛ³¹（很坏）　　　　xə⁵⁵₂₄₂xuɛ³¹（非常坏）

很贵　xə⁵⁵kuei³¹（很贵）　　　　xə⁵⁵₂₄₂kuei³¹（非常贵）

　　临朐方言单用副词区分比较级和最高级时则用变调加变韵表示。如副词"刚"，比较级读上声，高平调；最高级读阴平，低降升调，声音拉长，由降到升的弯度特别明显，而且主要元音也由后ɑ变为前a。这种方式差不多适用于所有的形容词。例如：

刚好　kaŋ⁵⁵₄₂xɔ⁵⁵（很好）　　　kaŋ²¹³xɔ⁵⁵（非常好）

刚坏　kaŋ⁵⁵₂₄xuɛ²¹（很坏）　　　kaŋ²¹³xuɛ²¹（非常坏）

刚香　kaŋ⁵⁵₂₄ɕ iaŋ²¹³（很香）　　kaŋ²¹³ɕ iaŋ²¹³（非常香）

刚忙　kaŋ⁵⁵₂₁₃maŋ⁴²（很忙）　　kaŋ²¹³maŋ⁴²（非常忙）

　　3.对称式形容词生动形式"大AA"和"精BB"

　　潍城、诸城、五莲、临朐、青州、寿光等县市，某些单音节形容词重叠后，前面加上"大"或"精"表示形容程度加深。例如：

大长长　精短儿短儿　　　　　　　大厚厚　精薄儿薄儿
大宽宽　精窄儿窄儿　　　　　　　大粗粗　精细儿细儿
大高高　精矮儿矮儿　　　　　　　大胖胖　精瘦儿瘦儿
大深深　精浅儿浅儿　　　　　　　大远远　精近儿近儿
大贵贵　（不说"精贱儿贱儿"）

　　一般地说，"大AA"与"精BB"这种两相对应的形式一般用于表示长短、宽窄、胖瘦等意义对应的形容词。"大"用在积极意义的形容词前，不儿化；"精"用在消极意义的形容词前，两个重叠音节通常要儿化。

　　寒亭等地，"精AA"式可以说成"溜A儿A儿"，如"溜窄儿窄儿、溜短儿短儿、溜浅浅儿",等等。

六　可能补语

普通话常用"得"连接补语表示动作的可能,否定式用"不",如:拿得动、拿不动。潍坊方言的否定式跟普通话相同,肯定式则有差异。以诸城方言为例,可以分为下列三种形式:

Ⅰ式　一般在动补结构之后加轻声的"了"lɔ·的形式表示可能。例如:

上去了(上得去)看见了(看得见)用着它了(用得着它)

Ⅱ式　在动补结构之前加"能"字或前加"能"后加轻声"了"lɔ·并用。如:

能说清(说得清)　能够着(够得着)　能拿动了(拿得动)

能干完了(干得完)　能买起彩电了(买得起彩电)

Ⅲ式　反复疑问句则是单用动补结构肯定加否定相叠的方式表示,例如:

搬动搬不动?(搬得动搬不动?)

借到钱借不到钱?(借得到钱借不到钱?)

值得说明的是,普通话"吃了饭了"中的两个"了"在诸城方言中不同音,前者读轻声 lɔ,后者读轻声 lə。Ⅰ式例句字面上与结果补语结构一样,但可能补语后的"了"读轻声 lɔ,结果补语后的"了"读轻声 lə,二者是有区分的。比较如下:

那个山恁都上不去,他上去了 ʃaŋ⁵⁵tʃʻu·lɔ·。(可能补词)

那个山我没上去,他上去了 ʃaŋ⁵⁵tʃʻu·lə·。(结果补语)

离得不远,他看见你了 kʻa⁵⁵tʃʻã·ni·lɔ·。(可能补语)

你看,他看见你了 kʻa⁵⁵tʃʻã·ni·lə·。(结果补词)

七　宾语、补语的位置

1."看你看"结构

　　普通话人称代词（我、你、他）做重叠动词的宾语，其位置总是放在重叠的动词之后，例如：看看他；试一试。潍坊市的青州、寿光、昌邑等县市做宾语的人称代词则多插入重叠了的动词中间，如果有"一"，则该宾语置放在"一"之前，构成"动词＋代词宾语＋动词"的格式。举例如下：

　　看你看。看你一看。　　　　劝他劝。劝他一劝。
　　考我考。考我一考。　　　　商量他商量。

　　如果宾语是名词，则不能使用这一形式，而需采取跟普通话相同的语序，例如：看看电影；打打球。

　　2."下雨开了"结构

　　普通话表示动作起始的补语"开"只能放在动词和宾语之间，构成"动词＋开＋宾语＋了"的结构，如：下开雨了。潍坊各县市区除有同样的说法以外，更经常的是把"开"放在宾语跟助词"了"中间，形成"动词＋宾语＋开＋了"的形式。以昌邑为例：

　　下雨开了。　　　　　　　刮风开了。
　　唱戏开了。　　　　　　　演电影开了。
　　他又喝酒开了。　　　　　你又埋怨人家开了。

八　比较句

　　潍坊方言的比较句虽然也有跟普通话相同的一些说法，但是最通用的还是用"起"（寿光、临朐用"的"）引进比较的另一方置于性状词之后的一种方式，即"甲＋性状词＋起（或"的"）＋乙"的格式。其与普通话的明显不同是语序上性状词位于"起"字结构之前，比较：他比我强——他强起我。这种格式可用于肯定句、否定句及疑问句，例如：

　　一天热起一天。　　　　　一年好起一年。
　　他不高起我。　　　　　　外边不暖和起家里。
　　他考得不好起你？　　　　恁家不干净起他家？

寿光、临朐两地用"的"，例如：

一天冷的一天。　　　　　　　　日子一年强的一年。

这种苹果不好吃的乜种。　　　　他高的你吗？

上述比较句的格式在当地的民间谚语中大量存在，例如：

高密：吃饭喝口汤，强起开药方。

　　　饥时帮一口，强起有时帮一斗。

诸城：攒囤尖强起攒囤底。

　　　饭前一口汤，强起开药方。

　　　饥里帮一口，强起饱里帮一斗。

　　　干天驴打颤（指粗略地锄地），强起湿天锄十遍。

青州：家土强起野粪。

寿光：近邻强的远亲。

　　　秋里麦里弯弯腰，强的冬天走一遭。

临朐：饭前喝口汤，强的大夫开药方。

　　　懒汉回了头，力气大的牛。

否定句除"甲＋不＋性状词＋起＋乙"外，还可用"甲＋不跟＋乙＋性状词"的格式。其中"不跟"相当于普通话的"不如"，在寿光、临朐、青州，也可以换成"不掩"，意思不变。例如：

昨天不跟今门儿热闹。　　　　　他不跟我能吃。

这种花不跟那种香。　　　　　　眼经不跟手经。

一麦不跟三秋长，三秋不跟一麦忙。

寿光、临朐、青州：

他的学习不掩你。　　　　　　　他去不掩他去。

我咋不掩你的？　　　　　　　　他不掩你跑得快。

九　疑问句

1.反复问

普通话反复问句用肯定与否定并列的方式表达，例如："去不去?""去没去?""去了没有?"潍坊方言的反复问句较为特殊。

潍城、寿光等地常用说法是"动词＋啊吧"。例如：

中啊吧?（行不行?）　　　甜啊吧?（甜不甜?）

有啊吧?（有没有?）　　　去过北京啊吧?（去过北京没有?）

诸城等地反复问则用"动词＋啊不"、"动词＋过没"、"动词＋了没"三种形式表示。例如：

来啊不?（来不来?）　　　　你想去啊不?（你想去不想去?）

你上北京去过没?（你去过没去过北京?）

吃了没?（吃了没吃?）　　　上学了没?（上学了没有?）

2.是非问

是非问在普通话里一般得在句末用语气词"吗"。潍坊的诸城、五莲、高密等地则往往不用语气词,其疑问语气常常只用语调表示,其方式主要是句末语调上扬和最后的音节略为延长。以诸城为例：

你不抽烟?（你不抽烟吗?）　　　你拿动了?（你拿动了吗?）

他上过北京?（他上过北京吗?）

恁那边种稻子?（你们那边种水稻吗?）

十　选择复句

潍坊方言选择复句的关联词语的使用并不十分一致,下面以潍城和临朐为例比较如下：

潍城　要不你去,要不我去,要不咱俩一堆儿去。

临朐　不就你去,不就我去,不就咱俩一堆儿去。

潍城　要你去,还不如我去。

临朐　即凡你去,不跟我去。

第五章　标音举例

一　谚　语潍城

1　tɕʻiŋ²¹⁴miŋ⁵³fəŋ²¹⁴, xã⁵³ ʂ₂ʅ·yu⁵⁵。
　　清　明　风，寒　食　雨。

2　tuŋ²¹⁴₃₁tɕʅ·piã⁵⁵₂₄ ʂ₂ʅ·ɕ ia³¹₅₅tɕʅ·tʻɑŋ²¹⁴。
　　冬　至　扁　食　夏　至　汤。

3　i²¹⁴₂₄mei³¹pu²¹⁴₂₄yu³¹sã²¹⁴tɕʻiəɯ²¹⁴tʂʻ₂ɑŋ⁵³，
　　一　麦　不　如　三　秋　长，

　　sã²¹⁴₂₄tɕʻiəɯ²¹⁴pu²¹⁴₂₄yu³¹i²¹⁴₂₄mei³¹maŋ⁵³。
　　三　秋　不　如　一　麦　忙。

4　tɕʻyã³¹tɕyə²¹⁴mə³¹tɑ⁵⁵sã²¹⁴₂₄tɕʻuə²¹⁴nio⁵⁵，
　　劝　君　莫　打　三　春　鸟，

　　tsʅ⁵⁵₂₄tsɛ³¹tɕʻɔ⁵³tɕuŋ²¹⁴uaŋ³¹mu⁵⁵₂₄kuei²¹⁴。
　　子　在　巢　中　望　母　归。

5　iɔ³¹pɔ⁵⁵ ʂ ʅ·tɕia²¹⁴tɕʻɑŋ⁵³fã³¹，
　　要　饱　是　家　常　饭，

　　iɔ³¹nuã⁵⁵ ʂ ʅ·ts ʻu²¹⁴₂₄pu³¹i²¹⁴，
　　要　暖　是　粗　布　衣，

　　iɔ³¹tɕʅ²¹⁴tʻəŋ⁵³z ə³¹ ʂ ʅ·tɕiə²¹⁴₂₄fa²¹⁴₂₄tɕʻi²¹⁴。
　　要　知　疼　热　是　结　发　妻。

6　iã²¹⁴₃₁tʻɛ·pʻiŋ⁵³₅₅kuə·lɛ⁵³₃₅iaŋ·li⁵³，
　　烟　台　苹　果　莱　阳　梨，

　　pu²¹⁴₂₄yu³¹uei⁵³ɕ iã³¹ti·luə⁵³₃₅pei·pʻi⁵³。
　　不　如　潍　县　的　萝　卜　皮。

7　kuə³¹₃₅lio·tɕiəɯ⁵⁵₂₄yə·tɕiəɯ⁵⁵，
　　过　了　九　月　九，

　　tɛ³¹₅₅fu·ɕ iəɯ³¹₃₅lio·ʂ₂əɯ⁵⁵；
　　大　夫　袖　了　手；

ʨia²¹⁴₂₄ ʨia²¹⁴ tʂʻ₂ʅ²¹⁴ luə⁵³₃₅ pei·,

家　家　吃　萝　卜，

piŋ³¹ z ə̃⁵³ xuə⁵³₃₅ tʂʻ₂u·iəu⁵⁵?

病　人　何　处　有？

8　tʂʻ₂ʅ²¹⁴ pu·ʨʻyuŋ⁵³, tʂʻ₂uã²¹⁴₂₁ pu·ʨʻyuŋ⁵³,

　　吃　不　穷，穿　不　穷，

pu²¹⁴₂₄ xuei³¹ suã³ʔ ʨi·ʨiəu³¹ ʂ₂əu³¹ ʨʻyuŋ⁵³.

不　会　算　计　就　受　穷。

二　谜　语诸城

1　i⁵³₂₄ kə³¹ tʻɔ⁵³, uɛ³¹ tʃaŋ⁵⁵ ku²¹⁴₂₄ tʻou·li⁵⁵ tʃaŋ⁵⁵₄₃₅ mɔ⁵³.

　一　个　桃，外　长　骨　头　里　长　毛。

iou⁵⁵₃₅ tʃɔ²¹⁴ i⁵⁵₂₁₄ i³¹ tʻɔ⁵³ pʻə³¹ la·,

　有　朝　一　日　桃　破　了，

li⁵⁵₅₃ tʃaŋ⁵⁵ ku²¹⁴₂₄ tʻou·uɛ³¹ tʃaŋ⁵⁵₄₃₅ mɔ⁵³.

　里　长　骨　头　外　长　毛。　谜底:鸡蛋

2　ku⁵⁵₂₄ kuɛ³¹ ku⁵⁵₂₄ kuɛ³¹ tʃə̃²¹⁴ ku⁵⁵₂₄ kuɛ³¹,

　古　怪　古　怪　真　古　怪，

tʃʻaŋ⁵³₂₄ tθʅ·tʃaŋ²¹⁴₁ tθɛ³¹ tu³¹₅₅ pʻi·uɛ³¹,

　肠　子　长　在　肚　皮　外，

kuə⁵⁵₂₁₄ pu·tʃu³¹₅₅ ʈi·la³¹ uɛ²¹⁴₂₁ uɛ·.

　搁　不　住　地　乱　歪　歪。　谜底:辘轳

3　meir⁵³ meir⁵³ meir⁵³,

　谜儿　谜儿　谜儿，

liaŋ⁵⁵₄₃₅ tʻou⁵³ pu⁵⁵ ʈʂuə⁵³ ʈ ir³¹,

　两　头　不　着　地儿，

taŋ²¹⁴₂₄ iaŋr²¹⁴ iou²¹⁴₂₁₄ kə·mə̃r⁵³,

　当　央儿　有　个　门儿，

kou³¹₅₅ ni·tʃə³¹ ɕiə·z iə̃⁵³ tθɛ²¹⁴ ʑə³¹ ir³¹.

　够　你　这　些　人　猜　二　日儿。　谜底:轿

113

4　tθ ˈɑŋ²¹⁴₂₄ uã²¹⁴ fã³¹ piə⁵⁵。

　　沧　　湾　泛　鳖。

　　谜底：用"聚鼋"谐当地字号名"聚源"

5　ʂ əŋ²¹⁴₂₄ ʂ u· θuə⁵⁵, pˈiɔ⁵³₂₄ pˈiã·mã⁵³。

　　生　□　锁，瓢　片　门。

　　谜底：用"难关难投"谐当地地名"南关南头"

三　歌　谣

1　石竹子花儿潍城

ʂₐ₂ʅ⁵³ tɕu²¹⁴ tsʅ·xuɑr²¹⁴, kˈɔ³¹ mã⁵³ pˈɑŋ⁵³,

石　　竹　子　花儿，靠　门　旁，

sɑ²¹⁴ sɔ⁵⁵₂₁₄ sɔ·, nɑ⁵⁵₂₁₄ kə·tɕiɑŋ⁵³?

仨　嫂嫂，哪　个　强　？

tɑ³¹ sɔ⁵⁵ tɕiɔ²¹⁴ uə⁵⁵₂₄ ʂₐ₂ʅ²¹⁴₂₄ tɕiã²¹⁴₂₄ tsʅ³¹,

大　嫂　教　我　识　金　字，

ər³¹ sɔ⁵⁵ tɕiɔ²¹⁴ uə²¹⁴₂₄ tɕʅ²¹⁴ liŋ⁵³ luə⁵³,

二　嫂　教　我　织　绫　罗，

sɑ²¹⁴ sɔ⁵⁵ tɕiɔ²¹⁴ uə²¹⁴₂₄ mɑ³¹ kuŋ²¹⁴ pˈə⁵³,

三　嫂　教　我　骂　公　婆，

ʂei⁵³ tɕiɑ·ti· kuŋ²¹⁴ pˈə⁵³ iə⁵⁵₂₄ pu²¹⁴₂₄ mɑ³¹,

谁　家　的　公　婆　也　不　骂，

tã²¹⁴₂₄ mɑ³¹ sã²¹⁴ sɔ⁵⁵ xuɛ³¹ lɔ⁵⁵₂₁₄ pˈə·。

单　骂　三　嫂　坏　老　婆。

2　萋萋菜潍城

tɕˈi²¹⁴₃₁ tɕˈi· tsˈɛ³¹, xuŋ⁵³₂₄ ku²¹⁴ tu·,

萋　萋　菜，红　骨　朵，

uə⁵⁵₂₄ tɕˈyu³¹ tɕiɑŋ²¹⁴₃₁ tɕiɑ·tsɯ³¹ ɕ i²¹⁴ fu·.,

我　去　姜　家　做　媳　妇。

pˈə⁵³₃₁ pˈə·tɑ⁵⁵, kuŋ²¹⁴₃₁ kuŋ·mɑ³¹,

婆　婆　打，公　公　骂，

t'io³¹₃₅lio·₂₅₅tçiŋ⁵⁵li·sʅ⁵⁵₂₁₄liə·pa³¹！

跳　了　井　里　死　了　吧！

lɔ⁵³₃₅ʂ₂aŋ·le⁵³，ʂuei⁵⁵₂₁₄ku·tçi²¹⁴，

捞　上　来，水　沽　鸡，

ʂ₂ə̃³¹₅₅mə·iŋ³⁵₃₅ʂəŋ·luei³¹₅₅ti·ni⁵⁵？

什　么　营　生　累　得　你？

3　月婆儿婆儿（临朐）

yo²¹mar²¹³mar·，pẽ⁵⁵₂₄ɕiŋ²¹tʃaŋ²¹³，

月　婆儿婆儿，本　姓　张，

tçi⁴²₅₅tʂuo·ly⁴²，k'ua³¹₅₄₄tçuo·k'uaŋ²¹³，

骑　着　驴，挎　着　筐，

ie⁵⁵₂₁₃le·tθ'ɛ²¹，ie·tθ'ɛ⁵⁵θaŋ²¹³。

也　□　菜，也　采　桑。

tθ'ɛ⁵⁵na²¹θaŋ²¹³le⁴²uei²¹pɔ⁵⁵₂₁₃pɔ·。

采　那　桑　来　喂　宝　宝。

uei²¹₅₄₄ti·pɔ⁵⁵₅₄₄pɔ·ta²¹p'aŋ²¹₅₄₄p'aŋ·，

喂　得　宝　宝　大　胖　胖，

tθu²¹na·tçia̓⁵⁵₂₁₃le·iou⁵⁵fẽ²¹₅₄₄liaŋ·。

做　那　茧　来　有　份　量。

4　小巴狗（临朐）

iɔ⁵⁵pa²¹₂₁kou·，tɛ³¹liŋ⁴²₅₅taŋ·，

小　巴　狗，带　铃　铛，

kaŋ²¹³₂₁luŋ·kaŋ²¹³₂₁luŋ·tɔ·tçi⁴²ʃaŋ·。

钢　隆　钢　隆　到　集　上。

tʃʅ·⁵⁵₂₁₃lio·kə·t'ɔ⁴²，i²¹³₂₄pɔ²¹³mɔ⁴²；

吃　了　个　桃，一　包　毛；

tʃʅ·⁵⁵₂₁₃lio·kə·ɕiŋ²¹，tçiɔ²¹³pa·θua̓²¹³；

吃　了　个　杏，焦　巴　酸；

tʃʅ·⁵⁵kə²¹li²¹₂₄tθ·kaŋ⁵⁵₂₁₃mia̓²¹₅₄₄ta̓·；

吃　个　栗　子　刚　面　淡；

tʃʻɭ⁵⁵₂₄kə²¹xɛ⁴²tʻɔ⁴²ʃaŋ²¹₅₄₄lə·tʻiã²¹³。

吃　个　核　桃　上　了　天　。

四　故　事

1　郑板桥的故事_{潍城}

ʂ₂ɭ⁵³₃₅xu·yã⁵³li·iəɯ⁵⁵₂₁₄i·fu·tuei³¹₂₁tsʅ·，ʂɭ³¹tɕəŋ³¹pã⁵⁵₂₁₄

十　笏　园　里　有　一　副　对　子　，　是　郑　板

tɕʻiɔ⁵³ɕiə²¹⁴₂₁₄tɕi·xa⁵³xɔ³¹₂₁ti·。tɕəŋ³¹pã²¹⁴₂₁₄tɕʻiɔ⁵³tɕ³¹tsuə³¹uei⁵³ɕia³¹

桥　写　给　韩　镐　的　。　郑　板　桥　在　做　潍　县

tɕɭ²¹⁴₂₄ɕiã³¹₃₅ti·ʂɭ⁵³₃₅xəɯ·，ɕia³¹₂₁li·iəɯ⁵⁵₂₁₄i·kə·tʻuŋ⁵³ʂəŋ²¹⁴₂₁₄tɕiɔ³¹

知　县　的　时　候　，　县　里　有　一　个　童　生　叫

xã⁵³xɔ²¹⁴。tɕə³¹₃₅kə·ʂiɔ⁵⁵₂₁₄xɛr⁵³tɕʻi⁵³məɯ⁵⁵₂₁₄tsʻɛ⁵³，tsɛ³¹ɕia³¹₃₅li·kʻɔ⁵⁵₂₁₄

韩　镐　。　这　个　小　孩　儿　綦　有　才　，　在　县　里　考

ʂɭ·a·tɕʻ₂aŋ⁵³kʻɔ⁵⁵₂₄ti³¹i²¹⁴miŋ⁵³，ʂu⁵⁵i·ʂɭ·iə⁵⁵₂₁₄tɕʻi·ɕiɔ·tɕəŋ³¹

试　啊　常　考　第　一　名　，　所　以　是　引　起　了　郑

pã⁵⁵₂₁₄tɕʻiɔ⁵³ti·tɕəɯ³¹i·，tʻa²¹⁴₂₄tɕyə²¹⁴tə·tɕə³¹ə³¹xɛ⁵³tsʅ·ia·xə⁵⁵₅₃iəɯ⁵⁵

板　桥　的　注　意　，　他　觉　得　这　孩　子　呀　很　有

tɕʻiã⁵³tʻu⁵³，xə⁵⁵₅₃ɕi²¹⁴₂₁₄xuã·tʻa·。tɕə³¹kə·xã⁵³xɔ³¹₂₁ni·iə⁵⁵₅₄tɕiəɯ·tɕiŋ²¹⁴

前　途　，　很　喜　欢　他　。　这　个　韩　镐　呢　也　就　经

tɕʻ₂aŋ⁵³tɔ³¹tɕəŋ³¹pã²¹⁴₂₁₄tɕʻiɔ⁵³na³¹li·tɕʻyu³¹kə³¹₁₄tʻa·ɕyə³¹₃₅ɕi·。iəɯ⁵⁵₂₁₄

常　到　郑　板　桥　那　里　去　跟　他　学　习　。　有

i·tsʻɭ⁵³a·，tɕəŋ³¹pã⁵⁵₂₁₄tɕʻiɔ⁵³ɕiə⁵⁵₂₁₄liə·i²¹⁴₂₄fu²¹⁴tuei³¹liar⁵³，lɛ⁵³kɔ³¹₅₅

一　次　啊　，　郑　板　桥　写　了　一　副　对　联　儿　，　来　告

su·tʻa·ɕiə⁵⁵₂₁₄uə⁵³₃₅tɕaŋ·iŋ²¹⁴₂₄kɛ²¹⁴tsə⁵⁵₂₁₄mə·ɕiə⁵⁵tsʻɛ⁵³xɔ⁵⁵。ʂ₂aŋ³¹

诉　他　写　文　章　应　该　怎　么　写　才　好　。　上

liar⁵³ʂ₂uə⁵⁵₂₁₄ʂɭ·ia·，“ʂã⁵⁵₂₁₄fa⁵³tɕiəɯ³¹tɕiã²¹⁴sã²¹⁴₂₄tɕʻiəɯ²¹⁴₂₄

联　儿　说　是　呀　，　删　繁　就　简　三　秋

ʂ₂u³¹”，tɕə³¹ɕia³¹₃₅i·liar⁵³ʂɭ·ʂ₂uə²¹⁴，“piɔ²¹⁴₂₄ɕiə²¹⁴li³¹i³¹ər³¹₅₅yə·

树　”，　这　下　一　联　儿　是　说　，　“　标　新　立　意　二　月

xua²¹⁴”。sã²¹⁴₂₄tɕʻiəɯ²¹⁴₂₄ti·ʂ₂u³¹tɕiəɯ·ʂɭ·tɕʻiəɯ²¹⁴₂₄ti·ʂ₂u³¹

花　”。　三　秋　的　树　就　是　秋　天　的　树

təɯ²¹⁴ luə³¹₅₅ liə˙ iə³¹₅₅ liə˙ ，uə⁵³₅₅ tɕaŋ˙ ti˙ nei³¹ yuŋ⁵³ tɕiəɯ³¹ ɕ iaŋ³¹ ər³¹₅₅ yə˙
都 落 了 叶 了 ，文 章 的 内 容 就 象 二 月

ti˙ xuɑ²¹⁴ i²¹⁴₂₄ iaŋ³¹ 。ər⁵³₅₅ yə˙ ni˙ xuɑ²¹⁴ ʂ ₂əŋ³¹ k ‘ɛ²¹⁴₃₁ ti˙ ʂ ɻ ⁵³₃₅ xəɯ˙ ，
的 花 一 样 。二 月 呢 花 盛 开 的 时 候 ，

t ‘ɔ⁵³ xuɑ²¹⁴ 、li⁵³ xuɑ²¹⁴ 、ɕ iŋ³¹ xuɑ²¹⁴ ，kuɑ²¹⁴ ʐ ə̃⁵³ iəɯ⁵⁵₂₄ kuɑ²¹⁴ ʐ ə̃³¹₅₅ ti˙
桃 花 、梨 花 、杏 花 ，各 人 有 各 人 的

t ‘ei³¹ ʂ ei²¹⁴ 。ʂ u⁵⁵ i˙ ʂ ɻ ˙ xã⁵³ xɔ²¹⁴ ni˙ xə̃⁵⁵₃₁ ʂ ₂əɯ³¹ tɕ‘i⁵⁵₂₄ fa²¹⁴ 。
特 色 。所 以 是 韩 镐 呢 很 受 启 发 。

ts ‘uŋ⁵³ts ‘ɻ ⁵⁵₂₁₄ɑ˙ ，t ‘ɑ²¹⁴₂₄ tɕə³¹₅₅ kə˙ uə⁵³₅₅ tɕaŋ˙ yə³¹ ɕ iə⁵⁵ yə³¹ xɔ⁵⁵ 。
从 此 啊 ，他 这 个 文 章 越 写 越 好 。

2 窦光鼐诸城

tɕ‘iŋ²¹⁴ tʃ ‘ɔ⁵³ ʂ ɻ ⁵³ xou˙ la˙ ，iou⁵⁵₂₁₄ i˙ kə˙ tou³¹ kuaŋ²¹⁴₂₄ nɛ³¹ ，t ‘ɑ˙
清 朝 时 候 啦 ，有 一 个 窦 光 鼐 ，他

tθɛ³¹ tʃuʂ²¹⁴₃₁ tʃ ‘əŋ˙ tʃ ‘əŋ⁵³ xuaŋ⁵³₂₄ miə³¹ niə³¹ ʃu²¹⁴ ，tʃuʂ²¹⁴₃₁ tʃ ‘əŋ˙ iə̃⁵³ 。tɔ³¹
在 诸 城 城 隍 庙 念 书 ，诸 城 人 。到

liou³¹₅₅ yə˙ t ‘iã²¹⁴ ，ʂ ɻ ²¹⁴ fu⁵⁵ liŋ²¹⁴₅₅ tɕuə˙ ʃaŋ³¹ ɕ i²¹⁴ xuə³¹₂₄ li˙ tʃ ‘u³¹ ɕ i⁵³₅₅
六 月 天 ，师 父 领 着 上 西 河① 里 去 洗

tθɔ⁵⁵ 。na³¹ kə˙ ʂ ɻ ⁵³₂₄ xou˙ ，na³¹ kə˙ xuə³¹₂₄ la˙ mei⁵³ tʃ ‘ɔ⁵³ 。lɛ⁵³ la˙ i²¹⁴₅₅ kə³¹
澡 。那 个 时 候 ，那 个 河 里 没 桥 。来 了 一 个

ku³¹₂₄ niaŋ˙ ，tθɛ³¹ tʃ ‘əŋ⁵³ iou⁵⁵ tʃɻ ⁵⁵₂₄ ʂ ɻ ³¹ ，ɕ iaŋ²¹⁴₅₅ tɕuə˙ tɕɔ⁵⁵ kə³¹ tʃə³¹₅₅
姑 娘 ，进 城 有 急 事 ，想 着 找 个 近

piaɻ˙ tʃ ‘ɔ⁵³ kuə³¹ ，lɛ⁵³ xuei⁵³ tɕ i˙ tθou⁵⁵₂₁₄ tɕuə˙ ，tɕɔ²¹⁴₅₅ pu˙ tɕuə˙ kə˙ niaɻ²¹⁴₅₅
便儿 桥 过 ，来 回 地 走 着 ，找 不 着 个 埝儿

la˙ ，kuə³¹₅₅ pu˙ lɛ⁵³ 。tou³¹ kuaŋ²¹⁴₂₄ nɛ³¹ tɕ iə³¹ yaɻ⁵⁵ tʃ‘uã²¹⁴ ʃaŋ k ‘u³¹₅₅ tθ0˙
了 ，过 不 来 。窦 光 鼐 鸾 远儿 穿 上 裤 子

kuə³¹₅₅ lɛ˙ la˙ 。kuə³¹₅₅ lɛ˙ tɕ iou³¹ tuə̃²¹⁴₃₁ ʃa˙ ，pei²¹⁴ t ‘ɑ˙ kuə³¹ tʃ ‘u³¹ 。ku²¹⁴₃₁
过 来 啦 。过 来 就 蹲 下 ，背 她 过 去 。姑

---

① 西河：即浃淇河，在旧城的西侧。

niaŋˑ i⁵⁵₂₁₄ kˑ‘a³¹ kuə³¹ puˑ tʃˑ‘u³¹，mu⁵³ fa⁵⁵₂₄ tʃ1 ³¹₃₅ laˑ，ʃaŋ³¹₅₅ tʃˑ‘uˑ ʈ iou³¹
娘　一　看　过　不　去，没　法　治　了，上　去　　就

pia²¹⁴₃₁ paˑ ʈuəˑ，ʈ iouˑ paˑ ʈˑ‘aˑ pei³¹₂₄ kuə³¹ lɛˑ laˑ。pei²¹⁴₂₄ kuə³¹ lɛˑ i⁵⁵₂₁₄
编　扒　着，　就　把　她　背　过　来　了。背　过　来　以

xou³¹，lɔ⁵⁵₅₃ ʂ l ²¹⁴ pu⁵⁵₂₄ iaŋ³¹ laˑ：“ni⁵⁵ tʃə³¹ ka³¹ ʃə⁵³₂₄ məˑ təŋ²¹⁴₃₁ ɕ iˑ？iə⁵³₂₄
后，老　师　不　让　了：“你　这　干　什　么　东　西？人

tʃaˑ kəˑ ku²¹⁴₃₁ niaŋˑ，ni⁵⁵ tʃˑ‘u³¹ pei²¹⁴！”tʃ1 ²¹⁴₂₄ tɔ³¹ ʈˑ‘a⁵⁵ tθuə⁵⁵ ʂ l ²¹⁴
家　个　姑　娘，你　去　背！”知　道　他　作　　诗

tθuə⁵⁵ teiˑ xə⁵⁵₂₄ xɔ⁵⁵，xə⁵⁵₂₄ iou⁵⁵₄₃₅ tθ ‘ɛ⁵³，ʃuə⁵⁵：“tʃə³¹ kəˑ iaŋr³¹，ni⁵⁵ tʃˑ‘u³¹
作　得　很　好，很　有　才，说：“这　个　样儿，你　去

tθuə⁵⁵₅₃ pa⁵⁵₂₄ tʃu³¹ ʂ l ²¹⁴，tθuə²¹⁴₅₅ puˑ tʃˑ‘u⁵⁵₄₃₅ lɛ⁵³ iaˑ na³¹ ʈ iou³¹ tʃˑ‘əŋ⁵³ faˑ
作　八　句　诗，作　不　出　来　呀　那　就　惩　罚

niˑ，tθuə²¹⁴₅₅ tʃˑ‘uˑ lɛˑ i⁵⁵₂₄ xou³¹ mei⁵³ ʂ l r³¹。”tˑ‘aˑ pu⁵⁵₄₃₅ fa⁵³ θ1 ²¹⁴₂₄ kˑ‘ɔ⁵⁵₂₁₄
你，作　出　来　以　后　没　事儿。”他　不　烦　思　考

ʈ iˑ tʃəˑ ʈ iouˑ ma⁵⁵₂₄ ʃaŋˑ ʈ iou³¹ na⁵³₂₄ tʃˑ‘uˑ lɛˑ：
地　这　就　马　上　就　拿　出　来：

“mei⁵⁵₅₃ xuə⁵³ xuə⁵³ pia²¹⁴ tˑ‘a³¹ tʃ1 ⁵⁵₄₃₅ liou⁵³₅₃ uaˑ，
“美　女　河　边　叹　急　流　　哇，

ʃu²¹⁴₂₄ ʂ əŋ²¹⁴ xua³¹ tθuə⁵⁵ tu³¹ iə⁵³₂₄ tʃou²¹⁴ uaˑ。
书　生　化　作　渡　人　舟　哇。

tʃə⁵⁵₅₃ ʈ iaŋ²¹⁴ y³¹ ʃou⁵⁵ ua⁵⁵₅₃ ʃaŋ²¹⁴ ʃou⁵⁵₅₅ uaˑ，
紧　将　玉　手　挽　香　手　哇，

piŋ³¹ ʈ iaŋ²¹⁴ ləŋ⁵³ tˑ‘ouˑ kˑ‘ɔ³¹ fəŋ³¹ tˑ‘ou⁵³₂₄ uaˑ。
并　将　龙　头　靠　凤　头　哇。

i⁵⁵₂₁₄ tuəˑ ɕ ia²¹⁴₂₄ xua²¹⁴ xəŋ⁵³ iou³¹ pei³¹ iaˑ，
一　朵　鲜　花　横　肉　背　呀，

ʃ1 ⁵³₂₄ fəˑ tʃ ‘uə²¹⁴ ʂ ei⁵⁵ ma⁵⁵₄₃₅ xuə⁵³ tʃou²¹⁴₃₁ uaˑ。
十　分　春　色　满　河　洲　哇。

tʃ ‘əŋ²¹⁴₂₄ tʃ ‘əŋ²¹⁴ faŋ³¹ tθɛ³¹ ʂ a²¹⁴₂₄ tˑ‘a²¹⁴ ʃaŋ³¹，
轻　轻　放　在　沙　滩　上，

mei^{31}mei·u^{53}ia̋^{53}kuə$^{55}_{24}$tθ1 ^{31} ɕiou$^{214}_{21}$ua· 。"
默　默　无　言　各　自　羞　哇　。"

lɔ$^{55}_{53}$ʂ l̩ ^{214}tʃ1 $^{214}_{31}$tɔ· t'a^{55}xə$^{55}_{24}$iou^{55}ta^{31}tθ 'ɛ^{53}, iə$^{55}_{35}$mu^{53}tʃ 'əŋ$^{53}_{24}$fa· t'a· 。
老　师　知　道　他　很　有　大　才　，也　没　惩　罚　他　。

3　蒋峪的传说 _{临朐}

tɕiaŋ$^{55}_{213}$y·xe̋$^{53}_{24}$tθɔ$^{55}_{213}$li·ti· ʂ l̩ $^{42}_{53}$xou·a· tɕiɔ^{21}pei$^{55}_{213}$tia̋·a· ，tθəŋ$^{55}_{213}$
蒋　峪　很　早　里　的　时　候　啊　叫　北　店　啊　，怎

mə·tɕiɔ$^{21}_{54}$tʃ 'əŋ·tɕiaŋ$^{55}_{213}$y·liou·ni· ？tʃə^{21}li·xɛ^{42}iou$^{55}_{213}$kuo·ku$^{21}_{54}$
么　叫　成　蒋　峪　了　呢　？这　里　还　有　个　故

ʂ l̩ · 。
事　。

kaŋ^{55}tθɔ$^{55}_{213}$ti·ʂ l̩ ·xou· ，ma̋^{55}tɕ'iŋ^{213}tɔ^{55}le$^{42}_{55}$liou·i$^{213}_{21}$kuo^{21}y^{42}fa$^{21}_{54}$
刚　早　的　时　候　，漫　青　岛　来　了　一　个　鱼　贩

tθ1· ，mɛ^{21}y$^{42}_{55}$a· 。tɛ^{21}le$^{42}_{55}$ti·ʂ l̩ ·xou· ，lɔ^{42}ʂ ã^{213}iou$^{55}_{24}$kuə^{21}xuo$^{42}_{55}$
子　，卖　鱼　啊　。在　来　的　时　候　，崂　山　有　个　和

tʃ 'aŋ· t'uo$^{55}_{213}$fu· t'a^{55}ʂ ɔ$^{213}_{24}$i$^{213}_{24}$fəŋ· ɕie^{21}tɕiɔ$^{213}_{21}$kei·i$^{42}_{55}$ʂ ã·ku^{55}tθ1 ^{21}
尚　托　付　他　捎　一　封　信　交　给　沂　山　古　寺

xuo$^{42}_{55}$tʃ 'aŋ· 。t'a^{55}tɔ$^{21}_{54}$liou·pei$^{55}_{24}$tia^{21} ，tɕiou^{21}pa^{55}y$^{42}_{55}$tɕi$^{21}_{24}$liou·tia$^{21}_{24}$li· ，
和　尚　。他　到　了　北　店　，就　把　鱼　寄　了　店　里　，

pe̋^{21}kuã^{55}luei$^{21}_{54}$pu·luei^{21}ia· ，tɕiou^{21}tɕi^{55}xu$^{213}_{21}$xu·ti·tɕ'y^{21}i$^{42}_{55}$ʂ ã·θuŋ^{21}
不　用　管　累　不　累　呀　，就　急　乎　乎　地　去　沂　山　送

ɕie^{21}a· 。tɔ$^{21}_{54}$liɔ·pei^{55}tʃaŋ^{21}iɛ^{42} ，k ã$^{21}_{54}$tɕiã·iou^{55}i$^{213}_{21}$kuo^{21}ʂ ã$^{213}_{24}$tuŋ$^{21}_{54}$
信　啊　。到　了　百　丈　崖　，看　见　有　一　个　山　洞

a· ，ʂ ã^{213}tuŋ·ti·me̋^{42}tɕie$^{55}_{24}$pi$^{213}_{24}$tɕuo· 。t'a^{55}tɕiou^{21}tʃ 'ɔ$^{42}_{24}$tɕuo· ʃ1 ^{42}me̋$^{42}_{55}$
啊　，山　洞　的　门　紧　闭　着　。他　就　朝　着　石　门

a·ta^{31}ʃəŋ^{213}iɔ^{213}xuo· ："ʃ1 ^{42}me̋^{42}k 'ɛ^{213}, ʃ1 ^{42}me̋^{42}k 'ɛ^{214}, lɔ^{42}ʂ ã^{213}
啊　大　声　吆　喝　："石　门　开　，石　门　开　，崂　山

ʂ l̩ ^{213}fu·θuŋ^{21}ɕie^{21}lɛ^{42}!"me̋^{42}k 'ɛ$^{213}_{21}$lə· ，iou^{55}kuo^{21}ʃu^{213}t 'uŋ^{42}pa^{55}
师　傅　送　信　来　！"门　开　了　，有　个　书　童　把

tʻɑ⁵⁵ liŋ₂₁₃⁵⁵ liou· tɕie²¹₅₄₄ tɕʻi·. tʃʻ1̩⁵⁵₂₁₃ liou· fɑ²¹, mei⁴²₅₅ iou· ʂ1̩²¹, tɕiou²¹
他　领　了　进　去　。　吃　了　饭，没　有　事，就

tɛ²¹ kə· yã⁴²₅₅ tθl · li· kʻã²¹ lɔ⁵⁵ xuo⁴²₅₅ tʃʻaŋ· ɕia²¹ tɕʻi⁴²₅₅ ni·. tʂɔ²¹³ xɔ⁵⁵ ti·
在　个　院　子　里　看　老　和　尚　下　棋　呢。□　好　地

kua⁵⁵₂₁₃ lɛ⁴² i⁵⁵ tʃẽ²¹ liaŋ⁴² fəŋ²¹³, tʻɛ⁴² tʻou⁴² i²¹³ kʻã²¹, yã²¹₅₄₄ tθl · li· ti· ʃu²¹
刮　来　一　阵　凉　风，抬　头　一　看，院　子　里　的　树

ie²¹ iou⁴² tɕʻiŋ²¹³ piã²¹ xuaŋ⁴², tɕie⁵⁵ tɕie⁵⁵₂₁₃ tʂuo· ni· luo²¹₅₄₄ lia·. i⁵⁵ ʂɑ₂₁₃⁵⁵
叶　由　青　变　黄，紧　接　着　呢　落　了。一　霎

ʂɑ·, iou²¹₅₄₄ tʃaŋ₂₁₃⁵⁵ tʃu· lue²¹ iar⁴², tʃaŋ⁵⁵₂₄ ta²¹、piã²¹ xuaŋ⁴², luo²¹₅₄₄ lia·,
霎，又　长　出　嫩　芽儿，长　大、变　黄，落　了，

tɕiou²¹ tʃə²¹₅₄₄ iaŋr· tɕie⁵⁵₂₄ lə²¹ liã⁴² θã²¹³₂₄ ti· xɔ⁵⁵ tɕi⁵⁵ mər²¹. tʃə²¹ ʂ1̩⁴² tʻɑ⁵⁵ tɕʻi⁵⁵
就　这　样儿　接　二　连　三　地　好　几　末儿。这　时　他　起

ʃẽ²¹³ tɕiou²¹ tθou⁵⁵. lɔ⁵⁵ xuo⁴²₅₅ tʃʻaŋ· kei⁵⁵ liɔ· tʻɑ⁵⁵ i²¹³₂₄ kɛ²¹³ ʃu⁴²₅₅ tɕie·, tʻɑ⁵⁵
身　就　走。老　和　尚　给　了　他　一　根　秫　秸，他

tʃu⁵⁵₂₁₃ fu· ʃuo⁵⁵:"ni⁵⁵ tʃue⁵⁵ uaŋ²¹₅₄₄ liou· xuei⁴²₅₅ tɕʻi· ti· lu²¹₅₄₄ lə·, iɔ²¹ ʂ1̩²¹
嘱　咐　说:"你　准　忘　了　回　去　的　路　了，要　是

mi⁴²₅₅ liɔ· lu²¹, tɕiou²¹ tθɛ²¹³ xuei⁴²₅₅ lɛ·. tʃə²¹ kɛ²¹³ ʃu⁴²₅₅ tɕie· pa⁵⁵ ta²¹₅₄₄ mẽ· mə·
迷　了　路，就　再　回　来。这　根　秫　秸　把　大　门　么

i⁴²₅₅ tɕi⁵⁵, mẽ⁴² tɕiou²¹ kʻɛ²¹³ liou·."tʃʻu⁵⁵₂₁₃ liɔ· ʂɑ̃²¹³₂₄ tuŋ²¹, tʻɑ⁵⁵ pa⁵⁵ ʃu⁴²₅₅
一　指，门　就　开　溜。"出　了　山　洞，他　把　秫

tɕie· i⁵⁵ liɔ²¹³, ɕiaŋ⁵⁵₂₁₃ pu· tɔ· ʃu⁴²₅₅ tɕie· piã²¹₅₄₄ tʃʻəŋ· liɔ· i⁵⁵₂₄ tʻiɔ²¹ tɕʻiŋ²¹³
秸　一　摺，想　不　到　秫　秸　变　成　了　一　条　青

luŋ⁴², tʃʻour²¹₅₄₄ ti· ʃaŋ²¹₅₄₄ liou· tʻiã²¹³. tθou⁵⁵₂₁₃ ɑ· tθou⁵⁵₂₁₃ ɑ·, fe²¹³ pu· tɕʻiŋ²¹³
龙，□儿　地　上　了　天。走　啊　走　啊，分　不　清

tuŋ²¹³₂₄ ɕi²¹³ nã⁴² pei⁵⁵, tʃẽ²¹³ xu⁴²₅₅ mi· liɔ· lu²¹. ʂɑ̃²¹³₂₄ tuŋ²¹ ie⁵⁵ xuei⁴²₅₅ pu·
东　西　南　北，真　糊　迷　了　路。山　洞　也　回　不

tɕʻi²¹₅₄₄ liou·, tɕiou²¹ iŋ²¹₅₄₄ tʂuo· tʻou⁴² pʻi⁴² uaŋ⁵⁵ tʻiã⁴² tɕʻuaŋ⁵⁵ ni·, i²¹³₂₄ ku²¹³₂₁
去　了，就　硬　着　头　皮　往　前　闯　呢，一　咕

lu· tθl · i⁵⁵ tie²¹³₅₅ ti· xɔ⁵⁵ pu· yŋ⁴²₅₅ i· liou²¹ ɕia· ʂɑ̃²¹³. tʂɔ⁵⁵ nɑ²¹ tɕi²¹ y⁴²₅₅
碌　子　一　跌　地　好　不　容　易　溜　下　山。找　那　寄　鱼

ti˙tiã²¹₅₄₄ ka˙ie⁵⁵ tʂɤ²¹₃pu˙tʂuo⁴²₅₅ liou˙, i⁵⁵ ta²¹₃t'iŋ˙, iou⁵⁵ i²¹₃₄ kuo²¹ lɔ⁵⁵₂₄ xã²¹
的　店　家　也　找　不　着　了，一　打　听，有　一　个　老　汉

ʃuo⁵⁵₂₁₃ a˙:"uo⁵⁵ xɛ⁴² tɕi²¹₅₄₄ ti˙ŋã⁵⁵ lɔ⁴²₅₅ lɔ⁵⁵₂₄ ie²¹₃ ie˙ʃuo⁵⁵₂₁₃ kuo˙a˙, kaŋ²¹³
说　啊："我　还　记　得　俺　老　老　老　爷　爷　说　过　啊，刚

tsɔ⁵⁵₂₁₃ ti˙ʂ ʐ˙xou˙, tɕ'iŋ²¹³ tɔ⁵⁵ lɛ⁴²₅₅ liou˙kuo˙y⁴²₅₅ fã²¹₅₄₄ tθ1˙, tɕi²¹₅₄₄ ɕ ia˙
早　的　时　候，青　岛　来　了　个　鱼　贩　子，寄　下

y⁴², tɔ²¹ i⁴²₅₅ ʂ ã˙θuŋ²¹ ɕ ie²¹₅₄₄ a˙, i²¹₃ tɕ'y²¹ ia˙, y⁴² tou˙tɕiɔ˙tɕ'y²¹³ tɕiaŋ²¹₅₄₄
鱼，到　沂　山　送　信　啊，一　去　呀，鱼　都　叫　蛆　酱

lia˙。"tθ 'uŋ⁴²₅₅ na˙i⁵⁵ xou²¹, tɕiaŋ²¹ y⁴² tɛ²¹ t'i²¹₅₄₄ liou˙yã⁴² lɛ⁴² tʂuaŋ²¹³ miŋ⁴²
了。"从　那　以　后，酱　鱼　代　替　了　原　来　庄　名

pei⁵⁵₂₁₃ tiã²¹₅₄₄ a˙。xou²¹ lɛ⁴² ʐ ẽ⁴²₅₅ mẽ˙tʂɤ⁵⁵₂₁₃ tʂuo˙a˙"tɕiaŋ²¹ y⁴²"liaŋ⁵⁵ tθ1²¹
北　店　啊。后　来　人　们　觉　着　啊"酱　鱼"两　字

pu˙xɔ⁵⁵₂₁₃ a˙, tɕiou²¹ pa⁵⁵"tɕiaŋ²¹ y⁴²"kɛ⁵⁵₂₁₃ tʃ'əŋ˙liou˙ɕ iŋ²¹ tɕiaŋ⁵⁵₂₁₃ ti˙
不　好　啊，就　把"酱　鱼"改　成　了　姓　蒋　的

tɕiaŋ⁵⁵、ʂ ã²¹³ y⁴² ti˙y⁴²。ta⁵⁵ na²¹ i⁵⁵ xou⁵⁵₄₄ a˙, tɕiaŋ⁵⁵₂₁₃ y˙tʃə²¹ kuo²¹ tʂuaŋ²¹³
蒋、山　峪　的　峪。打　那　以　后　啊，蒋　峪　这　个　　庄

miŋ⁴² tɕiou²¹ tθu⁵⁵₂₁₃ tθu˙pei²¹₅₄₄ pei˙ti˙tʂ'uã⁴²₅₅ ɕ ia˙lɛ˙liou˙。
名　就　祖　祖　辈　辈　地　传　下　来　了。

莱州方言志

出 版 说 明

　　山东方言具有丰富的特色，在汉语发展中影响深广，历来受到相关学者的注意。改革开放以来，山东方言研究有了更大的发展，取得了显著的成绩。除去相继出版了济南、曲阜、长岛、临清、莒县、青岛、威海等多个县市的方言志和《山东省志·方言志》、《山东方言研究》、多种方言词典以及针对当地方言指导各地人民学习普通话的教材以外，还发表了各种各样的调查报告和研究性论文。

　　本丛书是上述成果的重要组成部分，出版以来，受到同行学者的高度重视，国内外已有多篇文章专题评介，常常被相关论著列为参考文献或引用。这套丛书规定有大体统一的编写体例，要求在有限的字数内最大限度地记录方言事实、突出方言特点。在布点上，力求照顾到山东方言各区片的平衡，但也考虑多收入某些方言特点显著地区的一些点，希望能够全面反映山东方言的整体面貌和明显特征。

　　本丛书原先由语文出版社出版，后改为齐鲁书社出版。另有三种是潍坊市新闻出版局、吉林人民出版社、中国文史出版社出版的。我们十分感谢以上出版单位给这套丛书出版的机会，不会忘记各位编审认真负责的工作态度，对他们为提高本丛书的质量所付出的辛勤劳动，表示由衷的敬意。

　　本丛书由著名语言学家李荣先生写序。李先生生前对丛书的出版十分关心，借此丛书第 17 种出版的机会，我们表示对李老师深切的悼念之情。

　　本书由王红娟电脑录入。

　　惟有继续坚持求实探新的精神，争取达到更高的质量要求，才是对上述支持者最好的回报，我们将尽力。

钱曾怡

2003 年 10 月 2 日

序

　　山东的方言研究工作，从 50 年代的方言普查起，一直做得不错。1982 年，山东方言研究会成立。1984 年 9 月，《山东省方言调查提纲》出版。这几年的工作进展顺利，已写成三十五种方言志和一部《山东人学习普通话指南》。

　　《山东人学习普通话指南》已由山东大学出版社出版[①]，颇受读者欢迎。书中罗列山东话语音、词汇、语法的特点，指出山东人学习普通话的要点，叙事详明，切合实际，充分反映出山东方言研究的水平。这里就字音和句法选些例子来说。

　　一般的说，山东话和北京话声韵调的对应关系相当整齐。可是有些地方有些字音对应关系与众不同，学习时要个别记忆。书中（110～113 面）《山东人容易读错的字》举出一百五十一个字，现在转录十九个字：

	山东有些方言	北京话
猫	阳平	阴平
他	上声	阴平
放假的"假"	上声	去声
泥腻鸟	m-	n-
忘望	m-	w-

---

① 钱曾怡主编,曹志耘、罗福腾、武传涛编著，1988 年 9 月第 1 版第 1 次印刷。

族	c-	z-
缩所森	sh-	s-
蛇	- a	- e
做	- u, - ou	- uo
农	- u	- ong
龙垄	- iong	- ong
倾	- iong	- ing
横	- un, - ong	- eng

　　刚才说的一百五十一个字是就全省方言立论，要个别记忆的字各地多寡不同。山东各地教学普通话，不妨把那一百五十一个字检查一遍，把本地要注意的字都摘出来，分别造成句子反复练习，预计会有效果。

　　平常都说汉语方言之间，尤其是官话方言之间，语法的差别不大。其实就山东方言而言，句法颇有特色，《山东人学习普通话指南》（196～210 面）一共举了五项，现在只转录一项比较句的例子。青岛、烟台、威海、潍坊、淄博、新泰等大片地区最常见的比较句用"起"字，跟北京话对比如下：

青岛等地方言	**北京话**
一天强起一天	一天比一天好
一天热起一天	一天比一天热
他长得不高起我	他长得不比我高
	他长得没我高
这本书不好看起那本	这本书不比那本好看
	这本书没那本好看
论手艺他不差起你	论手艺他不比你差
全班儿没聪明起他	全班没有比他再聪明的了
我不知道起你？（反问）	我不比你知道吗？

2

这种成套格式的对比，对语言教学（包括推广普通话）很有参考价值。

近年来，全国各地都在编地方志，语言调查为国情调查的重要内容之一，方言志为地方志不可缺少的部分。山东已写成的方言志可分为两类，一类十万字左右，可以作为单行本出版；一类字数在两万到五万之间，可以作为方志的一部分或单独出版。我只看过其中两部的稿本，总的印象是体例符合方言志以记录事实为主的原则，并且报告了一些新鲜的事实，水平跟《山东人学习普通话指南》差不多。各地发行的方言志日渐增加，方言志的出版还是不容易。好在山东省各地区、市、县已经筹措了一些出版费，《山东方言志丛书》即将陆续问世，令人欣慰。是为序。

李 荣

1989 年春

目　录

第一章　绪　言

一　地理人口简况

莱州市原称掖县，位于山东半岛西北部，莱州湾东岸，自东向南分别跟招远、莱西、平度三市为邻，西南隔胶莱河与昌邑县相望。全市总面积 1878 平方公里，辖 11 个镇，5 个办事处，1081 个行政村（居委会）。

据 2003 年统计资料，总人口 86.5 万，少数民族 143 人。全县人士通用汉语进行交际。

二　历史沿革

莱州市历史悠久。春秋时期为莱国地，战国时期为齐国夜邑。初置县于汉高祖四年（公元前 203 年），称掖县，属青州东莱郡，郡治掖县。晋属东莱国，国治掖县。南北朝北魏置光州，辖东莱、长广两郡，州、郡皆治掖县。隋改光州为莱州，州治仍为掖。明清为莱州府，府治掖县。民国去府留县，属胶东道，1828 年废道，直属山东省。1950 年属莱阳专区，1958 年属烟台专区。1987 年改掖县为莱州市至今。

三　方言概况

莱州方言属于汉语胶辽官话的青州片，具有胶辽官话的共同特点。从山东万言的分区来看，莱州市虽然在行政上属于烟台市，但在山东省境内的方言分区中，是属于山东东区方言的东潍片。由于其特定的地理位置，莱州方言存在着东潍和东莱两片方言的过渡特点。

莱州方言的胶辽官话共同特点主要有：古知庄章三组声母分为两套，像"蒸 ₌tʂəŋ≠争 ₌tsəŋ"、"绸 ₌tʂʻəu≠愁 ₌tsʻəu"、"声 ₌ʂəŋ≠生 ₌səŋ"；古日母字多读零声母，像"人＝银 ₌iẽ"、"如＝鱼 ₌y"；古清声母入声字多归上声，像"一＝椅 ˬi"、"屋＝五 ˬu"、"菊＝举 ˬtɕy"。莱州方言具有东潍方言的一些特点，主要如：古山臻摄合口字在知庄章声母的分类中归乙类，如"准船顺"的声母跟 "蒸绸声"的声母相同而跟属于甲类的"争愁生"声母不同；尖团音的具体读音为"精 ₌tsiŋ≠经 ₌tɕiŋ"、"清 ₌tsʻiŋ≠轻 ₌tɕʻiŋ"、"星 ₌siŋ≠兴 ₌ɕiŋ"，跟东莱片团音"经、轻、兴"声母多读 c、cʻ、ç不同；复合元音单元音化，像"该 ₌kɛ"、"街 ₌tɕiɛ"、"乖 ₌kuɛ"、"包 ₌pɔ"、"标 ₌piɔ"，而跟东莱片读明显的复合元音ai、iai、uai、au、iau韵母不同；古咸深山臻四摄读鼻化元音，也跟东莱片有明显鼻辅韵尾n不同。莱州方言具有东莱方言的特点，主要如："爱"、"袄"、"安"、"恩"、"昂"等字读开口呼零声母，跟东莱片相同，而东潍片则读ŋ声母；东潍片"东＝登"、"争＝中"、"擎＝穷"、"兴＝兄"，即əŋ、oŋ和iŋ、yŋ两对韵母合并的特点，莱州不存在，这也跟东莱片相同。东莱和东潍的过渡特点如：古蟹止山臻四摄的端系合口洪音如"堆"、"岁"、"团"、"酸"、"吞"、"村"等字，有的读开口呼，有的读合口呼，有的字两可，读开口呼是东莱方言的特点，读合口呼则是东潍方言的特点。

莱州方言也有自己的一些特点，比较突出的有：知庄章三组声母的甲类字读ts、ts'、s，跟精组的洪音字相同，如"支＝资"、"翅＝刺"、"师＝思"；只有三个声调，其中古全浊上声、古去声和次浊入声分归阴平和阳平两类，没有明显规律，这种分化情况在汉语方言中是很少见的。

莱州市境内方言存在一定差异，北、南、中各有特色，主要是北部接近东莱片、南部接近东潍片。其中以中部方言分布的地域范围最大，使用人口最多。

本志记录掖城方言。掖城居于莱州市中部偏西，古为"三齐"重镇。自西汉置县以来，历为郡、州、府及县治所在地。掖城方言在莱州市有代表性。掖城分东、西、南、北四关和东南、西南、东北、西北四阡（阡，当地地名用字，音 $_{\epsilon}$y），1982年实地调查时的人口为三万余。

四 标音符号

本志采用国际音标标音，所用音标及有关符号如下：

（一）辅音表

发音方法 ＼ 发音部位			双唇	唇齿	齿间	舌尖前	舌尖中	舌叶	舌尖后	舌面前	舌面中	舌根
塞音	不送气	清	p				t					k
	送气		p'				t'					k'
塞擦音	不送气				tθ	ts		tʃ	tʂ	tɕ	c	
	送气				tθ'	ts'		tʃ'	tʂ'	tɕ'	c'	
鼻音		浊	m				n		ɳ	ȵ		ŋ

边音					l			ɭ		
闪音					ɾ					
擦音	清	f	θ	s	ʃ	ʂ	ɕ	ç	x
	浊	v	ð	z	ʒ	ʐ			ɣ

（二）舌面元音图

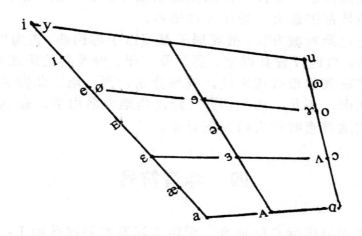

舌尖元音：ɿ（舌尖前不圆唇）　　ʅ（舌尖后不圆唇）
　　　　　ʮ（舌尖前圆唇）　　　ʯ（舌尖后圆唇）

（三）声调符号

本志调类采用传统的画圈法，即：ₗ□、ᴸ□、ᶜ□。例如：妈 ₗma、骂 ᴸma、马 ᶜma。

调值采用五度标记法，用 5、4、3、2、1 五个数字分别表示相对音高的高、半高、中、半低、低。单字调的调值标在音标的右上角，变调值在单字调之后，中间加"-"。轻声音节不记调值，只在音标后加轻声符号"·"。例如：东关

tuŋ²¹³⁻⁴⁵kua²¹³、日头 i²¹³⁻⁴² tʻəu˙。

（四）其他符号

ø，零声母符号。

一、＝，在音标或汉字下，"一"表示白读，"＝"表示文读。

r，儿化音符号，在音节末尾表示前面元音卷舌。

~，在音标上表示元音鼻化，在两音之间表示前后读音两可。

五　发音合作人

孙镜海，男，42 岁。教育程度高中，中学教师。世居掖城南关，不曾外出居留。

孙国智，男，22 岁。教育程度高中，中学教师。老家掖县十哥庙（城西五六里），今住城关西南阡，不曾外出居留。

任光廷，男，50 岁。教育程度大专，中学教师。祖居掖城西关，今住城关东南阡。曾到济南上学两年。

毛汝恭，男，45 岁。教育程度中师，中学教师。世居掖城西关，不曾外出居留。

钱振钢，男，26岁。祖居城关西北阡，1978年离家到济南上大学，当时是山东大学中文系三年级学生。

以上五人发音大体一致，但无论音值、音类，也都有所差别，具体情况在单字音系中进行说明。本志记音在遇到发音人某些字读音不同时，主要以孙镜海的发音为准。

本志记录钱振钢的音在 1981 年，其余四位都是 1982 年到掖城实地调查时的发音人。本志仍按他们当时的年龄记述。

第二章　语　音

一　单字音系

（一）声母 21 个

p	布步	p'	怕盘	m 门毛		f	飞父	
t	到道	t'	太同	n 拿怒女				l　来论
ts	增争酒	ts'	从虫秋			s	僧生修	
tʂ	蒸主	tʂ'	昌处			ʂ	扇书	
tɕ	举极	tɕ'	去求			ɕ	虚鞋	
k	贵跪	k'	开葵			x	虎胡	
ø	袄言然微元软而							

说明：

① n 在齐齿呼、撮口呼之前是 ȵ。

② ts、ts'、s 在齐齿呼、撮口呼前略带舌面化，但发音部位比 tɕ、tɕ'、ɕ 靠前。发音人中，钱振纲的音比较接近 tɕ、tɕ'、ɕ。

③ tɕ、tɕ'、ɕ 发音部位略后，发音人中，孙国智的发音是舌面中，可以记作 c、c'、ç，其余四人则比 c、c'、ç 的部位靠前。

以上②和③说明，从音类看，莱州方言尖团有别；从音值看，钱振纲的尖音和团音已相当接近，而孙国智则尖团音明显不同。孙国智虽在莱州长大，但受家庭成员所带家乡音的影响十分明显。

④ tʂ、tʂ'、ʂ 卷舌不明显，近似 tʃ、tʃ'、ʃ。

⑤ 开口呼零声母前，有时带一个轻微的 ɣ。

（二）韵母 37 个

ɑ 爬割	iɑ 俩架角	uɑ 耍花袜	
ə 波蛇科阔	iə 别姐热	uə 多说河	yə 绝靴若
ɿ 资枝	i 力日	u 布朱	y 律入
ʅ 知			
ɚ 耳			
ɛ 败灾	iɛ 街鞋挨	uɛ 外猜	
ei 杯百对责		uei 追岁	
ɔ 包赵	iɔ 标饶		
əu 头手	iəu 丢肉		
ã 班战端	iã 千然	uã 川伞端	yã 泉阮
ẽ 分真吞	iẽ 心人	uẽ 春吞	yẽ 训闰
ɑŋ 帮丈	iɑŋ 良让	uɑŋ 双王	
əŋ 孟生贞	iŋ 冰耕	uŋ 东粽翁	yŋ 兄绒

说明：

① ɑ、iɑ、uɑ的 ɑ，实际音值是 ʌ 。

② ə 拼在舌根声母之后时实际音值近 ɤ；在介音 i 和声母 tʂ、tʂʻ、ʂ 之后时舌位略低，实际音值是 ɜ ；在介音 u 之后是 ʌ，y 之后是 ø 。

③ u 韵母拼在 tʂ、tʂʻ、ʂ 声母之后时实际音值接近 ʮ 。

④ iɛ的实际音值是 iɐ 。

⑤ ã、iã、uã、yã 的实际音值是 æ̃、iæ̃、uæ̃、yæ̃ 。

⑥ ẽ、iẽ、uẽ、yẽ 的实际音值是 ə̃、i ĩ 、uə̃、y ĩ 。

⑦ ɑ、iɑŋ、uɑŋ 的鼻辅音尾 ŋ 不到位，舌根只是向上腭移动而并未贴到上腭，可记作 ɑᵑ、iɑᵑ、uɑᵑ 。

⑧ uŋ 在前拼声母时元音稍低，实际音值是 ʊŋ；在零声母时元音鼻化，实际音值是 ũŋ 。

⑨ 元音尾 i、u 都是松元音，实际音值是 ɪ 和 ɷ。

⑩ 普通话 t、tʻ、n、l、ts、tsʻ、s 七个声母拼 uei、uã、uõ 三韵的字（中古端系声母的蟹、止、山、臻合口），在掖城有的是合口呼，有的是开口呼，还有一部分存在两可的情况，例如：

堆	₌tei	堆儿	₌tueir
对	₌tuei ～ ₌tei		
队	₌tei 少	₌tuei 多	
腿	˪tʻei 多	˪tʻuei 少	
团	₌tʻuã	₌tʻã ～～的	
暖	˪nã ～ ˪nuã		
乱	₌lã ～ ₌luã	又：₌lã ～ ₌luã	
卵	˪luã 单用 ˪lã 产～		
钻	₌tsuã～ ₌tsã		
吞	₌tʻẽ ～ ₌tʻuẽ		
嫩	₌lẽ ～ ₌luẽ		

莱州的这种两读现象是处于地域过渡的状态：中古端系蟹、止、山、臻等四摄合口洪音字，在莱州以北的烟台等地一般读开口呼，而莱州以南的潍坊等地是合口呼。这类字在莱州,精组字已绝大多数读合口呼，端组字则两可的情况居多，但如属于新词，就以带 u 介音的为常了。

（三）声调3个

阴平	213	安边粗居	士弟罪巨	
		怕变税劝	岸利胃怨	害第妇絮
		辣日落岳		
阳平	42	才平床群	麻灵奴云	是递竖圈猪～
		刺窍罐卷	帽尿望院	饭忌树眩

腊栗袜钥　　拔杰猾绝

上声　55　　走比古许　　老有五女　　八急国确

说明：

① 莱州方言声调的显著特点是单字调只有三类，而且中古全浊上声、去声、次浊入声分归阴平、阳平两类没有什么明显的规律。20世纪50年代山东方言普查记录，莱州的三个声调称为平声、上声、去声，今将去声改称阳平（平声随之改为阴平），主要是考虑到古平声字在莱州按声母清浊分为两类比较整齐，而去声字（包括全浊上声和次浊入声）分两类则很不稳定，而且其调值42又跟山东多数地方阳平为高降调基本一致。

古今声调对照表

例　古类　字类　今	平			上			去			入		
	清	次浊	全浊	清	次浊	全浊	清	次浊	全浊	清	次浊	全浊
阴平	丁					技	叫	用	共		六	
阳平		人	平			坐	世	漏	事		物	石
上声				手	李						七	

② 古去声及全浊上声、次浊入声在莱州分归阴平、阳平不稳定的情况除归类没有规律以外，还有许多字是两读的，例如：

全浊上：在　$_\subset$tsɛ　～哪里　　　$_\subset$tsɛ　现～

清　去：账　$_\subset$tʂɑŋ　～本　　　$^\subset$tʂɑŋ　讨～

次浊去：位　$_\subset$uei　量词　　　$_\subset$uei　～置

全浊去：阵　$_\subset$tʂə̃　～地　　　$^\subset$tʂə̃　一～

次浊入：麦　$_\subset$mei　～收　　　$_\subset$mei　～子

　　　　掖　$_\subset$iə　～城～南　　$_\subset$iə　～县

9

以下实录语流中两读的例子:

　　₌看不₌看?　　　看!

　　₌见不₌见?　　　₌见!(或:₌见!)再₌见!

　　₌送不₌送?　　　₌送走!

　　割了几₌寸布?　　六₌寸。

　　割的肉₌瘦还是肥?　　₌瘦!

　　₌让不₌让?　　　₌让!

　　₌用不₌用?　　　₌用!　　不₌用!

　　不要₌乱!　　　你₌乱什么?

儿化词一般读阳平,以下是单字阴平而儿化时读阳平的例子:

₌架——₌架儿	₌个——₌个儿	₌季——₌麦季儿
₌裤——₌裤儿	₌带——₌带儿	₌盖——₌盖儿
₌块——₌块儿	₌对——₌对儿	₌料——₌料儿
₌觉——₌觉儿	₌扣——₌扣儿	₌舅——₌舅儿
₌燕——₌燕儿	₌棱——₌棱儿	₌亮——₌亮儿
₌空——₌空儿	₌命——₌小命儿	₌肉——小₌肉儿

单字阳平儿化词仍为阳平的如:

₌意——玩₌意儿	₌帽——草₌帽儿	₌树——₌树儿
₌伴——老₌伴儿	₌半——一₌半儿	₌饭——₌饭儿
₌凳——小₌凳儿	₌阵——一₌阵儿	₌杏——₌杏儿
₌袋——₌袋儿	₌轿——₌轿儿	₌性——₌性儿

③ 莱州方言上述特点的分布自莱州向东南跨平度直至即墨。

(四)音节表

从已调查的单字音统计,莱州方言的音节总共有 1082 个(轻声不在内)。其中开口呼 446 个,齐齿呼 292 个,合口呼 263 个,撮口呼 36 个。

　　莱州方言的有些字在声调方面有两读情况，本表尽量避免选用，实在难以避开的，在字的右下角用小字"又"注明。

　　有音无字的用"〇"表示，圈内的数码标出附注顺序。

开口呼

声母	ɑ阴	ɑ阳	ɑ上	e阴	e阳	e上	ʅ阴	ʅ阳	ʅ上	ɿ阴	ɿ阳	ɿ上	ɚ阴	ɚ阳	ɚ上
∅	阿		③	俄	鹅	恶							而	儿	耳
x	哈	②	喝	贺	荷	喝									
k‘	咯	①	渴	科	磕	可									
k	嘎	杂	割	歌	个	戈									
ɕ															
tɕ‘															
tɕ															
ʂ	啥	傻	除	舌	舍		誓	石	湿						
tʂ‘				车		扯	痴	迟	尺						
tʂ				这	蛰	者	知	直	织						
s	沙	厦	杀	塞	色					思	时	史			
ts‘	叉	查	擦	册	测						词	齿			
ts	渣	杂	劄	泽	摘					支	字	纸			
l	辣	腊	喇		勒										
n	纳	拿	哪												
t‘	他		塔		特										
t	耷	达	打		得										
f		罚	法												
m	妈	骂	马	摸	磨	抹									
p‘	怕	爬		破	婆	泼									
p	疤	拔	八	玻	薄	博									

12

开口呼

声母	ε 阴	ε 阳	ε 上	ei 阴	ei 阳	ei 上	ɔ 阴	ɔ 阳	ɔ 上	ue 阴	ue 阳	ue 上	ã 阴	ã 阳	ã 上
∅	爱	艾					熬	傲	袄	欧	沤	藕	安	按	俺
x	害	孩	海	黑			蒿	浩	好	齁	厚	吼	憨	寒	喊
k‘	开		凯	刻	烠	客	靠	铐	考	抠	扣	口	看	瞰	欸
k	该	盖	改			隔	高	告	稿	勾	够	狗	甘	干	赶
ɕ															
tɕ‘															
tɕ															
ʂ							烧	绍	少	收	受	手	膻	鳝	闪
tʂ‘							超	朝		抽	仇	丑	⑤	缠	婵
tʂ							招	赵		周	轴	肘	战	颤	展
s	腮	塞	洒			色	骚	臊	嫂	搜	瘦	溲	山		产
ts‘	菜	才	踩			册	操	曹	炒	凑	愁	瞅	灿	馋	铲
ts	栽	在	宰		摘	泽	糟	罩	早	邹	揍	走	站	绽	斩
l	赖	来	攋	类	泪	蕊	捞	牢	老	搂	漏	婆	乱	兰	懒
n	乃	耐	奶	内			闹	挠	脑					南	暖
t‘	太	台		推	退	腿	掏	逃	讨	偷	头	敨	贪	谈	瞳
t	代	袋	歹	堆	对	德	刀	道	岛	兜	豆	陡	丹	淡	胆
f				飞	肥				否	否			贩	饭	反
m	埋	卖	买	墨	妹	美	茂	毛	卯				嫚	慢	满
p‘	派	牌	④	坏	培	拍	抛	袍	跑				潘	盘	
p	拜	败	摆	碑	白	北	包	抱	饱				班	办	板

声母	ẽ 阴	ẽ 阳	ẽ 上	aŋ 阴	aŋ 阳	aŋ 上	eŋ 阴	eŋ 阳	eŋ 上	ia 阴	ia 阳	ia 上	ie 阴	ie 阳	ie 上
∅	恩	摁		肮	昂		⑧	⑩		丫	牙	押	热	夜	也
x	很又	恨又	狠	夯	航		亨	恒							
kʻ			肯	康	扛		坑								
k	根		艮	纲	杠	岗	庚		梗						
ɕ										虾	下	瞎		蟹	血
tɕʻ										掐		卡	趄	茄	
tɕ										家	价	假	结	杰	
ʂ	身	神	审	商	上	赏	升		剩						
tʂʻ	趁	沉	抻	昌	常	厂	秤	成	逞						
tʂ	针	振	诊	张	丈	掌	蒸	郑	整						
s	森	渗		桑		嗓	生		省				谢	邪	写
tsʻ	村	岑	蹭	仓	藏		噌	层	⑬						
ts	臻	咱	怎	脏		攒	增				⑫		借		姐
l	论	嫩		狼	浪又		⑦	棱	冷		俩		猎	裂又	劣
n			恁	囊		攮		能	⑪				聂	镊	⑭
tʻ	吞	褪	⑥	汤	堂	躺	疼	腾	⑨						铁
t	墩	囤	吨	裆		党	登	邓	等				爹	蝶	跌
f	分	坟	粉	方	房	纺	风	冯	奉						
m		门	焖		忙	莽		梦	猛				蔑	灭	乜
pʻ	喷	盆		胖	庞	耪	烹	朋	捧						撇
p	奔	笨	本	邦		榜	迸		泵				鳖	别	瘪

开口呼：ẽ、aŋ、eŋ　　齐齿呼：ia、ie

呼	韵母	调	p	pʻ	m	f	t	tʻ	n	l	ts	tsʻ	s	tʂ	tʂʻ	ʂ	tɕ	tɕʻ	ɕ	k	kʻ	x	ø
齐齿呼	i	阴	闭	批			低	梯	那	粒	唧	妻	西				鸡	期	戏				衣
	i	阳	鼻	皮	迷		地	题	尼	梨	集	齐	席				极	棋	畦				移
	i	上	比	劈	米		底	踢	你	李	挤	七	洗				急	起	喜				一
	iɛ	阴	标	飘	咩												街						挨
	iɛ	阳	膘	瓢													疥		鞋				崖
	iɛ	上	表	漂													解						矮
	ɔ	阴			瞄		钓	跳	尿	撩	焦	锹	消				浇	敲	孝				腰
	ɔ	阳			庙		掉	条	鸟	疗	绞	瞧	笑				窖	桥	效				摇
	ɔ	上			秒		屌	挑	谬	了	⑤		小				搅	巧	晓				咬
	iou	阴					丢		牛	六	揪	秋	修				救	丘					肉
	iou	阳							扭	刘	赳	囚					旧	求	休				油
	iou	上								柳	酒		袖				九	杈					有
	iã	阴	边	篇	面		店	天	粘	练	尖	千	先				间	牵	县				烟
	iã	阳	辫	便	棉		电	田	年	连		钱	羡				件	钳	闲				严
	iã	上	贬	谝	眠		典	舔	撵	脸	剪	浅	奸				简		险				演

声母	齐齿呼 iɛ 阴	iɛ 阳	iɛ 上	齐齿呼 iɑŋ 阴	iɑŋ 阳	iɑŋ 上	iŋ 阴	iŋ 阳	iŋ 上	合口呼 ua 阴	ua 阳	ua 上	合口呼 uɛ 阴	uɛ 阳	uɛ 上
ø	音	人	引	央	羊	养	英	硬	影	洼	王	瓦	窝	卧	我
x										花	滑		货	活	火
kʻ										夸	跨	垮	棵	阔	括
k										瓜	挂	寡	锅		国
ɕ	欣			香		响	兴	行							
tɕʻ	钦	芹		腔	强		轻	擎	苘						
tɕ	斤	近	紧	姜	犟	讲	京	敬	景						
ʂ													勺		说
tʂʻ										揣		踹	搋		
tʂ										抓	拽	爪	着		拙
s	心	寻		箱	详	想	星	性	醒	⑰		耍	梭	缩	锁
tsʻ	亲	秦		枪	墙	抢	清	情	请	⑯			搓	矬	撮
ts	津	浸		将	匠	奖	精	净	井				坐		左
l	赁	林		亮	凉	两	另	零	领				落	罗	
n					娘			宁	拧					挪	懦
tʻ							听	亭	挺				拖	驮	妥
t							丁	腚	鼎				多	夺	躲
f															
m		民	抿				命	名							
pʻ	拼	贫	品				乒	平							
p	宾						兵	病	饼						

韵母	声调	ø	x	kʻ	k	ɕ	tɕʻ	tɕ	ʂ	tʂʻ	tʂ	s	tsʻ	ts	l	n	tʻ	t	f	m	pʻ	p
u	阴	乌	呼	枯	姑				书	殊	朱	苏	粗	租	禄	努	⑱	都	夫	目	铺	布
	阳	吴	胡	酷	核				树	橱	住	熟	锄	族	房	奴	徒	独	扶	木	铺又	步
	上	五	虎	苦	古				鼠	出	主	蜀	楚	祖	捞		吐	堵	府	母	普	朴
ue	阴	歪		快	乖							甩	精	拽								
	阳	外		块又	怪又							帅又	踹	拽又								
	上	威		撾	拐							甩又	揣又	跩								
uei	阴	威	灰	亏	归							岁	吹	锥	类		推					
	阳	卫	回	葵	跪							谁	垂	坠	泪	内	退	队				
	上	伟	悔		鬼				舜			水	永	嘴	铳		腿					
uã	阴	弯	欢	宽	官					穿	专	拴	⑲	钻			团	端				
	阳	丸	环		罐					船	赚	散又		攥				断				
	上	晚	缓	款	管					喘	转	伞				暖		短				
uẽ	阴	温	昏	坤	闺					春	㉑	孙	村	尊	论		吞	顿又				
	阳	文	魂	困	棍				顺	唇	准		存		伦		豚	钝				
	上	稳	混又	捆	滚					蠢又					轮			盹				

合口呼

声母	uaŋ 阴	uaŋ 阳	uaŋ 上	uŋ 阴	uŋ 阳	uŋ 上	yɛ 阴	yɛ 阳	yɛ 上	y 阴	y 阳	y 上	yã 阴	yã 阳	yã 上
										撮 口 呼					
	合 口 呼														
∅	汪	王	往	翁			岳	钥	约	玉	鱼	雨	冤	原	远
x	荒	黄	谎	烘	红	哄									
k'	匡	狂	圹	空	控	恐									
k	光	逛	广	公	贡	巩									
ɕ							靴	学	②	虚		许		楦	玄
tɕ'								瘸	确	区	去	曲	劝	拳	犬
tɕ							撅	撅	脚	居	局	举	捐	眷	卷
ʂ	霜	双	爽	宋	送	耸									
tʂ'	窗	床	创	葱	虫	宠									
tʂ	庄	状		忠	粽	肿									
s									雪	絮	徐	宿	鲜	旋	选
ts'									雀	趣		取		全	
ts							绝	爵		聚	铸	足		全	
l				隆	龙	拢	掠	略		绿	驴	吕			
n					脓							女			
t'				通	铜	桶									
t				东	动	董									
f															
m															
p'															
p															

			p	pʻ	m	f	t	tʻ	n	l	ts	tsʻ	s	tʂ	tʂʻ	ʂ	tɕ	tɕʻ	ɕ	k	kʻ	x	∅
撮口呼	yẽ	阴									竣						军	㉓	训				韵
		阳									俊	皴	旬					群					云
		上											笋				菌	捃					允
	yŋ	阴								拢	鬈		颂				炯	倾	兄				用
		阳																穷	雄				绒
		上											怂										永

附注：

① $kʻa^{42}$　～唧味儿（食油或含油食物日久变质的味道）。

② $xɑ^{42}$　～趴下身子。

③ $ɑ^{55}$　～了一场大雪。

④ $pʻɛ^{55}$　用腚～（用力往下坐）。

⑤ $tʂʻa̋^{213}$　性子慢：这人真～。

⑥ $tʻɛ^{55}$　用脚在水中踩洗：～被、～褥子。

⑦ $lɑŋ^{55}$　疏，间隔大：～一点种包米，好透风。

⑧ $ɑŋ^{55}$　烧：把草～成灰。

⑨ $tʻəŋ^{55}$　潮湿：衣裳太～。

19

⑩ əŋ²¹³　蚊子叫声：蚊子~~叫。

⑪ niɑ⁴²　那：~个。

⑫ tsiɑ⁵⁵　~子（署词）。

⑬ ts'iɑ²¹³　虫~子（小虫之类）。

⑭ niɔ⁵⁵　人家：别叫~说不是。

⑮ tsiɔ⁵⁵　缝纫法的一种，针脚密。

⑯ ts'uɑ⁴²　泥泞：下雨地~，不好走。

⑰ suɑ⁴²　~子（量词）：打一~苦草。

⑱ tu²¹³　~噜（捆扎不紧，松开了）。

⑲ ts'uɑ̃⁴²　胡结~。

⑳ tsuɛ̃⁵⁵　在嘴里用舌头挑选后吐出来。

㉑ tʂuɛ⁴²　~子（高粱秸秆的捆儿，用子盖房子）：绑~。

㉒ ɕyə⁵⁵　（牲口）跑：~了。

㉓ tɕ'yɛ̃²¹³　抽打：用棍子~。

20

二　同音字汇

凡　例

1.本字汇共收字 4300 多个，形同音不同的字，有几个音算几个字。

2.全部字均按韵母、声母、声调的顺序排列，即先以韵母分类，再依声母和声调顺序排开，只读轻声的字排在上声后面。韵母、声母、声调的顺序见第二章"一　单字音系"。

3.字下的双线"＝"表示读书音，单线"－"表示口语音。

4.方框"□"表示没有适当的字可写。

5.为了区别字义，有的字后面加小字举例或释义。例词中用到原字时用"～"代替，释义部分用"（　）"标出，其中"又"、"介词"等分别表示是又读音、介词，等等。

a

p　　（阴）巴疤笆扒叭~儿狗儿霸恶~壩

　　　（阳）巴~金把（介词）爸钯耙拔跋鲅霉~子霸~道罢

　　　（上）八捌剥把（量词）、~手靶芭~蕉

　　　（轻）叭喇~吧琶琶~膊胳~

p'　　（阴）怕啪趴~下

　　　（阳）爬耙筢扒~手刨（又）推~（刨子）

m　　（阴）妈码~算麻~木抹~桌子嬷老~子

　　　（阳）骂码（又）~算玛~瑙麻痳

　　　（上）马码蚂

　　　　（轻）吗蟆
f　　（阳）罚乏伐筏垡阀砝发~海参□春去谷物外皮
　　　　（上）法珐~琅发垡~块（翻耕的土块）
t　　（阴）大奄~拉□~~（面称伯父）
　　　　（阳）大（又）达鞑答
　　　　（上）打搭褡沓一~子
　　　　（轻）嗒瘩
t'　　（阴）他她它跶
　　　　（上）塔溻褟塌榻蹋鳎~目鱼獭水~漯~河拓踏
　　　　（轻）遢遢~
n　　（阴）那纳~鞋底子
　　　　（阳）拿纳交~呐钠衲老~（老和尚）捺
　　　　（上）哪
　　　　（轻）娜（用于人名）安~
l　　（阴）辣蜡洋~、蜂~拉~屎、~下了
　　　　（阳）腊蜡（又）落~下了邋~遢瘌疤~
　　　　（上）拉垃~圾剌~破了手喇~叭
　　　　（轻）啦鞡靰~兄旮~蝲蛄~
ts　　（阴）渣楂喳乍拃踏挓
　　　　（阳）炸诈痄柞蚱砸咱杂铡咤奓轧
　　　　（上）扎紮札咂闸眨咋劄蜡八~庙
　　　　（轻）吒馇
ts'　（阴）叉杈木~差相~喳~~话嚓诧
　　　　（阳）查碴~儿差~不多茶茬察衩~裤杈树~子汊河~子岔
　　　　（上）插馇楂头发~子搽擦礤~菜镲衩裤~儿
s　　（阴）仨沙纱痧莎鲨杉砂
　　　　（阳）厦~棚子、~檐

22

（上）洒杀刹撒飒萨靸裟煞霎卅

ş　（阳）啥

　　（上）傻

k　（阴）嘎～巴□（鸭子叫声）

　　（阳）乲

　　（上）割鸽布～葛乍轧～伙戛小～儿（人名）

　　（轻）嘎（呢，语气词）

kʻ　（阴）咯

　　（阳）□～喇味（油类食物日久变质的味儿）

　　（上）渴磕卡搕瞌坷～拉咖□梯子～（斜靠）在墙上

x　（阴）哈棚子～了、～了口气、～下腰

　　（阳）哈～趴下身子□～瓦（把瓦覆盖在房子上）

　　（上）喝呵～牲口哈～密瓜

ø　（阴）啊阿腌～赜

　　（上）□～了一场大雪

　　（轻）啊

ia

n　（阳）□～个（那个）

l　（上）俩

ts　（上）□～子（詈词）

tsʻ　（阴）□虫～子（小虫之类）

tɕ　（阴）加袈架驾嘉枷家傢嫁～人稼佳

　　（阳）价架（又）嫁～出去、～妆颊

　　（上）贾假甲钾胛夹袷浃荚铗枷（又）嘉（又）佳（又）角

tɕʻ　（阴）卡～子掐用手～死

　　（上）恰卡～片儿掐

ɕ　　　（阴）吓_{害~}虾暇瑕

　　　（阳）下_{上~、~山}霞遐匣风~（风箱）辖夏洽侠狭峡

　　　（上）瞎匣_{~子}

ø　　　（阴）丫亚氩

　　　（阳）牙芽蚜讶鸦压轧_{~花机衙~}门

　　　（上）押鸭哑鸦_{~片}雅_{文~}

　　　（轻）呀

ua

ts　　　（阴）抓_{~起来}

　　　（阳）抓_{~鸟}爪（又）_{~儿}

　　　（上）爪_{~儿}

ts'　　（阳）□_{地~（地泥泞）}

s　　　（阳）□_{~子（量词）打一~苫草唰~~地}

　　　（上）耍刷

k　　　（阴）瓜呱_{~~叫、叫~~卦挂（单用）}剐_{~破了手}

　　　（阳）褂_{~子挂~起来卦算~}

　　　（上）呱_{拉~寡刮~风括剐千刀万~}

k'　　（阴）夸跨挎

　　　（阳）胯跨（又）_{横~、~上去}挎（又）

　　　（上）刮_{~脸、~胡子}侉_{说话~}垮

x　　　（阴）花华哗铧桦（又）骅□_{~白（训斥、批评）}搳（又）化_{眷（象声}
　　　　　　　　词）_{~的一声}

　　　（阳）划滑猾搳桦话画

ø　　　（阴）洼哇蛙（又）娲凹

　　　（阳）娃蛙袜瓦_{~刀}

　　　（上）瓦挖□_{~倒（栽倒）}□_{~后（用白眼珠狠狠地看一眼，表示不满）}

ə

p　（阴）波菠玻馞勃渤跛叵

　　（阳）薄簸~箕脖箔泊钹（又）

　　（上）博搏簸~一~拨驳播钵钹珀剥~削

pʻ　（阴）坡上~儿、高~儿破叵（又）颇脬（量词）

　　（阳）婆破~开脬（名词）尿~

　　（上）坡上~（下地干活）泼迫魄粕笸颇（又）

m　（阴）末沫茉没摸摩

　　（阳）莫模馍谟摹魔蘑磨~刀、石~沫~儿陌默

　　（上）抹

t　（上）得德的

tʻ　（上）特

l　（上）勒

ts　（阳）泽择责则谪宅

　　（上）摘

tsʻ　（阴）厕

　　（上）册策测侧

s　（阳）啬

　　（上）色瑟涩

tʂ　（阴）这遮鹧

　　（阳）蛰惊~辄蜇海~浙哲赭蔗

　　（上）折哲（又）蜇~人箦~子褶者

tʂʻ　（阴）车撤（单）彻奢掣~回手

　　（上）扯澈掣~肘

ʂ　（阴）赊

　　（阳）蛇舌舍佘设射麝涉赦社折弄~了

（上）捨设（又）

k （阴）哥歌旮~兒儿个过~继咯嗝

（阳）阁（又）~木个（又）

（上）果苹~各阁搁胳骼<u>格割</u>鸽蛤~蜊<u>隔膈</u>革疙圪屹~蚕戈<u>郭裹</u>

kʻ （阴）科蝌苛珂轲<u>棵</u>颗稞课锞金~子骒~马扩□~（剖开）腔嗑~

瓜子儿

（阳）阔（又）~气、真~

（上）可坷壳<u>克</u>刻渴括<u>客</u>~人咳

x （阴）贺豁~嘴儿诃荷电~鹤仙~

（阳）<u>河</u>何荷禾和（又）核~桃合盒颌貉喝大~一声褐鞨虾~蟆

ø （阴）阿~谀婀谔俄遏

（阳）蛾（又）~儿鹅娥饿峨鄂愕鳄握掌~讹扼噩

（上）遏（又）恶厄额

iə

p （阴）瘪~嘴

（阳）别分~

（上）别~针儿<u>鳖</u>憋蹩蝙

pʻ （上）撇瞥蹩~腿儿

m （阴）蔑捏（量词）、（动词）

（阳）<u>灭</u>灯~了篾蔑轻~镊（又）

（上）蔑~视

t （阴）爹蹀~~蹀蹀

（阳）迭蝶谍碟牒喋叠蛭

（上）跌

tʻ （上）铁贴帖

n （阴）<u>灭</u>消~捏（又）摄涅聂蹑镍蘖

（阳）镊

（上）□（代词，相当于人家）别叫～说不是

l （阴）猎列烈冽咧瞎～～

（阳）裂～了劣

（上）裂～开了趔～趄□～巴（用白眼珠狠狠地看一眼，表示不满）

ts （阴）借蠽

（阳）截裰～子

（上）姐接睫捷节瘤结树上～果了

ts‘ （阴）妾（又）窃

（阳）妾前～日

（上）切且趄趔～

s （阴）些卸泄泻谢躞蹀蹀～～

（阳）邪斜

（上）写楔～子揳

tɕ （阳）杰竭洁

（上）结拮桔～梗揭劫子～叉

tɕ‘ （阴）趄（躺）～下

（阳）茄怯（又）

（上）怯

ɕ （阴）协胁緦

（阳）蟹～子

（上）血歇蝎挟携□～开门

ø （阴）热业邺掖～城、南～、北～液（又）叶（姓）烨晔

（阳）爷夜页孽叶掖～县冶椰热～死人

（上）野也惹噎耶液腋掖～起来咽曳

uə

t （阴）多哆剁跺

（阳）夺惰咄度~量踱铎舵垛草~剁~下来堕

（上）朵躲垛门~子掇（端）~盘子驮~子

t' （阴）拖

（阳）驮驼佗砣鸵坨跎橢唾

（上）妥托它其~脱拓庹

n （阳）挪娜懦（又）糯

（上）娜（又）诺

l （阴）乐泺烙落络裸

（阳）罗锣箩猡逻萝骡螺摞洛珞骆烙（又）~铁裸

（上）捋~草、~野菜

ts （阴）左

（阳）坐座~儿浊镯作昨凿做佐□（扣除）~去电费才发钱

（上）桌捉捽~着衣角撮一~座（量词）佐少~作~蕃柞

ts' （阴）搓挫错措

（阳）矬错~误戳~破毂~皮

（上）撮~一簸箕、把他~了墙头上□~摆（捉弄）戳手~

s （阴）蓑梭

（阳）缩~水

（上）所唆琐锁索缩~小

tʂ （阳）着~凉、~火，这病~人（传染人）

（上）拙茁

tʂ' （阴）趚（乱走动）

（上）戳~穿、手~

ʂ （阳）勺硕

（上）说

28

k　（阴）锅过~错

　　（上）国郭过~去果裹㼟

kʻ　（阴）棵扩阔（单）

　　（阳）阔~气

　　（上）括

x　（阴）豁（又）货祸壑

　　（阳）货（又）河活禾柴~获或（新）

　　（上）火伙霍豁~口子（墙有缺口）

∅　（阴）窝讹

　　（阳）蛾~儿卧饿挨~握~手

　　（上）我恶~心

yə

l　（阴）略（又）~微掠

　　（阳）略侵~

ts　（阳）绝爵（又）嚼咀~、牲口~子

　　（上）爵

tsʻ　（上）雀鹊

s　（上）雪薛削~皮

tɕ　（阴）掘

　　（阳）决倔~强撅□~人（骂人）珏獗

　　（上）觉~悟角脚噘~嘴儿镢蹶了子~臼蒜~、碓~

tɕʻ　（阳）瘸

　　（上）缺确搉~米壳搉~断却

ɕ　（阴）靴

　　（阳）学穴

　　（上）□~（牲口逃跑）了

ø   （阴）岳乐音~药月一个~若悦阅虐（又）疟越

        （阳）钥虐月正~、二~越~过去

        （上）约弱□（用手折断）

ɿ

ts   （阴）资姿咨滋孳梓淄辎孜渍之（又）芝支枝肢志誌址沚芷眦

        脂

        （阳）字痣姿（又）自恣

        （上）子仔籽姊兹紫旨指止只至纸之

ts'   （阴）泚叫水~呲挨~刺叫~卡住了厕~所

        （阳）刺~刀次一~瓷辞词祠慈磁此雌寺匙翅侍

        （上）齿龇

        （轻）差参~

s   （阴）思私司饲丝斯撕四肆似巳祀厮小~、小小~（男孩）施师狮

        尸诗矢始恃赐试士视示氏

        （阳）时市柿是事莳~弄花草

        （上）死史使驶屎虱

ʅ

tʂ   （阴）知蜘智治致~富这

        （阳）直值窒痔

        （上）值植殖置致织帜职执只汁质稚雉制秩掷滞炙只

tʂ' （阴）痴

        （阳）池驰迟持耻赤

        （上）吃尺

ʂ   （阴）誓式势□冻得~~哈哈的

        （阳）十拾石食蚀实失识释室适世

（上）湿

（轻）尺戒~

ər

ø　　（阴）二贰而

　　　（阳）儿

　　　（上）耳珥饵尔迩

i

p　　（阴）屄闭

　　　（阳）闭关~鼻敝蔽弊毙币蓖必逼腹（又）~脐

　　　（上）比秕妣陛彼辟壁璧避臂笔滗毕荜碧弼鄙膑赤~上阵

pʻ　　（阴）匹一~马批屁纰（不密）网织得太~了，应密一些□~锤（拳头）

　　　（阳）皮疲啤痹脾庇

　　　（上）劈癖脾肝~枇蚍砒纰~漏

m　　（阴）密蜜蜂~篾席~子泥（单）

　　　（阳）迷谜蜜~蜂密~不~、~了秘靡泥明~日

　　　（上）米糜弥

t　　（阴）低帝弟第提~溜

　　　（阳）地敌狄递抵的籴蒂

　　　（上）底滴笛~子

tʻ　　（阴）梯剃替

　　　（阳）提堤题啼蹄体身~、~育踢~毽剔涕

　　　（上）踢~蹬（弄坏）

n　　（阴）那（又）~边

　　　（阳）尼泥妮腻匿

　　　（上）你

31

l　（阴）粒痢例劙用刀~ 立~夏力出~不讨好

　　（阳）梨犁黎厘狸离篱璃栗立利历厉励力荔丽吏官~ 隶漓~溜 儿歪斜

　　（上）李里裹鲤礼□~墙（垒墙）

　　（轻）藜蒺~ 娌妯~

ts　（阴）济不~（不好）祭~奠

　　（阳）寂集籍疾蒺祭路~际荠剂跻缉辑即鲫稷绩积迹唧机~灵

　　（上）唧济挤脊瘠嫉塈

ts'　（阴）妻凄萋栖~霞沏~茶缉~鞋口

　　（阳）齐脐荠戚亲~

　　（上）七柒漆缉~起来

s　（阴）西细淅媳

　　（阳）席畦~小苗、~栽子

　　（上）洗锡息熄媳媳（又）昔惜析恤袭习夕犀

tɕ　（阴）几忝~肌机讥饥基鸡羁稽记妓技口~季既纪（姓）继姬系 ~扣儿击及汲级激

　　（阳）寄极两~急着~技~术伎忌计

　　（上）几己给急很~吉戟极积~

　　（轻）圾

tɕ'　（阴）其期欺麒祁契器~具岂气~球弃乞去蹊~跷

　　（阳）棋旗骑綦气生~、~死人汽歧泣哭~企

　　（上）起启乞~丐迄~今奇

ɕ　（阴）希稀溪嬉兮隙系戏吸

　　（阳）畦系

　　（上）喜蟢禧牺

ø　（阴）衣医日姨艺意有~

　　（阳）宜谊移遗疑夷义议仪懿意亿异易交~、容~益溢役疫逆

译亦毅揖胰~子

（上）以已依倚椅尾~巴乙一揖（又）

u

p　（阴）布佈怖

　　（阳）步埠部簿醭垺抱~孩子蒲~墩子（蒲团）

　　（上）补不拨~拉

p'　（阴）铺店~、~设堡南十里~

　　（阳）铺小~儿

　　（上）普谱捕蒲葡脯胸~、杏~扑朴仆瀑曝箁拂（又）~落哺

m　（阴）暮幕慕募墓目牧穆（姓）没~有

　　（阳）木手麻~了没水深得~了人谋阴~模~子

　　（上）母拇某亩摸大约~儿

f　（阴）夫麸肤妇父富敷副一~药

　　（阳）伏袱服扶芙浮孵沸佛腐妇（又）附付~款俯傅缚复腹辅

　　　　副正~拂

　　（上）府腑符斧甫阜福幅辐孚

t　（阴）都嘟度（又）镀督

　　（阳）独读牍杜肚~子度渡凸

　　（上）堵睹赌肚猪~子突（少）犊豚蝎~子

t'　（阴）□~噜（捆扎不紧，松开了）

　　（阳）图徒途兔屠

　　（上）土吐秃突（多）涂

n　（阴）努

　　（阳）奴怒农□干重活~着了

l　（阴）鹿绿录禄撸辱捋~树叶

　　（阳）卢炉芦庐路露赂陆戮

33

（上）卤鲁橹麓辘颅鲈□（欺骗）～他是庄户孙

（轻）噜

ts　（阴）租阻祖组筑逐助祝庆～

（阳）卒族祝～寿

（上）祖足烛竹

ts'　（阴）粗醋初

（阳）猝锄畜～类

（上）促楚础触畜牲～□（回忆，回想）

s　（阴）苏酥素嗉塑速漱束梳疏

（阳）俗风～<u>肃</u>诉数（名词）熟赎嗽

（上）俗～气属蜀<u>叔</u>数（动词）塾私～

tʂ　（阴）朱珠株洙蛛猪诸著

（阳）注～释住柱蛀驻妯～娌磹碌～

（上）主注～意柱～拐杖煮嘱

（轻）帚

tʂ'　（阴）殊储处相～樗杵□用线在布上～朵花

（阳）除厨橱饭～

（上）出□（吮）用嘴～

ʂ　（阴）书输舒述□（伸）手～进洞里

（阳）术树竖叔小～子

（上）鼠暑曙黍粟叔

k　（阴）姑固故～意辜孤雇顾跍～蹲饻～馇

（阳）故～事核枣～崮～山雇（又）～个人干活

（上）古估故～乡股鼓古穀谷骨凸

k'　（阴）枯库裤

（阳）裤（又）～子酷

（上）苦哭

x （阴）呼烀~饼子抔（打耳光）弧

（阳）胡湖糊煳蝴猢斛葫~芦髯壶户沪扈护互忽琥获（老）~得瓠狐

（上）虎唬□（靠）~在一块儿

ø （阴）乌物无勿梧恶可~

（阳）吴误悟痦~子务雾恶厌~机~子

（上）五伍捂焐武午舞屋□（下）~了一场大雪

<h2 style="text-align:center">y</h2>

n （上）女

l （阴）绿虑~排□（抽打）用棍子~

（阳）驴虑考~、思~碌~碡

（上）吕旅捋~胡子滤律

ts （阴）聚铸

（阳）铸（又）用锡~的

（上）足心里~

ts' （阴）蛆趋趣

（上）取娶蹴用脚~石头

s （阴）须戌胥（暗中窥视）~着他序叙绪续絮恤

（阳）徐宿（姓）絮~叨

（上）须需婿宿住~俗（又）风~檞木~汤

tɕ （阴）居踞锯句（量词）、一~话拘驹巨拒距矩据剧~烈具□（箍）用铁丝把桶~起来

（阳）局句~子剧

（上）举菊橘锔~锅、~盆

tɕ' （阴）区去

（阳）去（又）~不去？~！

（上）曲蛐~蟮麹区（又）屈渠瞿

ç （阴）虚嘘

（上）许蓄畜~牧旭吸（又）~铁石、~眼儿（好看，吸引人看）

ø （阴）阡隅迂~腐玉愚遇如瑜周~

（阳）于盂鱼余与给~榆愉喻遇寓公~誉预裕浴欲育狱域入褥
语打翻~（听力不好，听成似是而非的话）移~棵花、~花栽子擩大口~
腮（形容大口地吃）

（上）雨语虞娱寓~言域西~乳

（轻）狸狐~

ε

p （阴）拜败打~

（阳）败~了白（别，不要）~动、~去

（上）摆

p' （阴）派湃

（阳）排牌

（上）□用腚~（用力下坐）

m （阴）埋迈

（阳）卖

（上）买

t （阴）呆发~代贷怠带皮~、车~戴黛

（阳）袋代老少三~带小~儿待

（上）歹啖（吃）~饭在（介词）逮

t' （阴）胎太态泰□泡~了（立不住了）苔舌~

（阳）台抬汰苔青~鲐

n （阴）乃奶（动词）耐奈

（上）奶（名词）

36

l　　（阴）赖~人、好~

　　　（阳）来莱赖依~癞

　　　（上）攋~开（撕开）

ts　　（阴）裁灾斋载~重债再

　　　（阳）在现~

　　　（上）在（又）载三年五~宰崽哉

ts'　　（阴）菜蔡差出~钗搋~面

　　　（阳）才材财豺裁柴

　　　（上）采彩踩睬

s　　（阴）腮赛晒筛

　　　（阳）塞边~□（像）孩子~他爹

　　　（上）洒~水塞阻~

k　　（阴）该盖概赅溉钙

　　　（阳）盖（又）~不~、~儿丐乞~

　　　（上）改

k'　　（阴）开

　　　（上）慨楷凯

x　　（阴）害核硋~事亥~时骇骸孩（多）~~的毂~他一棍子、~破了头

　　　（阳）孩还

　　　（上）海

ø　　（阴）哀爱嗳挨~肩

　　　（阳）艾硋挨~打

iɛ

m　　（阴）咩（羊叫声）

tɕ　　（阴）街皆阶秸介界疥芥戒届

　　　（阳）疥（又）生~芥（又）~末诚解押~戒~指儿街叫~的

（上）解戒~严诫

ç　（阳）鞋蟹解（姓，揣摩）姓~、~不开**懈械谐**

∅　（阴）<u>挨</u>

（阳）涯崖

（上）矮

uɛ

ts　（阴）拽（扔）~石头

（阳）拽（拉）~过来

（上）跩

ts'　（阴）猜揣踹叫脚~

（阳）踹（又）~一脚

（上）揣~摩

s　（阴）衰率摔蟀帅~旗甩

（阳）帅老~儿

（上）甩~袖子

k　（阴）乖怪~事□（动）别~它

（阳）怪妖~、真~

（上）拐

k'　（阴）快筷块

（阳）会~计块~儿筷（又）

（上）擓脍

x　（阳）怀坏淮槐

∅　（阴）歪外（又）

（阳）外

（上）崴□斜躺

ei

p　　（阴）悲卑碑杯被倍背□（赘）买个大的再~上个小的

　　　（阳）白伯辈备贝焙~糊背~书帛

　　　（上）北百柏掰驳~证

p'　　（阴）披丕坏呸佩□~线、纺~

　　　（阳）培陪赔配焙（又）

　　　（上）拍迫逼~魄

m　　（阴）没~有墨默脉麦~收

　　　（阳）梅霉媚眉媒枚妹昧麦~子密缝得挺~稆乌~（高粱等作物的黑色病穗）

　　　（上）美每霉发~镁

f　　（阴）飞非匪废肺沸（又）费经~

　　　（阳）费（单）肥痱~子

t　　（阴）堆对兑

　　　（阳）队对（又）~子、~儿（春联）抖~擞：把衣服上的雪~~干净碓~臼

　　　（上）德得一定~去特~为的

t'　　（阴）推退忒~小

　　　（阳）退~下来

　　　（上）腿

n　　（阴）内

l　　（阴）类肋勒~紧

　　　（阳）雷擂累泪

　　　（上）累积~垒儽磊蕊锐

ts　　（阴）贼则规~择泽责宅摘~菜谪

　　　（上）嘴老公~侧~着身子窄摘~下来测（又）~量：我~着他不是个好人

ts'　（上）策测~字儿拆~开□用锹~土、~鸡屎

s　　（上）<u>涩色瑟啬馓</u>~子<u>塞</u>堵

k　　（上）给<u>格</u>隔

k'　　（阴）剅挨~

　　　（阳）剅把他~下去

　　　（上）<u>刻客克</u>~服<u>给</u>（又）

x　　（上）黑

uei

t　　（阳）<u>队</u>

t'　　（阴）<u>推退</u>

　　　（阳）<u>退</u>（又）后~

　　　（上）<u>腿</u>

n　　（阴）<u>内</u>

l　　（阴）<u>类</u>

　　　（阳）<u>泪</u>

　　　（上）<u>锐</u>

ts　　（阴）追锥最醉罪□~杏（一种仁不苦的杏子）

　　　（阳）赘坠缀拽

　　　（上）嘴

ts'　　（阴）吹炊崔催摧脆翠

　　　（阳）垂槌锤粹纯~

s　　（阴）虽岁碎税尿（又）~脬

　　　（阳）随隋髓遂隧穗谁睡瑞

　　　（上）水摔把瓶子~在地上

k　　（阴）规归龟轨鳜贵桂

　　　（阳）跪柜

　　　（上）鬼诡国（老）

40

k‘　（阴）亏盔窥愧心里有～溃
　　（阳）葵愧惭～逵奎魁
x　（阴）灰恢挥辉徽会开～绘贿汇惠慧烩
　　（阳）回会～不～或（老）溃～脓讳蛔卉
　　（上）毁悔诲惑
ø　（阴）威葳微危为～什么唯惟未魏巍胃谓蝟位一～喂
　　（阳）围帷维为作～卫味位～置□（溢出）稀饭～了锅了
　　（上）伟苇纬违伪委桅尾末～儿慰畏

ɔ

p　（阴）包鲍报豹暴爆
　　（阳）炮～仗刨抱雹龅～牙
　　（上）保褒堡碉～宝饱
p‘　（阴）抛泡（不结实）炮剖
　　（阳）袍胞泡水～儿刨～地
　　（上）跑
m　（阴）茂贸帽（又）冒～名顶替貌人不可看～相□（拽）～石头
　　（阳）毛矛茅猫帽貌（又）
　　（上）毛一～钱卯矛长矛锚
f　（上）否
t　（阴）刀□用筷子～菜、鸡～食儿到倒～水
　　（阳）稻道导（又）盗倒把车子～过来
　　（上）岛捣倒～手、～换导祷
t‘　（阴）掏滔套（量词）
　　（阳）逃桃淘陶讨～论套（动词）
　　（上）讨～饭、～厌
n　（阴）闹别～孬

　　　（阳）挠闹~起来了
　　　（上）恼脑暖~和
l　　（阴）捞唠
　　　（阳）牢劳涝痨
　　　（上）老姥佬
ts　　（阴）糟遭糙造皂躁~人的灶
　　　（阳）燥躁焦~笊罩造（又）
　　　（上）早枣找爪~子
ts'　（阴）操草行~隶篆抄钞舠
　　　（阳）曹槽巢糙谷~子
　　　（上）草吵炒
s　　（阴）搔骚臊~味稍梢捎筲哨潲~雨
　　　（阳）扫~帚臊不羞不~□（缩）~一边儿去嗽（又）咳~
　　　（上）嫂扫~地
tş　　（阴）招昭沼照召兆朝肇□（扶）~着墙走
　　　（阳）赵照~一~、李清~
tş'　（阴）超嘲
　　　（阳）朝潮□（傻）他~乎乎的
ş　　（阴）烧少~年
　　　（阳）韶绍
　　　（上）少多~□~道（麻烦事儿）
k　　（阴）高膏羔糕告（单）
　　　（阳）告~诉、~你（对你起诉）
　　　（上）搞稿皋
k'　（阴）靠铐手~熇用肥肉~大油
　　　（阳）铐~起来靠~子、软~、戏~犒
　　　（上）考烤拷~打

x　（阴）薅蒿号大～好爱～
（阳）毫豪壕号～儿耗镐浩皓好（又）鹤（少）
（上）好
ø　（阴）噢熬～菜
（阳）熬～大油傲奥懊坳鳌翱
（上）袄懊～悔

iɔ

p　（阴）标彪膘镖□（傻）
（阳）膘鱼～
（上）表裱婊
p‘　（阴）飘漂水上～瞟
（阳）瓢票绑～儿
（上）漂～白嫖
m　（阴）瞄妙（又）
（阳）苗描瞄（又）庙妙
（上）秒藐～视
t　（阴）刁叼貂雕吊钓凋
（阳）调音～掉□～望（瞭望）
（上）屌□～□siɔ（离不开，转悠）
t‘　（阴）挑跳粜
（阳）条调～和笤
（上）挑用竿子～下来调～皮
n　（阳）尿
（上）鸟□～瘷（轻视）
l　（阴）撩（丢弃）～东西蹽尥撂
（阳）聊镣燎～原大火嘹潦～草疗撩～拨辽料～想、～子、上～

（上）了瞭燎~一~蓼~蓝

ts　（阴）焦蕉椒礁

（阳）绞（线状物缠在一起）

（上）□（用手打人脸，女人说）□（缝法的一种，针脚密）

ts'　（阴）锹剿~猪缲（缝法的一种，针脚长）悄悄跷高~峭

（阳）瞧樵鞒□（敏捷）~巴

（轻）□清~（清楚）

s　（阴）肖消霄宵硝销萧箫啸笑（单）逍

（阳）笑~了鞘（又）

（上）小

tɕ　（阴）交较郊校~对胶浇娇骄缴教~书叫觉窖（又）

（阳）轿窖酵教~育轿

（上）绞铰狡饺皎侥酵~老面搅

tɕ'　（阴）敲跷翘~尾巴撬（又）~门

（阳）乔侨桥窍撬~起来荞（又）

（上）巧荞~麦

ɕ　（阴）嚣枵（薄，不结实）孝哮

（阳）效校学~

（上）晓嚣叫~

ø　（阴）妖夭腰要~求邀么

（阳）摇谣窑遥肴尧饶绕爻姚要~了个孩子耀

（上）咬舀~水扰

əu

t　（阴）兜都~是斗相~

（阳）豆痘斗批~逗窦抖（又）

（上）斗一~、~争抖蚪陡

44

　　　　（轻）朵_{耳~}

t'　　（阴）偷透_{~明}

　　　　（阳）头投透

　　　　（上）敨_{~衣裳、~出来}

l　　　（阴）搂_{~草}

　　　　（阳）楼耧漏陋露_{~头儿}娄（姓）瘘

　　　　（上）篓搂_{~抱}

　　　　（轻）笼_{灯~}

ts　　（阴）邹绉皱诌奏骤（又）做_{~活儿}噈_{~嘴}

　　　　（阳）揍骤（又）做_{~衣裳}

　　　　（上）走

ts'　　（阴）凑诌（又）胡_~□（吹）叫风_~干搊_{~开衣裳}

　　　　（阳）愁

　　　　（上）瞅

s　　　（阴）叟嗖搜馊瘦（单）

　　　　（阳）瘦_{~了}

　　　　（上）溲_{~面（揉面）}

　　　　（轻）嗽_{咳~}擞_{抖~}

tʂ　　（阴）周舟州洲粥昼宙_{字~}

　　　　（阳）轴宙（又）咒□_{（用绳一类东西紧缠）}肘胳膊_{~儿}

　　　　（上）肘_{前~、后~}

tʂ'　　（阴）抽臭

　　　　（阳）仇绸稠筹酬雠臭（又）

　　　　（上）丑醜

ʂ　　　（阴）收寿兽（单）

　　　　（阳）受授兽_{野~}雠

　　　　（上）手守首

k　　（阴）勾钩苟够佝沟搆购构媾篝垢觳_{往上~}

　　　（阳）够~不~

　　　（上）狗枸~杞

k'　　（阴）抠寇叩扣~住铐手~脚镂眍~瞌蔻

　　　（阳）扣~儿口（脾气厉害）她真~

　　　（上）口

x　　（阴）齁后以~

　　　（阳）侯喉猴候厚後后

　　　（上）吼

ø　　（阴）欧讴怄鸥殴

　　　（阳）沤~起来

　　　（上）呕讴（又）偶藕

iəu

t　　（阴）丢

n　　（阴）妞谬缪拗_{脾气~}

　　　（阳）牛

　　　（上）扭纽钮

l　　（阴）绺一~儿六溜~走了遛~马

　　　（阳）流硫琉留榴馏刘熘

　　　（上）柳绺一~布溜~冰□衣服都穿~了□（顺着别人说）跟着人家~瘤~子

ts　　（阴）揪鬏啾鞦

　　　（阳）就鹫

　　　（上）酒

ts'　　（阴）秋揪

　　　（阳）鳅泥~酋囚

　　　　（上）□~□ts'e'（头发乱作一团）

s　　（阴）羞修秀绣锈

　　　　（阳）袖秀优~

tɕ　　（阴）纠究咎救舅疚

　　　　（阳）旧臼咎（又）救（又）舅老~

　　　　（上）九久玖灸韭

tɕ'　　（阴）丘邱朽木头~了阄抓~

　　　　（阳）求球裘

　　　　（上）朽~□in'（木材腐烂）□长时间等候

ɕ　　（阴）休朽嗅

ø　　（阴）优忧幽悠又右幼肉莠~子

　　　　（阳）由油游邮尤犹祐诱柚釉柔揉蹂牛黄~

　　　　（上）有友酉

ã

p　　（阴）班斑瘢般搬扳颁扮半~拉子□饭间吃干粮

　　　　（阳）半伴拌绊办瓣□~□k'a'（不顺利）

　　　　（上）板版舨

p'　　（阴）潘攀绊车~判盼蟠叛畔

　　　　（阳）盘判（又）襻~带

m　　（阴）嫚谩

　　　　（阳）蛮瞒曼慢漫幔抹~墙皮馒

　　　　（上）满螨

f　　（阴）番翻帆贩

　　　　（阳）凡矾烦繁樊犯范泛饭藩

　　　　（上）反返

t　　（阴）丹旦但担耽~误眈单端

47

（阳）淡弹~子惮蛋诞段（姓）缎断

（上）胆疸短

t‘　（阴）贪滩摊瘫叹碳炭探祖

（阳）谈痰谭潭檀坛弹~琴昙坦团~~的抟

（上）毯坦~白瞳

n　（阳）南男难

（上）暖~和□~的（怎么的）

l　（阴）滥乱

（阳）蓝篮兰烂栏拦婪乱~了

（上）懒览揽卵缆

ts　（阴）赞钻暂栈站蘸簪

（阳）绽□~猪（催肥猪）

（上）斩盏眨

ts‘　（阴）餐灿参惨搀

（阳）蚕惭残馋谗衬（又）~单（床单）

（上）铲穇

s　（阴）三山衫

（上）删珊跚产生~

tʂ　（阴）沾粘~贴占战毡

（阳）占~下颤

（上）展瞻~仰㧟

tʂ‘　（阴）□（路远难走）这路真~□（性子慢）他真~

（阳）缠

（上）蝉禅蟾

ʂ　（阴）羶苫赡搧~耳刮子煽骟~马善膳

（阳）单（姓）善（又）缮鳝擅扇骟

（上）陕闪擅

48

（轻）蟮蛐~

k　（阴）甘柑泔干~湿肝竿杆尴肛腔~眼子

　　（阳）干

　　（上）赶敢感擀杆

k'　（阴）看（又）坩尿~（陶制尿罐）

　　（阳）瞰看（又）

　　（上）坎砍堪刊槛门~勘侃阚

x　（阴）憨~厚汉

　　（阳）函涵寒韩含汗焊旱鼾汉~子憾撼翰罕

　　（上）喊□（拿）手里~着本书

ø　（阴）安鞍庵案按~摩岸暗（又）艾~绳

　　（阳）按暗（又）

　　（上）俺唵往嘴里~了把炒面子埯

iã

p　（阴）边编遍煸便鞭变

　　（阳）便方~辫辨辩变~了汴

　　（上）贬砭扁匾

p'　（阴）偏篇骗片

　　（阳）便片~肉（用刀将肉横切成薄片）

　　（上）谝~弄（炫耀）

m　（阴）面~目□（迈）~步

　　（阳）面湎绵棉

　　（上）免勉娩眠缅腼

t　（阴）颠店踮佃殿掂□（捶打）~他一拳头

　　（阳）巅电殿上~垫甸

　　（上）点典碘

t' （阴）天添

（阳）甜田填捵~~腆腼~

（上）舔腆~肚子

n （阴）黏蹑跷脚~跴蔫~性子

（阳）年念碾鲇

（上）撵辇拈捻蹑用脚~埝~儿（地方）

l （阴）练炼敛（单）

（阳）镰廉帘联连莲链鲢怜恋敛收~炼（又）奁~房

（上）脸

ts （阴）尖煎箭渐崭~刀（刀具制作时进行淬火的工序）

（阳）贱溅~一身水

（上）溅（又）践荐剪~子

ts' （阴）千阡釺迁□（长针脚临时缝上）签籤鹐（又）小鸟~食

（阳）钱前

（上）浅潜

s （阴）先仙线鲜（又）~不~纤

（上）歼羡

tɕ （阴）肩兼艰奸坚监~视、~牢间见（单）建健腱

（阳）见会~谏件键涧

（上）简茧柬拣俭检剑碱减□（量词。玉米秸、高粱秸捆成一束为一~）

tɕ' （阴）牵纤铅谦乾~坤虔欠鹐遣

（阳）钳泉~眼嵌芡~子

ɕ （阴）现掀锨县宪~法、~兵

（阳）现兑~衔嫌闲閒限陷~进馅弦贤圣~咸

（上）显险献宪（又）

ø （阴）烟咽淹腌厌雁嚥宴晏验谚兖蔫

（阳）严酽岩言盐闫颜研砚验考~沿焉燕檐缘然燃

50

（上）演掩眼延沿（又）染

uã

t　　（阴）<u>端</u>

　　　（阳）<u>段缎断</u>

　　　（上）<u>短</u>

t'　　（阳）<u>团</u>

n　　（上）<u>暖</u>

ts　　（阴）钻

　　　（阳）攥纂

ts'　（阴）汆蹿窜篡～权

　　　（阳）穳（堆）胡秸～（堆放在一起的高粱、高粱秸）

　　　（上）蹿（又）在外边～

s　　（阴）散～会拴栓酸算蒜涮闩

　　　（阳）散会～了算～卦

　　　（上）伞散平热～

tʂ　　（阴）专砖传～记转～圈篆撰

　　　（阳）赚

　　　（上）转～眼、运～

tʂ'　（阴）穿川串钏

　　　（阳）船传～达椽川（又）四～串（又）

　　　（上）喘

k　　（阴）官棺观灌冠关贯惯

　　　（阳）罐观寺～惯习～

　　　（上）管馆

k'　　（阴）宽

　　　（上）款

x （阴）欢獾唤患

（阳）还环患换焕桓宦～官悔懊～

（上）缓□～醒

ø （阴）弯湾剜豌腕婉

（阳）丸纨完脘皖玩顽惋万

（上）碗晚挽绾～个扣儿

yã

tsʻ （阳）泉全

s （阴）鲜（又）汤真～

（阳）旋漩

（上）选宣癣

tɕ （阴）捐□～□miã 人（让人丢脸）

（阳）眷卷倦圈猪～绢娟涓

（上）卷～起来锩～子□（踢）用脚～

tɕʻ （阴）圈～地劝

（阳）拳踡～腿颧～骨

（上）犬权

ɕ （阴）楦鞋～、～枕头、把东西～书包里暄～腾、～活

（阳）玄眩悬碹

ø （阴）冤鸳怨愿许～、还～

（阳）员圆原源愿袁辕猿元园阮院怨埋～缘□（表扬小孩）渊

（上）远援软

ẽ

p （阴）奔锛扳把树枝～下来

（阳）笨奔往前～

（上）本苯

p' （阴）喷

（阳）盆□（量词，批）这一~子病，都是感冒

m （阴）焖~饭扪

（阳）门闷

f （阴）分芬纷奋粪吩

（阳）愤坟忿份~儿、水~

（上）粉汾

t （阴）敦墩礅燉蹲顿一~、两个人提着他往下~吨撴

（阳）囤粮食~顿~号钝遁虫子~土里去了盾矛~

（上）盹□（打，向前平着出拳）~了他一拳

t' （阴）吞

（阳）屯褪

（上）□（用脚在水中踩洗）~被、~褥子

n （上）恁（你们）

l （阴）论~辈

（阳）嫩

（上）轮车~子

ts （阴）臻

（上）咱怎

ts' （阴）衬~衣参~差

（阳）岑梣（动词）忖村（少）

（上）碜□（指甲剪得太厉害）~利的

s （阴）参人~森

（上）渗

tʂ （阴）针真斟贞~节珍~珠枕（单）震

（阳）阵枕~木、~头振震~了一下子镇~压、~住了他

53

（上）珍疹诊

tʂʻ（阴）趁称~心、相~抻~开、往两头~、~面

（阳）陈沉尘辰晨臣

（上）抻（展开，拉长）~开被

ʂ（阴）身申伸深

（阳）神甚慎谨~

（上）审婶沈申（又）肾慎□（训斥人）~孩子

k（阴）艮根跟

（上）艮性格~、炒花生变~了不好吃

kʻ（阳）裉困先别浇水，得把花~一~

（上）肯啃垦恳

x（阴）很~多、~好

（阳）恨痕

（上）狠很好得~

ø（阴）恩嗯摁用手~

（阳）摁~下去

iẽ

p（阴）宾来~、~服（佩服）傧~相殡滨膑缤槟鬓彬斌

pʻ（阴）拼频（又）

（阳）频~繁贫姘聘

（上）品聘（又）

m（阳）民~办、~众

（上）民（单）泯抿珉闽悯敏

l（阴）抡~扁担赁吝（又）

（阳）林淋邻鳞燐麟临吝

（上）檩廪

ts　（阴）津尽进_前~浸晋

　　（阳）□~口儿：①（线绳类绞合得松或紧）~口儿小（绞合紧）；②（时机，时运）~口儿不好

　　（上）尽浸~_种

ts'　（阴）亲吣侵

　　（阳）秦亲~_家□（奸险）

　　（上）寝

s　（阴）心辛新薪信凶_头~

　　（阳）寻~_死□_土~（砒）芯灯~子

　　（上）寻~思（思考，认为）

tɕ　（阴）斤今巾筋金襟劲

　　（阳）近~远劲~儿禁□（龛）

　　（上）紧仅谨锦近_最~

tɕ'　（阴）钦

　　（阳）琴禽擒勤芹衾

ɕ　（阴）欣忻昕鑫衅

ɸ　（阴）因洇姻音阴荫殷印吟妊寅

　　（阳）银刃窨人仁任认

　　（上）引尹隐瘾缳淫饮忍

uẽ

t　（阴）顿（又）一~

　　（阳）钝遁囤饨顿~_号吨

　　（上）盹

t'　（阴）吞

　　（阳）屯豚臀

l　（阴）论（单）

（阳）仑崙伦轮论<u>嫩</u>

ts　（阴）尊遵

　　（上）□（在嘴里用舌头挑选后吐出来）

ts'　（阴）村寸单

　　（阳）存寸一~

s　（阴）孙

tʂ　（阳）□~子（高粱秸的捆儿，用于盖房子）、绑~子

　　（上）准

tʂ'　（阴）春

　　（阳）唇纯醇椿蠢愚~淳鹑

　　（上）蠢真~

ʂ　（阴）顺舜瞬

　　（阳）顺~过来

k　（阴）<u>闺</u>~女

　　（阳）棍~儿

　　（上）滚

k'　（阴）坤昆崑困□（抽打）拿棍子~鲲

　　（阳）困~难睏

　　（上）<u>捆</u>

x　（阴）昏婚荤混~日子

　　（阳）浑~浊魂混~进去了<u>横</u>~儿划儿的

　　（上）混弄~了<u>横</u>~立

ø　（阴）温瘟问闻（又）

　　（阳）文纹蚊闻

　　（上）稳~定、~当搵（安放）把书~桌子上紊刎吻

　　（轻）院场~午晌~

56

yẽ

ts　（阴）俊骏~马峻

　　（阳）俊真~

tsʻ　（阴）皴~脸了清听~了、看~了、~楚（ts'ɿ̌）

s　（阳）旬循巡迅讯汛寻（又）逊谦~

　　（上）损笋询寻<u>寻</u>~找

tɕ　（阴）均钧君军

　　（上）菌

tɕʻ　（阴）□（抽打）用棍子~

　　（阳）裙群

　　（上）<u>捆</u>

ɕ　（阴）熏薰醺勋训

ø　（阴）韵熨闰~月晕

　　（阳）云雲匀孕运陨润

　　（上）允陨（又）

ɑŋ

p　（阴）邦帮傍梆浜（又）

　　（阳）棒谤傍（又）蚌□（对短或窄的东西作增补）裤腿子短了，再~上块
　　　　　布；路窄了，得再往外~一~，才能跑开汽车。

　　（上）绑榜膀浜（又）

pʻ　（阴）胖判~官

　　（阳）旁庞

　　（上）耪嗙乱~、胡~踌用脚~髈~蹄

m　（阳）忙茫<u>芒</u>光~

　　（上）盲莽蟒

57

f　（阴）方芳放妨~死男人

　　（阳）房防妨肪放（又）坊

　　（上）仿彷~彿纺访

t　（阴）当应~裆端~午节耽~误螳~螂

　　（阳）当典~荡宕堂一家本~档（又）~头儿

　　（上）档党

t'　（阴）汤烫趟倘螳

　　（阳）唐糖塘溏搪堂

　　（上）躺淌

n　（阴）囊馕□（松软）泡~了

　　（上）攘用针~馕（吃，贬义）~吧

l　（阴）浪（在举止穿戴上显示自己，多指女性）这人真~、~歪

　　（阳）郎朗廊螂浪狼

　　（上）□疏~

ts　（阴）葬火~场脏赃

　　（阳）葬安~、火~藏西~臧

ts'　（阴）仓苍舱沧

　　（阳）藏隐~

s　（阴）桑树丧婚~、~失

　　（阳）丧~气、~门星

　　（上）嗓

tʂ　（阴）张帐账胀涨章樟障~碍

　　（阳）丈杖障保~

　　（上）掌长生~涨~水

tʂ'　（奶）昌娼唱倡猖

　　（阳）长~短怅肠常尝偿

　　（上）厂敞场偿~还畅

（轻）尚（又）和～

ʂ　（阴）商伤上～火

　　（阳）尚上在～、～山裳

　　（上）晌赏偿（又）～还

　　（轻）生好～

k　（阴）钢刚冈纲缸肛杠（单）焖(用火使铁器坚硬) 烬刀～镢

　　（阳）杠～儿

　　（上）岗港讲～究人

kʻ　（阴）康糠慷抗炕亢

　　（阳）扛抗（又）慷～慨炕（又）尿～

x　（阴）夯打～

　　（阳）行外～杭航

　　（上）吭

ø　（阴）肮昂气～～盎

　　（阳）昂高～、陈子～

　　（上）□（烧）～地瓜、把草～成灰

iaŋ

n　（阳）娘

l　（阴）亮晾

　　（阳）量粮梁粱良凉谅

　　（上）两辆俩伎～

ts　（阴）将酱浆虹□（娶）～媳妇

　　（阳）匠□可～啦（可糟了）

　　（上）奖蒋港（又）黑～口（地名）、～沟子

tsʻ　（阴）枪呛烟～人炝～芹菜戗说～了锵

　　（阳）墙蔷呛～着了

（上）抢~夺戗磨剪子~菜刀

s　（阴）襄镶箱厢湘相（又）

　　（阳）详祥翔相象像橡鲞项脖~颈子

　　（上）想

tɕ　（阴）江姜薑僵疆降下~浆~衣裳

　　（阳）犟糨降~下来

　　（上）讲膙~子

tɕ'　（阴）腔镪~水羌口~人（以言压人）

　　（阳）强襁

ɕ　（阴）香乡向（单）

　　（阳）降~服巷向方~、~东享

　　（上）响饷项

ø　（阴）央秧殃让瓤攘嚷壤酿（又）泱大关目~~的

　　（阳）羊洋恙样漾阳杨扬鸯酿让相~

　　（上）养痒氧仰嚷疡

　　（轻）蝇苍~

uaŋ

ts　（阴）庄装壮妆化~桩

　　（阳）状撞壮~族

ts'　（阴）窗疮

　　（阳）床

　　（上）闯创口（倚物竖立）墙边上~一根棍子

s　（阴）霜孀双蒜（又）~园子（地名）

　　（阳）双一对~儿

　　（上）爽

k　（阴）光逛（又）

（阳）桄逛

（上）广

k‘　（阴）筐匡诓～人

（阳）狂旷矿匡（又）框眶况

（上）圹土～夼

x　（阴）荒慌

（阳）黄璜蝗皇煌揘□（和）我～他去

（上）谎晃～眼、一～儿恍幌

ø　（阴）汪芒麦～

（阳）王枉旺亡妄忘望

（上）往网

əŋ

p　（阴）崩山～地裂绷～紧～紧的迸～了一身水

（阳）泵蹦绷把它～起来

p‘　（阴）烹澎～了一身水碰

（阳）朋棚彭膨蓬篷鹏碰（又）～见

（上）捧

m　（阴）矇虻牤懵孟孔～

（阳）萌盟濛孟～家村梦

（上）猛蒙盟联～

f　（阴）风疯讽蜂锋峰封丰凤

（阳）冯逢缝～衣裳、～儿奉（又）俸

（上）奉信～封分～

t　（阴）登灯蹬镫

（阳）邓凳瞪腾（又）折～栋（又，量词）一～房子澄～混水

（上）等戥～子洞（又）八～神仙

t'　　（阴）熥疼

　　　（阳）滕藤誊腾疼（又）

　　　（上）□（太潮湿）被褥犯~

n　　（阳）能

l　　（阴）扔愣

　　　（阳）棱~儿

　　　（上）冷仍

ts　　（阴）曾（姓）增憎赠争睁挣~钱筝

　　　（阳）挣~开怎~么这~么

ts'　　（阴）撑

　　　（阳）曾~经层丛

s　　（阴）僧生笙甥牲~口

　　　（上）省

tʂ　　（阴）蒸正~月征政证~明贞侦徵拯

　　　（阳）郑证~儿症□（做，弄）你在~什么？~个证明来

　　　（上）整拯

　　　（轻）仗炮~、担~

tʂ'　　（阴）称秤蛏~子

　　　（阳）成城诚盛~饭呈程丞承乘惩澄

　　　（上）逞~能

　　　（轻）尚和~

ʂ　　（阴）升昇声胜圣

　　　（阳）绳盛兴~剩甚~么

k　　（阴）庚赓更~改绠

　　　（阳）緪

　　　（上）耿梗埂哽打了个~节儿颈脖~子羹

k'　　（阴）坑

x　　（阴）亨大~哼

　　　（阳）横衡恒

ø　　（阴）□（蚊子叫声）蚊子~~叫

iŋ

p　　（阴）兵冰并併~骨丙

　　　（阳）病併~起来

　　　（上）饼秉禀炳丙二~

p'　　（阴）乒

　　　（阳）平评坪苹萍瓶屏凭

m　　（阴）命（单）

　　　（阳）名铭明命不要~了鸣冥

t　　（阴）丁汀钉（名词）订盯疔定~时间

　　　（阳）定腚凝大油~了钉（动词）

　　　（上）顶鼎

t'　　（阴）听厅

　　　（阳）亭廷庭婷霆蜓

　　　（上）挺停

　　　（轻）蜻蜓蜻~涕鼻~

n　　（阳）宁拧~螺丝狞凝

　　　（上）拧~人

l　　（阴）另令

　　　（阳）灵棂令命~伶铃玲蛉零龄凌陵菱棱

　　　（上）领岭辆（量词）买了几~车陵山~

ts　　（阴）精晴晶旌靖

　　　（阳）净静

　　　（上）井

ts' （阴）青清
　　（阳）晴情亲~家
　　（上）请

s 　（阴）星腥姓~什么猩
　　（阳）性姓~儿
　　（上）醒省反~擤

tɕ （阴）京惊敬竟竞经更打~耕荆~棘、~子
　　（阳）敬（又）镜
　　（上）景警劲（又）荆~条径茎颈境

tɕ' （阴）轻庆倾卿
　　（阳）擎磬
　　（上）苘顷一~地

ɕ 　（阴）兴~旺幸□（逗玩）小猫和人~
　　（阳）行形刑型杏

ø 　（阴）应~当鹰莺婴樱鹦缨英颖盈轻~
　　（阳）迎盈赢颖脱~萤营莹茔蝇映反~硬
　　（上）影映放~

uŋ

t 　（阴）冬东冻（单）
　　（阳）洞动冻~儿、~着了栋
　　（上）董懂

t' （阴）通痛
　　（阳）同桐铜童瞳潼~关
　　（上）捅桶筒统

n 　（阳）脓浓弄

l 　（阴）隆~~响

（阳）龙笼陇聋隆<u>弄</u>

（上）拢<u>垅</u>

ts（阴）宗淙踪纵中当~盅忠仲种钟终众

（阳）粽重轻~种（单）中躺~了

（上）总肿种~子冢~子

ts'（阴）聪匆葱冲充

（阳）从丛虫重~复崇冲酒味太~

（上）囱宠崇（又）

s（阴）松嵩（又）宋送~走、欢~讼（又）颂（又）

（阳）怂（又）送~给他

（上）耸

k（阴）公工功攻贡弓躬宫恭共供~给、~养拱~手龚（又）

（阳）贡进~供~养（祭祀）

（上）拱猪~圈巩龚

k'（阴）空天~、~白、~缺

（阳）空~儿控（倒悬）孔小~儿

（上）恐孔（姓）

x（阴）烘轰

（阳）洪红虹鸿宏弘

（上）哄

ø（阴）翁瓮

yŋ

l（上）垅地瓜~

ts（阴）鬃马~、猪~

s（阳）松~树嵩讼颂诵

（上）怂

tɕ　（上）炯□～着脸（板着脸不高兴）

tɕʻ　（阴）倾

　　（阳）穷琼

ɕ　（阴）兄凶兇胸

　　（阳）熊雄□～人（骗人）

ø　（阴）拥（又）用□（推）～他一下

　　（阳）用～不～戎绒茸

　　（上）泳永咏勇涌庸镛拥融荣容溶瑢蓉蛹

三　语流音变

（一）变调和轻声

1. 两字组变调表

后字＼前字	阴平 213	阳平 42	上声 55
阴平 213	① 213+213→45+213	② 42+213（不变）	③ 55+213（不变）
阳平 42	④ 213+42（不变）	④ 42+42→213+42　⑤ 42+42（不变）	④ 55+42→213+42　⑥ 55+42→45+42
上声 55	⑦ 213+55（不变）	⑦ 42+55→213+55　⑧ 42+55（不变）	⑦ 55+55→213+55　⑧ 55+55→42+55

莱州声调两字组的九种组合关系中，有两类读法的是四种，除去三类合一和两类合一的五种，实有八种连调类型。以下按表中序号①至⑧分类举例，不同组合关系的分别列出。

① 45+213

    阴阴　招生 tʂɔ$^{213\text{-}45}$səŋ^{213}　　　　伤风 ʂaŋ$^{213\text{-}45}$fəŋ^{213}

            抽烟 tʂʻəu$^{213\text{-}45}$iã^{213}　　　　菜刀 tsʻɛ$^{213\text{-}45}$tɔ^{213}

② 42+213

    阳阴　石灰 ʂʅ^{42}xuei^{213}　　　　羊羔 iaŋ^{42}kɔ^{213}

            择菜 tsei^{42}tsʻɛ^{213}　　　　成亲 tʂʻəŋ^{42}tsʻiẽ^{213}

③ 55+213

    上阴　好天 xɔ^{55}tʻiã^{213}　　　　老师 lɔ^{55}ʂʅ^{213}

            赶山 kã^{55}sã^{213}　　　　水筲 suei^{55}sɔ^{213}

④ 213+42

    阴阳　干饭 kã^{213}fã^{42}　　　　香油 ɕiaŋ^{213}iəu^{42}

            背后 pei^{213}xəu^{42}　　　　日蚀 i^{213}ʂʅ^{42}

    阳阳　红糖 xuŋ$^{42\text{-}213}$tʻaŋ^{42}　　　排行 pʻɛ$^{42\text{-}213}$xaŋ^{42}

            尿壶 niɔ$^{42\text{-}213}$xu^{42}　　　　财神 tsʻɛ$^{42\text{-}213}$ʂẽ^{42}

    上阳　眼毛 iã$^{55\text{-}213}$mɔ^{42}　　　水牛 suei$^{55\text{-}213}$niəu^{42}

            粉团 fẽ$^{55\text{-}213}$tʻuã^{42}　　　脚印儿 tɕyə$^{55\text{-}213}$iẽr^{42}

⑤ 42+42

    阳阳　白面 pei^{42}miã^{42}　　　　城市 tʂʻəŋ^{42}ʂʅ^{42}

            庙会 miɔ^{42}xuei^{42}　　　　锄地 tsʻu^{42}ti^{42}

⑥ 45+42

    上阳　水鞋 suei$^{55\text{-}45}$ɕie^{42}　　　本钱 pẽ$^{55\text{-}45}$tsʻiã^{42}

            发面 fɑ$^{55\text{-}45}$miã^{42}　　　请坐 tsʻiŋ$^{55\text{-}45}$tsuə^{42}

⑦ 213+55

    阴上　木耳 mu^{213}ər^{55}　　　　通宿 tʻuŋ^{213}sy^{55}

　　　　　　大水 ta²¹³suei⁵⁵　　　　　　上火 ʂaŋ²¹³xuə⁵⁵

阳上　　牛角 niəu⁴²⁻²¹³tɕia⁵⁵　　　　袜底儿 ua⁴²⁻²¹³tir⁵⁵

　　　　　　洋火 iaŋ⁴²⁻²¹³xuə⁵⁵　　　　第一 ti⁴²⁻²¹³i̥⁵⁵

上上　　眼角儿 ia⁵⁵⁻²¹³tɕyər⁵⁵　　小米儿 siɔ⁵⁵⁻²¹³mir⁵⁵

　　　　　　手表 ʂəu⁵⁵⁻²¹³piɔ⁵⁵　　　　喝酒 xa⁵⁵⁻²¹³tsiəu⁵⁵

⑧　42+55

阳上　　黄酒 xuaŋ⁴²tsiəu⁵⁵　　　　长果 tʂʻaŋ⁴²kuə⁵⁵

　　　　　　上百 ʂaŋ⁴²pei⁵⁵　　　　　　动手 tuŋ⁴²ʂəu⁵⁵

上上　　藕粉 əu⁵⁵⁻⁴²fẽ⁵⁵　　　　　　海米 xɛ⁵⁵⁻⁴²mi⁵⁵

　　　　　　点火 tiã⁵⁵⁻⁴²xuə⁵⁵　　　　手纸 ʂəu⁵⁵⁻⁴²tsʅ⁵⁵

　　以上凡前字调值是 213 时，收尾一般不到 3，实际音值是 212，只在慢读时才能达到 3 的高度。

　　2. 多字组变调举例

　　　　多字组的变调一般以两字组的连续调型为基础，以下分三字组和四字组两类列举。

　　（1）三字组

　　　　裤腰带 kʻu²¹³⁻⁴⁵iɔ²¹³⁻⁴⁵tɛ²¹³　　　　酸辣汤 suã²¹³la²¹³⁻⁴⁵tʻaŋ²¹³

　　　　清汤面 tsʻiŋ²¹³⁻⁴⁵tʻaŋ²¹³miã⁴²　　　挑字眼 tʻiɔ²¹³⁻⁴⁵tsʅ²¹³iã⁵⁵

　　　　鸡蛋糕 tɕi²¹³tã⁴²kɔ²¹³　　　　　　剃头铺 tʻi²¹³tʻəu⁴²pʻu⁴²

　　　　苞米花 pɔ²¹³mi⁵⁵xua²¹³　　　　　大米饭 ta²¹³mi⁵⁵⁻⁴⁵fã⁴²

　　　　狮子狗 sʅ²¹³tsʅ⁵⁵⁻⁴²kəu⁵⁵　　　　文峰山 uẽ⁴²fəŋ²¹³⁻⁴⁵sã²¹³

　　　　胡椒面 xu⁴²tsiɔ²¹³miã⁴²　　　　　合婚酒 xə⁴²xuẽ²¹³tsiəu⁵⁵

　　　　猫头鹰儿 mɔ⁴²⁻²¹³tʻəu⁴²iŋr²¹³　　财神爷 tsʻɛ⁴²⁻²¹³ʂẽ⁴²iə⁴²

　　　　白眼珠儿 pei⁴²iã⁵⁵tʂur²¹³　　　流水帐 liəu⁴²suei⁵⁵tʂaŋ⁴²

　　　　童养媳 tʻuŋ⁴²iaŋ⁵⁵⁻²¹³si⁵⁵　　　搽药膏 tsʻa⁵⁵yə²¹³⁻⁴⁵kɔ²¹³

　　　　水烟袋 suei⁵⁵iã²¹³tɛ⁴²　　　　　老花眼 lɔ⁵⁵xua²¹³iã⁴²

　　　　耍龙灯 sua⁵⁵⁻⁴⁵luŋ⁴²təŋ²¹³　　磕头虫 kʻa⁵⁵⁻⁴⁵tʻəu⁴²tsʻuŋ⁴²

草鞋底 tsʻɔ⁵⁵ɕiɛ⁴²ti⁵⁵   擦腔纸 tsʻa⁵⁵⁻⁴⁵tiŋ⁴²tsʅ⁵⁵
铁板沙 tʻiə⁵⁵⁻²¹³pã⁵⁵sa²¹³   小米饭 siɔ⁵⁵⁻⁴²mi⁵⁵fã⁴²
小夹袄 siɔ⁵⁵⁻⁴⁵tɕia⁵⁵⁻²¹³ɔ⁵⁵

（2）四字组

家常便饭 tɕia²¹³tʂʻaŋ⁴²piã²¹³fã⁴²
半朝銮驾 pã²¹³tʂʻɔ⁴²lã⁴²tɕia²¹³
长三短四 tʂʻaŋ⁴²sã²¹³tã⁵⁵sʅ²¹³
成千上万 tʂʻəŋ⁴²tsʻiã²¹³ʂaŋ²¹³⁻⁴⁵uã²¹³
五湖四海 u⁵⁵⁻⁴⁵xu⁴²sʅ²¹³xɛ⁵⁵
七上八下 tsʻi⁵⁵⁻⁴⁵ʂaŋ⁴²pa⁵⁵⁻⁴⁵ɕia⁴²

3. 两字组后字轻声变调表（42 下加横线表示轻声，短调）

前字\后字	阴平 213		阳平 42		上声 55	
轻声	① 213	<u>42</u>	② 42-55	3	③ 55-45	3
	④ 213-42	2	④ 42	2	④ 55-42	2

两字组后字读轻声的连调有四类，前三类是基本型，第四类的前字可以分别是阴平、阳平和上声。凡前字阴平属④类的，一般是今北京的阳平字（中古去声、全浊上声、次浊入声）；前字上声读④类的比较少。以下按表中序号分别举例。

① 213 <u>42</u>
　　阴轻　　衣裳 i²¹³ʂaŋ⁴²　　　　　钴镨 ku²¹³tsa⁴²
　　　　　　干净 kã²¹³tsiŋ⁴²　　　　　正月 tʂəŋ²¹³yə⁴²

② 42-55 3
　　阳轻　　长虫 tʂʻaŋ⁴²⁻⁵⁵tʂʻuŋ³　　豆腐 təu⁴²⁻⁵⁵fu³
　　　　　　麻烦 ma⁴²⁻⁵⁵fã³　　　　　石头 ʂʅ⁴²⁻⁵⁵tʻəu³

③ 55-45 3
　　上轻　　卷子 tɕyã⁵⁵⁻⁴⁵tsʅ³　　　母牛 mu⁵⁵⁻⁴⁵niəu³

耳朵 ər$^{55\text{-}45}$təu^3　　　　结实 tɕiə$^{55\text{-}45}$sʅ^3

④ 42　　　　2

阴轻　　凑付 tsʻəu$^{213\text{-}42}$fu^2　　　二百 ər$^{213\text{-}42}$pei^2

　　　　日头 i$^{213\text{-}42}$tʻəu^2　　　热闹 iə$^{213\text{-}42}$nɔ^2

阳轻　　黄牛 xuɑŋ^{42}iəu^2　　　刺猬 tsʻʅ^{42}uei^2

　　　　大爷 tɑ^{42}iə^2　　　　脖子 pə^{42}tsʅ^2

上轻　　百灵 pei$^{55\text{-}42}$liŋ^2　　　伙计 xuə$^{55\text{-}42}$tɕi^2

　　　　打扮 tɑ$^{55\text{-}42}$pã^2　　　恐怕 pʻəŋ$^{55\text{-}42}$pʻɑ^2

4. 多字组含轻声变调举例（以下按六种情况分别举例）

（1）三字组第二字轻声

濛濛雨 məŋ^{213}məŋ^{42}y^{55}

豆腐乳 təu$^{42\text{-}55}$fu^{3}y^{55}

一服药 i$^{55\text{-}45}$fu^{3}yə^{213}

（2）三字组末字轻声

拉肚子 lɑ^{213}tu$^{42\text{-}55}$tsʅ^3

蒸干饭 tʂəŋ$^{213\text{-}45}$kã^{213}fã^{42}

住雨儿了 tʂu^{42}yr$^{55\text{-}45}$ləu^3

（3）三字组后两字轻声

婆婆家 pʻə^{42}pʻə^{2}tɕia^2

丝孬了 sʅ^{213}nɔ^{42}ləu^2

锢露子 ku^{42}lu^{2}tsʅ^2

（4）四字组第二或第四字轻声

不爱搭理 pu$^{55\text{-}45}$ɛ^{3}tɑ$^{55\text{-}213}$li^{55}

八角茴香 pɑ$^{55\text{-}42}$tɕyə^{55}xuei$^{42\text{-}55}$ɕiaŋ^3

观音菩萨 kuã$^{213\text{-}45}$iẽ^{213}pʻu^{42}sa^2

（5）四字组两字以上轻声

老生孩子 $lɔ^{55-45}sən^3xɛ^{42-55}tsʅ^3$

方家胡同 $faŋ^{213}tɕia^3xu^{42-55}tʻuŋ^3$

提溜起来 $ti^{213}liəu^{42}tɕʻi^2lɛ^2$

（6）第一字轻声

大夹袄 $ta^3tɕia^{55-213}ɔ^{55}$

不中用 $pu^3tsuŋ^{213}yŋ^{42}$

不屑得见 $pu^3ɕi^{55-42}ti^2tɕiã^{213}$

（二）儿化

1. 儿化韵表

儿化韵	原韵母	例词			
ɑr	ɑ	刀把儿 号码儿 戏法儿 渣儿			
		旮旯儿 大儿大儿			
iɑr	iɑ	□枪声			
iʳɑr	iɑ	小虾儿 俩儿 架儿 芽儿			
uɑr	uɑ	猪爪儿 大褂儿 画儿			
ər	ə	老婆儿 小车儿 挨个儿			
uər	uə	小多儿 被窝儿 座儿 锣儿 烟袋锅儿			
ʮər	uə	桌儿 勺儿			
yʳər	yə	补缺儿 脚儿 药儿 鹊儿			
er	ɿ	树枝儿 字儿 刺儿 事儿			
	ʅ	小吃儿 侄儿 尺儿			
	i	小的儿 粒儿 日头地儿			
	ei	宝贝儿 葱白儿 格儿			
	ẽ	树根儿 本儿 门儿 婶儿			

iᶠer	i	小米儿　麦季儿　好戏儿　衬衣儿
		玩意儿　皮儿
	iẽ	今儿　信儿　印儿　人儿
uer	rei	嘴儿　水儿　柜儿　位儿
	uẽ	打盹儿　村儿　魂儿
ʮer	uẽ	小顺儿　准儿　春儿
	u	主儿　树儿
	y	驴儿
yᶠer	y	闺女儿　小鱼儿　小马驹儿
	yẽ	小军儿　合群儿　云儿
ur	u	面醭儿　媳妇儿　牛犊儿　数儿
		小屋儿　喇叭裤儿
ɐr	ɛ	小孩儿　牌儿　带儿　菜儿
	ã	盘儿　单儿　地瓜干儿
	iã	脸儿
iᶠer	iɛ	小街儿　小鞋儿　河涯儿
	iã	小店儿　面儿　埝儿　眼儿
	eɪ	小碟儿　姐儿　些儿　叶儿
uɐr	uɛ	块儿　帅儿　蝈儿蝈儿
	uã	旱伞儿　茶馆儿　拐弯儿
ʮɐr	uã	砖儿
yer	yã	花卷儿　旋儿　圈儿
yᶠɐr	yã	圆儿　院儿
ɔr	ɔ	棉袄儿　包儿　刀儿　号儿
iᶠɔr	iɔ	小咬儿　瓢儿　调儿　料儿
əur	əu	土豆儿　轴儿　够儿　猴儿

	iəu	绺儿			
iˤəur	iəu	加油儿	妞儿	小九儿九儿	
ãr	aŋ	药方儿	家当儿	打仗儿	小和尚儿
		单杠儿	热炕儿		
	iaŋ	亮儿			
iˤãr	iaŋ	长相儿	老乡儿	腔儿	豆瓣酱儿
		鸳鸯儿	样儿		
uãr	uaŋ	蛋黄儿	筐儿	一对双儿	
ɔ̃r	əŋ	小凳儿	八成儿	声儿	缝儿
		菜梗儿	濛儿濛儿雨		
	iŋ	挂零儿	铃儿		
iˤɔ̃r	iŋ	小病儿	风景儿	顶儿	领儿
		杏儿	影儿	星儿星儿	
ũr	uŋ	小冬儿	酒盅儿	小瓮儿	
yˤũr	yŋ	山松儿	小熊儿	蚕蛹儿	

说明：

① ər在k kʻ x 声母后面时实际音值是ɣr。

② ũr和yˤũr的实际音值是ɔ̃r和yˤɔ̃r。

2. 基本韵母和儿化韵的分合关系

莱州方言 37 个基本韵母，除ər以外都有相应的儿化韵母，36 个韵母的儿化韵共 31 个，其中有一部分合并但也有一些分化。合并的有：

（1）ʅ、ɿ、i、ei、ẽ合并为er，例如：

　　　ʅ≠ẽ　　侄儿=阵儿

　　　ei≠ẽ　　妹儿=门儿

　　　i≠ei　　地儿=队儿　　　粒儿=（掉）泪儿

（2）i、iẽ合并为iˤer，例如：

i≠ie 鸡儿＝今儿　　（玩）意儿＝印儿

（3）uei、uẽ合并为uer͂，uẽ、u拼在tʂ、tʂʻ、ʂ声母之后合并为ʅer，例如：

　　uei≠uẽ 回儿＝魂儿　　（一）对儿＝（一）顿儿

　　u≠uẽ 主儿＝准儿　　树儿＝（小）顺儿

（4）y、yẽ合并为yʻer，例如：

　　y≠yẽ 鱼儿＝云儿

（5）ɛ、ã合并为er，例如：

　　ɛ≠ã 牌儿＝盘儿　　带儿＝蛋儿

（6）iɛ、iã、iə合并为ier，例如：

　　iɛ≠iã≠iə 剪儿＝姐儿　　涯儿＝燕儿＝叶儿

（7）uɛ、uã合并为uer，例如：

　　uɛ≠uã 帅儿＝蒜儿

（8）əŋ、iŋ合并为ə̃r，例如：

　　əŋ≠iŋ 棱儿＝（挂）零儿

以上合并的儿化韵中，有的并不包括基本韵的全部，例如：i合入er韵，另又有iʻer韵；u合入ʅer韵，另又有ur韵等。一个基本韵儿化时分化为两个儿化韵主要受声母制约，有以下十二个：

（1）ɑ： iɑr　　□枪声
　　　　　iʻɑr　　俩儿　架儿

（2）uə： uər　　座儿　锣儿
　　　　　ʅər　　（限于tʂ、tʂʻ、ʂ声母）桌儿　勺儿

（3）i： iʻer　　针鼻儿　泥儿　棋儿
　　　　　er　　（限于t、tʻ、l声母）底儿　里儿

（4）u： ur　　小鹿儿　枣核儿　谱儿
　　　　　ʅer　　（限于tʂ、tʂʻ、ʂ声母）主儿　树儿

（5）y： yʻer　　小雨儿　锯儿　曲儿

　　　　　　ȵɛr　　（限于 l 声母）驴儿
（6）iã：i‘ɛr　　榆钱儿　天儿　弦儿
　　　　　　ɛr　　（限于 l 声母）脸儿
（7）uã：uɛr　　旱伞儿　茶馆儿
　　　　　　ȵɛr　　（限于ʈʂ、ʈʂʻ、ʂ声母）砖儿
（8）yã：yɛr　　手绢儿　旋儿　圈儿
　　　　　　y‘ɛr　　（限于零声母）院儿
（9）uẽ：uer　　村儿　魂儿
　　　　　　ȵɚr　　（限于ʈʂ、ʈʂʻ、ʂ声母）准儿　春儿
（10）iəu：iəur　　加油儿　妞儿
　　　　　　əur　　（限于 l 声母）绺儿
（11）iaŋ：i‘ãr　　小巷儿　箱儿　秧儿
　　　　　　ãr　　（限于 l 声母）亮儿
（12）iŋ：i‘ɚr　　兵儿　钉儿　影儿
　　　　　　ɚr　　（限于 l 声母）零儿

　　3. 儿化韵的特点

　　莱州方言儿化韵的基本特点是元音卷舌，这跟北京及北方许多地方的方言并非不同，但是莱州方言的儿化音在韵母元音卷舌的同时，又伴随有出现闪音及声母移位、介音失落等特点，以下分项说明。

　　（1）出现闪音

　　儿化时出现闪音是莱州及其以东、以南，包括平度、即墨以及诸城等许多方言的显著特点。闪音在莱州方言的儿化音中有的明显，有的不明显；有的在不同发音人或同一发音人发音时也有时明显，有时不明显。最明显、最普遍的是在声母t、tʻ之后；在有的情况下，如在声母 l 后面是两可的。下表从声、韵配合关系表示莱州方言儿化时出现闪音的基本规律：

	开	齐	合	撮
p pʻ m f	○	ɾ	○	×
t tʻ	ɾ	ɾ	ɾ	×
n l	○	ɾ	○	×
ts tsʻ s	ɾ	ɾ	ɾ	ɾ
tʂ tʂʻ ʂ	○	×	○	×
tɕ tɕʻ ɕ	×	ɾ	×	ɾ
k kʻ x	○	×	○	×
∅	○	ɾ	○	ɾ

说明：

① ɾ表示有闪音。

② ○表示无闪音。

③ ×表示声母和韵母不拼合。

从韵母和声母两方面看，闪音出现的条件主要是两条：韵母齐齿呼和撮口呼；声母 t、tʻ 和 ts、tsʻ、s。声母 n、l、tɕ、tɕʻ、ɕ 之所以出现闪音是因为拼齐、撮二呼，而韵母开口呼和合口呼之所以出现闪音是因为声母为 t、tʻ 和 ts、tsʻ、s。这样，韵母的四呼都有可能出现闪音，但开、合二呼出现闪音的情况跟齐、撮二呼不同：齐、撮是闪音和介音的结合，有成系统的儿化韵，如 iʳer、yʳer 等；开、合是闪音和声母的结合，拼合口呼时声母圆唇，如：tʳɛr（袋儿）、tsʳɤ̃r（层儿）、tʳuer（团儿）、tsʳər（村儿），都不看成是韵母带闪音。

声母 ts、tsʻ、s 后的闪音有时不很明显。l 声母拼齐齿呼时，有的词存在带闪音或不带闪音两可的情况，例如：

绺儿 liʳəur～l̩əur　　帘儿 liʳer～l̩er

亮儿 liʳɑ̃r～l̩ɑ̃r　　铃儿 liʳɤ̃r～l̩ɤ̃r

但并非所有的这类词都是两可，如 "领儿" 只说 liʳɤ̃r，不说 l̩ɤ̃r。

（2）声母移位和介音失落

上述 ļ 声母拼齐齿呼时所存在的两可情况中，值得注意的是第二种，除去声母由 l 变 ļ 以外，而且介音 i 失落，韵母成了开口呼。

莱州方言儿化发生声母发音部位变化的主要是 n 和 l 后移为 ɳ 和 ļ。介音丢失主要指 t（tʻ 无例）后的 i 变为 er（而不是 ier）和 l 变 ļ 后齐齿呼变开口呼。例如：

n→ɳ（限于开口呼的少部分）

    （豆腐）脑儿 ɳɔr　　　嚷儿 ɳãr

l→ļ

    （旮）旯 ļar　　　　（掉）泪儿 ļer

    篮儿 ļer　　　　　　（小）鹿儿 ļur

    轮儿 ļuer　　　　　驴儿 ļɥer

i 介音丢失

    （日头）地儿 tʻer　　　底儿 tʻer

    粒儿 ļer　　　　　　　脸儿 ļer　　　　　零儿 ļɔ̃r

4. 儿化标音举例

以下记录发音人的实际读音，两读有时按发音人的习惯只记一种。顺序依儿化韵表，儿化词后写出原韵母。一个儿化韵有不同来源的分行排列。读音相同的儿化词排在一起，中间用顿号，标音在最后一个词后。

ar　　ɑː　（刀）把儿 par⁴² → par^{42}　　　　（号）码儿 mar^{55}

        （戏）法儿 far^{55}　　　　（解解）渴儿 $kʻar^{55}$

        （鞋）靸儿 $sˤar^{55}$　　　　（黑板）擦儿 $tsˤar^{55}$

        （旮）旯儿 $ļar$　　　　　塔儿（埠）地名 $tˤar^{55}$

        （小）夏儿人名 kar^{55}　　　大儿大儿 $tˤar^{213}tˤar^{213-42}$

        巴儿巴儿唤狗声 par^{55} par^{55}　　（打）杂儿 $tsˤar^{42}$

（月）妈儿妈儿 mar⁵⁵⁻⁴²mar˙

iar	iaː	□枪声 piar⁴²～pʻiar⁴²	
iʳar	iaː	（小）虾儿 çiʳar²¹³	价儿、架儿 tçiʳar⁴²
		（豆）芽儿 iʳar⁴²	鸭儿鸭儿 iʳar⁵⁵⁻⁴² iʳar⁵⁵
		（一）掐儿 tçiʳar⁵⁵	俩儿 liʳar⁵⁵
		（牛）角儿、（豆）荚儿 tçiʳar⁴²	
uar	uaː	（猪）爪儿 tsʻuar⁵⁵	刷儿 sʻuar⁵⁵
		（小）褂儿 kuar⁴²	花儿 xuar²¹³
		（香）瓜儿 kuar²¹³	画儿 xuar⁴²
		（打）瓦儿 uar⁵⁵	袜儿 uar⁵⁵
ər	əː	（小）钵儿 pər⁵⁵	（打）折儿、褶儿 tʂər⁵⁵
		（上）坡儿 pʻər²¹³	（大）个儿 kər²¹³⁻⁴²
		（老）婆儿 pʻər⁴²	（小）舌儿 ʂər⁴²
		（冒）沫儿 mər⁴²	（小）车儿 tʂʻər⁵⁵
		（模）特儿 tʻər⁴²	（小）蛾儿 ər⁴²
		（唱）歌儿、（打）嗝儿、哥儿（俩）kər²¹³	
		（包）裹儿、（和平）鸽儿 kər⁵⁵	
		（子弹）壳儿 kʻər⁵⁵	
uər	uəː	（小）多儿 tʻuər⁴²	蛾儿 uər⁴²
		（砣）儿 tʻuər⁴²	桌儿 tsʻuər⁵⁵
		（一）撮儿 tsʻuər⁵⁵	座儿 tsʻuər⁴²
		（水）果儿 kuər⁵⁵	错儿 tsʻuər⁴²
		（大）伙儿 xuər⁵⁵	活儿 xuər⁴²
		（被）窝儿 uər²¹³	（招待）所儿 sʻuər⁵⁵
		（茶）托儿 tʻuər⁵⁵	（烟袋）锅儿 kuər²¹³
		（逗）乐儿、锣儿 luər⁴²	
ʮər	uəː	（磕）戳儿 tʂʻʮər⁵⁵	勺儿 ʂʮər⁵⁵

yˢər　　uə：鹊儿 tsˤyər⁵⁵　　　　　　　　橛儿 tɕyˢər⁴²

er　　　ʅ：（八）字儿 tsˢer⁴²　　　　　刺儿 tsˤer⁴²

　　　　　（枪）子儿 tsˢer⁵⁵　　　　　翅儿 tsˤer⁴²

　　　　　（肉）丝儿 sˢer²¹³　　　　　事儿 sˢer⁴²

　　　　　（树）枝儿 tsˢer²¹³

　　　ʅ：侄儿 tʂer⁴²　　　　　　　　　（小）吃儿、尺儿 tʂˢer⁵⁵

　　　i：（小）的儿 tˢer˙　　　　　　（日头）地儿 tˢer⁴²

　　　　　（牛）蹄儿 tˤer⁴²　　　　　粒儿 ler⁴²

　　　　　（鞋）里儿 ler⁵⁵

　　　ei：（墨）黑儿 xer⁵⁵　　　　　蕊儿、（掉）泪儿 ler⁴²

　　　　　（手）册儿 tsˤer⁵⁵　　　　塞儿 sˢer²¹³

　　　　　（来）客儿 kˢer⁵⁵　　　　　格儿 ker⁵⁵

　　　　　（小）腿儿 tˤer⁵⁵

　　　　　（葱）白儿、（刀）背儿、（宝）贝儿 per⁴²

　　　　　（球）队儿、（成）对儿 tˢer²¹³⁻⁴²

　　　　　（破）谜儿、（姊）妹儿 mer⁴²

　　　ẽ：（小）本儿 per⁵⁵　　　　　　（树）根儿 ker²¹³

　　　　　（后）门儿 mer⁴²　　　　　盆儿 pˢer⁴²

　　　　　（别）针儿 tʂer²¹³　　　　　份儿 fer⁴²

　　　　　（小）陈儿 tʂˢer⁴²　　　　神儿神儿 ʂer⁴²⁻⁵⁵ʂer˙

　　　　　（上）身儿 ʂer²¹³

iˢer　　i：（针）鼻儿 piˢer⁴²　　　　皮儿 pˢiˢer⁴²

　　　　　（小）米儿 miˢer⁵⁵　　　　泥儿 miˢer⁵⁵

　　　　　（饺）剂儿 tsiˢer⁴²　　　　几儿 tɕiˢer⁵⁵

　　　　　（一）齐儿 tsˢiˢer⁴²　　　（玩）意儿 iˢer⁴²

　　　　　（凉）席儿 siˢer⁴²　　　　（好）戏儿 ɕiˢer⁴²

　　　　　（小）鸡儿 tɕiˢer²¹³

　　　　　　　（喘）气儿、（下）棋儿 tɕʰiˤer⁴²

　iẽ：（菜）心儿 siˤer²¹³　　　　　亲儿 tsʰiˤer²¹³

　　　　（使）劲儿 tɕiˤer⁴²　　　　　筋儿、（衣）襟儿 tɕiˤer²¹³

　　　　（胡）琴儿 tɕʰiˤer⁴²　　　　　（树）阴儿 iˤer²¹³

　　　　（杏）仁儿、（刀）刃儿、印儿、人儿 iˤer⁴²

uer　uei：（耳）垂儿 tsʰˤuer⁴²　　　嘴儿 tsʰuer⁵⁵

　　　　（麦）穗儿 sˤuer⁴²　　　　　亏儿 kʰuer⁴²

　　　　（小）鬼儿 kuer⁵⁵　　　　　会儿 xuer⁴²

　　　　（牌）位儿、味儿 uer⁴²

　uẽ：（冰）棍儿 kuer⁴²　　　　　屯儿 tʰˤuer⁴²

　　　轮儿 luer⁴²　　　　　　　村儿 tsˤuer²¹³

　　　魂儿 xuer⁴²　　　　　　　孙儿 sˤuer²¹³

　　　（打）盹儿、（门）墩儿 tˤuer⁴²

　　　（作）文儿、纹儿 uer⁴²

ʮer　uẽ：（小）顺儿 ʂʮer²¹³　　　准儿 tʂʮer⁵⁵

　　　春儿 tʂʰʮer²¹³

　　u：（小）叔儿 ʂʮer⁵⁵　　　　主儿 tʂʮer⁵⁵

　　　（小）树儿 ʂʮer⁴²　　　　珠儿、（小）猪儿 tʂʮer²¹³

　　y：（毛）驴儿 lʮer⁴²

yˤer　y：（仙）女儿 nyˤer⁵⁵　　　（小马）驹儿 tɕyˤer⁴²

　　　（有）趣儿 tsʰyˤer⁴²　　　（小）曲儿 tɕyˤer⁵⁵

　　　（女）婿儿 syˤer⁵⁵

　　　（小）鱼儿、（痰）盂儿 yˤer⁴²

　yẽ：（小）军儿 tɕyˤer²¹³　　　云儿 yˤer⁴²

　　　（合）群儿、裙儿 tɕyˤer⁴²

ur　u：（小）兔儿 tʰˤur⁴²　　　　（抓点）土儿 tʰˤur⁵⁵

　　　（小）鹿儿 lur²¹³　　　　（大老）粗儿 tsˤur²¹³

（小）卒儿 $ts^\varsigma ur^{42}$　　　　　　　（喇叭）裤儿 $k^\varsigma ur^{213\text{-}42}$

（小）路儿 lur^{42}　　　　　　　　　数儿 $s^\varsigma ur^{42}$

（小）姑儿 kur^{213}　　　　　　　　母儿 mur^{55}

（小）屋儿 ur^{55}

（面）醭儿、（割块）布儿、步儿 pur^{42}

（队）副儿、（媳）妇儿、佛儿 fur^{42}

（一）股儿、（脊梁）骨儿、鼓儿 kur^{55}

（牛）犊儿、（打）赌儿、（猪）肚儿 $t^\varsigma ur^{55}$

（胸）脯儿、谱儿 $p^\varsigma ur^{55}$

（枣）核儿、（小）壶儿 xur^{42}

εr　ε：（门）牌儿 $p^\varsigma er^{42}$　　　　　带儿、袋儿 $t^\varsigma er^{42}$

（一）派儿 $p^\varsigma er^{213\text{-}42}$　　　　奶儿 ner^{55}

（灯）台儿 $t^\varsigma er^{42}$　　　　　灾儿 $ts^\varsigma er^{213}$

（酒）菜儿 $ts^\varsigma er^{42}$　　　　（壶）盖儿 $ker^{213\text{-}42}$

（小）孩儿 xer^{42}

ã：（上）班儿 per^{213}　　　　篮儿 ler^{42}

（薄）板儿 per^{42}　　　　盘儿 $p^\varsigma er^{42}$

（被）单儿 $t^\varsigma er^{213}$　　　蛋儿 $t^\varsigma er^{42}$

（小）站儿 $ts^\varsigma er^{42}$　　　摊儿 $t^\varsigma er^{213}$

（小）铲儿 $ts^\varsigma er^{55}$　　　衫儿、（小）山儿 $s^\varsigma er^{213}$

（门）槛儿 $k^\varsigma er^{55}$　　　饭儿、（小）贩儿 fer^{42}

（出）汗儿 xer^{42}　　　　肝儿、（白）干儿 ker^{213}

慢儿慢儿（的）$mer^{42}mer$　（芭蕉）扇儿 ser^{42}

（两）半儿、（老）伴儿 per^{42}

i$^\varsigma$εr　iε：（小）街儿 $t\varphi i^\varsigma er^{213}$　　　（小）鞋儿 $\varphi i^\varsigma er^{42}$

（河）涯儿 $i^\varsigma er^{213}$

iã：（靠）边儿 $pi^\varsigma er^{213}$　　　天儿 $t^\varsigma i^\varsigma er^{213}$

	（鞋）面儿 mi^{c}er^{42}		帘儿 li^{c}er^{42}～ler^{213}
	（一）点儿 ti^{c}er^{55}		埝儿_{地方} ni^{c}er^{55}
	（吃）烟儿 i^{c}er^{213}		尖儿 tsi^{c}er^{213}
	签儿 tsʻi^{c}er^{213}		线儿 si^{c}er^{42}
	钱儿 tsʻi^{c}er^{42}		茧儿 tçi^{c}er^{55}
	衔儿 çi^{c}er^{55}		间儿 tçi^{c}er^{213}
	眼儿 i^{c}er^{55}		弦儿、馅儿 çi^{c}er^{42}
	燕儿 i^{c}er$^{213-42}$		件儿、毽儿 tçi^{c}er^{42}
	（小）辫儿、（随）便儿 pi^{c}er^{42}		
	（相）片儿、（短）篇儿 pʻi^{c}er^{42}		
	（小）店儿、垫儿 ti^{c}er^{42}		
	iə: （小）碟儿 ti^{c}er^{42}		些儿 si^{c}er^{42}
	姐儿 tsi^{c}er^{55}		叶儿、爷儿（们） i^{c}er^{42}
uer	uɛ: 帅儿 suer^{42}		块儿、筷儿 kʻuer^{42}
	拐儿 kuer^{55}		蝈儿蝈儿 kuer^{213}
	怀儿 xuer^{42}		
	uã: （小）官儿 kuer^{213}		段儿 tʻuer^{42}
	（茶）馆儿 kuer^{55}		团儿 tʻuer^{42}
	（条）款儿 kʻuer^{55}		纂儿 tsʻuer^{55}
	（撒）欢儿 xuer^{213}		伞儿 sʻuer^{55}
	（拐）弯儿 uer^{213}		蒜儿 sʻuer^{42}
	（傍）晚儿 uer^{55}		宽儿 kʻuer^{213}
	（金刚）钻儿 tsʻuer$^{213-42}$		环儿 xuer^{42}
	丸儿、玩儿 uer^{42}		
ɥer	uã: （一）串儿 tʂʻɥer^{213}		砖儿 tʂʻɥer^{213}
	（小）船儿 tʂʻɥer^{42}		
yer	yã: （头）旋儿 syer^{42}		圈儿 tçʻyer^{42}

		（手）绢儿 tɕyer^{42}	（铺盖）卷儿 tɕyer^{55}
yᶠɛr	yã:	圆儿、院儿 yᶠɛr^{42}	远儿 yᶠɛr^{55}
ɔr	ɔ:	（画）报儿 pɔr^{42}	包儿 pɔr^{213}
		（小）岛儿 tᶠɔr^{55}	刀儿 tᶠɔr^{213}
		（干）老儿 lɔr^{55}	跑儿 pʰɔr^{55}
		（几）遭儿 tsᶠɔr^{213}	道儿 tᶠɔr^{42}
		（红）枣儿 tsᶠɔr^{55}	桃儿 tᵅɔr^{42}
		（树）梢儿 sᶠɔr^{213}	脑儿 nɔr^{55}
		（小）考儿 kᶠɔr^{55}	罩儿 tsᶠɔr^{42}
		（棉）袄儿 ɔr^{55}	槽儿 tsᵅɔr^{42}
		（凿个）卯儿 mɔr^{55}	草儿 tsᵅɔr^{55}
		（高粱）烧儿 ʂɔr^{213}	哨儿 sᶠɔr$^{213\text{-}42}$
		招儿 tʂɔr^{213}	稿儿 kɔr^{55}
		号儿 xɔr^{42}	

袍儿、（马后）炮儿、（灯）泡儿 pʰɔr^{42}

饱儿、（八）宝儿（菜）pɔr^{55}

（小）猫儿、（草）帽儿、毛儿 mɔr^{42}

（小）高儿、（药）膏儿 kɔr^{213}

iᶠɔr	iɔ:	（打）漂儿 pʰiᶠɔr^{213}	（开）窍儿 tɕʰiᶠɔr^{42}
		（小）挑儿 tʰiᶠɔr^{213}	（小）咬儿 iᶠɔr^{55}
		（猛）笑儿 siᶠɔr^{42}	苗儿 miᶠɔr^{42}
		（刀）鞘儿 tsʰiᶠɔr^{42}	调儿 tiᶠɔr^{42}
		（从）小儿 siᶠɔr^{55}	条儿 tʰiᶠɔr^{42}
		（睡）觉儿 tɕiᶠɔr$^{213\text{-}42}$	鸟儿 niᶠɔr^{55}
		（水）饺儿 tɕiᶠɔr^{55}	鳔儿 piᶠɔr^{42}

料儿 liᶠɔr$^{213\text{-}42}$ （不读 lɔr$^{213\text{-}42}$）

瓢儿、（当）票儿 pʰiᶠɔr^{42}

əur　əuː：（小）偷儿 tʻəur²¹³　　　楼儿 ləur⁴²
　　　　　（老）头儿 tʻəur⁴²　　　篓儿 ləur⁵⁵
　　　　　（小）丑儿 tʂʻəur⁵⁵　　　轴儿 tʂəur⁴²
　　　　　（小）手儿 ʂəur⁵⁵　　　肘儿 tʂəur⁵⁵
　　　　　（袖）口儿 kʻəur⁵⁵　　　沟儿 kəur²¹³
　　　　　（钮）扣儿 kʻəur²¹³⁻⁴²　　　够儿 kəur⁴²
　　　　　狗儿 kəur⁵⁵　　　猴儿 xəur⁴²
　　　　　兜儿、（土）豆儿、痘儿 tʻəur⁴²
　　　　　（小）周儿、（几）周儿 tʂəur²¹³
　　　　　嗖儿嗖儿（响）sʻəur²¹³ sʻəur²¹³

iʻəur iəuː：（小）牛儿 niʻəur⁴²　　　妞儿 niʻəur²¹³
　　　　　（电）钮儿 niʻəur⁵⁵　　　绺儿 liʻəur⁴²～ləur⁵⁵
　　　　　（小）秋儿 tsʻiʻəur²¹³　　　鬏儿 tsiʻəur²¹³
　　　　　（抓）阄儿 tɕiʻəur²¹³　　　酒儿 tsiʻəur⁵⁵
　　　　　（煤）球儿 tɕʻiʻəur⁴²　　　舅儿 tɕiʻəur²¹³⁻⁴²
　　　　　（小）九儿九儿 tɕiʻəur⁵⁵⁻²¹³ tɕiʻəur²¹³
　　　　　（小）肉儿、（加）油儿 iʻəur⁴²

ãr　aŋː：（光）膀儿 pãr⁵⁵　　　棒儿 pãr⁴²
　　　　　（小）胖儿 pʻãr⁴²　　　忙儿 mãr⁴²
　　　　　（药）方儿 fãr²¹³　　　房儿 fãr⁴²
　　　　　（家）当儿 tʻãr⁴²　　　商儿 ʂãr²¹³
　　　　　（小）囊儿 ŋãr⁴²　　　仓儿 tsʻãr²¹³
　　　　　（好）嗓儿 sʻãr⁵⁵　　　行儿 xãr⁴²
　　　　　（小）张儿 tʂãr²¹³　　　（白菜）帮儿 pãr²¹³
　　　　　（烟）缸儿 kãr²¹³　　　（热）炕儿 kʻãr⁴²
　　　　　（麦）糠儿 kʻãr²¹³　　　汤儿 tʻãr⁵⁵
　　　　　（小）帐儿、仗儿 tʂãr⁴²　　　场儿地方 tʂʻãr⁵⁵

（小和）尚 tṣʻɑ̃r˙　　　　糖儿 tʻɑ̃r^{42}

（这么）长儿、（小）唱儿 tṣʻɑ̃r^{42}

iʻɑ̃r　iaŋ：（老）乡儿 çiʻɑ̃r^{213}　　亮儿 liʻɑ̃r～lɑ̃r$^{213\text{-}42}$

姜儿 tɕiʻɑ̃r^{213}　　　　养儿 iʻɑ̃r^{55}

箱儿 siʻɑ̃r^{213}　　　　腔儿 tɕʻiʻɑ̃r^{213}

秧儿 iʻɑ̃r^{213}　　　　（小手）枪儿 tsʻiʻɑ̃r^{213}

（小）杨儿、羊儿、样儿、（瓜）瓢儿 iʻɑ̃r^{42}

（豆瓣）酱儿、匠儿 tsiʻɑ̃r^{213}

uɑ̃r　uaŋ：（小）床儿 tsʻuɑ̃r^{42}　　（一对）双儿 sʻuɑ̃r^{42}

庄儿 tsʻuɑ̃r^{213}　　　（鸡蛋）黄儿 xuɑ̃r^{42}

窗儿 tsʻuɑ̃r^{213}　　　光儿 kuɑ̃r^{213}

霜儿 sʻuɑ̃r^{213}　　　筐儿 kʻuɑ̃r^{213}

汪儿汪儿狗吠声 uɑ̃r^{42} uɑ̃r^{42}

ə̃r　əŋ：（水）泵儿 pə̃r^{42}　　　（蹦）蹦儿（戏）pə̃r˙

（碾）棚儿 pʻə̃r^{42}　　　棱儿 lə̃r$^{213\text{-}42}$

（小）孟儿 mə̃r^{42}　　　层儿 tsʻə̃r^{42}

（蜜）蜂儿 fə̃r^{213}　　　整儿 tṣə̃r^{55}

（小）凳儿 tʻə̃r^{42}　　　声儿 ṣə̃r^{213}

（一）等儿 tʻə̃r^{55}　　　绳儿 ṣə̃r^{42}

（风）筝儿 tsʻə̃r^{213}　　　坑儿 kʻə̃r^{213}

（门）缝儿 fə̃r^{42}　　　（招）生儿 sʻə̃r^{213}

（八）成儿 tṣʻə̃r^{42}　　　（白菜）梗儿 kə̃r^{55}

濛儿濛儿（雨）mə̃r^{42} mə̃r^{42}

iʻə̃r　iŋ：（小）病儿 piʻə̃r^{42}　　兵儿 piʻə̃r^{213}

（小）命儿 miʻə̃r^{213}　　饼儿 piʻə̃r^{55}

（肉）丁儿 tiʻə̃r^{213}　　顶儿 tiʻə̃r^{55}

（打）挺儿 tʻiʻə̃r^{55}　　铃儿 liʻə̃r^{42}～lə̃r^{42}

（挂）零儿 li^{ʳ}ɚr^{42}～lɚr^{42}　　　井儿 tsi^{ʳ}ɚr^{55}

（人）精儿 tsi^{ʳ}ɚr^{213}　　　领儿 li^{ʳ}ɚr^{55}（不读 lɚr^{55}）

（放）晴儿 tsʻi^{ʳ}ɚr^{42}　　　性儿 si^{ʳ}ɚr^{42}

（风）景儿 tɕi^{ʳ}ɚr^{55}　　　镜儿 tɕi^{ʳ}ɚr^{42}

（心不）静儿 tsi^{ʳ}ɚr$^{213\text{-}42}$　　　磬儿 tɕʻi^{ʳ}ɚr^{42}

（鸡蛋）清儿 tsʻi^{ʳ}ɚr^{213}　　　杏儿 ɕi^{ʳ}ɚr^{42}

星儿星儿 si^{ʳ}ɚr^{213}si^{ʳ}ɚr$^{213\text{-}42}$　　　缨儿 i^{ʳ}ɚr^{213}

营儿（里）地名 i^{ʳ}ɚr^{42}　　　影儿 i^{ʳ}ɚr^{55}

平儿、（花）瓶儿、萍儿 pʻi^{ʳ}ɚr^{42}

名儿、（打）鸣儿 mi^{ʳ}ɚr^{42}

ũr　uŋ：（小）冬儿 tʻũr^{213}　　　虫儿 tsʻũr^{42}

（门）洞儿 tʻũr^{42}　　　空儿 kʻũr$^{213\text{-}42}$

（古）董儿 tʻũr^{55}　　　孔儿 kʻũr^{55}

（酒）盅儿 tsʻũr^{213}　　　工儿、公儿 kũr^{213}

（老）总儿 tsʻũr^{55}　　　桶儿、筒儿 tʻũr^{55}

（小）葱儿 tsʻũr^{213}　　　（小胡）同儿 tʻũr^{42}

（小）宋儿 sʻũr^{42}　　　（小）洪儿 xũr^{42}

（进）贡儿 kũr^{42}

（不倒）翁儿、（小）瓮儿 ũr^{213}

yʻũr　yŋ：（蚕）蛹儿 yʻũr^{55}　　　松儿 syʻũr^{213}

（小狗）熊儿 ɕyʻũr^{42}

第三章　词　汇

凡　例

1. 本词汇收入词语近 4,000 条，按《方言》1981 年第三期"方言调查词汇表"分类记录，具体条目视方言内容而有增删。原表为 31 类，本词汇将第 28 类"儿化举例"归入本书第二章"语流音变"中，第 31 类"语法"归入第四章"语法"，实为 29 类。

2. 各条的内容依次为词目、注音、释义和例句，后两项视需要酌加。两个或两个以上的例句，中间用"|"号隔开。例句中的"~"代表本词目。

3. 意义相同的排在一起，第一条顶格排，其余的缩一格排在后面。同义词可互相说明的，不另加释义。

4. 多义词用①②③表示不同义项的顺序。

5. 括号"（）"内的字或音标分别有下述三方面的内容：

（1）对某词语限定范围，或进一步作出说明。例如："（赶）集"说明到集上去的行为要用动词"赶"；"瘊子"（突起的），"痦子"（不突起的），说明两者不同。

（2）此字或其相应的音可有可无。例如："老茔地"（盘），说明该词可说"老茔地"，也可说"老茔地盘"；"贴边（儿）"说明此词儿化不儿化两可。

（3）又读或两可的说法，在"（）"内的"或："后写出又读音或另一说法。例如，"住宅 tʂu⁴²tsei⁴²（或：宅子 tsei⁴²tsʅ˙）"表示此词"住宅"、"宅子"两说；又如，"打盹儿 ta⁵⁵⁻²¹³tʰuer⁵⁵（或tʰer）"，说明"盹儿"有 tʰuer⁵⁵、tʰer 两读。

一　天文

日头 i²¹³⁻⁴²tʰəu˙

　太阳 tʰɛ²¹³iaŋ˙（或：tʰɛ²¹³⁻⁴²iaŋ˙）

日头地儿 i²¹³⁻⁴²tʰəu˙tʰer⁴²

　太阳地儿 tʰɛ²¹³iaŋ˙tʰer⁴²（或：tʰɛ²¹³⁻⁴²iaŋ˙tʰei⁴²）

荫凉儿 iẽ²¹³liʳãr⁴²（或：lãr）

　　荫凉儿地儿 iẽ²¹³liʳãr⁴²（或：lãr⁴²）tʰer⁴²

　　荫凉儿里 iẽ²¹³liʳãr⁴²（或：lãr⁴²）li⁴²

月亮儿 yə⁴²liʳãr˙（或：lãr˙·）

　　月亮 yə⁴²liaŋ˙

　　圆儿 yʳer⁴²（儿语）

　　月妈儿妈儿 yə⁴²mar⁵⁵⁻⁴⁵mar˙

　　月牙儿 yə⁴²iʳar⁴²（或：yə²¹³iʳar˙）

月亮地儿 yə⁴²liaŋ˙tʰer⁴²

星儿 siʳə̃r²¹³

　　星儿星儿 siʳə̃r²¹³ siʳə̃r˙

天河 tʰiã²¹³xuə⁴²

贼星儿 tsei⁴²siʳə̃r²¹³

　　流星（儿）liəu⁴²siŋ²¹³（siʳə̃r²¹³）

扫帚星儿 sɔ⁵⁵⁻⁴²tʂuˈsiˈɤ̃r²¹³ 彗星

　　扫帚星 sɔ⁵⁵⁻⁴²tʂuˈsiŋ²¹³ 兼喻命凶克婆家的女人

勺子头星儿 ʂuə⁴²⁻⁵⁵tsʅˈtˈəu⁴²siˈɤ̃r²¹³ 北斗星

毛胧星儿 mɔ⁴²⁻⁵⁵luŋˈsiˈɤ̃r²¹³ 启明星

姐儿姐儿星儿 tsiˈɛr⁴²⁻⁵⁵tsiˈɛrˈsiˈɤ̃r²¹³ 织女星

姐夫儿星儿 tsiə⁵⁵⁻⁴⁵furˈsiˈɤ̃r²¹³ 牛郎星

云 yẽ⁴²

　　云彩 yẽ⁴²⁻⁵⁵tsˈɛˈ

鱼鳞云 y⁴²⁻²¹³liẽ⁴²yẽ⁴² 状如鱼鳞片的云

风云 fəŋ²¹³yẽ⁴² 运行得很快的云

彩云 tsˈɛ⁵⁵⁻⁴⁵yẽ⁴² "霞"的书面语。口语称"朝霞"为"朝红"(tʂɔ²¹³xuŋ⁴²)，"晚霞"

　　　　为"晚红"(uã⁵⁵xuŋ⁴²)

炮云 pˈɔ²¹³yẽ⁴² 状如放炮后烟团一样的乌云：东山放～了

风 fəŋ²¹³

　　风婆子 fəŋ²¹³pˈə⁴²tsʅˈ ～叫门了（风吹门有声响）

旋风 syã⁴²⁻⁵⁵fəŋˈ

顶风 tiŋ⁵⁵⁻⁴⁵fəŋˈ

顺风 ʂuẽ²¹³⁻⁴²fəŋˈ

龙卷风 luŋ⁴²tɕyã⁵⁵fəŋ²¹³

刮风 kuɑ⁵⁵fəŋ²¹³

　　起风 tɕˈi⁵⁵fəŋ²¹³ 开始刮风

刹风 sɑ⁵⁵fəŋ²¹³ 风停

打雷 tɑ⁵⁵⁻⁴⁵lei⁴²

　　打呼雷 tɑ⁵⁵xu²¹³lei⁴²

霹雷　pʻi⁵⁵⁻⁴⁵lei˙

呼雷抓了　xu²¹³lei⁴²tsuɑ²¹³ləu˙　雷击了

打闪　tɑ⁵⁵⁻²¹³ʂã⁵⁵

霍闪　xuə⁵⁵⁻⁴⁵ʂã˙　（名词）呼雷～

下雨　ɕiɑ⁴²⁻²¹³y⁵⁵

涝雨　lɔ⁴²⁻⁵⁵y˙　久下成涝的雨

濛濛雨　məŋ²¹³⁻⁴⁵məŋ²¹³y⁵⁵

　　牛毛细雨　niəu⁴²mɔ⁴²si²¹³y⁵⁵（或：niəu⁴²⁻²¹³mɔ⁴²si²¹³y⁵⁵）

连阴天　liã⁴²⁻⁵⁵iẽ˙tʻiã²¹³

连阴雨　liã⁴²⁻⁵⁵iẽ˙y⁵⁵

雨星儿　y⁵⁵siʻə̃r²¹³

　　雨点儿　y⁵⁵⁻⁴²tiʻɛr⁵⁵

下了　ɕiɑ⁴²⁻⁵⁵ləu˙　下雨了

　　掉点儿　tiɔ⁴²tiʻɛ̣r⁵⁵

住雨儿了　tʂu⁴²yʻer⁵⁵⁻⁴⁵ləu˙

　　不下了　puˈɕiɑ⁴²⁻⁵⁵ləu˙

淋了　liẽ⁴²⁻⁵⁵ləu˙

雪花儿　syə⁵⁵xuɑr²¹³

棉花瓢子大雪　miã⁴²⁻⁵⁵xuɑˈiaŋ²¹³tsʅˈtɑ²¹³syə⁵⁵　鹅毛大雪

半（或：饭）不拉子　pã⁴²⁻⁵⁵（或：fã⁴²⁻⁵⁵）puˈlɑ⁵⁵⁻⁴⁵tsʅ˙　雪珠儿，霰

下雪了　ɕiɑˈsyə⁵⁵⁻⁴⁵ləu˙

化雪了　xuɑˈsyə⁵⁵⁻⁴⁵ləu˙

　　雪化了　syə⁵⁵xuɑ²¹³⁻⁴²ləu˙

谷穗凌　ku⁵⁵⁻⁴⁵sueiˈliŋ⁴²　冰锥（屋檐凌）

冻冻儿 tuŋ²¹³tʼũr˙ 冰

上冻 ʂaŋ⁴²tuŋ²¹³

　　上冻了 ʂaŋ⁴²tuŋ²¹³⁻⁴²ləu˙

雹子 pɑ⁴²⁻⁵⁵tsʅ˙

露水 lu⁴²⁻⁵⁵suei˙（或：露 lu⁴²）

下露水 ɕia⁴²lu⁴²⁻⁵⁵suei˙

露水珠儿 lu⁴²⁻⁵⁵suei tʂ·ɥer²¹³

下霜 ɕia⁴²suaŋ²¹³

雾露 u⁴²⁻⁵⁵lu˙

下雾露 ɕia⁴²u⁴²⁻⁵⁵lu˙

放雾露 faŋ²¹³u⁴²⁻⁵⁵lu˙ 下大雾

虹 tsiaŋ²¹³

天儿 tʼiˑɛr²¹³ 今日～怎么样？

好天（儿） xɔ⁵⁵tʼiã²¹³ （或：tʼiˑɛr²¹³）

晴天（儿） tsʼiŋ⁴²tʼiã²¹³（或：tʼiˑɛr²¹³）

阴天（儿） iẽ²¹³⁻⁴⁵tʼiã²¹³（或：tʼiˑɛr²¹³）

日食 i²¹³ʂʅ˙

　　日头叫天狗吞了 i²¹³tʼəu˙ tɕiɔˑuei˙ tʼiã²¹³kəu⁵⁵tʼẽ²¹³ləu˙

月食 yə²¹³ʂʅ˙

　　天狗吃月亮儿 tʼiã²¹³kəu⁵⁵tʂʅ⁵⁵yə²¹³⁻⁴²liˑãr˙（或：lãr˙ ）

天旱 tʼiã²¹³xã⁴²

　　天干 tʼiã²¹³⁻⁴⁵kã²¹³ 天气干燥，旱天

涝 lɔ⁴²

　　水淹了 suei⁵⁵iã²¹³ləu˙

二　地理

耕地　tɕiŋ²¹³ti⁴²　可耕地

沙土地儿　sɑ²¹³tʻu⁵⁵tiʻer⁴²

荒地儿　xuaŋ²¹³tiʻer⁴²

面淤地儿　miã⁴²yˑtiʻer⁴²　粘土和淤沙混杂的地

面淤土儿　miã⁴²yˑtʻur⁵⁵　粘土和淤沙混杂的土

高岗儿　kɔ²¹³kãr⁵⁵　小的石岗子

石头岗子　ʂ̩⁴²⁻⁵⁵tʻəuˑkaŋ⁵⁵⁻⁴⁵tsɿˑ

岭子　liŋ⁵⁵⁻⁴⁵tsɿˑ　小的土岗子

高埠子　kɔ²¹³pu⁴²tsɿˑ　比岭子小的土岗子

土岗子　tʻu⁵⁵⁻⁴²kaŋ⁵⁵⁻⁴⁵tsɿˑ

石头垛儿　ʂ̩⁴²⁻⁵⁵tʻəutʻuər⁴²　石堆

土口堆儿　tʻu⁵⁵⁻⁴²kuˑtʻuer²¹³　土堆

空地方（或：场儿）　kʻuŋ²¹³ti⁴²faŋ（或：tʂʻãrˑ）　院子外较大的空地

闲场儿　ɕiã⁴²tʂʻãr⁵⁵　较小的空地，包括屋子里闲着不用的地方

山顶儿　sã²¹³tiʻə̃r⁵⁵

山头儿　sã²¹³tʻəurˑ

半山腰　pã²¹³sã²¹³⁻⁴⁵iɔ²¹³

山坡儿　sã²¹³⁻⁴⁵pʻər²¹³

山根儿　sã²¹³⁻⁴⁵ker²¹³

山沟儿　sɑ²¹³⁻⁴⁵kəur²¹³

山沟子　sã²¹³⁻⁴⁵kəu²¹³tsɿˑ

河涯儿　xuə⁴²iˤɛr⁴²

　河边儿　xuə⁴²piˤɛr²¹³

　河边儿上　xuə⁴²piˤɛr²¹³ʂaŋˋ　即河边儿

坝　pɑ²¹³

海潮坝　xɛ⁵⁵⁻⁴⁵tʂˤɔ⁴²pɑ²¹³　县西的一个海坝名

沙滩　sɑ²¹³⁻⁴⁵tˤã²¹³　河滩或海滩

水湾儿　suei⁵⁵uɛr²¹³　水坑

平塘　pˈiŋ⁴²tˈɑŋ⁴²　人工挖的大池塘，用其水浇地

池子　tʂˤɿ⁴²⁻⁵⁵tsɿˋ　人工建的水池

水沟儿　suei⁵⁵kəur²¹³　流水的小沟儿

流沙水　liəu⁴²sɑ²¹³suei⁵⁵　带流沙的水

大水　tɑ²¹³suei⁵⁵　多指洪水

发大水　fɑ⁵⁵tɑ²¹³suei⁵⁵　来洪水

水头儿　suei⁵⁵⁻⁴⁵tˤəur⁴²　浇地时开头流过来的水

水道　suei⁵⁵⁻⁴⁵tɔˋ　人造的供浇地用的流水道：看～（看管浇水）

水道沟儿（或：沟子）　suei⁵⁵⁻⁴⁵tɔˋkəur²¹³（或：kəu²¹³tsɿˋ）　田地
　　里面浇水用的水沟

泉眼儿　tɕˈiã⁴²iˤɛrˋ

井　tsiŋ⁵⁵

土井子　tˈu⁵⁵⁻⁴⁵tsiŋˋtsɿˋ　井筒未砌砖石的井

地瓜窖子　ti⁴²kuɑ²¹³iẽ⁴²tsɿˋ　上口像井，贮存白薯的窖子

干井子　kã²¹³tsiŋ⁵⁵⁻⁴²tsɿˋ　挖在院子里倒脏水用的井，口小于井

罐绳　kuã²¹³⁻⁴²ʂəŋˋ

打水　tɑ⁵⁵⁻²¹³suei⁵⁵　统称取水

拔水　pɑ⁴²suei⁵⁵　从井里提水

挽水　uã⁵⁵⁻²¹³suei⁵⁵　用辘轳取水

辘轳　lu⁵⁵⁻⁴⁵lu˙

石头　ʂɿ⁴²⁻⁵⁵tʻəu˙

青石　tsʻiŋ²¹³ʂɿ⁴²　深绿色或黑色的花岗岩

槌布石　tsʻuei⁴²⁻⁵⁵pei˙ʂɿ⁴²　今指白色的常用作石桌石凳的方面石，妇女常在上面槌

　打裰褙

翠白石　tsʻuei²¹³pei⁴²ʂɿ⁴²

鸭蛋石　iɑ⁵⁵⁻⁴⁵tã⁴²ʂɿ⁴²　鹅卵石

河溜子儿　xuə⁴²liəu˙tsʻer⁵⁵　被水冲得较光滑、形状不规则的硬石头

□□儿　kʻəu²¹³tʂʻər⁴²　小而好的鹅卵石

滑石　xuɑ⁴²⁻⁵⁵ʂɿ˙　指"莱州玉"

冻石　tuŋ²¹³⁻⁴²ʂɿ˙　一种透明的石雕料，即"莱州翠"

干狗石　kã²¹³kəu⁵⁵⁻⁴²ʂɿ⁴²　像干狗形状的一种上水石，块不大，土黄色，可做盆景

狗爪儿石　kər⁵⁵⁻⁴⁵tsʻər⁵⁵⁻⁴²ʂɿ⁴²　土黄色，能渗水，可做假山

太湖石　tʻɛ²¹³xu⁴²ʂɿ⁴²

沙　sɑ²¹³

铁板沙　tʻiə⁵⁵⁻²¹³pã⁵⁵sɑ²¹³　压在土底下多年板结而成的硬沙层

墼　tsi⁵⁵　土坯

墼溜子　tsi⁵⁵liəu²¹³tsɿ˙　用来分隔房间的土坯，比墼窄

砖　tʂuã²¹³

砖头　tʂuã²¹³tʻəu˙　不完整的、碎的砖

瓦　uɑ⁵⁵

瓦块儿　uɑ⁵⁵kʻuɛr˙　碎瓦

94

脊瓦　tsi⁵⁵⁻⁴⁵uɑ˙

筒瓦　tʻuŋ⁵⁵⁻⁴⁵uɑ˙　压屋脊的瓦，与一般瓦形状有别

仰瓦　iaŋ⁵⁵⁻⁴⁵uɑ˙　朝上仰的瓦

哈瓦　xɑ⁴²⁻⁵⁵uɑ˙　朝下扣的瓦

方砖　faŋ²¹³tʂuã˙　大而方的砖，铺地面用

土块　tʻu⁵⁵⁻⁴⁵kʻuɛ˙

垡头　fɑ⁴²⁻⁵⁵tʻəu˙　耕地时出来的大土块

　　垡块　fɑ⁴²⁻⁵⁵kʻuɛ˙

坷拉　kʻɑ⁵⁵⁻⁴⁵lɑ˙

灰　xuei²¹³　泛指灰尘、草木灰、炉灰等

垺土　pu⁴²⁻⁵⁵tʻu˙

石灰　ʂʅ⁴²xuei²¹³

水泥　suei⁵⁵ni⁴²

　　洋灰　iaŋ⁴²xuei²¹³

泥　mi²¹³

凉水　liaŋ⁴²suei⁵⁵

　　凉水儿　liaŋ⁴²⁻²¹³sʻuer˙

赶口水儿　kã⁵⁵⁻⁴⁵kʻəu˙sʻrer⁵⁵　烧开后不冷不热很适口的水

温乎水儿　uẽ²¹³xu˙sʻrer⁵⁵　温水

热水　iə²¹³suei⁵⁵

开水　kʻɛ²¹³suei⁵⁵

兀突水　u⁵⁵tʻu²¹³suei⁵⁵　①不能喝的温水：烧点 ~ 洗手 ②放得时间长了的开水：~

　　不能喝

　　兀突　u⁵⁵tʻu˙　可以单用，如：这些水都 ~ 了，不能喝！

馏锅水　liər⁴²⁻⁵⁵kuə˙suei⁵⁵　蒸馏干粮后余下的水

刷锅水　suɑ⁵⁵kuə˙suei⁵⁵

煤　mei⁴²

焦子　tsiɔ²¹³tsʅ　焦炭

　　焦子末　tsiɔ²¹³tsʅ˙mə⁴²　焦炭末

火油　xuə⁵⁵⁻⁴⁵˙iəu⁴²　煤油

　　洋油　iaŋ⁴²iəu⁴²　（旧称）

生火　səŋ²¹³xuə⁵⁵　生炉子取暖

点火　tiã⁵⁵⁻⁴⁵xuə⁵⁵　生火做饭

失火　ʂʅ⁴²xuə⁵⁵

洋铁　iaŋ⁴²⁻²¹³tʻiə⁵⁵

白铁　pei⁴²tʻiə⁵⁵　白的薄铁板

黑铁　xei⁵⁵⁻⁴⁵tʻiə˙　黑的薄铁板

锡　si⁵⁵

水银　suei⁵⁵⁻⁴⁵iẽ˙

吸铁石　ɕi²¹³tʻiə⁵⁵⁻⁴⁵ʂʅ˙　（或：ɕy²¹³tʻiə⁵⁵⁻⁴⁵ʂʅ˙）　磁石

玉石　y²¹³ʂʅ˙

樟脑　tʂaŋ²¹³nɔ⁵⁵

潮脑　tʂʻɔ⁴²nɔ˙　卫生球儿

　　潮脑蛋儿　tʂʻɔ⁴²nɔ˙tʻɛr⁴²

硫磺　liəu⁴²xuaŋ˙

　　垄磺　lyŋ⁴²xuaŋ˙　（老）

场儿　tʂʻãr⁵⁵　地方

　　埝儿　niʻɛr⁵⁵

城 tʂ'əŋ⁴² 小城市，县城

城市 tʂ'əŋ⁴²sʅ⁴² 大城市

城壕 tʂ'əŋ⁴²xɔ⁴²

城墙 tʂ'əŋ⁴²tsʻiaŋ⁴²

农村 nu⁴²ts'uẽ²¹³

　乡下 ɕiaŋ²¹³ɕiaˑ

葛家 ka⁵⁵⁻⁴⁵tɕiaˑ 掖城南约十几里的村子

大原 tɛ⁴²⁻⁵⁵yã˙ 掖城北偏西约十四里的村子

东宋 tuŋ²¹³ts'uŋ⁴² 东宋镇驻地，在掖城西南约三十里路

大宋 ta⁴²⁻⁵⁵ts'uŋ˙ 东宋镇所辖的一个村子

小宋 siɔ⁵⁵⁻⁴⁵ts'uŋ˙ 东宋镇所辖的一个村子

柞村 tsuə⁵⁵⁻⁴⁵ts'uẽ˙ 掖城正南三十里的村子

五个庄 u⁵⁵⁻⁴⁵kəˑtsuaŋ²¹³ 掖城西北约五里路，由五个自然村组成的大村

营儿里 iʻər⁴²liˑ 掖城东北三十里左右的村子

东北圩 tuŋ²¹³pei⁵⁵y²¹³

东南圩 tuŋ²¹³nã⁴²y²¹³

西北圩 si²¹³pei⁵⁵y²¹³

西南圩 si²¹³nã⁴²y²¹³

东关 tuŋ²¹³⁻⁴⁵kuã²¹³

南关 nã⁴²kuã²¹³

西关 si²¹³⁻⁴⁵kuã²¹³

北关 pei⁵⁵kuã²¹³

　　（以上属于掖城的八个村子）

鸡房街 tɕi²¹³faŋ⁴²tɕiɛ²¹³ 东南圩的一条街

方家胡同　faŋ²¹³tɕia˙xu⁴²⁻⁵⁵tʻuŋ˙　东北阡的一条胡同

围墙东　uei⁴²⁻²¹³tsʻiaŋ⁴²tuŋ²¹³　东南阡的一条街

后大门　xəu⁴²tɑ²¹³mẽ⁴²　东南阡与西南阡之间的一个居民区，约占全城的十分之
　　一。原为翟姓财主的庄园

阁里关　kə⁵⁵⁻⁴⁵li˙kuã²¹³　东关的一个自然村

五里后子　u⁵⁵⁻⁴⁵li˙xəu⁴²⁻⁵⁵tsʅ˙　掖城西南五里路的村子

杨官　iaŋ⁴²kuã˙　挨近五里后子的一个村子

山岭子　sã²¹³liŋ⁵⁵⁻⁴⁵tsʅ˙　掖城东南约五里路的一个大村子，分东山岭子和西山岭子
　　两个村

塔儿埠　tʻar⁵⁵⁻⁴⁵pu⁴²　掖城东北一里路的村子

仲家洼子　tsuŋ²¹³⁻⁴⁵tɕia²¹³ua⁴²tsʅ˙　掖城正南三里左右的村子

疙瘩埠　kə⁵⁵⁻⁴⁵tɑ˙pu⁴²　掖城西南三四里路的一个小村

花园儿　xuɑ²¹³yʻɛr⁴²

北流　pei⁵⁵⁻⁴⁵liəu˙

花园儿北流　xuɑ²¹³yʻɛr⁴²pei⁵⁵⁻⁴⁵liəu⁴²

　　（以上三村都在城西北不远，花园儿北流以种植花卉而闻名远近）

满家亭子　mã⁵⁵⁻⁴⁵tɕia˙tʻiŋ⁴²⁻⁵⁵tsʅ˙　掖城西二里路的一个村子

南十里堡儿　nã⁴²sʅ⁴²⁻⁵⁵li˙pʻur²¹³

芙蓉岛　fu⁴²yŋ˙tɔ⁵⁵　掖城西北海中的一个岛

文峰山　uẽ⁴²fəŋ²¹³⁻⁴⁵sã²¹³　山名，在掖城东南十五里处，存郑文公碑刻石

　　笔架儿山　pi⁵⁵tɕiar²¹³⁻⁴²sã²¹³　即"文峰山"，形似笔架

道士崮　tɔ⁴²sʅ˙ku²¹³　掖城东十多里处的一座山

大泽山　tɑ²¹³（或：tɛ²¹³）tsei⁴²sã²¹³　莱州与平度交界的一座山

掖县　iə²¹³⁻⁴²ɕiã˙

掖城　iə²¹³tʂʻəŋ⁴²

烟台　iã²¹³tʻɛ⁴²

济南　tsi⁵⁵⁻⁴⁵nã˙

山东　sã²¹³⁻⁴⁵tuŋ˙

　　以下酌录本地读音特殊的地名，特殊读音的字下加横线表示：

蒜园子　suaŋ²¹³⁻⁴²yã˙tsʅ　掖城东南三里路的一个村子，多以种蔬菜为业

土哥庙　sʅ⁴²⁻⁵⁵tɕyə˙miɔ⁴²　掖城西五六里路的一个大村子

石虎嘴　ʂʅ⁴²xuei⁵⁵⁻²¹³tsuei³⁵　村名，在金城镇

过西　kə⁴²⁻⁵⁵si˙　村名，在过西乡

河套张家　xə⁴²⁻⁵⁵tʻəu˙tʂaŋ²¹³tɕʻia˙　村名，在过西乡

大兰儿邱家　ta⁴²⁻⁵⁵iˤɚr˙lɛ˙tɕʻiəu²¹³tɕʻia˙　村名，在朱桥镇

招贤　tʂɔ²¹³siẽ⁴²　村名，在朱桥镇

程郭庄　tʂʻəŋ⁴²ku˙tsuaŋ　村名，在程郭乡

洪沟头　xuŋ⁴²⁻⁵⁵ku˙tʻəu⁴²　村名，在程郭乡

贾邓战家　tɕia⁵⁵⁻⁴⁵taŋ˙tʂã⁴²tɕia˙　村名，在平里店镇

婴儿里　iˤɚr⁴²lɛ˙li⁵⁵　村名，在平里店镇

柳行　əur⁵⁵⁻⁴⁵ʂaŋ˙　村名，在平里店镇

王河庄子　uaŋ⁴²⁻⁵⁵xu˙tsuaŋ²¹³tsʅ　村名，在苗家乡

赵宣庄　tʂɔ⁴²⁻⁵⁵ku˙tsuaŋ　村名，在苗家乡

西罗台　si²¹³luə˙tʻəu⁴²　村名，在苗家乡

东罗台　tuŋ²¹³luə˙tʻəu⁴²　村名，在苗家乡

梁郭　liã⁵⁵kə˙　村名，梁郭镇驻地

马回沟　ma⁵⁵⁻²¹³xu˙kəu²¹³　村名，在梁郭镇

河套杨家　xə⁴²⁻⁵⁵tʻəu˙iaŋ⁴²⁻⁵⁵tɕia˙　村名，在驿道镇

东<u>卧</u>牛埠　tuŋ²¹³uaŋ⁴²⁻⁵⁵niəu˙pu˙　村名，在驿道镇

西<u>卧</u>牛埠　si²¹³uaŋ⁴²⁻⁵⁵niəu˙pu˙　村名，在驿道镇

三元儿　saŋ²¹³yˤɛrˋ　村名，在三元乡

<u>相公</u>庄儿　syã⁴²⁻⁵⁵kuˋtsˤuãr²¹³　村名，在曲家乡

花<u>秸</u>岭　xua²¹³⁻⁵⁵tɕiaˋliŋ⁵⁵　村名，在曲家乡

（<u>赶</u>）集　（kã⁵⁵⁻⁴⁵）tsi⁴²

（<u>赶</u>）山　（kã⁵⁵⁻⁴⁵）sã⁵⁵⁻⁴⁵　旧指庙会，今称物资交流会

（上）庙　（ʂaŋ⁴²⁻²¹³）miɔ⁴²　乡间称庙会

道　tɔ⁴²　大路

道儿　tˤɔr⁴²　小路

走捎道儿　tsəu⁵⁵sɔ²¹³tˤɔr⁴²

老茔地（盘）　lɔ⁵⁵iŋ⁴²⁻²¹³ti⁴²（pˤã⁴²）　年久的大片坟地

乱葬岗子　laŋ⁴²tsaŋˋkaŋ⁵⁵⁻²¹³tsʅˋ

坟　fẽ⁴²　一般平民的坟

墓　mu²¹³　烈士的墓

茔顶儿　iŋ⁴²⁻²¹³tiˤə̃r⁵⁵　坟头

碑　pei²¹³

槽子　tsˤɔ⁴²⁻⁵⁵tsʅˋ　坟坑

矿　kˤuaŋ⁵⁵　坟坑：开 ~丨挖个土 ~ 埋了

三　时令、时间

今年　tɕi²¹³niãˋ

去年　tɕˤy²¹³⁻⁴²niãˋ

头年　tʻəu⁴²niã˙

上年　ʂɑŋ²¹³niã˙

明年　miŋ⁴²niã˙

过年　kuə²¹³niã˙　①过春节：～ 的时候要拜年 ②明年：这块事儿今年办不成了，

　　　得 ～ 再办了

前年　tsʻiã⁴²⁻⁵⁵niã˙

头几年儿　tʻəu⁴²tɕi⁵⁵niʻɛr⁴²　前几年

每年　mei⁵⁵⁻⁴⁵niã⁴²

年年儿　niã⁴²nier˙

夏天　ɕia⁴²tʻiã²¹³

　伏天　fu⁴²tʻiã²¹³　夏天

麦季儿　mei²¹³tɕiʻer⁴²

麦后里　mei²¹³xəu⁴²⁻⁵⁵li˙

秋季儿　tsʻiəu²¹³tɕiʻer⁴²

正月　tʂəŋ²¹³yə˙

腊月　lɑ²¹³⁻⁴²yə˙

闰月　yẽ²¹³⁻⁴⁵yə²¹³

大尽　tɑ⁴²⁻⁵⁵tsiẽ˙　大月

小尽　siɔ⁵⁵⁻⁴⁵tsiẽ˙　小月

芒种　mɑŋ⁵⁵⁻⁴⁵tsuŋ˙

（大）年三十　（ta²¹³）niã⁴²sã²¹³ʂ̩⁴²　大年三十那天

　除夕（夜）tʂʻu⁴²si˙（iə⁴²）　专指年三十晚上

　年三十下晚儿　niã⁴²sã²¹³ʂ̩⁴²ɕia²¹³uɛr⁵⁵　即除夕

正月初一　tʂəŋ²¹³yə˙tsʻu²¹³i⁵⁵

拜年　pɛ²¹³niã⁴²

正月十五　tʂəŋ²¹³yə˙ʂ1⁴²⁻⁵⁵u˙

元宵　yã⁴²siɔ²¹³　食品：正月十五吃～

五月端午　u⁵⁵⁻⁴⁵yə˙taŋ²¹³u˙

粽子　tsuŋ⁴²ts1˙

七月七　tsʻi⁵⁵⁻⁴⁵yə˙tsʻi⁵⁵　～，吃巧饼子

巧饼子　tɕʻiɔ⁵⁵piŋ⁵⁵⁻⁴²ts1˙　七月七过乞巧节制做的一种油炸面食

七月十五　tsʻi⁵⁵⁻⁴⁵yə˙ʂ1⁴²⁻⁵⁵u˙

八月十五　pɑ⁵⁵⁻⁴⁵yə˙ʂ1⁴²⁻⁵⁵u˙

月糕　yə²¹⁻⁴²kɔ˙　过仲秋节制做的面食，有大有小，大的用于供神、馈赠

九月九　tɕiəu⁵⁵⁻⁴⁵yə˙tɕiəu⁵⁵

腊八　lɑ²¹³⁻⁴²pɑ˙

灶码儿　tsɔ²¹³⁻⁴²mar˙　灶神画像:贴～| 烧～

辞灶　tsʻ1⁴²tsɔ²¹³　祭灶:腊月二十三～

糖瓜儿　tʻaŋ⁴²kuar²¹³　辞灶时上供的麦芽糖,扁圆形,中空,外黏芝麻

皇历（老）　xuaŋ⁴²li˙

　农家历（新）　nu⁴²⁻⁵⁵tɕiaˈli²¹³

今日　tɕi²¹³i˙

明日　mi⁴²⁻⁵⁵i˙

夜来　iə⁴²⁻⁵⁵lɛ˙　昨天

前夜　tsʻiə⁴²⁻⁵⁵iə˙　前天

大前夜　tɑ²¹³tsʻiə⁴²⁻⁵⁵iə˙　大前天

后日　xəu⁴²⁻⁵⁵i˙　后天

大后日　tɑ²¹³xəu⁴²⁻⁵⁵i˙　大后天

头晌　t'əu⁴²ʂɑ̃ŋ˙　上午：~ 赶集，过晌干活

头晌儿　t'əu⁴²ʂɑ̃r⁵⁵　中午以前：今日头晌赶集，~ 一定要回来

过晌　kuə⁴²ʂɑŋ˙　下午

下晌　ɕia²¹³ʂɑŋ˙　晚上

早晨　tsɔ⁵⁵⁻⁴⁵tʂʻẽ˙

晌午(头儿)　ʂɑŋ⁵⁵⁻⁴⁵uẽ˙ (t'əur⁴²)　中午：~ 饭｜夏天的 ~ 真热!

　　中午　tsuŋ²¹³u⁵⁵

　　晌午　ʂɑŋ⁵⁵⁻⁴⁵uẽ˙

傍黑天儿　paŋ²¹³xei⁵⁵t'iʻer²¹³　傍晚

　　傍乎下晚儿　pan²¹³xu˙ɕia⁴²⁻²¹³uɛr⁵⁵

下晚儿　ɕia⁴²⁻²¹³uɛr⁵⁵　晚上

黑夜　xei⁵⁵⁻⁴⁵ia˙（或：iə˙）　夜里

打更　ta⁵⁵tɕiŋ²¹³　现在指夜间守卫：今日下晚儿他俩 ~

年头儿　niã⁴²⁻²¹³t'ʻəur⁴²　①年成：今年好 ~　②年月：那些 ~

　　年景儿　niã⁴²⁻²¹³tɕiʻə̃r⁵⁵

减年景　tɕiã⁵⁵niã⁴²tɕiŋ　歉收

成天价　tʂʻəŋ⁴²t'iã²¹³tɕia˙　每天

　　天天儿　tiã²¹³⁻⁴⁵t'iʻer²¹³（或：tiã²¹³t'iʻer˙）

　　见天儿　tɕiã²¹³⁻⁴⁵t'iʻer²¹³

通宿　t'uŋ²¹³sy⁵⁵　整夜

一天到晚　i˙t'iã²¹³⁻⁴⁵tɔ²¹³uã⁵⁵

一年到头儿　i˙niã⁴²tɔ²¹³t'ʻəur⁴²

十来年　ʂ̩⁴²⁻⁵⁵la˙（或：lɛ˙）niã⁴²　十年左右

十来多年　ʂ̩⁴²⁻⁵⁵la˙（或：lɛ˙）tuə²¹³niã⁴²　十年多的时间

个数月 kə²¹³⁻⁴²su˙yə⁴² 一个月左右

十来天 ʂ1⁴²⁻⁵⁵la˙（或：lɛ˙）tʰiã²¹³ 十天左右

十来多天 ʂ1⁴²⁻⁵⁵la˙（或：lɛ˙）tuə²¹³⁻⁴⁵tʰiã²¹³ 十天多的时间

好几个月了 xɔ⁵⁵⁻⁴⁵tɕi˙（或：tɕʰi˙）kə˙yə²¹³⁻⁴²ləu˙ 几个月了

赶几儿 kã⁵⁵⁻²¹³tɕiʔer⁵⁵ 到哪一日：你 ～ 上济南？|～是掖城大集？

□□儿 tsaŋ⁴²⁻²¹³kɛr⁵⁵ 时间，会儿，霎儿

不□□儿 pu˙tsaŋ⁴²⁻²¹³kɛr⁵⁵ 一回儿，不长的时间：你在这儿一等，他 ～ 就回
来了

怎么□□儿 tsuŋ⁵⁵⁻⁴⁵mə˙tsaŋ⁴²⁻²¹³kɛr⁵⁵ 多长时间，多少时间：你打扫院子得
tei˙（需要）～？

这么□□儿 tsəŋ⁴²mə˙tsaŋ⁴²⁻²¹³kɛr⁵⁵ 这么点时间：～ 就回来了，你走得真快！

这么□□ tsəŋ⁴²mə˙tsaŋ⁴²⁻²¹³kã⁵⁵ 这么多时间：他去了 ～ 了，还没回来！

四 农事

场院 tʂʰaŋ⁵⁵⁻⁴⁵uẽ

柴火垛 tsʰɛ⁴²⁻⁵⁵xuə˙tuə⁴² 烧柴、柴草垛

苫 ʂã²¹³

苫杈子 ʂã²¹³tʂʰa²¹³ts1 专用于挑苫的二齿铁叉

大粪 ta²¹³⁻⁴²fẽ˙ 人粪

牲口粪 səŋ²¹³kʰəu˙fẽ²¹³

粪坑 fẽ²¹³⁻⁴⁵kʰəŋ²¹³

粪场 fẽ²¹³tʂʰaŋ⁵⁵ 堆放粪的地方

攒粪 tsuã²¹³⁻⁴⁵fẽ²¹³

积肥 tsi^{42}fei·

喂 uei^{213} <small>庄稼追肥：～ 苞米 |～ 谷子</small>

牛车 niəu^{42}tʂʻə^{213}

大车 tɑ$^{213-42}$tʂʻə· <small>骡马车</small>

小车儿 siə^{55}tʂʻər^{213} <small>小推车</small>

笨车子 pẽ$^{42-55}$tʂʻə· tsʅ· <small>称过去使用的木轮小推车</small>

地板儿车 ti· per$^{55-45}$tʂʻə· <small>排子车</small>

　拖车子 tʻuə^{213}tʂʻə· tsʅ·

骑车子 tɕɕʻi$^{42-55}$tʂʻə· tsʅ· <small>自行车</small>

　自行车儿 tsʅ$^{55-45}$ɕiŋ· tʂʻər^{213}

电驴子 tiã^{42}ly$^{42-55}$tsʅ· <small>轻骑</small>

车桯 tʂʻə$^{213-45}$tʻiŋ^{213} <small>车辕</small>

大车围子 tɑ$^{213-42}$tʂʻə· uei$^{42-55}$tsʅ· <small>大车上用的条编挡围</small>

车轱轮儿 tʂʻə^{213}ku$^{55-45}$lʮer· <small>车轮子</small>

车盘子 tʂʻə^{213}pʻã$^{42-55}$tsʅ· <small>除去车轮剩下的部分</small>

车轴 tʂʻə^{213}tʂəu^{42}

大车篷子 tɑ$^{213-42}$tʂʻə· pʻəŋ$^{42-55}$tsʅ· <small>大车上的布篷</small>

梭头 suə$^{55-45}$tʻəu· <small>牛轭</small>

　牛节子 niəu^{42}tsiə^{55}tsʅ·

拥脖子 yŋ^{213}pə^{42}tsʅ· <small>牲口（驴、骡、马）脖子上的一种套具</small>

笼头 luŋ$^{42-55}$tʻəu· <small>辔头</small>

捂眼儿 u$^{55-213}$iʳɛr· <small>捂眼罩</small>

　蒙眼儿 məŋ^{213}iʳɛr·

缰绳 kɑŋ^{213}ʂəŋ·

105

套 $t'ɔ^{213}$　泛指一切套绳

嚼子 $tsyə^{42\text{-}55}tsʅ'$　勒在牲口嘴里的铁索

鞍子 $ã^{213}tsʅ'$

后鞦儿 $xəu^{42}ts'i'əur^{213}$

肚带 $tu^{42\text{-}55}tɛ'$

蹄子 $t'i^{42\text{-}55}tsʅ'$　驴马的蹄或蹄掌统称蹄子

钉蹄子 $tiŋ^{213}t'i^{42\text{-}55}tsʅ'$

　挂掌儿 $kuɑ^{213}tʂãr^{55}$

杈 $ts'ɑ^{213}$

牛鼻具 $niəu^{42}pi^{42\text{-}55}tɕy'$　牛鼻桊

犁具 $ly^{42\text{-}55}tɕy'$　犁的统称

犁托儿 $li^{42}t'ʿuər^{55}$

　鑱头 $ts'ã^{42}t'əu'$　犁铧

犁子 $li^{42}tsʅ'$　犁镜

木犁子 $mu^{42\text{-}55}li'tsʅ'$　没有犁镜的独脚犁

耙 $pɑ^{42}$

耢 $lɔ^{42}$　平地用的农具，形似耙，但无齿

麦茬 $mei^{42}ts'ɑ'$

豆茬 $təu^{42}ts'ɑ'$

保墒 $pɔ^{55}ʂaŋ^{213}$

抢墒 $ts'iaŋ^{55}ʂaŋ^{213}$

耧地 $ləu^{42\text{-}213}ti^{42}$　播种

划拉地 $xuɑ^{213}lɑ'ti^{42}$　浅锄地皮，用以松土，不是除草

锄地 $ts'u^{42}ti^{42}$　用锄松土除草

106

割麦子　kɑ⁵⁵mei⁴²tsʅ˙

割豆子　kɑ⁵⁵təu⁴²tsʅ˙

割草　kɑ⁵⁵tsʻɔ⁵⁵

抓地瓜　tsuɑ⁵⁵ti⁴²kuɑ²¹³　　刨白薯

抓地　tsuɑ⁵⁵ti⁴²　　刨地

打场　tɑ⁵⁵tʂʻɑŋ⁴²

扬场　iɑŋ⁴²tʂʻɑŋ⁴²

仓子　tsʻɑŋ²¹³tsʅ˙　　粮仓

笓子　tʂə⁵⁵⁻⁴⁵tsʅ˙　　粮囤上围粮用的长条席子

囤　tẽ⁴²　　粮囤

秋收　tsʻiəu²¹³⁻⁴⁵ʂəu²¹³

秋种　tsʻiəu²¹³⁻⁴⁵tsuŋ²¹³

碌碡　ly⁴²tʂu˙

碌碡挂　ly⁴²tʂu˙kuɑ²¹³　　架在碌碡上的木框

洼子碌碡　uɑŋ²¹³tsʅ˙ly⁴²tʂu˙　　石面有条状凹槽的碌碡

滚子碌碡　kuẽ⁵⁵⁻⁴⁵tsʅ˙ly⁴²tʂu˙　　石面光滑的碌碡

碾　niã⁴²　　碾粮食的工具

连枷　liã⁴²⁻⁵⁵tɕiɑ˙

碓臼　tei²¹³⁻⁴²tɕyə˙　　舂米的工具

杵子　tʂʻu⁵⁵⁻⁴⁵tsʅ˙　　碓杵

蒜碓臼　suã²¹³tei²¹³⁻⁴²tɕyə˙　　捣蒜泥的石臼

蒜杵子　suã²¹³tʂʻu⁵⁵tsʅ˙　　捣蒜泥的杵子，也统指蒜碓臼和蒜杵子

□麦子米　fɑ⁴²mei⁴²tsʅ˙mi⁵⁵　　舂去麦子外皮

铁耙　tʻiə⁵⁵pɑ⁴²　　碎土或平地的农具

107

镐 kɔ⁵⁵

镐柄儿 kɔ⁵⁵piɚ̃⁴²

薅草 xɔ²¹³tsʻɔ⁵⁵

铡刀 tsɑ⁴²tɔ²¹³

镰 liɑ̃⁴²

刀 tɔ²¹³

菜刀 tsʻɛ²¹³⁻⁴⁵tɔ²¹³

砍刀 kʻɑ̃⁵⁵⁻⁴⁵tɔˑ　砍肉骨头用的刀

□刀 tsʻ֧⁵⁵⁻⁴⁵tɔˑ　尖形的捅刀，杀猪羊用

锛 pẽ²¹³

木锨 mu²¹³⁻⁴²ɕiɑ̃ˑ　木制的扬场锨

铁锨 tʻiə⁵⁵ɕiɑ̃²¹³

□子 sɑ⁵⁵⁻⁴⁵ts֧ˑ　撮箕

簸箕 pə⁴²tɕʻi　柳条编的簸粮用具

笸箩 pʻu⁵⁵⁻⁴⁵luˑ　盛粮食的器具，圆形而浅，用柳条编成

筐 kʻuɑŋ²¹³

篓子 ləu⁵⁵⁻⁴⁵ts֧ˑ　提篮的统称

抬筐 tʻɛ⁴²⁻⁵⁵kuɑŋ　两人抬的大筐

担杖 tɑ̃²¹³⁻⁴²tʂəŋ　两端有钩的挑水扁担

扁担 piɑ̃⁵⁵⁻⁴²tɑ̃ˑ

扫帚 sɔ⁵⁵⁻⁴²tʂuˑ　长把，用竹子做的扫地用具

笤帚 tʻiɔ⁵⁵⁻⁴⁵tʂuˑ　把短而小，用脱粒后的高粱穗或黍子穗做的扫具。有用来扫炕的，
　　也有用来扫地的

炊帚 tʂʻuei²¹³tʂuˑ　刷锅碗用的帚具

鸡毛掸子 tɕi²¹³mɔˑtã⁵⁵⁻⁴⁵（或：tʂã⁵⁵⁻⁴⁵）tsʅˑ

桩子 tsuaŋ²¹³tsʅˑ <small>石桩或木桩</small>

橛子 tɕyə⁴²tsʅˑ

卯 mɔ⁵⁵ <small>卯眼</small>

榫儿 syʳer⁵⁵

用钉子钉 yŋ²¹³⁻⁴⁵tiŋ²¹³tsʅˑtiŋ²¹³

合叶 xə⁴²⁻⁵⁵iəˑ

夯 xaŋ²¹³ <small>石夯、铁夯，有时可指榔头</small>

系扣儿 tɕi²¹³kʼəurˑ <small>打结儿</small>

系死扣儿 tɕi²¹³sʅ⁵⁵⁻⁴⁵kʼəurˑ <small>打死结儿</small>

系活扣儿 tɕi²¹³xuə⁴²kʼəurˑ <small>打活结儿</small>

千斤 tɕʼiã²¹³tɕʼiẽˑ <small>用来撬起重物的尖头铁棒</small>

五　植物

小麦 siɔ⁵⁵⁻⁴⁵meiˑ

　麦子 mei⁴²tsʅˑ <small>小麦</small>

黍样麦 ʂu⁵⁵⁻⁴²iaŋˑmei⁴² <small>像稻子样的长芒麦，本地生</small>

麦芒儿 mei⁴²⁻⁵⁵uãr²¹³（或：mei²¹³uãrˑ）

麦穗儿 mei⁴²⁻²¹³ʂʼuer⁴²

麦秸草 mei⁴²tɕie²¹³tsʼɔ⁵⁵

荞麦 tɕʼiɔ⁴²⁻⁵⁵meiˑ

稻子 tɔ⁴²⁻⁵⁵tsʅˑ

大米 tɑ²¹³mi⁴²

谷 ku^{55}

小米儿 sio$^{55-213}$mi$^{\cdot}$er^{55}

稻糠 to^{42}k$^{\cdot}$aŋ^{213}

谷糠 ku$^{55-45}$k$^{\cdot}$aŋ$^{\cdot}$

黍子 ṣu$^{55-45}$tsɿ$^{\cdot}$

　大黄米 ta$^{213-42}$xuaŋ$^{\cdot}$ mi^{55}

黍谷子 ṣu$^{55-45}$ku$^{\cdot}$ tsɿ$^{\cdot}$　一种黏性谷子

小黄米 sio$^{55-45}$xuaŋ$^{\cdot}$ mi^{55}　黍谷子米

苞米儿 po^{213}mi$^{\cdot}$er^{55}　玉米

苞米儿棒子 po^{213}mi$^{\cdot}$er^{55}paŋ$^{42-55}$tsɿ$^{\cdot}$　脱粒后的玉米棒

谷秕子 ku^{55}pi$^{55-45}$tsɿ$^{\cdot}$　秕谷子

谷莠子 ku$^{55-45}$iəu$^{\cdot}$ tsɿ$^{\cdot}$　野谷子

胡秫 xu$^{42-55}$ṣu$^{\cdot}$　高粱

胡秫秆子 xu$^{42-55}$ṣu$^{\cdot}$ kã^{213}tsɿ$^{\cdot}$　高粱秸

胡秫米 xu$^{42-55}$ṣu$^{\cdot}$ mi^{55}　高粱米

胡秫壳拉子 xu$^{42-55}$ṣu$^{\cdot}$ k$^{\cdot}$ə$^{55-45}$lo$^{\cdot}$ tsɿ$^{\cdot}$　高粱糠

胡秫瓢 xu$^{42-55}$ṣu$^{\cdot}$ iaŋ^{213}　高粱穗瓢

芝麻 tsɿ^{213}ma$^{\cdot}$

芝麻酱 tsɿ^{213}ma$^{\cdot}$ tsiaŋ^{213}　出了油的芝麻渣酱

麻汁 ma$^{42-55}$tṣɿ$^{\cdot}$　没出油的芝麻酱

豆子 təu$^{42-55}$tṣɿ$^{\cdot}$　专指大豆

杂豆 tsa$^{42-55}$təu$^{\cdot}$　花花豆子

绿豆 lu$^{213-42}$（或：ly$^{213-42}$）təu$^{\cdot}$

黑豆 xei$^{55-45}$təu$^{\cdot}$

小豆　siɔ⁵⁵⁻⁴⁵təu˙　红小豆

豇豆　tɕiaŋ²¹³təu˙

豌豆　uã²¹³təu˙

豆角子　təu⁴²tɕyə⁵⁵⁻⁴⁵tsʅ˙　菜豆

野绿豆　iə⁵⁵lu²¹³⁻⁴²（ly²¹³⁻⁴²）təu˙　野生绿豆

扁豆　piã⁵⁵⁻⁴⁵təu˙

芸豆　yẽ⁴²⁻⁵⁵təu˙　菜豆的一种

地瓜　ti⁴²kuɑ²¹³　白薯

窝瓜　uə²¹³kuɑ˙　不育秧苗而直接种到地里的白薯

土豆儿　t‘u⁵⁵t‘əur⁴²　马铃薯

山药　sã²¹³yə˙

芋头　y⁴²t‘əu˙

藕　əu⁵⁵

茄子　tɕ‘iə⁴²⁻⁵⁵tsʅ

黄瓜　xuaŋ⁴²⁻⁵⁵kuɑ˙

丝瓜　sʅ²¹³kuɑ˙

甜瓜　t‘iã⁴²⁻⁵⁵kuɑ˙

梢瓜　sɔ²¹³kuɑ˙　一种甜瓜，翠绿色，有的有条纹，含水分多，但不及甜瓜甜

方瓜　faŋ²¹³kuɑ˙　一种菜瓜，嫩时为绿色，熟后呈橙红色

南瓜　nã⁴²⁻⁵⁵kuɑ˙

西瓜　si²¹³kuɑ˙

西葫芦　si²¹³xu˙lu²¹³　一种菜瓜，成熟期早，一般麦收前即熟

葫芦　xu⁴²⁻⁵⁵lu˙

瓠子　xu⁴²⁻⁵⁵tsʅ˙　一种像葫芦一样的菜瓜

葱　ts‘uŋ²¹³　<small>大葱</small>

洋葱　iaŋ⁴²ts‘uŋ²¹³　<small>圆葱</small>

葱白儿　ts‘uŋ²¹³per⁴²　<small>葱茎</small>

蒜　suã²¹³　<small>大蒜</small>

蒜苗子　suã²¹³miɔ⁴²⁻⁵⁵tsʅˑ　<small>蒜苗儿和蒜苔的统称</small>

韭菜　tɕiəu⁵⁵⁻⁴⁵tsʽɛˑ

黄芽韭　xuaŋ⁴²⁻⁵⁵iaˑtɕiəu⁵⁵　<small>韭黄</small>

韭菜苔　tɕiəu⁵⁵⁻⁴⁵tsʽɛˑt‘e⁴²　<small>韭菜花和秆儿的统称</small>

韭花　tɕiəu⁵⁵⁻⁴⁵xuã⁴²　<small>韭菜苔捣碎后做成的咸菜</small>

马扎菜　ma⁵⁵⁻⁴⁵tsaˑtsʽɛ²¹³　<small>马齿苋</small>

洋柿子　iaŋ⁴²sʅ⁴²tsʅˑ　<small>西红柿</small>

柿子　sʅ⁴²tsʅˑ　<small>柿子树的果实</small>

姜　tɕiaŋ²¹³

鬼子姜　kuei⁵⁵⁻⁴⁵tsʅˑtɕiaŋ²¹³　<small>一种秸高块茎脆而不辣的姜，水分很多，可制咸菜</small>

大椒　ta²¹³⁻⁴⁵tsiɔ²¹³　<small>辣椒</small>

芥末　tɕiɛ²¹³⁻⁴²məˑ

菠菜　pə²¹³tsʽɛˑ

白菜　pei⁴²tsʽɛˑ

包头莲　pɔ²¹³t‘əuˑliã⁴²　<small>大头菜</small>

热白菜　iə²¹³⁻⁴²peiˑtsʽɛˑ　<small>一种夏天种的不包心的白菜</small>

花心菜　xua²¹³⁻⁴⁵siẽ²¹³tsʽɛˑ　<small>一种夏天种的包心白菜</small>

小白菜儿　siɔ⁵⁵⁻⁴⁵peiˑtsʽer⁴²

莴苣　uə²¹³tɕ‘yˑ

芹菜　tɕ‘iẽ⁴²⁻⁵⁵tsʽɛˑ

香菜　ɕiaŋ²¹³tsʻɛ·

　芫荽菜　iã⁴²⁻⁵⁵si·tsʻɛ·

茼蒿菜　tʻuŋ⁴²⁻⁵⁵xɔ·tsʻɛ·

萝卜　luə⁴²⁻⁵⁵pei·　（通称）

青萝卜　tsʻiŋ²¹³luə⁴²⁻⁵⁵pei·

水萝卜　suei⁵⁵luə⁴²⁻⁵⁵pei·　春天熟的红皮萝卜

胡萝卜　xu⁴²⁻⁵⁵luə⁴²⁻⁵⁵pei·

糠瓢萝卜　kʻaŋ²¹³iaŋ⁴²luə⁴²⁻⁵⁵pei·　中心糠空的萝卜

蔓菁　mã⁴²⁻⁵⁵tsiŋ·

苤蓝菜　pʻi⁵⁵⁻⁴⁵lã·tsʻɛ·

辣菜　la⁴²tsʻɛ·　用苤蓝拌醋泡制的菜

布流克　pu·liəu⁴²⁻⁵⁵kʻə·　一种像苤蓝但不辣的菜

灰菜　xuei²¹³tsʻɛ·　一种野生菜，叶上有银灰色的粉

扫帚菜　sɔ⁵⁵⁻⁴²tʂu·tʂʻɛ⁴²　野菜，可制作扫帚

妻妻菜　tsʻi²¹³⁻⁴²tsʻi·tsʻɛ·　野菜，菜有小刺，可食

蒿子　xɔ²¹³tsɿ·　野草，嫩蒿可入药

苦菜子　kʻu⁵⁵⁻⁴⁵tsʻɛ·tsɿ·　野菜，开小黄花，根叶有苦味

曲曲菜　tɕʻy⁵⁵⁻⁴⁵tɕʻy·ia⁴²　野菜，可食

贼蒜　tsei⁴²suã·　野蒜

婆婆丁　pə⁴²⁻⁵⁵pə·tiŋ²¹³　蒲公英

车车子　tʂʻə²¹³tʂʻə·tsɿ·　车前草

转日葵　tʂuã⁵⁵⁻⁴⁵i·kʻuei⁴²　向日葵

棉花　miã⁵⁵⁻⁴⁵xuɑ·

麻　ma⁴²

苘 tɕʻiŋ⁵⁵

八麻子 pa⁵⁵⁻⁴²maˑtsʅ　蓖麻子

树轱辘子 ʂu⁴²ku⁵⁵⁻⁴⁵ˑ ləuˑtsʅ　成段的树干

杀树 sa⁵⁵⁻⁴⁵ʂuˑ　砍树，刨树，锯树

花骨突儿 xua²¹³ku⁵⁵⁻⁴⁵tʻurˑ　花蕾

松口罗儿 syŋ²¹³tuə⁴²luərˑ　松球

杉木 sa²¹³mu⁴²

柏树 pei⁵⁵⁻⁴⁵ʂu⁴²

樗樗树 tʂʻu²¹³tʂʻuˑʂu⁴²

香椿树 ɕiŋ²¹³tʂʻuẽˑʂuˑ

榆钱儿树 y⁴²tsʻiˑɛrˑ ʂuˑ　榆树

榆钱儿 y⁴²tsʻiˑɛrˑ　榆树果实

软枣儿 yã⁵⁵⁻⁴⁵tsɔrˑ

枣核儿 tsɔ⁵⁵⁻⁴⁵kur⁴²　枣核

躺枣儿 tʻaŋ⁵⁵⁻⁴⁵tsˤɔrˑ　一种个儿大的枣子

桑仁儿 saŋ²¹³⁻⁴⁵iˑerˑ²¹³　桑葚

拉耷柳 la²¹³taˑliəu⁵⁵　垂柳

龙爪柳 luŋ⁴²⁻²¹³tsɔ⁴²liəu⁵⁵　一种树枝弯曲的柳

柳绒儿 liəu⁵⁵yˤũrˑ⁴²　柳絮

荆条 tɕin⁵⁵⁻⁴⁵tʻiɔ⁴²

槐树 xuɛ⁴²⁻⁵⁵ʂuˑ　专指国槐（家槐）

洋槐 iaŋ⁴²xuɛ⁴²（或：iaŋ⁴²⁻²¹³xuɛ⁴²）

槐郎当儿 xuɛ⁴²⁻⁵⁵laŋˑtʻãr²¹³　家槐的果穗

槐花儿 xuɛ⁴²xuar²¹³　洋槐花儿

槐米　xuɛ⁴²mi⁵⁵　_{家槐花}

梧桐　u²¹³tʻuŋ⁴²

青桐　tsʻiŋ²¹³tʻuŋ⁴²　_{桐树的一种，树干青色}

芙蓉树　fu⁴²⁻⁵⁵yŋ˙ʂu⁴²

桃树　tʻɔ⁴²⁻⁵⁵ʂu˙

杏树　ɕiŋ⁴²⁻⁵⁵ʂu˙

梨树　li⁴²⁻⁵⁵ʂu˙

樱桃儿树　iŋ²¹³tʻɔr⁴²ʂu˙

柿子树　sɿ²¹³⁻⁴²tsɿ˙ʂu˙

柿饼子　sɿ˙piŋ⁵⁵⁻⁴⁵tsɿ˙

石榴树　ʂɿ⁴²⁻⁵⁵liəu˙ʂu˙

核桃树　xə⁴²⁻⁵⁵tʻɔ˙ʂu˙（或：xə⁴²⁻⁵⁵tʻəu˙ʂu˙）

花红树　xua²¹³xuŋ⁴²ʂu˙　_{一种果似苹果而小的果树}

葡萄　pʻu⁴²⁻⁵⁵tʻəu˙

长果儿　tʂʻaŋ⁴²kuər⁵⁵　_{花生果}

牡丹　mu⁵⁵⁻⁴⁵tã˙

芍药　ʂuə⁴²⁻⁵⁵yə˙

月季　yə²¹³tɕi˙

玫瑰　mei⁵⁵kuei²¹³

海棠　xɛ⁵⁵⁻⁴⁵tʻaŋ⁴²

夹竹桃儿　tɕia⁵⁵tsu⁵⁵⁻⁴⁵tʻɔr⁴²

菊花　tɕy⁵⁵⁻⁴⁵xua˙

夜来香　iə⁴²lɛ˙ɕiaŋ²¹³　_{一种晚间开花散香的花}

步儿步儿高儿　pur⁴²⁻⁵⁵pur˙kɔr²¹³　_{一种层层向上开的花}

蒺轱轮堆儿　tsiə⁴²⁻⁵⁵ku˙lei⁴²tʻer²¹³　蒺藜

马莲　mɑ⁵⁵⁻⁴⁵liã˙　马兰

苍子　tsʻɑŋ²¹³tsʅ˙　苍术

节棍儿草　tsiə⁵⁵⁻⁴⁵kuer˙tsʻɔ⁵⁵　节节草

茅根草　mɔ⁴²⁻⁵⁵kẽ˙tsʻɔ⁵⁵　茅草

艾子　ɛ⁴²tsʅ˙　艾草

蘑菇　mə⁴²⁻⁵⁵ku˙

灰包　xuei²¹³pɔ˙　树根下长的菌类，圆形，熟后一包灰，其灰可消毒

青苔　tsʻiŋ²¹³tʻɛ⁴²　地衣、苔鲜或水中绿色丝状菌藻

六　动物

畜牲　tʂʻu⁴²səŋ˙

　畜类　tʂʻu⁴²lei˙

牲口　səŋ²¹³kʻəu˙

儿马　ər⁵⁵⁻⁴⁵mɑ˙　公马

骒马　kʻə⁴²mɑ˙　母马

骟马　ʂã⁴²mɑ˙　经阉割的公马

马驹儿　mɑ⁵⁵tɕyʻer²¹³

　崽子　tsɛ⁵⁵⁻⁴⁵tsʅ˙

牤子　məŋ²¹³tsʅ˙　公牛

　犍子　tɕiã²¹³tsʅ˙

母牛　mu⁵⁵⁻⁴⁵niəu˙

牛犊儿　niəu⁴²⁻²¹³tʻur⁵⁵

牛角　niəu⁴²⁻²¹³tɕia⁵⁵

驴　ly⁴²

叫驴　tɕiɔ⁴²ly˙　公驴

草驴　tsʻɔ⁵⁵⁻⁴⁵ly˙　母驴

小毛驴儿　siɔ⁵⁵⁻⁴⁵mɔ˙l̩yer⁴²

　　小驴儿　siɔ⁵⁵⁻⁴⁵l̩yer⁴²

骡子　luə⁴²⁻⁵⁵tsʅ˙

儿骡　ər⁴²⁻⁵⁵luə˙　公骡

　　儿骡子　ər⁴²⁻⁵⁵luə˙tsʅ˙

骒骡子　kʻə⁴²⁻⁵⁵luə˙tsʅ˙　母骡

骆驼　luə⁴²tʻuə˙

绵羊　miã⁴²⁻⁵⁵iaŋ˙

山羊　sã²¹³iaŋ˙

公羊　kuŋ²¹³iaŋ˙

母羊　mu⁵⁵⁻⁴⁵iaŋ˙

羊羔儿　iaŋ⁴²kɔr²¹³

狗　kəu⁵⁵

牙狗　ia⁴²⁻⁵⁵kəu˙　公狗

母狗　mu⁵⁵⁻⁴⁵kəu˙

小狗儿　siɔ⁵⁵⁻⁴²kəur˙

狼狗　laŋ⁴²kəu˙

板凳狗　pã⁵⁵⁻⁴⁵təŋ˙kəu⁵⁵　腿短体长，状如板凳的狗

狮子狗　sʅ²¹³tsʅ˙kəu⁵⁵　状如狮子的狗

小巴儿狗儿　siɔ⁵⁵par²¹³kəur˙

117

疯狗　fəŋ²¹³kəu˙

公猫　kuŋ²¹³mɔ⁴²

女猫儿　ny⁵⁵⁻⁴⁵mɔr˙　母猫

狸猫　li⁵⁵⁻⁴⁵mɔ⁴²

花儿猫儿　xuɑr²¹³mɔr˙

公猪　kuŋ²¹³tʂu˙

母猪　mu⁵⁵⁻⁴⁵tʂu˙

种猪　tsuŋ⁵⁵⁻⁴⁵tʂu˙

克郎猪　kʻə⁵⁵⁻⁴⁵lɔ⁴²tʂu˙　催肥期的半大猪

猪鬃　tʂu²¹³⁻⁴⁵tsyŋ²¹³

尾巴　i⁵⁵⁻⁴⁵pɑ˙

公鸡　kuŋ²¹³tɕi˙

母鸡　mu⁵⁵⁻⁴⁵tɕi˙

小草鸡儿　siɔ⁵⁵⁻⁴²tsʻɔ⁵⁵⁻⁴⁵tɕiʻer˙　形体小的黄色花鸡

花包儿鸡儿　xuɑ²¹³pɔr⁴²tɕiʻer²¹³　灰白色花毛的鸡

来克亨　lɛ⁴²⁻⁵⁵kʻə˙xəŋ²¹³　一种进口鸡

菜鸡　tsʻɛ²¹³⁻⁴²tɕi˙

鸡蛋　tɕi²¹³tɑ̃⁴²

　鸡子儿　tɕi²¹³tsʻer⁵⁵

公鸡蛋　kuŋ²¹³tɕi˙tɑ̃⁴²　受精鸡子儿

下蛋　ɕiɑ⁴²tɑ̃⁴²（或：ɕiɑ⁴²⁻²¹³tɑ̃⁴²）

菢小鸡儿　pɔ⁴²⁻²¹³siɔ⁵⁵tɕiʻer²¹³　孵小鸡

菢窝鸡　pɔ⁴²⁻⁵⁵uə˙tɕi²¹³

鸡冠子　tɕi²¹³⁻⁴⁵kuɑ̃²¹³tsʅ˙

鸡爪子　tɕi²¹³tsuɑ⁵⁵⁻⁴⁵tsʅ˙

鸭子　iɑ⁵⁵⁻⁴⁵tsʅ˙

公鸭　kuŋ²¹³iɑ˙

母鸭　mu⁵⁵⁻⁴⁵iɑ˙

鸭蛋　iɑ⁵⁵⁻⁴⁵tã˙

小鸭子儿　siɔ⁵⁵⁻²¹³iɑ⁵⁵⁻⁴⁵tsʻer˙

小鹅儿　siɔ⁵⁵uər⁴²

草鹅　tsʻɔ⁵⁵⁻⁴⁵uə⁴²　吃草的鹅

劁猪　tsʻiɔ²¹³⁻⁴⁵tʂu²¹³　阉割猪

骗马　ʂã²¹³mɑ⁵⁵　阉割马

野兽儿　iə⁵⁵⁻⁴⁵ʂəur˙

虫口子　tsʻuŋ⁴²⁻⁵⁵tsʻiɑ²¹³tsʅ˙　小虫之类

狮子　sʅ²¹³tsʅ˙

老虎　lɔ⁵⁵⁻²¹³xu⁵⁵

野猫　iə⁵⁵mɔ⁴²

母老虎儿　mu⁵⁵lɔ⁵⁵⁻²¹³xur⁵⁵

母老虎　mu⁵⁵lɔ⁵⁵⁻²¹³xu⁵⁵　借指凶狠厉害的妇女

马虎　mɑ⁵⁵⁻²¹³xu˙　狼

猴儿　xəur⁴²

狗熊　kəu⁵⁵ɕyŋ⁴²

　黑傻子　xei⁵⁵⁻²¹³ʂɑ⁵⁵⁻⁴⁵tsʅ˙

獾　xuã²¹³

豹　pɔ²¹³（或：pɔ⁴²）

狐狸　xy⁵⁵⁻⁴⁵ly˙

水狼 suei⁵⁵⁻⁴⁵laŋ⁴² 　黄鼠狼

　黄水狼子 xuaŋ⁴²⁻⁵⁵suei˙laŋ⁴²⁻⁵⁵tsʅ˙

兔子 tʻu⁴²tsʅ˙

野兔子 iə⁵⁵tʻu⁴²tsʅ˙

野狸子 iə⁵⁵⁻⁴⁵li˙tsʅ˙ 　野狸或野猫

耗子 xɔ⁴²⁻⁵⁵tsʅ˙ 　老鼠

地老鼠 ti⁴²⁻⁵⁵lɔ˙ʂu˙ 　田鼠

刺猬 tsʻʅ⁴²uei˙

长虫 tʂʻaŋ⁴²⁻⁵⁵tsʻuŋ˙ 　蛇

黄梢子 xuaŋ⁴²⁻⁵⁵sɔ˙tsʅ˙ 　一种毒蛇，体小，黄色

雀儿 tsʻyʻər⁴²⁻⁵⁵ 　雀的统称

家雀儿 tɕia²¹³tsʻyʻər˙ 　麻雀

黄雀儿 xuaŋ⁴²⁻⁵⁵tsʻyʻər˙ 　黄鸟

腊嘴 la⁴²tsuei˙ 　一种身体灰白色的黄嘴黑头黑尾的鸟

地瓜鸟儿 ti⁴²kua²¹³niʻɔr⁵⁵ 　一种灰白色喜吃白薯的鸟

喜鹊 ɕi⁵⁵⁻⁴⁵tsʻyə˙

老鸹 lɔ⁵⁵⁻⁴⁵ua˙ 　乌鸦

水谷嘟 suei⁵⁵ku²¹³tu⁵⁵ 　布谷鸟

唭唭庚儿 tsi²¹³tsi˙kə̃r⁵⁵ 　一种身体瘦小、常发出"唭唭"鸣声的鸟

翅膀儿 tsʻʅ⁴²pãr˙

爪子 tsua⁵⁵⁻⁴⁵tsʅ˙

老鸹窝 lɔ⁵⁵⁻⁴⁵ua˙uə²¹³ 　乌鸦巢

野鸡 iə⁵⁵tɕi²¹³ 　雉

鹁鸪 pu⁵⁵ka˙ 　鸽子

窝儿 uə²¹³ər⁴²　百灵

啄木鸟儿 tsuə⁵⁵⁻⁴⁵muˑniˊɔr⁵⁵

　　瞎木匠 ɕia⁵⁵mu⁴²tsiaŋˑ

猫头儿鹰 mɔ⁴²⁻²¹³tˊəur⁴²iŋ²¹³

鹦鹉儿 iŋ²¹³urˑ

仙鹤 syã²¹³⁻⁵⁵xɔ⁴²

叼鱼郎 tiɔ²¹³y⁴²laŋ⁴²　鱼鹰

鹰 iŋ²¹³　鹰类的统称

鸳鸯儿 iã²¹³（或：yã²¹³）iˊə̃r⁴²

海鸥 xɛ⁵⁵əu²¹³

蝙蝠儿 piə⁵⁵⁻⁴⁵furˑ

画眉 xuɑ⁴²meiˑ

孔雀儿 kˊuŋ⁴²tsˊɣˊərˑ

蚕儿 tsˊɛr⁴²　多指桑蚕

柞蚕 tsuə⁵⁵tsˊã̃⁴²　食柞叶的蚕

桑蚕 sɑŋ²¹³tsˊã̃⁴²　食桑叶的蚕

八麻子蚕 pɑ⁵⁵⁻⁴²mɑˑtsʅˑtsˊã̃⁴²　蓖麻蚕

蚕蛾儿 tsˊã̃⁴²uər⁴²

蚕蛹儿 tsˊã̃⁴²yˊũr⁵⁵

蚕眠了 tsˊã̃⁴²miã⁵⁵ləuˑ

蚕茧儿 tsˊã̃⁴²tɕiˊɛr⁵⁵

吐丝 tˊu⁵⁵sʅ²¹³

做茧儿 tsəu⁴²⁻²¹³tɕiˊɛr⁵⁵

蚕丝 tsˊã̃⁴²sʅ²¹³

□□蛛　lɛ⁵⁵⁻⁴⁵lɛ˙tʂu²¹³　蜘蛛

□□蛛网儿　le⁵⁵⁻⁴⁵lɛ˙tʂu²¹³uãr⁵⁵

蟢蛛儿　ɕi⁵⁵tʂʮer²¹³⁻⁴²　一种体小、生活在室内的蜘蛛

蚁蚄　i⁵⁵⁻⁴⁵iaŋ˙　蚂蚁

沾蚁蚄　tʂã²¹³i⁵⁵⁻⁴⁵iaŋ˙　带翅的蚂蚁

蝼蛄　lu⁴²⁻⁵⁵ku˙

土鳖　tʻu⁴²⁻²¹³piə⁵⁵

蛐蟮　tɕʻy⁵⁵⁻⁴⁵ʂã˙　蚯蚓

沘尿波螺　tsʻʅ²¹³niɔ⁴²pə²¹³luə˙　蜗牛

水牛　suei⁵⁵⁻²¹³niɔu⁴²　头上有两条长须的硬壳虫，长条形，黑色，有的有白斑

屎壳郎　sʅ⁵⁵⁻²¹³kʻəu⁴²laŋ⁴²

金壳郎　tɕiẽ²¹³kʻəu⁴²laŋ⁴²　金龟子

干狗　kã²¹³kəu⁵⁵　一种小甲虫，多生长在椿树上

磕头虫　kʻa⁵⁵⁻⁴⁵tʻəu⁴²tsʻuŋ⁴²

草鞋底　tsʻɔ⁵⁵ɕiɛ⁴²ti⁵⁵　一种多足虫

湿湿虫　ʂʅ⁵⁵⁻⁴⁵ʂʅ˙tsʻuŋ⁴²　一种生活在潮湿地方的小虫子

鱼蜒　y⁴²⁻⁵⁵iã˙　一种像蜈蚣而小的虫子

蝎子　ɕiə⁵⁵⁻⁴⁵tsʅ˙

蝎冢子　ɕiə⁵⁵⁻⁴⁵tu⁵⁵⁻⁴²tsʅ˙　蝎子尾部的毒针

蝎虎子　ɕiə⁵⁵⁻²¹³xu⁵⁵⁻⁴²tsʅ˙　壁虎

触子毛儿　tsʻu⁵⁵⁻⁴⁵tsʅ˙mɔr⁴²　百刺毛，有毒

毛野虫　mɔ⁵⁵iə⁵⁵⁻²¹³tsʻuŋ⁴²　毛虫，一般无毒

菜虫子　tsʻɛ²¹³tsʻuŋ⁴²⁻⁵⁵tsʅ˙　统称吃蔬菜的虫子

豆虫　təu⁴²⁻⁵⁵tsʻuŋ˙　多生长于豆棵上，以豆叶为食，绿色，似蚕而大的虫子

瓜虫子　kuɑ²¹³tsʻuŋ⁴²⁻⁵⁵tsʅ˙　食瓜的虫子

货郎鼓儿　xə⁴²laŋ˙kur⁵⁵　虫名，形状似货郎鼓儿

地蛆　ti⁴²tsʻy²¹³

黑盖儿虫子　xei⁵⁵⁻⁴⁵ker˙tsʻuŋ⁴²⁻⁵⁵tsʅ˙

蚜虫　iɑ⁴²⁻⁵⁵tsʻuŋ˙

　棉虫子　miã⁴²⁻⁵⁵tsʻuŋ⁴²⁻⁵⁵tsʅ˙

棉虫　miã⁴²⁻⁵⁵tsʻuŋ˙　食棉桃的虫，白绿色

苍蝇　tsʻaŋ²¹³iaŋ⁴²

蛆　tsʻy²¹³

绿豆蝇子　lu⁴²təu˙iŋ⁴²⁻²¹³tsʅ˙

金苍蝇　tɕiẽ²¹³tsʻaŋ²¹³⁻⁴²iaŋ˙　金绿色的大个儿苍蝇

乌蝇子　u²¹³iaŋ⁴²tsʅ˙　会飞的小蠓虫

蚊子　uẽ⁴²⁻²¹³tsʅ˙

蹦登鬼儿　pəŋ⁴²təŋ˙kuer⁵⁵　孑孓

百蛉儿　pei⁵⁵⁻⁴²lə̃r˙

虱子　sʅ⁵⁵⁻⁴⁵tsʅ˙

虮子　tɕi⁵⁵⁻⁴⁵tsʅ˙　虱卵

臭虫　tʂʻəu²¹³⁻⁴²tsʻuŋ˙

屹蚤　kə⁵⁵⁻⁴⁵tsɔ˙　跳蚤

鸡虱子　tɕi²¹³sʅ⁵⁵⁻⁴⁵tsʅ˙

狗苍蝇　kəu⁵⁵tsʻaŋ²¹³⁻⁴²iaŋ˙

瞎眼儿虻儿　ɕia⁵⁵⁻⁴⁵iʻɛr˙mə̃r²¹³　牛虻

促织儿　tsʻu⁵⁵⁻²¹³tʂer⁴²　蟋蟀

蚂蚱　mɑ⁴²tsɑ˙　蝗虫

双木角　suaŋ²¹³mu²¹³tɕiɑ⁵⁵　蝗虫的一种，尖头，有两个触角，绿色

棺材头　kuã²¹³tsʻɛ⁴²tʻəu⁴²　蝗虫的一种

土蚂蚱　tʻu⁵⁵mɑ⁴²tsɑˑ　蝗虫的一种

蝈儿蝈儿　kuɛr²¹³kuɛrˑ

　蝈子　kuɛ²¹³tsʅˑ

大肚　tɑ⁴²⁻⁵⁵tuˑ　母蝈子

螳螂　taŋ²¹³laŋ⁴²

蠽溜　tɕiə²¹³liəuˑ　蝉

蠽溜猴儿　tɕiə²¹³liəuˑxəur⁴²　蝉的幼虫

蠽溜皮　tɕiə²¹³liəuˑpʻi⁴²　蝉蜕

□子儿　tsʅ²¹³tsʻer　似蝉而小，黑色

蜜蜂儿　mi²¹³⁻⁴²fə̃rˑ

工蜂　kuŋ²¹³⁻⁴⁵fəŋˑ

蜂王　fəŋ²¹³uaŋ⁴²

雄蜂　ɕyŋ⁴²fəŋ²¹³

马蜂　mɑ⁵⁵⁻⁴⁵fəŋˑ

蜂子窝　fəŋ²¹³⁻⁴⁵tsʅˑuə²¹³

蜂蜜　fəŋ²¹³⁻⁴⁵mi²¹³

蜂蜡　fəŋ²¹³⁻⁴⁵lɑ²¹³

萤火虫儿　iŋ⁴²xuə⁵⁵⁻⁴⁵tsʻũrˑ

臭大姐　tʂʻəu²¹³⁻⁴²tɑˑtsiə⁵⁵　一种施放臭味的甲壳虫

蛾子　uə⁴²⁻⁵⁵tsʅˑ　飞蛾的统称

蝴蝶儿　xu⁴²⁻⁵⁵tiʻɛrˑ

马车子　mɑ⁵⁵⁻⁴⁵tʂʻə̣ˑtsʅ　蜥蜴

夹板儿　tɕia⁵⁵⁻²¹³per⁵⁵　　螳螂

蜻蜓　tʻiŋ²¹³tʻiŋ˙

马蜻蜓　ma⁵⁵⁻⁴⁵tʻiŋ˙tʻiŋ˙　　一种大的蜻蜓

水蜻蜓　suei⁵⁵⁻⁴⁵tʻiŋ˙tʻiŋ˙　　比马蜻蜓小的蜻蜓，生活在有水草的地方

野蚊子　iə⁵⁵⁻⁴⁵uẽ˙tsʅ　　一种形如小蜻蜓的蚊子，咬人

花大姐　xuɑ²¹³tɑ⁴²tsiə⁵⁵

鲤鱼　li⁵⁵⁻⁴⁵y˙

红鲤鱼　xuŋ⁴²li⁵⁵⁻⁴⁵y˙

青鲤鱼　tsʻiŋ²¹³li⁵⁵⁻⁴⁵y˙

青鳞子鱼　tsʻiŋ²¹³li⁴²tsʅ˙y⁴²

柳叶儿鱼　liəu⁵⁵⁻⁴⁵iʻɛr˙y⁴²　　干青鱼

鲫鱼　tsi⁵⁵y⁴²

梭鱼　suə²¹³y⁴²

刀鱼　tɔ²¹³y⁴²　　带鱼

黄花儿鱼　xuaŋ⁴²xuar²¹³y⁴²

巴子鱼　pɑ⁴²tsʅ˙y⁴²　　一种扁形海鱼

鳎米鱼　tʻɑ⁵⁵⁻⁴⁵mi˙y⁴²　　条鳎

鲢鱼　liã⁴²⁻⁵⁵y⁴²

鲅鱼　pɑ⁴²⁻⁵⁵y˙

面条儿鱼　miã⁴²⁻²¹³tʻiʻɔr⁴²y⁴²

泥拱子　ni⁵⁵kuŋ⁵⁵⁻²¹³tsʅ　　①一种鱼，像青鱼，体长10厘米左右　②泥鳅

梧桐花儿　u²¹³tʻuŋ⁴²xuar²¹³　　蛸

大头星　tɑ²¹³tʻəu˙siŋ²¹³　　胖头鱼

金鱼　tɕiẽ²¹³y⁴²

鱼鳞　y$^{42\text{-}213}$liẽ^{42}

鱼水泡　y^{42}suei$^{55\text{-}213}$p'ə^{42}　　鱼鳔

鱼□□　y^{42}kɑ^{213}sɑ^{42}　　鱼鳃

鱼子儿　y^{42}ts'er^{55}　　鱼卵

鱼面膛儿　y^{42}miã$^{42\text{-}55}$t'ãr'　　鱼精囊，可食

鱼秧子　y^{42}iaŋ^{213}tsʅ'　　鱼苗

虾　ɕiɑ^{213}

大虾　tɑ$^{42\text{-}55}$ɕiɑ'　　比对虾小，可制海米

对虾　tei^{42}ɕiɑ'

蝼蛄虾　lu$^{42\text{-}55}$ku'ɕiɑ'

海米　xɛ$^{55\text{-}42}$mi^{55}　　大虾制作的干虾仁

虾皮儿　ɕiɑ^{213}p'i'er'　　晒干的小虾

乌龟　u$^{213\text{-}45}$kuei^{213}

鳖　piə^{55}

泥沟钻　mi$^{213\text{-}42}$kəu'tsuã^{213}　　泥鳅

黄鳝鱼　xuaŋ$^{42\text{-}55}$ʂã'y'　　鳝鱼

蟹子　ɕiɛ$^{42\text{-}55}$tsʅ'

杏核儿蟹子　ɕiŋ$^{42\text{-}213}$kur^{42}ɕiɛ$^{42\text{-}55}$tsʅ'

火燎蟹子　xuə$^{55\text{-}213}$lio'ɕiɛ$^{42\text{-}55}$tsʅ'

虾蟆　xə$^{42\text{-}55}$mɑ'　　蛙类的统称

青蛙　ts'iŋ^{213}uɛ^{42}

老挤狗子　lɔ^{55}tɕiɛ^{213}kəu$^{55\text{-}45}$tsʅ'

虾蟆蝌蚪子　xə$^{42\text{-}55}$mɑ'k'ə^{213}təu^{42}tsʅ'　　蝌蚪

马狗儿蛭　mɑ$^{55\text{-}45}$kəur'tiə^{42}　　蚂蟥

马蛭　ma⁵⁵tiə⁴²

担杖钩儿　tã²¹³⁻⁴²tʂəŋˑkəur²¹³　水马

蛤蜊　kə⁵⁵laˑ　蛤蜊

花蛤蜊　xuɑ²¹³kə⁵⁵laˑ

鲜子　syã⁵⁵⁻⁴⁵tsʅ　壳薄呈灰色的蛤蜊，形如花蛤蜊

血蛤蜊　ɕiə²¹³kə⁵⁵laˑ

姑子头　ku²¹³tsʅ tʻəu⁴²　蛤蜊的一种

毛蛤蜊　mɔ⁴²⁻⁵⁵kəˑlaˑ

锥子　tsuei²¹³tsʅ　锥螺

波螺　pə²¹³luə⁴²　一种旋状的螺

蛏子　tʂʻəŋ²¹³tsʅ

乃狗鱼　nɛ²¹³kəuˑy⁴²　一种头大尾小、土青色的鱼，莱州特产

七　房屋、器具

住宅　tʂu⁴²tsei⁴²

　宅子　tsei⁴²tsʅˑ

房子　faŋ⁴²⁻⁵⁵tsʅˑ

　屋子　u⁵⁵⁻⁴⁵tsʅˑ

三合房儿　sã²¹³xə⁴²fãr⁴²　东、西、北三房组成一院

四合房儿　sʅ²¹³xə⁴²fãr⁴²　东、西、南、北四房组成一院

天井　tʻiã²¹³tsiŋˑ　院子

过道　kuə²¹³⁻⁴²tɔˑ

夹道儿　tɕia⁵⁵tʻɔr⁴²　房墙与院墙之间的通道

127

照壁 tʂɔ²¹³⁻⁴²piˈ 　影壁

院墙 yã⁴²⁻⁵⁵tsʻiaŋˈ

阴沟 iẽ²¹³kəuˈ 　砌在地下的水道

折深 tʂə⁵⁵⁻⁴⁵ʂẽˈ 　房间的宽度

间丈儿 tɕiã²¹³tʂãrˈ 　房间的长度，也指房间的面积

里间儿 li⁵⁵⁻⁴⁵tɕiˈɛrˈ

　套间儿 tʻɔ⁴²tɕiˈɛrˈ

外间儿 uɛ⁴²⁻⁵⁵tɕiˈɛrˈ

　明间儿 miŋ⁴²tɕiˈɛrˈ

正屋 tʂəŋ⁴²uˈ 　北屋

厢屋 siaŋ²¹³uˈ 　院中东、西两侧的房屋

茅房儿 mɔ⁵⁵⁻⁴⁵fãrˈ 　厕所

　栏 lã²¹³

上茅房 ʂaŋ⁴²mɔ⁵⁵⁻⁴⁵faŋˈ 　上厕所，解手

　上栏 ʂaŋ⁴²lã²¹³

磨房 mə⁴²⁻⁵⁵faŋˈ

磨盘 mə⁴²⁻⁵⁵pʻã̍ˈ

箩 luə⁴²

　粗箩 tsʻu²¹³luə⁴²

　细箩 si²¹³luə⁴²

牲口棚 səŋ²¹³kʻəuˈ pʻəŋ⁴²

　牲口屋 səŋ²¹³kʻəuˈ u⁵⁵

　牲口圈 səŋ²¹³kʻəuˈ tɕyã⁴²

槽 tsʻɔ⁴²

饲养员　sʐ²¹³iaŋ⁵⁵yã⁴²　泛指喂养牲畜的人

猪圈　tʂu²¹³tɕyã⁴²

猪槽　tʂu²¹³tsʻɔ⁴²

猪食　tʂu²¹³ʂʐ⁴²

羊圈　iaŋ⁴²tɕyã⁴²

羊倌儿　iaŋ⁴²kuɛr˙

狗窝　kəu⁵⁵⁻⁴⁵uə˙

狗食钵子　kəu⁵⁵⁻⁴⁵ʂʐ˙pə⁵⁵⁻⁴⁵tsʐ˙

鸡窝子　tɕi²¹³uə˙tsʐ˙

街门儿　tɕiɛ²¹³mer˙　进院第一门

中门儿　tʂun²¹³mer˙　院子中的门

便门儿　piã²¹³mer˙　角门

门场　mẽ⁴²⁻⁵⁵tʂʻaŋ˙　门槛

门合叶　mẽ⁴²xə⁴²⁻⁵⁵iə˙　门把手下的铁叶

门把手　mẽ⁴²pɑ⁵⁵⁻⁴⁵ʂəu˙　拉门的铁环

门扣子　mẽ⁴²kʻəu⁴²⁻⁵⁵tsʐ˙　锁门的铁索

门栓子　mẽ⁴²suã²¹³tsʐ˙　门闩

锁　suə⁵⁵

钥匙　yə⁴²tsʻʐ˙

屋脊　u⁵⁵⁻²¹³tsi⁵⁵

屋檐　u⁵⁵iã⁴²

檐墙　iã²¹³tsʻiaŋ⁴²　支撑房檐的墙

山墙　sã²¹³tsʻiaŋ⁴²

梁　liaŋ⁴²

檩　liɛ̃^{55}

八字木　pɑ$^{55\text{-}45}$tsʅ˙mu^{213}　梁上架檩用的木柱，呈八字形

挂柱　kuɑ^{213}tʂu˙　梁上的竖柱

连檐檐　liã^{42}iã˙tɕyə^{42}

台阶儿　tʼɛ^{42}tɕiˤer^{213}

　礓擦子　tɕiaŋ^{213}tsʼɑ$^{55\text{-}45}$tsʅ˙

虚棚　ɕy^{213}pʼəŋ˙　顶棚

窗　tsʼuaŋ^{213}

门　mɛ̃^{42}

门儿　mer^{42}　指轻巧的或玻璃的门

隔扇　kei$^{55\text{-}45}$ʂã˙　房间的隔屏

床　tsʼuaŋ^{42}　完整的床铺

铺　pʼu^{213}　临时架板搭成的床

炕　kʼaŋ^{213}

炕沿儿　kʼaŋ^{213}iˤer^{42}

蚊帐　uɛ̃^{42}tʂaŋ˙

蚊帐钩子　uɛ̃^{42}tʂaŋ˙kəu^{213}tsʅ˙

被窝儿　pei$^{42\text{-}55}$uər˙

被表儿　pei$^{42\text{-}55}$piˤɔr^{55}　被面

被里儿　pei$^{42\text{-}55}$ler^{55}

棉花　miã^{42}xuɑ^{213}（或：miã^{42}xuɑ˙）

被胎　pei^{42}tʼɛ^{213}　被中的棉絮

棉袄儿胎　miã^{42}ɔr^{55}tʼɛ^{213}　棉衣中的棉絮

褥子　y$^{213\text{-}42}$tsʅ˙

衬单 tsʻẽ⁴²tã˙ 床单

席 si⁴²

凉席子 liɑŋ⁴²（或：liɑŋ˙）si⁴²tsɿ˙

头枕 təu⁴²⁻⁵⁵tʂẽ˙ 枕头

头枕护布 təu⁴²⁻⁵⁵tʂẽ˙xu⁴²⁻⁵⁵pu˙ 枕巾

尿壶 niɔ⁴²⁻²¹³xu⁴²

烙铁 luə⁴²tʻi˙ 熨衣物的铁器

暖壶 nuã⁴²xu⁴² 现指暖水瓶，旧指放在一种保暖装置中的水壶

火烘儿 xuə⁵⁵xũr²¹³ 旧时的手提炉

脸盆儿 liã⁵⁵pʻer⁴²

手巾 ʂəu⁵⁵⁻⁴⁵tɕiẽ˙

小手巾 siɔ⁵⁵⁻²¹³ʂəu⁵⁵⁻⁴⁵tɕiẽ˙ 手绢

胰子 i⁴²⁻⁵⁵tsɿ˙ 肥皂、香皂的统称

脚盆 tɕyə⁵⁵⁻⁴⁵pʻẽ˙ ①洗脚盆 ②老人称尿盆

尿盆 niɔ⁴²pʻẽ⁴²

尿坑 niɔ⁴²kʻã²¹³ 陶制尿罐，有双耳

躺柜 tʻɑŋ⁵⁵⁻⁴⁵kuei⁴² 长形的大柜

衣橱 i²¹³tʂʻu⁴²

立橱 li⁴²⁻²¹³tʂʻu⁴²

箱子 siɑŋ²¹³tsɿ˙ 指衣服箱子

桌子 tsuə⁵⁵⁻⁴⁵tsɿ˙

八仙桌子 pɑ⁵⁵syã²¹³tsuə⁵⁵⁻⁴⁵tsɿ˙ 大的方桌

围裙 uei⁴²tɕʻyẽ˙ 桌围子

抽屉 tʂʻəu²¹³tʻi˙

翘头案子 t͡ɕʻio⁴²t͡ʻəuˑã²¹³⁻⁴²ts̩ˑ 两头翘起的案子

椅子 i⁵⁵⁻⁴⁵ts̩ˑ

太师椅子 t͡ʻɛ²¹³s̩ˑ i⁵⁵⁻⁴⁵ts̩ˑ

板凳 pã⁵⁵⁻⁴⁵təŋˑ 长凳

杌子 u⁴²ts̩ˑ 方凳

马札子 mɑ⁵⁵tsɑ⁴²⁻⁵⁵ts̩ˑ

蒲墩子 pu⁴²tẽˑts̩ˑ 蒲团

蜡烛 lɑ⁴²tsuˑ （民间制作的）

洋蜡 iaŋ⁴²lɑ²¹³ （工厂制作的）

油灯 iəu⁴²təŋ²¹³

灯盏 təŋ²¹³tsã̃ 旧时油灯上盛油的铁盏，也指豆油灯

灯草 təŋ²¹³t͡sʻɔ⁴² 灯芯

灯罩儿 təŋ²¹³t͡sʻɔr⁴²

灯笼 təŋ²¹³ləu⁴²

火房 xuə⁵⁵faŋ⁴² 厨房

锅灶儿 kuə²¹³t͡sʻɔr⁴²

锅底灰 kuə²¹³ti⁵⁵xuei²¹³

盖垫 kɛ⁴²tiã̃ 旧时锅盖

烟筒 iã²¹³t͡ʻuŋ⁵⁵

锅 kuə²¹³

蒸笼 t͡ʂəŋ²¹³luŋ⁴²

　笼屉 luŋ⁴²t͡ʻiˑ²¹³

火棍 xuə⁵⁵⁻⁴⁵kuẽˑ 烧火棍

风匣 fəŋ²¹³ɕia⁴² 风箱

笊篱　tsɔ⁴²li˙

浅子　tsʻiã⁵⁵⁻⁴⁵tsʅ˙　　浅的盛食用具

炊帚　tsʻuei²¹³tʂu˙

铲子　tsʻã⁵⁵⁻⁴⁵tsʅ˙

水舀子　suei⁵⁵iɔ⁵⁵⁻⁴⁵tsʅ˙

碗　uã⁵⁵

木碗子　mu⁵⁵⁻⁴⁵uã˙tsʅ˙　　给小孩儿用的木制碗

茶碗儿　tsʻã⁵⁵⁻⁴⁵uɛr⁵⁵

坭儿　kʻɛr²¹³　　盛米面的陶器，有双耳：家里可离不开面 ~ 米瓮

海碗儿　xɛ⁵⁵⁻⁴²uɛr⁵⁵　　较大的碗

茶缸子　tsʻɑ⁴²kɑŋ²¹³tsʅ˙

茶盘子　tsʻɑ⁴²pʻã⁴²⁻⁵⁵tsʅ˙

酒盅儿　tsiəu⁵⁵tsʻũr²¹³

盆儿　pʻer⁴²

瓶子　pʻiŋ⁴²⁻⁵⁵tsʅ˙

　棒子　pɑŋ⁴²⁻⁵⁵tsʅ˙　　酒 ~ | 醋 ~

瓶堵儿　pʻiŋ⁴²tur⁵⁵　瓶塞子

罐子　kuã⁴²tsʅ˙

茶罐子　tsʻɑ⁴²kuã⁴²tsʅ˙　　一种有盖儿的陶罐，用处如砂锅，炖鸡、做菜时不走味儿

碟子　tiə⁴²⁻⁵⁵tsʅ˙

勺子　ʂuə⁴²⁻⁵⁵tsʅ˙

调羹　tʻiɔ²¹³kəŋ⁵⁵　　羹匙

筷子　kʻuɛ⁴²tsʅ˙

刺刺笼儿　tsʻʅ²¹³tsʻʅ˙lũr²¹³　　筷子笼

抹布　mɑ⁴²puˀ

墩子　tẽ²¹³tsɿˀ　　菜墩子

菜刀　tsʻɛ²¹³⁻⁴⁵tɔ²¹³

摧蒜　tɕʻyə⁵⁵suã²¹³　　捣蒜

水筲　suei⁵⁵sɔ²¹³　　水桶

木桶　mu²¹³tʻuŋˀ　　木制水桶

灌绳　kuã²¹³⁻⁴²səŋˀ　　井绳

箅子　pi⁴²tsɿˀ　　蒸干粮的用具

柴火　tsʻɛ⁴²⁻⁵⁵xuəˀ　　烧火用的木柴

火柴　xuə⁵⁵tsʻɛ⁴²

　洋火　iaŋ⁴²⁻²¹³xuə⁵⁵　　（旧称）

糨　tɕiaŋ²¹³　　浆糊

纺车　faŋ⁵⁵tʂʻə²¹³

　纺线车　faŋ⁵⁵⁻⁴⁵siãˀtʂʻə²¹³　　（旧称）

针线笸箩子　tʂẽ²¹³siãˀpʻə⁴²ləuˀtsɿˀ　　针线筐

顶针儿　tiŋ⁵⁵tʂerˀ

拨口锤儿　pə⁴²⁻⁵⁵tsiaŋˀtsʻuerˀ　　纺锤

线轱辘儿　siã²¹³ku⁵⁵⁻⁴⁵lurˀ

针　tʂẽ²¹³

绣花儿针　siəu²¹³⁻⁴⁵xuar²¹³⁻⁴⁵tʂẽ²¹³

扎花儿针　tsɑ⁵⁵xuar²¹³⁻⁴⁵tʂẽ²¹³

针尖儿　tʂẽ²¹³⁻⁴⁵tsiˀer²¹³

针鼻儿　tʂẽ²¹³piˀer⁴²

纫针　iẽ⁴²tʂẽ²¹³　　穿针

锥子 tsuei²¹³tsʅ˙　无螺丝的锥

环锥 xuã⁴²⁻⁵⁵tsuei　有螺丝的锥

铺衬 pu⁴²⁻²¹³tsʻɛ̃⁴²　旧的碎布片，多用来打"壳子"

壳子 tɕʻyə⁵⁵（或：kʻə⁵⁵）tsʅ˙　袼褙，用碎布或旧布裱成的厚片，做鞋用

补丁 pu⁵⁵⁻⁴⁵tiŋ˙

搓板儿 tsʻuə²¹³perˑ

　洗衣裳板子 si⁵⁵i²¹³ʂaŋˑpã⁵⁵⁻⁴⁵tsʅ˙

铅条 tɕʻiã²¹³tʻiɔ⁴²　特指用来晒衣服的铁条，表面永不生锈

伞 suã⁵⁵

图章 tʻu⁴²tʂaŋ²¹³　机关单位用的印章

手戳儿 ʂəu⁵⁵⁻⁴²tʂʻuərˑ⁵⁵　私人印章

灰汤 xuei²¹³tʻaŋ⁴²　用灰淋（滤）的水（洗衣服用）

浆衣裳 tɕiaŋ²¹³i˳²¹³ʂaŋ

熨衣裳 yɛ̃²¹³i˳²¹³ʂaŋ

做衣裳 tsəu⁴²i˳²¹³ʂaŋˑ

裁 tsʻɛ⁴²

剪子 tsiã⁵⁵⁻⁴⁵tsʅ˙

尺 tʂʅ⁵⁵

粉线布袋儿 fẽ⁵⁵siã²¹³pu⁴²tʻerˑ

缲边儿 tsʻiɔ²¹³⁻⁵⁵piʻer²¹³

　捏个边儿 nie²¹³kəˑpiʻer²¹³

缅裤腰儿 miã⁵⁵kʻu⁴²iˑɔr²¹³　中式裤腰

缅着怀儿 miã⁵⁵⁻⁴⁵tsʅʻxuer⁴²　不扣扣子，把衣襟重迭起来紧裹身体

钉扣儿 tiŋ²¹³⁻⁴⁵kʻəur²¹³

135

绣花儿　siəu²¹³⁻⁴⁵xuɑr²¹³

缲　iẽ⁵⁵　　针脚大而疏地缝，绗：～被子 |～棉袄

纳　nɑ²¹³　　针脚小而密地缝：～鞋底 |～鞋帮儿

钉　tiŋ²¹³　　把另外的东西缝上：～带子 |～蝴蝶结儿

补　pu⁵⁵　～个补丁

八　人品

男人　nã⁴²iẽˊ　①男性的人 ②丈夫：她～是教师

　　男的　nã⁴²⁻⁵⁵tiˊ

爷儿们　iˤɛr⁴²mẽ　父子们，祖孙们：他～都挺好

老爷儿们　lɔ⁵⁵iˤɛr⁴²mẽ　女的称男人们：这些事儿都不是咱做的，是～做的

女人　ny⁵⁵iẽˊ

　　女的　ny⁵⁵⁻⁴⁵tiˊ

娘们儿　niəŋ⁴²merˊ　①母亲及其子女们：他～现在的日子过好了 ②已婚的妇女们

妇道人家　fu⁴²tɔ⁴²iẽ⁴²⁻⁵⁵tɕiaˊ　女人：她们是～，咱不计较

小孩儿　siɔ⁵⁵xɛr⁴²

小男孩儿　siɔ⁵⁵nã⁴²xɛr⁴²

　　小厮　siɔ⁵⁵sʅ

小女孩儿　siɔ⁵⁵ny⁵⁵⁻⁴⁵xɛr⁴²

　　小嫚儿　siɔ⁵⁵mɛr²¹³

　　小闺女儿　siɔ⁵⁵kuẽ²¹³nyˤer⁴²

小伙子　siɔ⁵⁵⁻²¹³xuə⁵⁵⁻⁴⁵tsʅ

老头儿　lɔ⁵⁵tˤəur⁴²

老婆儿　lɔ⁵⁵p'ər⁴²

老先生　lɔ⁵⁵siã²¹³sən　　对有点文化的老年男性的尊称

本家　pẽ⁵⁵tɕia²¹³　　同族

自己人　tsʅˑtɕiˑiẽ⁴²

外人　uɛ²¹³iẽ⁴²

外地人　uɛ²¹³ti⁴²iẽ⁴²

内行　nei²¹³xaŋ⁴²

外行　uɛ²¹³xaŋ⁴²

半瓶醋儿　pã⁴²p'iŋˑtsˤur⁴²　　没有多少本事的人

对头儿　tei⁴²tˤəur˙　　冤家、仇人

死对头儿　sʅ⁵⁵tei⁴²tˤəur˙

当家的　taŋ²¹³⁻⁴⁵tɕia²¹³ti˙　　家庭或店铺的主事者或妻称夫

伙计　xuə⁵⁵⁻⁴²tɕi˙

大师傅　ta⁴²sʅˑfu˙

　厨子　tʂˤu⁴²tsʅ˙

奶妈子　nɛ⁵⁵ma²¹³tsʅ˙

工人　kuŋ²¹³iẽ⁴²

庄稼人　tsuaŋ²¹³tɕiaˑiẽ⁴²

　庄户人　tsuaŋ²¹³xuˑiẽ⁴²

手艺人　ʂəu⁵⁵⁻⁴⁵iˑiẽ⁴²

商人　ʂaŋ²¹³iẽ⁴²

贩子　fã⁴²tsʅ　　小商贩

货郎　xə⁴²laŋ˙

货郎鼓儿　xə⁴²laŋˑkur⁵⁵　　①货郎 ②货郎鼓

说合 ʂuə⁵⁵xə⁴² 说合生意者

赶脚的 kã⁵⁵⁻²¹³tɕyə⁵⁵ti˙ 赶牲口运输的人，即脚夫

大工儿 tɑ⁴²⁻⁵⁵kũr˙ 有技术的工人

小工儿 siɔ⁵⁵⁻⁴⁵kũr˙ 无技术的工人

当兵的 taŋ˙piŋ²¹³ti˙

医生 i²¹³səŋ˙

　先生 siã²¹³səŋ˙

老师 lɔ⁵⁵sʅ²¹³ 教员

暴发户儿 pɔ˙fɑ⁵⁵xur˙

老殳古 lɔ⁵⁵⁻⁴²kɑ⁵⁵⁻⁴²ku˙ 吝啬鬼

败家子儿 pɛ²¹³⁻⁴⁵tɕiɑ²¹³tsʼer⁵⁵

讨佬子 tʼɔ⁵⁵⁻⁴⁵lɔ˙tsʅ 乞丐

经纪 tɕiŋ²¹³tɕi˙ 专指说合买卖牲口的人

接生婆儿 tsiə⁵⁵⁻⁴⁵səŋ˙pʼər⁴² （旧称）

　接生员 tsiə⁵⁵⁻⁴⁵səŋ˙yã⁴² （新称）

　老牛婆 lɔ⁵⁵niəu⁴²pʼə˙ 旧指以接生为业的妇女

光棍儿 kuaŋ²¹³kuer˙

老大闺女 lɔ⁵⁵⁻⁴⁵tɑ˙kuẽ²¹³ni˙ 老处女

半花儿 pã²¹³⁻⁴²xuar˙ 再嫁的妇女

填房 tʼiã²¹³faŋ⁴² 续弦的妻子

犯人 fã⁴²iẽ˙

衙役 iɑ⁴²⁻⁵⁵i˙ （旧词）

老公 lɔ⁵⁵⁻⁴⁵kuŋ 太监

卖膏药的 mɛ⁴²kɔ²¹³yə˙ti˙

闯江湖的 tsʻuaŋ⁵⁵tɕiaŋ²¹³xuˑti   旧称卖艺的人

骗子手 pʻiã⁴²tsʅˑʂəu⁵⁵

红胡子 xuŋ⁴²⁻²¹³xu⁴²⁻⁵⁵tsʅ 土匪

贼 tsei⁴²

小偷儿 sio⁵⁵tʻˤəur²¹³

拉皮条 la⁵⁵pʻi⁴²tʻioˑ 撮合男女发生不正当的关系

皮条客 pʻi⁴²tʻioˑkʻei⁵⁵ 拉皮条的人

九　亲属称谓

爷爷 iə⁴²⁻⁵⁵iəˑ

奶奶 nɛ⁵⁵⁻⁴⁵nɛˑ

父亲 fu⁴²tsʻiẽˑ

　　爹 tiə²¹³

母亲 mu⁵⁵⁻⁴⁵tsʻiẽˑ

　　娘 niaŋ⁴²

大爷 ta⁴²iəˑ 伯父

大娘 ta⁴²niaŋˑ 伯母

叔叔 ʂu⁵⁵⁻⁴⁵ʂuˑ

婶儿婶儿 ʂer⁵⁵⁻⁴⁵ʂerˑ

公公 kuŋ²¹³kuŋˑ

婆婆 pʻɔ⁴²⁻⁵⁵pʻɔˑ

姥爷 lɔ⁵⁵⁻⁴⁵iəˑ 外祖父

姥娘 lɔ⁵⁵⁻⁴⁵niaŋˑ 外祖母

丈人 tʂaŋ⁴²⁻⁵⁵iẽˑ 岳父（背称）

　爹 tiə²¹³ （对岳父的面称）

丈母娘 tʂaŋ⁴²⁻⁵⁵muˑniaŋ⁴² 岳母（背称）

　娘 niaŋ⁴² （对岳母的面称）

舅舅 tɕiəu²¹³tɕiəuˑ

舅母 tɕiəu²¹³⁻⁴²muˑ

姑姑 ku²¹³kuˑ

姨 i²¹³

姑奶奶 ku²¹³nɛ⁵⁵⁻⁴⁵ʒ̃ɛˑ 父亲的姑姑

姨奶奶 i²¹³nɛ⁵⁵⁻⁴⁵ʒ̃ɛˑ 父亲的姨

大伯 tɑ⁴²⁻⁵⁵peiˑ 丈夫之兄

小叔子 siɔ⁵⁵⁻²¹³ʂu⁵⁵⁻⁴²tsʅˑ 丈夫之弟

大姑子 tɑ⁴²⁻⁵⁵kuˑtsʅˑ 丈夫之姐

小姑子 siɔ⁵⁵⁻⁴⁵kuˑtsʅˑ 丈夫之妹

儿子 ər⁴²⁻⁵⁵tsʅˑ

我儿子 uə⁵⁵ər⁴²⁻⁵⁵tsʅˑ

　俺儿子 ã⁵⁵ər⁴²⁻⁵⁵tsʅˑ （口语）

老大 lɔ⁵⁵tɑ²¹³ 大儿子

老二 lɔ⁵⁵ər²¹³ 二儿子

儿媳妇儿 ər⁴²si²¹³furˑ

　媳妇儿 si²¹³furˑ

闺女 kuẽ²¹³niˑ

　闺女子 kuẽ²¹³ni⁵⁵⁻⁴²tsʅˑ 女孩子：又生了个～

我闺女 uə⁵⁵kuẽ²¹³niˑ

俺闺女　ã⁵⁵kuẽ²¹³ni˙

外甥　uɛ⁴²⁻⁵⁵səŋ˙　也指外孙

外甥闺女　uɛ⁴²⁻⁵⁵səŋ˙kuẽ²¹³ni˙　也指外孙女儿

女婿　ny⁵⁵⁻⁴⁵sy˙

孙子　suẽ²¹³tsʅ˙

孙女儿　suẽ²¹³nyʿer˙

重孙子　tsʿuŋ⁴²⁻⁵⁵suẽ²¹³tsʅ˙

重孙女儿　tsʿuŋ⁴²⁻⁵⁵suẽ²¹³nyʿer˙

弟兄　ti⁴²⁻⁵⁵ɕyŋ˙　兄弟关系

姊妹儿　tsʅ⁵⁵⁻⁴⁵mer˙　姐妹关系

姊们　tsʅ⁵⁵⁻⁴⁵mẽ˙　统称兄弟姊妹

哥哥　kə²¹³kə˙

弟弟　ti⁴²⁻²¹³ti⁴²

兄弟　ɕyŋ²¹³ti˙　弟弟

姐姐　tsiə⁵⁵⁻⁴⁵tsiə˙

妹妹　mei⁴²⁻⁵⁵mei˙

妯儿娌儿　tʂʅʅer⁴²ler˙

叔伯兄弟　su²¹³pei⁴²ɕyn²¹³ti˙

叔伯姊妹儿　su²¹³pei⁴²tsʅ⁵⁵⁻²¹³mer˙

表兄弟　piɔ⁵⁵ɕyŋ²¹³ti˙

表姊妹儿　piɔ⁵⁵tsʅ⁵⁵⁻²¹³mer˙

丈夫儿　tʂɑŋ⁴²fur˙

男人　nã⁴²iẽ˙

老婆　lɔ⁵⁵⁻²¹³pʿə˙

媳妇儿 si²¹³fur˙

舅子 tɕiəu⁴²⁻⁵⁵tsɿ˙ 妻之兄弟

姨子 i⁴²⁻⁵⁵tsɿ˙ 妻之姊妹

侄女儿 tʂɿ⁴²⁻⁵⁵nyˤer˙

侄子 tʂɿ⁴²⁻⁵⁵tsɿ˙

侄儿 tʂer⁴²

后爹 xəu⁴²tiə²¹³ 继父

后娘 xəu⁴²niɑŋ⁴² 继母

大大儿 ta²¹³tar⁴²   小孩称外姓的伯父

连襟 liã⁴²⁻⁵⁵tɕiẽ˙

割不断 kɑ⁵⁵⁻⁴⁵pu˙tã⁴²

行辈儿 xaŋ⁴²per⁴² 辈分儿

长辈儿 tʂaŋ⁵⁵⁻⁴⁵per⁴²

晚辈儿 uã⁵⁵⁻⁴⁵per⁴²

平辈儿 p'iŋ⁴²per⁴² 同辈儿

排行 p'ɛ⁴²⁻²¹³xaŋ˙ 兄弟姐妹依长幼排列次第

亲戚 ts'iẽ²¹³ts'i⁴²

亲家 ts'iŋ⁴²tɕia˙

十 身体

身体 ʂẽ²¹³t'i⁴²

身子 ʂẽ²¹³tsɿ˙

头 t'əu⁴²

脑袋　nɔ⁵⁵⁻⁴⁵tɛ·

　脑袋瓜子　nɔ⁵⁵⁻⁴⁵tɛ·kuɑ²¹³tsʅ·

　脑袋瓜儿　nɔ⁵⁵⁻⁴⁵tɛ·kuɑr²¹³

后奔髅　xəu⁴²pẽ²¹³ləu⁴²

　后脑勺子　xəu⁴²⁻²¹³nɔ⁵⁵ʂuə⁵⁵⁻⁴⁵tsʅ·

秃头　tʻun⁵⁵⁻⁴⁵tʻəu·　①脱光发　②（剃）光头

秃顶　tʻu⁵⁵⁻²¹³tiŋ⁵⁵　头顶秃

脖子　pə⁴²tsʅ·

脖颈子　pə⁴²⁻²¹³kəŋ⁵⁵⁻⁴⁵tsʅ·

争嘴窝　tsəŋ²¹³tsuei⁵⁵uə²¹³　馋沟，脖子后面凹下的部分

头发　tʻəu⁴²⁻⁵⁵fɑ·

参白头　tsʻã⁵⁵⁻⁴⁵pei·tʻəu⁴²　少白头

掉头发　tiɔ⁴²⁻²¹³tʻəu⁴²⁻⁵⁵fɑ·

头皮　tʻəu⁴²⁻²¹³pʻi⁴²　①头皮　②头皮屑

头囟　tʻəu⁴²siẽ²¹³　囟门

耳门子　ər⁵⁵⁻²¹³mẽ⁴²tsʅ·　太阳穴

鬓角儿　piẽ²¹³⁻⁴²tɕyʻər·

脸　liã⁵⁵

脸蛋儿　liã⁵⁵⁻²¹³tʻɛr⁴²　小孩儿的脸

团团脸　tʻã⁴²⁻⁵⁵tʻã·liã⁵⁵　圆脸

瓜子儿脸　kuɑ²¹³tsʻer⁵⁵⁻⁴⁵liã·　瓜子形的脸

不要脸　pu·iɔ²¹³liã⁵⁵　不知耻

颧骨　tɕʻyã²¹³ku⁵⁵

酒窝儿　tsiəu⁵⁵⁻⁴⁵uər·

人中 iẽ^{42}tsuŋ^{213}

腮 sɛ^{213}

眼 iã^{55}

眼眶子 iã^{55}kʻuɑŋ^{42}tsɿ˙

眼珠子 iã^{55}tʂu^{213}tsɿ˙

白眼珠子 pei^{42}iã^{55}tʂu^{213}tsɿ˙

　白眼珠儿 pei^{42}iã^{55}tʂuɐr^{213}

黑眼珠子 xei^{55}iã^{55}tʂu^{213}tsɿ˙

　黑眼珠儿 xei^{55}iã^{55}tʂuɐr^{213}

媳妇儿头儿 si$^{55-45}$fur˙ tʻəur^{42}　瞳人儿

眼角儿 iã$^{55-213}$tɕyʳər^{55}

眼圈儿 iã^{55}tɕʻyer^{213}

眼泪 iã$^{55-45}$lei˙

眼皮儿 iã^{55}pʻiʳer^{42}

单眼皮儿 tã^{213}iã^{55}pʻiʳer^{42}

双眼皮儿 suɑŋ^{213}iã^{55}pʻiʳer^{42}

　双眼结儿 suɑŋ^{213}iã^{55}tɕiʳər^{55}

眼毛儿 iã^{55}mɔr^{42}

眼眉 iã^{55}mei^{42}　眉毛

□脑子 tɕiẽ^{213}nɔ$^{55-45}$tsɿ˙　皱眉头

鼻子 pi$^{42-55}$tsɿ˙

鼻挺 pi$^{42-55}$tʻiŋ　鼻涕

鼻孔眼子 pi$^{42-55}$kʻuŋ˙ iã$^{55-45}$tsɿ˙

　鼻孔眼儿 pi$^{42-55}$kʻuŋ˙ iʳer^{55}

鼻子毛儿 pi⁴²⁻⁵⁵tsʅˑmɔr⁴²

鼻子尖儿 pi⁴²⁻⁵⁵tsʅˑtsier²¹³　鼻尖

鼻子尖 pi⁴²⁻⁵⁵tsʅˑtsiã²¹³　嗅觉灵敏

酒糟鼻子 tsiəu⁵⁵tsɔ²¹³pi⁴²⁻⁵⁵tsʅˑ

鹰钩儿鼻子 iŋ²¹³kəurˑpi⁴²⁻⁵⁵tsʅˑ

嘴 tsuei⁵⁵

　嘴巴子 tsuei⁵⁵pɑ²¹³⁻⁴²tsʅˑ

嘴唇儿 tsuei⁵⁵tʂʻʅuer⁴²

双嘴巴子 suɑŋ²¹³tsuei⁵⁵pɑ⁴²tsʅˑ　下边有胖肉的下巴

唾沫 tʻuə⁴²miˑ

唾沫星子 tʻuə⁴²miˑsiŋ²¹³tsʅˑ

痴水 tʂʻʅ²¹³suei⁴²　口水：小孩拉拉 ~

酸水儿 suã²¹³sʻuer⁵⁵　酸口水：一想起吃青杏我嘴里就流 ~

酸水 suã²¹³suei⁵⁵　胃酸：吃得不合适了，光上 ~

舌头 ʂə⁵⁵⁻⁴⁵tʻəuˑ

口条 kʻəu⁵⁵tʻiɔ⁴²　用作食品的猪舌或牛舌

舌头尖儿 ʂə⁵⁵⁻⁴⁵tʻəuˑtsiʻɛr²¹³

小舌头儿 siɔ⁵⁵⁻²¹³ʂə⁵⁵tʻəurˑ　小舌

舌苔 ʂə⁵⁵⁻⁴²tʻɛ²¹³

门牙 mẽ⁴²⁻⁵⁵iɑˑ

虎牙 xu⁵⁵⁻⁴⁵iɑˑ

食牙 ʂʅ⁴²⁻⁵⁵iɑˑ　臼齿

牙花子 iɑ⁴²xuɑ²¹³tsʅˑ　齿龈

牙根儿 iɑ⁴²ker²¹³　①齿根 ②根本，本来：他 ~ 就没说这话牙口 ia⁴²kʻəuˑ 牙齿的好坏：他～好不好？

虫牙 tʂʻuŋ⁴²⁻⁵⁵iɑˑ 龋齿

奶牙 nɛ⁵⁵⁻²¹³iaˑ 婴儿牙

耳朵 ər⁵⁵⁻⁴⁵təuˑ

耳根子 ər⁵⁵kẽ²¹³tʂʅˑ

耳朵眼子 ər⁵⁵⁻⁴⁵təuˑiã⁵⁵⁻⁴⁵tʂʅˑ

耳垂儿 ər⁵⁵tsʻuer⁴²

耳绒 ər⁵⁵yŋ⁴² 耳屎

耳光子 ər⁵⁵kuɑŋ²¹³tʂʅˑ 打他两个～

耳背 ər⁵⁵pei⁴² 听觉不灵

耳鸣 ər⁵⁵miŋ⁴²

蜕牙 tʻei²¹³iɑ⁴² 落奶牙，小孩换牙时掉牙

掉牙 tiɔ⁴²iɑ⁴² 成年人掉牙

下巴儿 ɕia²¹³par

嗓子 saŋ⁵⁵⁻⁴⁵tʂʅˑ

胡子 xu⁴²⁻⁵⁵tʂʅˑ

串腮胡子 tʂʻuã⁴²sɛ²¹³xu⁴²⁻⁵⁵tʂʅˑ 络腮胡

仁丹胡子 iẽ⁴²tã²¹³xu⁴²⁻⁵⁵tʂʅˑ

旋儿 syɛr⁴² 头发旋儿

指纹儿 tʂʅ⁵⁵uer⁴²

手印儿 ʂəu⁵⁵⁻⁴⁵iʳer⁴²

斗 təu⁵⁵ 一种指纹

簸箕 pə⁴²tɕʻi 一种指纹

汗毛儿 xã⁴²⁻⁵⁵mɔr

肩膀儿 tɕiã²¹³pãr⁵⁵

肩窝儿 taiã²¹³⁻⁴⁵uər²¹³

脊梁 tsi⁵⁵⁻⁴⁵liɑŋ˙

胳膊 kə⁵⁵⁻⁴⁵pa˙

胳膊肘儿 kə⁵⁵⁻⁴⁵pa˙tʂəur⁴²

□□窝 tɕi⁵⁵tʂɛ̃˙uə²¹³　胳肢窝

□痒 ɕi²¹³⁻⁴²iɑŋ˙　痒

膈□ kə²¹³tʂʻəu⁴²　哈痒

手脖子 ʂəu⁵⁵⁻²¹³pə⁴²⁻⁵⁵tsɿ˙　手腕子

手指头 ʂəu⁵⁵tsɿ⁵⁵⁻⁴⁵tʻəu˙

骨节儿 ku⁵⁵⁻²¹³tsiʻɛr⁵⁵

指甲盖儿 tsɿ⁵⁵⁻⁴⁵tɕiɑ˙kɛr⁴²

指甲心子 tsɿ⁵⁵⁻⁴⁵tɕiɑ˙sɛ̃²¹³（或：siɛ̃²¹³）tsɿ˙　指甲与肉的连接处

指头肚子 tsɿ⁵⁵⁻⁴⁵tʻəu˙tu²¹³tsɿ˙

拳头 tɕʻyã⁴²⁻⁵⁵tʻəu˙

　皮锤 pʻi⁴²⁻²¹³tsʻuei⁴²

巴掌 pa²¹³tʂəŋ˙

心口儿窝儿 siɛ̃²¹³kʻəur˙uər²¹³

胸膛 ɕyŋ²¹³tʻɑŋ˙

肋刺骨 lei²¹³⁻⁴²tsʻɿ˙（或：tsʻei˙）ku⁵⁵　肋骨

奶子 nɛ⁵⁵⁻⁴⁵tsɿ˙　乳房

肚子 tu⁴²tsɿ˙　（人的）腹部

肚脐眼子 tu⁴²⁻⁵⁵tsʻi˙iã⁵⁵⁻⁴⁵tsɿ˙

波罗盖儿 pə⁵⁵⁻⁴⁵luə˙kɛr⁴²　膝盖

腚巴骨　tiŋ⁴²⁻⁵⁵paˑku⁵⁵

裆　taŋ²¹³　胯下

腚　tiŋ⁴²　屁股

雀儿　tsʻyˤər⁵⁵　小男孩阴茎

屄　pi²¹³　女阴

□　tɕiɛ̃⁴²　禽

　操　tsʻɔ²¹³

脚脖子　tɕyə⁵⁵pə⁴²⁻⁵⁵tsʅˑ

脚核桃　tɕyə⁵⁵xə⁴²⁻⁵⁵tʻɔˑ　髁骨

脚丫子　tɕyə⁵⁵ia²¹³tsʅˑ

脚丫巴儿　tɕyə⁵⁵ia²¹³par⁴²　脚趾间

脚掌儿　tɕyə⁵⁵⁻²¹³tʂãr⁵⁵

脚心　tɕyə⁵⁵siɛ̃²¹³

脚趾丫盖儿　tɕyə⁵⁵⁻⁴⁵tsʅˑia²¹³ker˙

脚后跟　tɕyə⁵⁵xəu⁴²⁻⁵⁵kɛ̃ˑ（或：tɕyə⁵⁵xəu⁴²kɛ̃²¹³）

迎面骨　iŋ⁴²⁻⁵⁵miãˑku⁵⁵　胫骨

骨拐儿　ku⁵⁵⁻⁴²kuɛr˙　踝子骨

记　tɕi²¹³　痣

青筋　tsʻiŋ²¹³⁻⁴⁵tɕiɛ̃²¹³　皮表有可见的血管

鬏儿　tsʻuɑr⁵⁵　一种发髻

瓦股檐儿　ua⁵⁵⁻⁴⁵kuˑiˤɛr⁴²　刘海

抬头纹　tʻɛ⁴²⁻²¹³tʻəu⁴²uɛ̃⁴²　额上的横纹

十一　病痛、医疗

病了　piŋ⁴²⁻⁵⁵ləu˙

急病儿　tɕi⁵⁵⁻⁴⁵piˤə̃r˙

　　急症儿　tɕi⁵⁵⁻⁴⁵tʂ̍ə̃r˙　（医生说）

病重了　piŋ⁴²tsuŋ⁴²⁻⁵⁵ləu˙

拉肚子　la²¹³tu⁴²⁻⁵⁵tsʅ˙

　　拉稀　la²¹³⁻⁴⁵ɕi²¹³

发烧　fã⁵⁵ʂɔ²¹³

　　　发热　fã⁵⁵⁻⁴⁵iə²¹³　（医生说）

发冷　fã⁵⁵⁻⁴²ləŋ⁵⁵

伤风　ʂaŋ²¹³⁻⁴⁵fəŋ²¹³　（较轻）

　　感冒　kã⁵⁵mɔ⁴²　（较重）

咳嗽　kˤə⁵⁵⁻⁴⁵sɔ˙

喘　tʂˤuã⁵⁵

中暑　tsuŋ²¹³ʂu⁵⁵

上火　ʂaŋ²¹³xuə⁵⁵

积食了　tsi˙ʂʅ⁴²⁻⁵⁵ləu˙

　　不消化　pu˙siə²¹³xua˙

肚子疼　tu⁴²⁻⁵⁵tsʅ tˤəŋ²¹³

心口疼　siẽ²¹³kˤəu⁵⁵tˤəŋ²¹³　胃疼

头晕　tˤəu⁴²yẽ²¹³

晕车　yẽ²¹³⁻⁴⁵tʂˤə²¹³

晕船　yẽ²¹³tʂˤuã⁴²

头疼　tʻəu⁴²tʻəŋ²¹³

恶心　uə⁵⁵⁻⁴⁵siẽ˙

呕了　əu⁵⁵⁻⁴⁵ləu˙　吐了

干呕　kã²¹³əu⁴²　恶心，有要呕吐的感觉

痨病　lɔ⁴²piŋ˙

小肠疝气　siɔ⁵⁵⁻⁴⁵tʂʻɑŋ˙sã²¹³⁻⁴⁵tɕʻi²¹³

滚肠痧　kuẽ⁵⁵tʂʻɑŋ⁴²sa²¹³　霍乱等胃肠疾病

发疟子　fa⁵⁵yə²¹³⁻⁴²tsʅ˙

生痘子　ʂəŋ²¹³təu⁴²⁻⁵⁵tsʅ˙

　生天花儿　ʂəŋ²¹³tʻiã²¹³⁻⁴⁵xuar²¹³

种痘儿　tsuŋ²¹³tʻəur⁴²

瘟疫（病）　uẽ²¹³i˙（piŋ⁴²）　伤寒等急性传染病

痄腮　tsɑ⁴²sɛ˙　腮腺炎

黄病　xuɑŋ⁴²⁻⁵⁵piŋ˙　黄疸病

羊狗儿风　iɑŋ⁴²⁻⁵⁵kəur˙fəŋ²¹³　癫痫

惊风　tɕiŋ²¹³⁻⁴⁵fəŋ²¹³

抽风　tʂʻəu²¹³⁻⁴⁵fəŋ²¹³

中风　tsuŋ²¹³⁻⁴⁵fəŋ²¹³

半身不遂　pã²¹³⁻⁴⁵ʂẽ²¹³pu˙suei⁴²

生疮　səŋ²¹³⁻⁴⁵tsʻuɑŋ²¹³

长疔疮　tʂɑŋ⁵⁵tiŋ²¹³tsʻuɑŋ˙

搭背　ta⁵⁵⁻⁴⁵pei˙　背痈

砍头疽　kʻã⁵⁵tʻəu⁴²tsu²¹³　后脖子上生的一种恶疮

老鼠疙瘩　lɔ⁵⁵⁻⁴⁵ʂu˙kə⁵⁵⁻⁴⁵ta˙　淋巴结核

无名肿毒　u⁴²⁻²¹³miŋ⁴²tsuŋ⁵⁵⁻⁴⁵tu⁴²　泛称体表能看到的恶疮恶疖等，包括癌症

落脏　luə⁴²⁻²¹³tsɑŋ⁴²　指心肌梗死之类突然死去的病症

鼓脓　ku⁵⁵nuŋ⁴²

长疙渣儿　tʂaŋ⁵⁵kə²¹³tʂarˑ　结痂

摔伤　sue²¹³⁻⁴⁵ʂaŋ²¹³

碰伤　pʻəŋ⁴²ʂaŋ²¹³

蹭破皮儿　tsʻəŋ²¹³pʻəˑpʻiʻer⁴²

刺道口子　la⁵⁵⁻⁴⁵tɔˑkʻəu⁵⁵⁻⁴⁵tsɿ

疤　pɑ²¹³

痔疮　tʂɿ⁴²⁻⁵⁵tsʻuaŋˑ

疥　tɕiɛ²¹³

癣　syã⁵⁵

干癣　kã²¹³syã⁵⁵

钱儿癣　tsʻiʻer⁴²syã⁵⁵

热疙瘩子　iə²¹³⁻⁴²kəˑtɑˑtsɿ

　痱子　fei⁴²tsɿ

白癜疯　pei⁴²tiã⁵⁵fəŋ²¹³　一种皮肤病，呈白色块斑点

皲皮　tsʻuə⁴²pʻi⁴²　一种皮疾病，表面极其粗糙

瘊子　xəu⁴²⁻⁵⁵tsɿ　（突起的）

痦子　u⁴²⁻⁵⁵tsɿ　（不突起的）

雀斑　tsʻyə⁵⁵pã²¹³

芝麻皮　tsɿ²¹³ma⁴²pʻi⁴²　小雀斑

粉刺　fẽ⁵⁵⁻⁴⁵tsʻɿ

狐臊气　xu⁴²⁻⁵⁵sɔˑtɕʻi　狐臭

口臭 kʻəu^{55}tʂʻəu^{213}

六指儿 liəu$^{213-42}$tsʿer˙ 六指的人

左来□子 tsuə^{213}lɛ^{42}tɛ^{213}tsɿ˙ 习用左手的人

左撇子 tsuə^{213}pʻiə$^{55-45}$tsɿ˙ 腿向左偏的人

膙子 tɕiaŋ$^{55-45}$tsɿ˙ 趼子

瘸子 tɕʻyə$^{42-55}$tsɿ˙

罗锅儿 luə$^{42-55}$kuər˙ 驼背者

秃子 tʻu$^{55-45}$tsɿ˙

秃头 tʻu$^{55-45}$tʻəu˙

麻子 ma$^{42-55}$tsɿ˙

瞎子 ɕia$^{55-45}$tsɿ˙

聋子 luŋ$^{42-55}$tsɿ˙

哑子 ia$^{55-45}$tsɿ˙

哑巴 ia$^{55-45}$pa˙

水蛇腰 suei$^{55-45}$ʂə˙iɔ^{213}

公鸭嗓子 kuŋ^{213}ia˙saŋ$^{55-45}$tsɿ˙

独眼龙 tu$^{42-55}$iã˙luŋ^{42} 骂只有一只好眼的人

近视眼 tɕiẽ$^{42-55}$sɿ˙iã^{55}

远视眼 yã$^{55-45}$sɿ˙iã^{55}

老花眼 lɔ^{55}xua^{213}iã^{55}

雀古眼 tsʻyə$^{55-45}$ku˙iã^{55} 夜盲

怕光儿 pʻa$^{213-45}$kuãr^{213} 眼有病，不敢见光

肿眼泡子 tsuŋ$^{55-45}$iã^{55}pʻɔ^{213}tsɿ˙

斗眼儿 təu^{42}iʿɛr˙ 斗鸡眼

切厮 tsʻiə⁵⁵⁻⁴⁵sɿˑ　兔唇（中性）

豁子（嘴）　xə²¹³tsɿˑ（tsuei⁵⁵）　（贬义）

三瓣（子）嘴儿 sã²¹³pã⁴²（tsɿˑ）tsuer⁵⁵　（贬义）

板呲牙 pã⁵⁵⁻⁴⁵tsʻɿˑ ia⁴²　长得大而外突的门牙

老公嘴儿 lɔ⁵⁵⁻⁴⁵kuŋˑtser⁵⁵　讥不长胡子的成年男子

痴厮 tʂʻɿ²¹³sɿˑ　男精神病患者

痴姑 tʂʻɿ²¹³kuˑ　女精神病患者

呆子 tɛ²¹³tsɿˑ　傻子

嘲彪子 tʂʻɔ⁴²piɔ²¹³tsɿˑ

嘲 tʂʻɔ⁴²　傻乎乎，不精细

彪 piɔ²¹³

半朝銮驾 pã²¹³tʂʻɔ⁴²lã⁴²tɕiɑ²¹³　半傻的人

八成火儿 pɑ⁵⁵⁻⁴⁵tʂʻəŋ xuər⁵⁵　讥不成熟或傻气十足的人

搬医生 pã²¹³⁻⁴⁵i²¹³səŋˑ

请医生 tsʻiŋ²¹³⁻⁴⁵i²¹³səŋˑ

扎口 tsɑ⁵⁵⁻⁴⁵kuɑˑ　治（病）

看病 kʻã²¹³piŋˑ

（病）轻了（piŋ⁴²）tɕʻiŋ²¹³ləuˑ

好些了 xɔ⁵⁵⁻⁴⁵siəˑləuˑ

把脉 pɑ⁴²mei²¹³　号脉

开（药）方儿 kʻɛ²¹³⁻⁴⁵（yə²¹³⁻⁴⁵）fãr²¹³

一服药 i⁵⁵⁻⁴⁵fuˑyə²¹³

药引子 yə²¹³iẽ⁵⁵⁻⁴⁵tsɿˑ

药罐子 yə²¹³kuã⁴²tsɿˑ

抓药　tsua²¹³⁻⁴⁵yə²¹³　（无中西药的区别）

　买药　mε⁵⁵yə²¹³

煎药　tsiã²¹³⁻⁴⁵yə²¹³

药铺　yə²¹³pʻu⁴²（或：yə²¹³⁻⁴⁵pʻu²¹³）

　药房　yə²¹³faŋ⁴²

偏方儿　pʻiã²¹³⁻⁴⁵fãr²¹³

发汗　fa⁵⁵⁻⁴⁵xã⁴²

除风　tʂʻu⁴²fəŋ²¹³

去火　tɕʻy²¹³xuə⁵⁵

去湿　tɕʻy²¹³ʂʅ⁵⁵

割　ka⁵⁵

　开刀　kʻε²¹³⁻⁴⁵tɔ²¹³

败毒　pε²¹³tu⁴²

消食　siɔ²¹³ʂʅ⁴²

打针儿　ta⁵⁵tʂer²¹³　注射

扎针儿　tsa⁵⁵tʂer²¹³　针灸

拔火罐子　pa⁴²xuə⁵⁵kuã⁴²⁻⁵⁵tsʅ˙

上药　ʂaŋ⁴²yə²¹³

膏药　kɔ²¹³yə˙

贴膏药　tʻiə⁵⁵kɔ²¹³yə˙

药膏　yə²¹³⁻⁴⁵kɔ²¹³

搽药膏　tsʻa⁵⁵yə²¹³⁻⁴⁵kɔ²¹³

十二 衣服穿戴

衣裳 i²¹³ʂaŋ˙

穿戴 tʂʻuã²¹³tɛ˙

打扮 ta⁵⁵⁻⁴²pã˙

首饰 ʂəu⁵⁵⁻⁴⁵ʂʅ˙

棉衣 miã⁴²i²¹³

夹衣 tɕia⁵⁵i²¹³

单衣 tã²¹³⁻⁴⁵i²¹³

长衫儿 tʂʻaŋ⁴²sʻɛr²¹³

　大褂儿 ta²¹³kuar˙

布衫儿 pu²¹³⁻⁴²sʻɛr 妇女套在外边的单便服

马褂儿 ma⁵⁵⁻⁴⁵kuar˙

小褂儿 siɔ⁵⁵⁻⁴⁵kuar˙

大夹袄 ta˙tɕia⁵⁵⁻²¹³ɔ⁵⁵ 长的夹衣

小夹袄 siɔ⁵⁵tɕia⁵⁵⁻²¹³ɔ⁵⁵ 短的夹衣

旗袍 tɕʻi⁴²pʻɔ⁴²

棉袍子 miã⁴²pʻɔ⁴²⁻⁵⁵tsʅ˙

（小）棉袄 （siɔ⁵⁵）miã⁴²ɔ⁵⁵ 短的棉衣

皮袄 pʻi⁴²ɔ⁵⁵（或：pʻi⁴²⁻⁵⁵ɔ˙）

洋服 iaŋ⁴²⁻²¹³fu⁴²

　西服 si²¹³fu⁴²

制服 tʂʅ²¹³fu˙ 跟便服相对

大衣 ta²¹³⁻⁴⁵i²¹³

大氅　ta²¹³tʂʻɑŋ⁵⁵（旧）

衬衣（儿）　tsʻɛ̃²¹³⁻⁴⁵i²¹³（或：iʻer²¹³）

衣裳襟儿　i²¹³ʂaŋˑtɕiʻer²¹³

大襟　ta²¹³⁻⁴⁵tɕiẽ²¹³

对襟儿　tuei²¹³⁻⁴²（或：tei²¹³⁻⁴²）tɕiʻer˙

下摆　ɕia²¹³pɛ⁵⁵

领子　liŋ⁵⁵⁻⁴⁵tsʅ˙

领口儿　liŋ⁵⁵⁻⁴⁵kʻəur⁵⁵

袖子　siəu⁴²⁻⁵⁵tsʅ˙

　袖儿　siʻəur⁴²

袖口儿　siəu⁴²⁻²¹³kʻəur⁵⁵

贴边（儿）　tʻiə⁵⁵piã²¹³（或：piʻɛr²¹³）

布袋儿　pu²¹³⁻⁴²tʻer˙

裤子　kʻu⁴²tsʅ˙

单裤儿　tã²¹³kʻur⁴²

　单裤子　tã²¹³kʻu⁴²tsʅ˙

夹裤　tɕia⁵⁵kʻu²¹³

　夹裤子　tɕia⁵⁵kʻu⁴²tsʅ˙

棉裤　miã⁴²kʻu²¹³

套裤　tʻɔ²¹³⁻⁴²kʻu˙　套在外面的只有两条裤腿的裤子

短裤　tuã⁵⁵⁻⁴⁵（或：tã⁵⁵⁻⁴⁵）kʻu˙

裤衩儿　kʻu˙tsʻɑr⁵⁵　裤头

开档裤儿　kʻɛ²¹³⁻⁴⁵taŋ²¹³kʻur˙　幼儿穿的开着裆的裤子

裤裆　kʻu²¹³⁻⁴⁵taŋ²¹³

裤腰　kʻu²¹³⁻⁴⁵iɔ²¹³

裤腰带　kʻu²¹³⁻⁴⁵iɔ²¹³⁻⁴⁵tɛ²¹³

　裤腰带儿　kʻu²¹³⁻⁴⁵iɔ²¹³tɛr⁴²

裤腿儿　kʻuˑtʻuer⁵⁵（或：tʻᵉer⁵⁵）

斗篷　təu⁵⁵⁻⁴⁵pʻəŋˑ

背心儿　pei²¹³⁻⁴⁵siᵉer²¹³

坎肩儿　kˑã²¹³⁻⁴⁵tɕiᵉer²¹³　棉的或单的背心

汗衫儿　xã⁴²⁻⁵⁵sᵉerˑ

帽子　mɔ⁴²tsʅˑ

便帽　piã²¹³mɔˑ　非军帽

礼帽　li⁵⁵⁻⁴⁵mɔˑ

草帽子　tsʻɔ⁵⁵mɔ⁴²tsʅˑ

毡帽子　tʂã²¹³mɔ⁴²tsʅˑ

风帽　fəŋ²¹³⁻⁴⁵mɔ²¹³　旧时御风寒的一种帽子，能裹住耳朵与脖子

军帽　tɕyẽ²¹³mɔˑ

帽檐儿　mɔ²¹³iᵉɛr⁴²

帽带儿　mɔ²¹³tʻɛr⁴²

风纪扣儿　fəŋ²¹³⁻⁴²tɕiˑkʻəur²¹³

裹腿　kuə⁵⁵⁻⁴⁵tʻeiˑ（或：tʻueiˑ）

扣儿　kʻəur²¹³

　扣子　kʻəu²¹³tsʅˑ

扣鼻儿　kʻəu²¹³piᵉer⁴²　中式服装上的纽襻，用布条缝制而成

扣门儿　kʻəu²¹³mer⁴²　制服上的纽口，有别于扣鼻儿

围裙　uei⁴²⁻⁵⁵tɕʻyẽˑ

裙子 $tɕ'yẽ^{42-55}tsʅ^{·}$

扎腿带子 $tsɑ^{55-213}t'ei^{55}tɛ^{213-42}tsʅ^{·}$

袜带儿 $ua^{42-213}t'ɛr^{42}$

兜肚儿 $təu^{213}tur^{·}$ 　兜兜（外边戴的跟里边戴的一样）

褯子 $tsiə^{42}tsʅ^{·}$ 　尿布

鞋 $ɕiɛ^{42}$

拖鞋 $t'uə^{213}ɕiɛ^{42}$

靸达着鞋 $sɑ^{55-45}ta^{·}tsʅ^{·}ɕiɛ^{42}$ 　穿鞋未提上后跟

棉鞋 $miã^{42}ɕiɛ^{42}$

靴子 $ɕyə^{213}tsʅ^{·}$

马靴 $mɑ^{55}ɕyə^{213}$ 　高筒的靴子

皮鞋 $p'i^{42}ɕiɛ^{42}$

布鞋 $pu^{213}ɕiɛ^{42}$

鞋底儿 $ɕiɛ^{42}t'er^{55}$

　　鞋底子 $ɕiɛ^{42}ti^{55-45}tsʅ^{·}$

鞋帮儿 $ɕiɛ^{42}pãr^{213}$

　　鞋帮子 $ɕiɛ^{42}paŋ^{213}tsʅ^{·}$

楦头 $ɕyã^{213}t'əu^{·}$

鞋拔子 $ɕiɛ^{42}pa^{42-55}tsʅ^{·}$

鞋带儿 $ɕiɛ^{42}t'ɛr^{42}$

袜子 $ua^{42}tsʅ^{·}$

袜底儿 $ua^{42-213}t'er^{55}$

包脚布儿 $pɔ^{213}tɕyə^{55-45}pur^{42}$ 　过去男人在布袜子里边包脚用的布

手绢儿 $ʂəu^{55-45}tɕy'ɛr^{42}$

小手巾儿　siɔ$^{55\text{-}213}$ʂəu$^{55\text{-}45}$tɕiᶠer^{42}　　小的手绢

毛巾　mɔ^{42}tɕiẽ^{213}　（洗脸用的）

　手巾　ʂəu$^{55\text{-}45}$tɕiẽ˙

围脖儿　uei$^{42\text{-}213}$pər^{42}　（长条的）

　围巾儿　uei^{42}tɕiᶠer^{213}　（方形的）

手套儿　ʂəu$^{55\text{-}45}$tʻᵃɔr^{42}

耳朵帽子　ər$^{55\text{-}45}$təu˙mɔ$^{42\text{-}55}$tsʅ˙　　一种翻下来可以盖住耳朵的棉帽

眼镜　iã^{55}tɕiŋ^{213}

　眼镜儿　iã$^{55\text{-}45}$tɕiᶠ ɚr˙

风镜　fəŋ$^{213\text{-}45}$tɕiŋ^{213}

千里眼　tsʻiã^{213}li˙iã^{55}　望远镜

褡裢　tɑ$^{55\text{-}45}$liã˙　旧时一种搭在肩上前后都可以装东西的布袋

荷包　xə$^{42\text{-}55}$pɔ˙　旧时一种小的布袋，可以装钱、烟末、香料等：钱～|烟袋～|香～

钱包　tsʻiã^{42}pɔ^{213}

皮夹子　pʻi^{42}tɕia$^{55\text{-}45}$tsʅ˙

扇子　ʂã^{42}tsʅ˙

蒲扇　pʻu$^{42\text{-}55}$ʂã˙

芭蕉叶　pɑ^{213}tsiɔ$^{213\text{-}45}$iə^{213}　芭蕉扇

手表　ʂəu$^{55\text{-}213}$piɔ^{55}

镯子　tsuə$^{42\text{-}55}$tsʅ˙

戒指儿　tɕiɛ$^{213\text{-}42}$tʂer˙　（指，儿化后读同"针儿"）

项圈儿　ɕiaŋ$^{213\text{-}45}$tɕʻyer^{213}

脖锁　pə$^{42\text{-}213}$suə^{55}

耳挖子　ər$^{55\text{-}213}$uɑ$^{55\text{-}45}$tsʅ˙　耳勺

别针儿 piə$^{42-55}$tʂer˙

簪子 tsã^{213}tsʅ˙

耳朵坠儿 ər$^{55-45}$təu˙ tsʿuer^{42}

耳朵眼儿 ər$^{55-45}$təu˙ iʿɛr^{55}　耳朵上戴耳环所穿的孔

胭脂 iã^{213}tsʅ˙

粉 fẽ^{55}

　官粉 kuã^{213}fẽ^{55}

裹脚 kuə$^{55-45}$tɕyə˙　旧时妇女缠足的布

伞 suã^{55}

雨伞 y$^{55-42}$suã^{55}　遮雨用的

旱伞 xã^{42}suã^{55}　遮阳光用的

苇笠 uei$^{55-45}$li˙

蓑衣 suə^{213}i˙

雨衣 y^{55}i^{213}

水鞋 suei$^{55-45}$ɕie^{42}　雨鞋

拄棒 tʂu$^{55-45}$paŋ^{42}　拐杖

　拐杖 kuɛ$^{55-45}$tʂaŋ˙

　文明棍儿 uẽ^{42}miŋ$^{42-55}$kuer^{42}

烟袋 iã^{213}tɛ^{42}　烟斗

旱烟袋 xã^{42}iã^{213}tɛ^{42}　旱烟斗

水烟袋 suei^{55}iã^{213}tɛ^{42}　抽水烟用的器具

烟袋荷包 iã^{213}tɛ^{42}xə$^{42-55}$pɔ˙

烟袋坠儿 iã^{213}tɛ^{42}tsʿuer^{42}

烟袋锅子 iã^{213}tɛ^{42}kuə^{213}tsʅ˙

烟袋嘴儿 iã²¹³tɛ⁴²tsʻuer⁵⁵

烟袋油子 iã²¹³tɛ⁴²iəu⁴²⁻⁵⁵tsʅˑ

　烟油子 iã²¹³iəu⁴²⁻⁵⁵tsʅˑ

火镰 xuə⁵⁵⁻⁴⁵liãˑ　旧时取火用品

　火石头 xuə⁵⁵⁻⁴⁵ʂʅˑtʻəuˑ

　火媒纸 xuə⁵⁵⁻⁴⁵mi⁴²⁻⁵⁵tsʅˑ

艾绳 ã²¹³ʂəŋˑ

手纸 ʂəu⁵⁵⁻⁴⁵tsʅ⁵⁵

擦腚纸 tsʻa⁵⁵⁻⁴⁵tiŋ⁴²tsʅ⁵⁵

　草纸 tsʻɔ⁵⁵⁻⁴²tsʅ⁵⁵

十三　饮食

饮食 iẽ⁵⁵⁻⁴⁵ʂʅˑ

饭食 fã⁴²⁻⁵⁵ʂʅˑ　泛称饭菜等吃的东西

　伙食 xuə⁵⁵⁻⁴⁵ʂʅˑ（少）

吃食 tʂʻʅ⁵⁵⁻⁴⁵ʂʅˑ　泛称食品

汤水 tʻaŋ²¹³suei　泛称稀饭、开水冲泡的点心等流质食物

家常便饭 tɕia²¹³tʂʻaŋ⁴²piã²¹³fã⁴²

朝饭 tʂɔ²¹³fãˑ　早饭

晌午饭 ʂaŋ⁵⁵⁻⁴⁵uˑfã⁴²

夜饭 iə⁴²fãˑ　晚饭

零嘴儿 liŋ⁴²tsʻuer⁵⁵　零食

小锅饭 siɔ⁵⁵kuə²¹³fãˑ

体己饭　t'i⁵⁵tɕ'i⁵⁵⁻⁴⁵fã'

大米饭　ta²¹³mi⁵⁵⁻⁴⁵fã⁴²　大米熬的稀饭

干饭　kã²¹³fã⁴²　统称大米或小米做的干饭

小米儿（稀）饭　siɔ⁵⁵⁻⁴²mi'er⁵⁵（ɕi²¹³）fã⁴²　小米稀饭

二米饭　ər⁴²mi⁵⁵fã⁴²　小米与大米或高粱米做的稀饭

剩饭　ʂəŋ⁴²fã'

煳了　xu⁴²⁻⁵⁵ləu'

酸了　suã²¹³ləu'　馊了

丝孬了　sʅ²¹³nɔ'ləu'　食品霉变了

疙渣　kə²¹³tsɑ'　锅巴

白面　pei⁴²miã⁴²　面粉

面　miã⁴²　①面条 ②面粉

面条儿　miã⁴²t'i'ɔr⁴²

　面条子　miã²¹³t'iɔ⁴²⁻⁵⁵tsʅ'

挂面　kuɑ²¹³⁻⁴²miã'

面汤　miã⁴²t'ɑŋ²¹³　①煮面条的汤 ②带有少量的面条的汤

混汤面　xuẽ²¹³⁻⁴⁵t'ɑŋ²¹³miã⁴²　带有菜加芡粉的面条

清汤面　ts'iŋ²¹³⁻⁴⁵t'ɑŋ²¹³miã⁴²

钴馇　ku²¹³tsɑ'　饺子

　饺子　tɕiɔ⁵⁵tsʅ'

馄饨　xuẽ⁴²⁻⁵⁵tuẽ'

片儿汤　pi'ɛr⁴²t'ɑŋ²¹³

钴馇汤　ku²¹³tsɑ't'ɑŋ²¹³　①疙瘩汤 ②饺子汤

稀饭　ɕi²¹³fã'　稠的稀饭，用米或杂粮做的

汤 tʻɑŋ²¹³　很稀的稀饭，用米做的

　米汤 mi⁵⁵⁻⁴⁵tʻɑŋ˙

馒头 mã⁴²⁻⁵⁵tʻəu˙　卷子、饽饽的统称

卷子 tɕyã⁵⁵⁻⁴⁵tsʅ˙　用刀切的长方形馒头

饽饽 pə²¹³pə˙　圆形馒头

花卷儿 xuɑ²¹³tɕyɛr⁵⁵

包子 pɔ²¹³tsʅ˙

锅饼 kuə²¹³piŋ˙

烧饼 ʂɔ²¹³piŋ˙　一种薄而脆的烙饼

火烧 xuə⁵⁵⁻⁴⁵ʂɔ˙　一种较厚的圆形或方形烙饼

饼 piŋ⁵⁵　通称烙制的面饼

油饼 iəu⁴²piŋ⁵⁵　油锅烙的葱花饼

菜 tsʻɛ²¹³　①下饭的菜 ②蔬菜

（蔬）菜（su²¹³⁻⁴⁵）tsʻɛ²¹³

荤菜 xuẽ²¹³⁻⁴⁵tsʻɛ²¹³

素菜 su²¹³tsʻɛ˙

咸菜 ɕiã⁴²⁻⁵⁵tsʻɛ˙　腌～

小菜儿 siɔ⁵⁵⁻⁴⁵tsʻɛr˙　统称主菜以外花生米、咸菜等用小碟儿盛的菜

剩菜 ʂəŋ⁴²tsʻɛ˙

豆腐 təu⁴²⁻⁵⁵fu˙

豆腐皮 təu⁴²⁻⁵⁵fu˙pʻi⁴²

豆腐干儿 təu⁴²⁻⁵⁵fu˙ker²¹³

炸豆腐 tsɑ⁴²təu⁴²⁻⁵⁵fu˙

豆腐脑儿 təu⁴²⁻⁵⁵fu˙nɔr⁵⁵

163

汤子 t'aŋ²¹³tsʅ˙ 　豆汁

豆腐乳 təu⁴²⁻⁵⁵fu˙y⁵⁵

臭豆腐 tʂ'əu²¹³təu⁴²⁻⁵⁵fu˙

瓜渍 kua²¹³tsi˙ 　咸萝卜

麻汁 ma⁴²⁻⁵⁵tʂʅ˙

面酱 miã⁴²tsiaŋ²¹³

粉皮儿 fẽ⁵⁵⁻⁴⁵p'i'er⁴²

粉条儿 fẽ⁵⁵⁻⁴⁵t'i'ɔr⁴²

细粉 si²¹³⁻⁴²fẽ˙ 　圆而细的线状粉条

扁粉 piã⁵⁵⁻⁴⁵fẽ˙ 　宽而扁的粉条

凉粉 liaŋ⁴²fẽ˙

　凉粉儿 liaŋ⁴²fer⁵⁵

馃子 kuə⁵⁵⁻⁴⁵tsʅ˙

　油条 iəu⁴²⁻²¹³t'iɔ⁴²

　麻堂 ma⁴²⁻⁵⁵t'aŋ˙

鸡蛋糕 tɕi²¹³tã⁴²kɔ²¹³

　蛋糕 tã⁴²kɔ²¹³

　槽子糕 tsʻɔ⁴²tsʅ˙kɔ²¹³

藕粉 əu⁵⁵⁻⁴²fẽ⁵⁵

苞米花儿 pɔ²¹³mi⁵⁵xuar²¹³ 　玉米花儿

花生仁儿 xua²¹³⁻⁵⁵səŋ²¹³i'er⁴²

　花生米儿 xua²¹³⁻⁵⁵səŋ²¹³mi'er⁵⁵

味道 uei⁴²tɔ˙

颜色 iã⁴²⁻⁵⁵sei˙

香油　ɕiaŋ²¹³iəu⁴²

脂油　tsʅ²¹³iəu⁴²　（多）

　荤油　xuẽ²¹³iəu⁴²

　大油　tɑ²¹³iəu⁴²

咸盐　ɕiã⁴²⁻²¹³iã⁴²

　盐　iã⁴²

酱油　tsiaŋ²¹³iəu⁴²

　青酱　ts'iŋ²¹³⁻⁴⁵tsiaŋ²¹³

醋　ts'u²¹³

红糖　xuŋ⁴²⁻²¹³t'ɑŋ⁴²

白糖　pei⁴²⁻²¹³t'ɑŋ⁴²

冰糖　piŋ²¹³t'ɑŋ⁴²

大糖　tɑ²¹³t'ɑŋ⁴²　麦芽糖

糖瓜儿　t'ɑŋ⁴²kuar²¹³　　祭灶用的麦芽糖，圆形似瓜，中空

作料　tsuə⁵⁵⁻⁴⁵liɔ˙

大料　tɑ²¹³liɔ⁴²

　八角　pɑ⁵⁵⁻⁴²tɕyə⁵⁵

　八角茴香　pɑ⁵⁵⁻⁴²tɕyə⁵⁵xuei⁴²⁻⁵⁵ɕiaŋ˙

茴香　xuei⁴²⁻⁵⁵ɕiaŋ˙

　小茴香　siɔ⁵⁵⁻⁴⁵xuei⁴²⁻⁵⁵ɕiaŋ˙

花椒　xuɑ²¹³⁻⁴⁵tsiɔ²¹³

胡椒面儿　xu⁴²tsiɔ²¹³miʳer⁴²

葱花儿　ts'uŋ²¹³⁻⁴⁵xuar²¹³

姜末儿　tɕiaŋ²¹³mər⁴²

蒜汁儿　suã²¹³tʂer⁵⁵

粉团　fẽ⁵⁵⁻²¹³tʼuã（或：tʼã⁴²）　芡粉

木耳　mu²¹³ər⁵⁵

银耳　iẽ⁴²ər⁵⁵

黄花儿　xuaŋ⁴²xuar²¹³

海参　xɛ⁵⁵sẽ²¹³

海带　xɛ⁵⁵⁻⁴⁵tɛ˙

海蜇儿　xɛ⁵⁵⁻⁴⁵tʂər˙

肉块儿　iəu²¹³kʼuer⁴²

肉丁儿　iəu²¹³⁻⁴⁵tiˤə̃r²¹³

肉片儿　iəu²¹³⁻⁵⁵pʼiˤɛr⁴²

肉丝儿　iəu²¹³⁻⁴⁵sˤer²¹³

肉末儿　iəu²¹³mər⁴²

肉皮（儿）iəu²¹³pʼi⁴²（pʼiˤer⁴²）

肉冻儿　iəu²¹³tˤũr⁴²

肉汤儿　iəu²¹³⁻⁴⁵tˤãr²¹³

肉松　iəu²¹³⁻⁴⁵suŋ²¹³

米粉肉　mi⁵⁵fẽ⁵⁵⁻⁴⁵iəu˙

扣肉　kʼəu²¹³⁻⁴²iəu˙

红烧肉　xuŋ⁴²ʂɔ²¹³iəu˙

肘子　tʂəu⁵⁵⁻⁴⁵tsʅ˙

蹄子　tʼi⁵⁵⁻⁴⁵tsʅ˙　（多）

　　猪爪儿　tʂu²¹³tsˤuar⁵⁵　（少）

里脊　li⁵⁵⁻⁴²tsi⁵⁵

蹄筋儿 t'i⁴²tɕiˤer²¹³

口条 k'əu⁵⁵t'iɔ⁴²

下水 ɕia⁴²⁻⁵⁵sueiˑ

肺 fei²¹³

肠子 tʂ'aŋ⁴²tsʅˑ

肚子 tu⁵⁵⁻⁴⁵tsʅˑ

肝 kã²¹³

腰子 iɔ²¹³tsʅˑ

腰花儿 iɔ²¹³⁻⁴⁵xuɑr²¹³　　腰子切花后做成的菜

鸡杂儿 tɕi²¹³ts'ɑr⁴²

□□ pu⁴²⁻⁵⁵ts'ʅˑ　鸡胗

猪血 tʂu²¹³ɕiə⁵⁵

鸡血 tɕi²¹³ɕiə⁵⁵

鸡子儿 tɕi²¹³tsˤer⁵⁵

　鸡蛋 tɕi²¹³tã⁴²

炒鸡子儿 ts'ɔ⁵⁵tɕi²¹³tsˤer⁵⁵

　炒鸡蛋 ts'ɔ⁵⁵tɕi²¹³tã⁴²

荷包蛋 xə⁴²⁻⁵⁵pɔˑtã⁴²

炸鸡子儿 tsa⁴²tɕi²¹³tsˤer⁵⁵

煮鸡子儿 tʂu⁵⁵tɕi²¹³tsˤer⁵⁵

　煮鸡蛋 tʂu⁵⁵tɕi²¹³tã⁴²

（冲）鸡子儿汤（ts'uŋ²¹³）tɕi²¹³tsˤer⁵⁵t'aŋ²¹³

　（冲）鸡蛋汤（ts'uŋ²¹³）tɕi²¹³tã⁴²t'aŋ²¹³

蒸鸡子儿 tʂəŋ²¹³⁻⁴⁵tɕi²¹³tsˤer⁵⁵　鸡蛋羹

松花 suŋ²¹³⁻⁴⁵xuɑ²¹³

  松花蛋 suŋ²¹³⁻⁴⁵suɑ²¹³tã⁴²

  变蛋 piã²¹³tã˙

咸鸡蛋 ɕiã⁴²tɕi²¹³tã⁴²

  咸鸡子儿 ɕiã⁴²tɕi²¹³tsʻer⁵⁵

香肠 ɕiaŋ²¹³tʂʻɑŋ⁴²

肉汤（儿）iəu²¹³⁻⁴⁵tʻɑŋ²¹³（tʻãr²¹³）

高汤 kɔ²¹³⁻⁴⁵tʻɑŋ²¹³ <small>肉汤或各种佐料调成的汤</small>

鸡蛋汤 tɕi²¹³tã⁴²tʻɑŋ²¹³

木樨汤 mu²¹³⁻⁴²sy˙tʻɑŋ²¹³

酸辣汤 suã²¹³lɑ²¹³⁻⁴⁵tʻɑŋ²¹³

干鱼 kã²¹³y⁴²

黄酒 xuɑŋ⁴²tsiəu⁵⁵ （兼称料酒）

白酒 pei⁴²tsiəu⁵⁵

  烧酒 ʂɔ²¹³tsiəu⁵⁵

茶水 tsʻɑ⁴²suei˙

茶 tsʻɑ⁴² ①茶水 ②茶叶

开水 kʻɛ²¹³suei⁵⁵

沏茶 tsʻi²¹³tsʻɑ⁴²

  冲茶 tsʻuŋ²¹³tsʻɑ⁴²

做饭 tsəu²¹³fã⁴²

做好了 tsəu²¹³xɔ⁵⁵⁻⁴⁵ləu˙

蒸干饭 tʂəŋ²¹³⁻⁴⁵kã²¹³fã˙

做干饭 tsəu²¹³⁻⁴⁵kã²¹³fã˙ <small>煮干饭</small>

焖干饭 mẽ⁴²⁻⁵⁵kã²¹³fã˙　干饭将熟时用微火继续煮

烧火 ʂɔ²¹³xuə⁵⁵

洗菜 si⁵⁵tsʻɛ²¹³

择菜 tsei⁴²tsʻɛ²¹³

切菜 tsʻiə⁵⁵⁻⁴⁵tsʻɛ˙

炒菜 tsʻɔ⁵⁵⁻⁴⁵tsʻɛ˙

熬汤 ɔ⁴²tʻɑŋ²¹³　熬很稀的大米或小米稀饭

淘米 tʻɔ⁴²mi⁵⁵

和面 xuə⁴²miã˙

揉面剂儿 iəu⁴²⁻²¹³miã⁴²tsiʳer⁴²

擀面条儿 kã⁵⁵⁻⁴⁵miã⁴²tʻiʳɔr⁴²

　擀面 kã⁵⁵⁻⁴⁵miã⁴²

抻面条儿 tʂʻẽ²¹³miã⁴²tʻiʳɔr⁴²

　抻面 tʂʻẽ²¹³miã⁴²

切面条儿 tsʻiə⁵⁵⁻⁴⁵miã˙tʻiʳɔr⁴²

　切面 tsʻiə⁵⁵⁻⁴⁵miã⁴²

下面 ɕia⁴²miã⁴²

捞面 lɔ²¹³miã⁴²

蒸馒头 tʂəŋ²¹³mã⁴²tʻəu˙

发面 fa⁵⁵⁻⁴⁵miã⁴²

酵子 tɕiɔ⁴²tsɿ

凉拌白菜 liaŋ⁴²pã⁴²pei⁴²⁻⁵⁵tsʻɛ˙

炒菜 tsʻɔ⁵⁵⁻⁴⁵tsʻɛ˙

炒肉 tsʻɔ⁵⁵iəu²¹³

氽丸子 tṣʻuã²¹³uã⁴²⁻⁵⁵tsʅ˙

炸丸子 tsɑ⁴²uã⁴²⁻⁵⁵tsʅ˙

包饸馇 pɔ²¹³⁻⁴⁵ku²¹³tsɑ

　包饺子 pɔ²¹³tɕiɔ⁵⁵⁻⁴⁵tsʅ˙

包包子 pɔ²¹³⁻⁵⁵pɔ²¹³tsʅ˙

十四　红白大事

红事儿 xuŋ⁴²sʻer˙ 特指结婚时办的事

亲事 tsʻiẽ²¹³sʅ˙

说媒 ʂuə⁵⁵⁻⁴⁵mei⁴² 做媒

提亲 tʻi⁴²tsʻiẽ²¹³

媒人 mei⁴²⁻⁵⁵iẽ˙

　媒婆 mei⁴²⁻⁵⁵pʻə˙ （背称媒人）

成亲 tṣʻəŋ⁴²tsʻiẽ²¹³

　结婚 tɕiə⁵⁵xuẽ²¹³ （新）

将媳妇儿 tsiaŋ²¹³si⁵⁵⁻⁴⁵fur˙ 娶亲（男方）

出嫁 tṣʻu⁵⁵⁻⁴⁵tɕia˙ 做媳妇

　做媳妇儿 tsəu²¹³si⁵⁵⁻⁴⁵fur˙

相媳妇儿 siaŋ²¹³si⁵⁵⁻⁴⁵fur˙

相女婿儿 siaŋ²¹³ny⁵⁵⁻⁴⁵syʻer˙

定亲 tiŋ⁴²tsʻiẽ²¹³ （老）

　定婚 tiŋ⁴²xuẽ²¹³ （新）

下礼 ɕia⁴²li⁵⁵ 男方给女方送礼，表示婚事确定

好日子　xɔ⁵⁵i˙tsʅ˙

（送）人情（suŋ˙）iẽ⁴²tsʻiŋ⁴²　　送贺礼（多）

　（送）喜礼（suŋ˙）ɕi⁵⁵⁻⁴²li⁵⁵

（送）奁房（suŋ˙）liã⁴²faŋ˙　送嫁妆

相宾　siaŋ²¹³⁻⁴⁵piẽ²¹³　护送新娘去男方结婚的女子

男送　nã⁴²suŋ⁴²　陪同新郎迎亲的人

传毡（子）tʂʻuã⁴²tʂã²¹³（tsʅ˙）　新娘下轿后走入新房，路上铺红毡，数块红毡

　　前后传递

　倒毡（子）tɔ⁵⁵tʂã²¹³（tsʅ˙）

搀拜　tsʻã²¹³pɛ⁴²

拜堂　pɛ⁴²⁻²¹³tʻaŋ⁴²

　拜天地　pɛ⁴²⁻⁵⁵tʻiã²¹³ti⁴²

开脸　kʻe²¹³liã⁵⁵

新郎　siẽ²¹³laŋ⁴²

新娘　siẽ²¹³niaŋ⁴²

　新媳妇儿　siẽ²¹³si⁵⁵⁻⁴⁵fur˙

新房　siẽ²¹³si⁵⁵⁻⁴⁵faŋ⁴²

坐富贵　tsuə⁴²fu²¹³kuei˙　坐帐

合婚酒　xə⁴²xuẽ²¹³tsiəu⁵⁵

闹房　nɔ²¹³faŋ˙

改嫁　kɛ⁵⁵⁻⁴⁵tɕia⁴²

填房　tʻiã⁴²faŋ⁴²

有喜了　iəu⁵⁵⁻⁴²ɕi⁵⁵⁻⁴⁵ləu˙

　怀孕了　xuɛ⁴²yẽ⁴²⁻⁵⁵ləu˙

孕妇　yẽ⁴²fu²¹³

小产　siɔ⁵⁵⁻⁴²sã⁵⁵

　流产　liəu⁴²sã⁵⁵

养　iɑŋ⁵⁵　生（孩子）

接生　tsiə⁵⁵səŋ²¹³

（胞）衣（p'ɔ⁴²）i²¹³

坐月子　tsuə⁴²yə²¹³⁻⁴²tṣ̩·

满月　mã⁵⁵⁻⁴⁵yə⁴²

头生儿　t'əu⁴²⁻⁵⁵s'ə̃r·

　头胎　t'əu⁴²t'ɛ²¹³

一对儿双儿　i⁵⁵t'uer²¹³（或：t'er²¹³）s'uãr⁴²　双生

背生的　pei⁴²⁻⁵⁵səŋ ti·　父亲死去后出生的（·孩子）

老生孩子　lɔ⁵⁵⁻⁴⁵səŋ· xɛ⁴²⁻⁵⁵tṣ̩·

奶奶　nɛ⁵⁵⁻²¹³nɛ⁵⁵　喂奶：你的小孩儿 ~ 不 ~ 啊？| 不 ~ 了

吃奶　tʂ̩⁵⁵⁻⁴²nɛ⁵⁵

尿炕　niɔ⁴²k'ɑŋ⁴²　（小孩）尿床

听说　t'iŋ²¹³ʂuə⁵⁵　乖：这小孩儿两三天也不哭不闹，真 ~

认生　iẽ⁴²səŋ²¹³

腼腆　miã⁵⁵⁻⁴⁵t'iã·　怕羞：这孩子挺 ~

害臊　xɛ⁴²sɔ⁴²　害羞：你也不 ~

生日　səŋ²¹³i⁴²

过生日　kuə· səŋ²¹³i⁴²

庆寿　tɕ'iŋ²¹³⁻⁴⁵ʂəu²¹³

　拜寿　pɛ²¹³⁻⁴⁵ʂəu²¹³

白事　pei⁴²⁻⁵⁵sʅ˙　人死后办理殡葬的事

丧事　saŋ²¹³sʅ˙　背称，面称则不友好

死主　sʅ⁵⁵⁻⁴²tʂu⁵⁵　①意外死亡的人的家主　②办白事的家主

孝子　ɕiɔ²¹³tsʅ˙

咽气儿　iã²¹³⁻⁴²tɕʰiˤerˤ˙

　死了　sʅ⁵⁵⁻⁴⁵ləu˙

　老了　lɔ⁵⁵⁻⁴⁵ləu˙

　倒下　tɔ²¹³ɕia˙　家里～个人，费钱不少

灵床　liŋ⁴²⁻⁵⁵tsʰuaŋ˙

照尸灯　tʂɔ²¹³sʅ⁵⁵təŋ²¹³　放在死人床头的灯

棺材　kuã²¹³tsʰɛˤ⁴²

寿材　ʂəu⁴²tsʰɛˤ⁴²　死前预做的棺材

椁　kə⁵⁵　棺材外边的大棺材

丧舆子　saŋ²¹³y⁴²⁻⁵⁵tsʅ˙　抬棺材的轿，外边的罩子一般用蓝布做成

七星板　tsʰi⁵⁵siŋ²¹³pã⁵⁵　棺材盖下边的一层衬板

入殓　y²¹³liã⁴²

灵柩　liŋ⁴²tɕiəu²¹³　装了死人的棺材

　灵　liŋ⁴²

牌位儿　pʰɛˤ⁴²⁻⁵⁵uer⁴²

守灵　ʂəu⁵⁵⁻⁴⁵liŋ⁴²

出殃　tʂʰu⁵⁵iaŋ²¹³　迷信说死人的鬼魂闹事

烧七　ʂɔ²¹³tsʰi⁵⁵　人死后每隔七天到坟上烧一次纸谓"烧七"，共烧七次

守孝　ʂəu⁵⁵ɕiɔ²¹³

带孝　tɛ²¹³⁻⁴⁵ɕiɔ²¹³

穿孝 tʂʻuã²¹³⁻⁴⁵ɕiɔ²¹³

孝布 ɕiɔ²¹³pu⁴² 表示丧事的白布，有的裱在鞋上

孝帽子 ɕiɔ⁴²⁻⁵⁵mɔ⁴²⁻⁵⁵tsʅˋ 孝子戴的白帽子

梁冠 liaŋ⁴²kuãˋ

搭头 ta⁵⁵⁻⁴⁵tʻəuˋ 哭丧的妇女包在头上的白布

孝衣 ɕiɔ²¹³⁻⁴⁵i²¹³ （包括裤子）

孝服 ɕiɔ²¹³fu⁴²

孝袍子 ɕiɔ²¹³pʻɔ⁴²⁻⁵⁵tsʅˋ 长的孝衣

脱孝 tʻuə⁵⁵ɕiɔ²¹³

孝杖子 ɕiɔ²¹³tʂaŋ⁴²⁻⁵⁵tsʅˋ 丧棒

吊孝 tiɔ²¹³⁻⁴⁵ɕiɔ²¹³

谢孝 siə²¹³⁻⁴⁵ɕiɔ²¹³

祭奠 tsi²¹³tiã⁴²

祭文 tsi²¹³uẽ⁴²

出殡 tʂʻu⁵⁵piẽ²¹³

送殡 suŋ²¹³⁻⁴⁵piẽ²¹³

纸扎 tsʅ⁵⁵⁻⁴⁵tsaˋ 送到坟地烧化的纸人纸马等

金元宝 tɕiẽ²¹³⁻⁴⁵yã⁴²⁻²¹³pɔ⁵⁵ 金色纸做的元宝

银元宝 iẽ⁴²yã⁴²⁻²¹³pɔ⁵⁵ 银色纸做的元宝

破土 pʻə²¹³tʻu⁵⁵

下葬 ɕia²¹³tsaŋ⁴²

上吊 ʂaŋ⁴²tiɔ²¹³

跳井 tʻiɔ²¹³tsiŋ⁵⁵

劙脖子 liˋpə⁴²⁻⁵⁵tsʅˋ 用刀割咽喉自杀

验尸 ia̱²¹³⁻⁴⁵s̩²¹³

骨灰 ku⁵⁵xuei²¹³

骨灰盒子 ku⁵⁵xuei²¹³xə⁴²⁻⁵⁵ts̩˙

十五 迷信

老天爷 lɔ⁵⁵t'ia̱²¹³iə⁴²

灶王爷 tsɔ²¹³⁻⁴²uaŋ˙iə⁴²

　灶神 tsɔ²¹³ʂẽ⁴²

灶马儿 tsɔ²¹³⁻⁴²mar˙ 贴在锅灶后边的画有灶神和简单日历、节令的纸

佛爷 fu⁴²iə˙ 专指如来佛

神 ʂẽ⁴²

　神仙 ʂẽ⁴²⁻⁵⁵sia̱˙

菩萨 p'u⁴²⁻⁵⁵sɑ˙ 专指观音

　观音菩萨 kua̱²¹³⁻⁴⁵iẽ²¹³p'u⁴²⁻⁵⁵sɑ˙

　观音 kua̱²¹³⁻⁴⁵iẽ²¹³

佛堂 fu⁴²⁻⁵⁵t'ɑŋ

神像 ʂẽ⁴²⁻⁵⁵siaŋ˙

香案（子） ɕiaŋ²¹³ã⁴²（ts̩˙）

供桌 kuŋ⁴²tʂuə˙

上供 ʂɑŋ⁴²⁻⁵⁵kuŋ˙

烛台 tsu⁵⁵⁻⁴⁵t'ɛ

蜡烛 lɑ²¹³⁻⁴²tsu˙

香 ɕiaŋ²¹³

香炉 ɕiaŋ²¹³lu⁴²

烧香 ʂɔ²¹³⁻⁴⁵ɕiaŋ²¹³

长明灯 tʂʻaŋ⁴²miŋ⁴²təŋ²¹³

磬 tɕʻiŋ⁴²

木鱼 mu²¹³y⁴²

香钱 ɕiaŋ²¹³tsʻiã⁴²

布施 pu²¹³⁻⁴²sɿ˙

念经 niã⁴²tɕiŋ²¹³

　念佛儿 niã⁴²fur⁴²　吃斋 ~

拜佛（儿）pɛ²¹³fu⁴²（fur⁴²）

打卦 ta⁵⁵⁻⁴⁵kua⁴²

抽签儿 tʂʻəu²¹³⁻⁴⁵tsʻiˊɛr²¹³

庙会 miɔ⁴²xuei⁴²

　山会 sã²¹³xuei⁴²

和尚 xuə⁴²⁻⁵⁵tʂʻəŋ˙

尼姑 ni⁴²ku˙

　姑子 ku²¹³tsɿ˙

道士 tɔ⁴²⁻⁵⁵sɿ˙

火道（士）xuə⁵⁵tɔˊ（sɿ˙）　不能娶妻且必须吃素的道士

家道（士）tɕia²¹³tɔˊ（sɿ˙）　可以娶妻、吃荤的道士

出家 tʂʻu⁵⁵tɕia²¹³

出家人 tʂʻu⁵⁵tɕia²¹³iẽ⁴²

庙 miɔ⁴²　道教庙宇，住道士，供奉元始天尊、老子、关公等

寺 tsʻɿ⁴²　佛教庙宇，住和尚

观　kuã²¹³　道教庙宇，住女道

庵　ã²¹³　佛寺，住尼姑：姑子～

土地庙　tʻu⁵⁵⁻⁴⁵tiˑmiɔ⁴²

土地　tʻu⁵⁵⁻⁴⁵tiˑ　土地神

财神　tsʻɛ⁴²⁻²¹³ʂẽ⁴²　（当地没有财神庙）

　财神爷　tsʻɛ⁴²⁻²¹³ʂẽ⁴²iə⁴²

关帝庙　kuã²¹³ti⁴²miɔ⁴²

关老爷　kuã²¹³lɔ⁵⁵⁻⁴⁵iəˑ

岳王庙　yə²¹³uaŋ⁴²miɔ⁴²

龙王庙　luŋ⁴²⁻⁵⁵uaŋˑmiɔ⁴²

龙王　luŋ⁴²⁻⁵⁵uaŋˑ

　龙王爷　luŋ⁴²⁻⁵⁵uaŋˑiə⁴²

八蜡庙　pa⁵⁵tsa⁵⁵⁻⁴⁵miɔ⁴²　过去离掖城不远的一个庙

城隍庙　tʂʻəŋ⁴²⁻⁵⁵xuaŋˑmiɔ⁴²

城隍　tʂʻəŋ⁴²⁻⁵⁵xuaŋˑ

　城隍爷　tʂʻəŋ⁴²⁻⁵⁵xuaŋˑiə⁴²

阎王　yã⁴²⁻⁵⁵uaŋˑ

　阎王爷　yã⁴²⁻⁵⁵uaŋˑiə⁴²

判官　pʻaŋ²¹³⁻⁴²kuã̃

小鬼儿　siɔ⁵⁵⁻⁴²kuer⁵⁵

生死簿子　səŋ²¹³sʅ⁵⁵pu⁴²⁻⁵⁵tsʅˑ

奈何桥　ne⁵⁵⁻⁴⁵xuəˑtɕʻiɔ⁴²　迷信说人死后要过此桥。俗语曰："～上等三年。"

刀山　tɔ²¹³⁻⁴⁵sã²¹³

鬼门关　kuei⁵⁵mẽ⁴²kuã²¹³

望乡台　uaŋ⁴²ɕiaŋ²¹³t'ɛ⁴²

祠堂　ts'ʅ⁴²⁻⁵⁵t'aŋ˙

拆字儿　ts'ə⁵⁵⁻⁴⁵ts'er˙

拆字儿的　ts'ə⁵⁵⁻⁴⁵ts'ʅ⁴²ti˙

　　拆字儿先生　ts'ə⁵⁵⁻⁴⁵ts'er⁴²siã²¹³sən˙

算命　suã²¹³⁻⁴⁵miŋ²¹³

　　批八字儿　p'i²¹³pa⁵⁵⁻⁴⁵ts'er⁴²

算命的　suã²¹³miŋ²¹³⁻⁴²ti˙

　　算命先生　suã²¹³miŋ²¹³⁻⁴²siã²¹³sən˙

相面　siaŋ²¹³miã⁴²

相面的　siaŋ²¹³miã⁴²ti˙

算卦　suã²¹³kua˙

算卦的　suã²¹³kua˙ti˙

算命打卦　suã⁴²⁻⁴⁵miŋ²¹³ta⁵⁵⁻⁴⁵kua⁴²

妨　faŋ²¹³　<small>迷信认为有的人（多指妇女）命中注定会给家人带来灾祸：～ 死男人</small>

教堂　tɕiɔ²¹³t'aŋ⁴²

天主堂　t'iã²¹³tʂu⁵⁵t'aŋ⁴²

传教的　tʂ'uã⁴²⁻²¹³tɕiɔ²¹³⁻⁴²ti˙

信教的　siẽ²¹³tɕiɔ²¹³⁻⁴²ti˙

神婆子　ʂẽ⁴²⁻⁵⁵p'ə˙tsʅ　<small>巫婆</small>

下神　ɕia²¹³ʂẽ⁴²

神仙附体　ʂẽ⁴²siã²¹³fu⁴²t'i⁵⁵

许愿　ɕy⁴²yã²¹³

还愿　xuã⁴²yã²¹³

178

十六　讼事

打官司　tɑ⁵⁵kuã²¹³s̩ˑ　（多）

讼事　syŋ²¹³sĩˑ　（少）

告状　kɔ²¹³tsuaŋ⁴²

告　kɔ⁴²　~你　（起诉你）

呈子　tʂʻən⁴²⁻⁵⁵ts̩ˑ

警堂木　tɕiŋ²¹³tʻaŋ⁴²mu²¹³

过堂　kuə²¹³tʻaŋ⁴²

开庭　kʻɛ²¹³⁻⁴⁵tʻiŋ²¹³　（新）

退堂　tʻuei²¹³（或：tʻei²¹³）tʻaŋ⁴²

证人　tʂəŋ²¹³iẽ⁴²

人证　iẽ⁴²tʂəŋ²¹³

物证　u²¹³⁻⁴⁵tʂəŋ²¹³

对质　tei²¹³tʂ̩ˑ

刑事　ɕiŋ⁴²⁻⁵⁵sĩˑ

家务事（儿）tɕiɑ²¹³uˑsĩ⁴²（sˤer⁴²）　家庭纠纷：清官难断 ~

债务　tsɛ²¹³uˑ

饥荒　tɕi²¹³xuaŋˑ

讼师　syŋ⁴²⁻⁴⁵sĩˑ

律师　ly²¹³⁻⁴⁵sĩ²¹³　（新）

代书　tɛ²¹³⁻⁴⁵ʂu²¹³　替人写状子的人

服　fu⁴²

不服　pu˙fu⁴²

上诉　ṣɑŋ²¹³⁻⁴⁵su²¹³

宣判　syã²¹³pʻã˙

招认　tṣɔ²¹³iẽ˙

屈打成招　tɕʻy⁵⁵tɑ⁵⁵tṣʻəŋ⁴²tṣɔ²¹³

口供　kʻəu⁵⁵⁻⁴⁵kuŋ˙　记录下来的犯人供词

供　kuŋ⁴²　认罪，承认：你杀了人，~ 不 ~ ？~！

咬　iɔ⁵⁵　牵连，诬赖别人：把他 ~ 上了

同谋　tʻuŋ⁴²mu⁴²　（口语不用）

故犯　ku²¹³fã⁴²　（口语不用）

犯法　fã⁴²fɑ⁵⁵

犯罪　fã⁴²tsuei²¹³

赖　lɛ²¹³　诬赖，诬告：没有的事，被 ~ 上了

连坐　liã⁴²tsuə⁴²

开释　kʻɛ²¹³ṣ̩⁴²

假释　tɕia⁵⁵⁻⁴⁵ṣ̩⁴²

保释　pɔ⁵⁵⁻⁴⁵ṣ̩⁴²

取保　tɕʻy⁵⁵⁻²¹³pɔ⁵⁵

押起来　ia⁵⁵⁻⁴⁵tɕʻi˙lɛ˙

提出来　tʻi⁴²⁻⁵⁵tṣʻu˙lɛ˙　从狱中提出来审问

押解　ia⁵⁵⁻⁴²tɕiɛ⁵⁵

囚车　tsʻiəu⁴²tṣʻə²¹³

青天老爷　tsʻiŋ²¹³⁻⁴⁵tʻiã²¹³lɔ⁵⁵iə˙

清官　tsʻiŋ²¹³⁻⁴⁵kuã²¹³

铁面无私 tʻiə⁵⁵miã²¹³u⁴²sʅ²¹³

赃官 tsɑŋ²¹³⁻⁴⁵kuã²¹³

胡涂官 xu⁴²⁻⁴⁵tuˑkuã²¹³

贪赃 tʻã²¹³⁻⁴⁵tsɑŋ²¹³

使钱 sʅ⁵⁵tsʻiã⁴²

罚钱 fɑ⁴²tsʻiã⁴²

枪毙了 tsʻiaŋ²¹³pi⁴²⁻⁵⁵ləuˑ

上刑 ʂɑŋ²¹³ɕiŋ⁴²

打腚板子 ta⁵⁵⁻⁴⁵tiŋ⁴²pã⁵⁵⁻⁴⁵tsʅˑ

上枷 ʂɑŋ²¹³⁻⁴⁵tɕia²¹³

带手铐 tɛ²¹³ʂəu⁵⁵kʻɔ²¹³

带脚镣 tɛ²¹³tɕyə⁵⁵⁻⁴⁵liɔ⁴²

吊起来 tiɔ²¹³⁻⁴²tɕʻiˑlɛˑ

倒背手绑起来 tɔ⁴²pei²¹³ʂəu⁵⁵paŋ⁵⁵⁻⁴⁵tɕʻiˑlɛˑ

坐监 tsuə⁴²tɕiã²¹³

　坐牢 tsuə⁴²lɔ⁴²

探监 tʻã²¹³⁻⁴⁵tɕiã²¹³

立约 li²¹³yə⁵⁵　<small>双方订立契约</small>

立字据 li²¹³⁻⁴⁵tsʅ²¹³tɕy　<small>一方开立单方书面凭据</small>

订合同 tiŋ²¹³xə⁴²⁻⁵⁵tʻuŋˑ　<small>双方为共同办某件事而订立的共同遵守的条文</small>

画押 xua²¹³ia⁵⁵　<small>签字 ~</small>

摁手印儿 ẽ²¹³ʂəu⁵⁵iˑer　

磕戳儿 kʻɑˑtʂʻʮər⁵⁵　<small>盖印儿</small>

租子 tsu²¹³tsʅˑ

地契　ti⁴²tɕ⁺i²¹³

房契　faŋ⁴²tɕ⁺i²¹³

白头纸儿　pei⁴²t⁺əu˙ts⁺er⁵⁵　指没有官府盖印的契约

交税　tɕiɔ²¹³suei˙

纳税　na⁴²suei˙

执照　tʂʅ⁵⁵⁻⁴⁵tʂɔ˙

告示　kɔ⁴²sʅ˙

布告　pu²¹³kɔ⁴²

通知　t⁺uŋ²¹³⁻⁴⁵tʂʅ²¹³

路条　lu⁴²t⁺iɔ⁴²

命令　miŋ²¹³liŋ⁴²

印　iẽ²¹³　（官府用的）

印把子　iẽ²¹³pa˙tsʅ　权力：丢了～了|～叫人夺去了

私访　sʅ²¹³faŋ⁵⁵

交代　tɕiɔ²¹³tɛ˙

上任　ʂaŋ⁴²iẽ²¹³

罢免　pa⁴²（或：pa²¹³）miã⁵⁵

衙门　ia⁴²mẽ

县官儿　ɕiã²¹³⁻⁴⁵kuɛr²¹³

县长　ɕiã²¹³tʂaŋ⁵⁵

十七　日常生活

起来　tɕ'i⁵⁵⁻⁴⁵lɛ⁴²

穿衣裳　tʂ'uã²¹³i²¹³ʂaŋ˙

洗脸　si⁵⁵⁻²¹³liã⁵⁵

漱口　su²¹³k'əu⁵⁵

刷牙　suɑ⁵⁵⁻⁴⁵iɑ⁴²

梳头　su²¹³t'əu⁴²

刮头（发）kuɑ⁵⁵t'əu⁴²⁻⁵⁵（fɑ˙）　拿篦子 ~

梳辫子　su²¹³piã⁴²tsʅ

挽纂儿　uã⁵⁵⁻⁴²ts'uer⁵⁵

铰指甲　tɕiɔ⁵⁵tsʅ⁵⁵⁻⁴⁵tɕiɑ˙

刮胡子　k'uɑ⁵⁵xu⁴²⁻⁵⁵tsʅ

刮脸　k'uɑ⁵⁵⁻²¹³liã⁵⁵

抠耳朵　k'əu²¹³ər⁵⁵⁻⁴⁵təu˙

上班儿　ʂaŋ⁴²per²¹³

下班儿　ɕia⁴²per²¹³

歇工　ɕiə⁵⁵kuŋ²¹³　①收工：天黑了，该 ~ 了 ②休班：他在家 ~

出去了　tʂ'u⁵⁵tɕ'i˙ləu˙

回家了　xuei⁴²tɕia²¹³ləu˙

耍　suɑ⁵⁵　玩儿

逛　kuaŋ²¹³

溜达溜达　liəu²¹³tɑ˙liəu²¹³tɑ˙

饥困了　tɕi²¹³k'uẽ˙ləu˙　饿了

183

没味　mei²¹³uei⁴²

　没滋味儿　mei²¹³tsʅ²¹³uer⁴²

吃早饭　tʂʅ⁵⁵tɔ⁵⁵⁻⁴⁵fã⁴²

吃晌饭　tʂʅ⁵⁵ʂaŋ⁵⁵⁻⁴⁵fã⁴²

吃下晌饭　tʂʅ⁵⁵ɕia²¹³ʂaŋ⁴²（或：xaŋ⁴²）fã⁴²　吃晚饭

掇饭　tuə⁵⁵fã⁴²　端饭

舀饭　iɔ⁵⁵fã⁴²

啖饭　te⁵⁵fã⁴²　吃饭

□菜　tɔ²¹³⁻⁴⁵tsʻɛ²¹³　用筷子夹菜

舀汤　iɔ⁵⁵tʻɑŋ²¹³

喝汤　xɑ⁵⁵tʻɑŋ²¹³

使唤筷子　sʅ⁵⁵⁻⁴⁵xuã⁴²kʻuɛ²¹³⁻⁴²tsʅ˙　用筷子

肉不烂　iəu²¹³pu⁵⁵lã⁴²

饭生　fã⁴²⁻⁵⁵səŋ²¹³

咬不动　iɔ⁵⁵pu˙tuŋ⁴²

噎着了　iə⁵⁵tsʅˌ ləu˙

打嗝儿　tɑ⁵⁵kər²¹³

下作　ɕia⁴²tsuə˙　贪食，抢着吃：这个人吃饭真～

细嚼慢咽　si²¹³tsyə⁴²mã⁴²iã²¹³

撑着了　tsʻəŋ²¹³tsʅˌ ləu˙

喝茶水　xɑ⁵⁵tsʻɑ⁴²suei⁵⁵

喝酒　xɑ⁵⁵⁻²¹³tsiəu⁵⁵

吃烟　tʂʅ⁵⁵iã²¹³

洗手　si⁵⁵⁻²¹³ʂəu⁵⁵

洗脚　si⁵⁵⁻²¹³tɕyə⁵⁵

洗澡　si⁵⁵⁻²¹³tsɔ⁵⁵

搓身子　tsʻuə²¹³⁻⁴⁵ʂẽ²¹³tsʅˋ

小便　siɔ⁵⁵piã²¹³

　　尿尿　niɔ⁴²niɔ⁴²（或：niɔ⁴²⁻²¹³niɔ⁴²）

大便　tɑ²¹³⁻⁴⁵piã²¹³

　　拉屎　lɑ²¹³sʅ⁵⁵

风凉　fəŋ²¹³liaŋ⁴²　_{乘凉：上树底下 ～ 去}

晒日头儿　sɛ²¹³i²¹³⁻⁴²tˁəurˋ

烤火　kʻɔ⁵⁵⁻²¹³xuə⁵⁵

点灯　tiã⁵⁵təŋ²¹³

吹灯　tsʻuei²¹³⁻⁴⁵təŋ²¹³　（把油灯吹灭）

熄灯　si⁵⁵təŋ²¹³　（把电灯熄了）

歇歇　ɕiə⁵⁵⁻⁴⁵ɕiəˋ（或：ɕiə⁵⁵⁻⁴²ɕiəˋ）

打盹儿　tɑ⁵⁵⁻²¹³tʻuer⁵⁵（或：tʻer⁵⁵）

打瞌睡　tɑ⁵⁵kʻɑ⁵⁵⁻⁴⁵suei⁴²

抖擞　tei⁴²səuˋ　_{抖落，发抖}

铺炕　pʻu²¹³⁻⁴⁵kʻaŋ²¹³　　把被褥铺开

脱衣裳　tʻuə⁵⁵i²¹³ʂaŋˋ

解扣儿　tɕiɛ⁵⁵kʻəur²¹³

脱鞋　tʻuə⁵⁵⁻²¹³ɕiɛ⁴²

上炕　ʂaŋ⁴²kʻaŋ²¹³

趄下　tɕʻiə²¹³ɕiaˋ　_{躺下}

睡了　suei⁴²⁻⁵⁵ləuˋ

打呼噜 ta⁵⁵xu²¹³lu˙

睡迷糊了 suei⁴²mi⁴²⁻⁵⁵xu⁴²ləu˙

睡不着觉 suei⁴²pu˙tʂuə⁴²tɕio²¹³

歇晌 ɕiə⁵⁵⁻²¹³ʂaŋ⁵⁵　午休

仰着睡 iaŋ⁵⁵⁻⁴⁵tsʅ˙suei⁴²

支腿睡 tsʅ²¹³tʰei⁵⁵suei⁴²　拱腿仰睡

蜷腿睡 tɕʰyã⁴²tʰei⁵⁵suei⁴²　蜷腿侧睡

失枕了 ʂʅ⁴²tʂẽ²¹³⁻⁴²ləu˙（或：ʂʅ⁴²tʂẽ²¹³⁻⁵⁵ləu˙）

腿肚子转筋儿了 tʰei⁵⁵tu⁴²tsʅ˙tʂuã⁴²tɕiʰer²¹³ləu˙

做梦 tsəu²¹³məŋ⁴²

说睡语 ʂuə⁵⁵suei⁴²⁻⁵⁵y˙

压心了 ia⁴²siẽ²¹³ləu˙　梦魇：他说不出话来，是 ~

拉夜 la⁵⁵iə⁴²　开夜车

十八　交际

往来 uaŋ⁵⁵lɛ⁴²　人情

客 kʰei⁵⁵　客人（不论男女）

送人情 suŋ²¹³iẽ⁴²tsʰiŋ⁴²　送礼

　打人情 ta⁵⁵iẽ⁴²tsʰiŋ⁴²

你来了？ ni⁵⁵lɛ⁴²ləu˙　（单数）

恁来了？ nẽ⁵⁵lɛ⁴²ləu˙　（复数）

恁待走？ nẽ⁵⁵tɛ⁴²tsəu⁵⁵　（单复数都用）

再来呔！ tsɛ²¹³lɛ⁴²xaŋ⁵⁵

别送了　pei⁴²suŋ⁴²ləu˙　　不要送了

招待　tʂɔ²¹³tɛ⁴²

待客　tɛ⁴²kʻei⁵⁵

打官腔儿　ta⁵⁵kuã²¹³⁻⁴⁵tɕʻiˠãr²¹³

果碟子　kə⁵⁵tiə⁴²⁻⁵⁵tsʅ˙

馃子　kuə⁵⁵⁻⁴⁵（或：kə⁵⁵⁻⁴⁵）tsʅ˙　　糕点的统称

倒茶　tɔ⁵⁵⁻²¹³tsʻɑ⁴²

旱烟　xã⁴²iã²¹³

抽烟　tʂʻəu²¹³⁻⁴⁵iã²¹³

　吃烟　tʂʅ⁵⁵iã²¹³

摆酒席　pɛ⁵⁵tsiəu⁵⁵⁻⁴⁵si⁴²

一桌酒席　i⁵⁵⁻²¹³tsuə⁵⁵tsiəu⁵⁵si⁴²

请帖　tsʻiŋ⁵⁵⁻⁴²tʻiə⁵⁵

下请帖　ɕia⁴²tsʻiŋ⁵⁵⁻⁴²tʻiə⁵⁵

上席　ʂaŋ⁴²⁻²¹³si⁴²　　首座儿

下席　ɕia⁴²⁻²¹³si⁴²　　末座儿

打横儿　ta⁵⁵⁻⁴⁵xə̃r⁴²　　横座儿

上席　ʂaŋ⁴²si⁴²　　入席

上菜　ʂaŋ⁴²tsʻɛ²¹³

斟酒　tʂẽ²¹³tsiəu⁵⁵

劝酒　tɕʻyã²¹³tsiəu⁵⁵

敬酒　tɕiŋ²¹³tsiəu⁵⁵

　让酒　iaŋ²¹³tsiəu⁵⁵

干杯　kã²¹³⁻⁴⁵pei²¹³

干出来 kã²¹³tʂʼu⁵⁵lɛ⁴²

湎 miã⁴² <small>喝完，干杯：来，咱们～上这一杯</small>

当客儿 taŋ²¹³kʼer⁵⁵

　做客儿 tsəu²¹³kʼer⁵⁵

捎封信去 sɔ²¹³fəŋˑsiẽ²¹³⁻⁴²tɕʼi <small>①托人带信 ②从邮局寄信</small>

捎个信儿 sɔ²¹³kəˑsiʼer⁴² <small>①顺便带封信 ②捎口信儿</small>

匿名信 ni⁴²miŋ⁴²siẽ²¹³

装扮 tsuaŋ²¹³pã⁴²

装病儿 tsuaŋ²¹³piʼə̃r⁴²

不对付 puˑtei⁵⁵⁻⁴⁵fu <small>不和</small>

不说话儿 puˑʂuə⁵⁵⁻⁴⁵xuar⁴²

气不忿儿 tɕʼi²¹³puˑfer⁴² <small>不平，气忿</small>

背黑锅 pei²¹³xei⁵⁵kuə²¹³

笑话 siɔ²¹³⁻⁴²xuaˑ

笑话人 siɔ²¹³⁻⁴²xuaˑiẽ⁴² <small>讥笑人</small>

参嘴儿 tsʼã²¹³tsʼuer⁵⁵ <small>插嘴</small>

　参言 tsʼã²¹³iã⁴²

挑疵 tʼiɔ²¹³tsʼɿ

□巴 liə⁵⁵⁻⁴⁵paˑ <small>用白眼珠狠狠地看一眼，表示不满</small>

　□后 ua⁵⁵⁻⁴⁵xəuˑ

拿架子 na⁴²tɕia⁴²tsɿˑ <small>摆架子</small>

　摆谱儿 pɛ⁵⁵pʼur²¹³

拿一把儿 na⁴²iˑpar⁵⁵ <small>用某种特长或权势要挟人</small>

　拿把 na⁴²pa⁵⁵

装痴　tsuaŋ²¹³⁻⁴⁵tʂʅ²¹³　～卖傻

丢人　tiəu²¹³iẽ⁴²　～现眼

现眼　ɕiã⁵⁵⁻⁴²iã⁵⁵

不搭理　puˑtɑ⁵⁵⁻⁴⁵liˑ　不理睬

　不理识　puˑli⁵⁵⁻⁴⁵ʂʅ

取乐儿　tsʻy⁵⁵⁻⁴⁵luər⁴²　开玩笑

闹洋相　nɔ²¹³iaŋ⁴²siaŋ²¹³　作滑稽相让人发笑

舔腚　tʻiã⁵⁵⁻⁴⁵tiŋ⁴²　巴结，拍马屁

背黑锅　pei²¹³xei⁵⁵kuə²¹³　替别人顶罪名

十九　商业

商号儿　ʂɑŋ²¹³xɔr⁴²

幌子　xuɑŋ⁵⁵⁻⁴⁵tsʅˑ

开店儿　kʻɛ²¹³tiˤɛr⁴²

摆摊儿　pe⁵⁵tʻˤɛr⁴²

做买卖　tsəu²¹³mɛ⁵⁵⁻⁴⁵mɛˑ

　跑买卖　pʻɔ⁵⁵⁻²¹³mɛ⁵⁵⁻⁴⁵mɛˑ

开张　kʻɛ²¹³⁻⁴⁵tʂɑŋ²¹³

关门儿　kuã²¹³mer⁴²

盘出去　pʻã⁴²tʂʻuˑtɕʻiˑ

点货　tiã⁵⁵xuə²¹³

栏柜　lã²¹³kuei⁴²

账房儿　tʂɑŋ²¹³fãrˑ

掌柜的　tʂaŋ⁵⁵kuei⁴²⁻⁵⁵ti˙

经理　tɕiŋ²¹³li⁵⁵

伙计　xuə⁵⁵⁻⁴⁵tɕi˙

学徒的　ɕyə⁴²tʻu⁴²ti˙

主户　tʂu⁵⁵⁻⁴⁵xu˙　顾客

要价儿　iɔ²¹³tɕiʻar⁴²

还价儿　xuã⁴²tɕiʻar⁴²

不讲价儿　puˑtɕiaŋ⁵⁵tɕiʻar⁴²

便宜　pʻiã⁵⁵⁻⁴⁵i˙

　贱　tsiã⁴²

贵　kuei²¹³

赔　pʻei⁴²

包圆儿　pɔ²¹³yʻɛr⁴²

记账　tɕi²¹³⁻⁴⁵tʂaŋ²¹³

赊账　ʂə²¹³⁻⁴⁵tʂaŋ²¹³

陈账　tʂʻẽ⁴²tʂaŋ²¹³

要账　iɔ²¹³⁻⁴⁵tʂaŋ²¹³

黄了　xuaŋ⁴²ləu˙　赊的钱收不回来：这笔账 ~

存钱　tsʻuẽ⁴²tsʻiã⁴²

存项　tsʻuẽ⁴²ɕiaŋ⁴²　积存的钱款：他的 ~ 不小

零钱　liŋ⁴²tsʻiã⁴²

零花钱　liŋ⁴²xua²¹³tsʻiã⁴²

单据　tã²¹³tɕy⁴²

算盘子　suã²¹³pʻã⁴²⁻⁵⁵tsʮ˙

秤　tʂʻəŋ²¹³

戥子　təŋ⁵⁵⁻⁴⁵tsɿ˙

秤坨　tʂʻəŋ²¹³tʻuə⁴²

秤钩子　tʂʻəŋ²¹³kəu²¹³tsɿ˙

秤杆子　tʂʻəŋ²¹³kã⁵⁵tsɿ˙

秤星儿　tʂʻəŋ²¹³⁻⁴⁵siʿə̃r²¹³

称称　tʂʻəŋ²¹³tʂʻəŋ⁴²

开消　kʻɛ²¹³siɔ⁴²

路费　lu⁴²fei²¹³

　盘缠　pʻã⁴²⁻⁵⁵tʂʻã˙

本钱　pẽ⁵⁵⁻⁴⁵tsʻiã˙

老本儿　lɔ⁵⁵⁻⁴²per⁵⁵　连～都赔上了

利钱　li⁴²tsʻiã˙

驴打滚儿　ly⁴²tɑ⁵⁵⁻²¹³kuer⁵⁵　利上加利

好时气　xɔ⁵⁵sɿ˙tɕʻi˙　好运气，走运

该　kɛ²¹³　欠：～他十块钱

挣钱　tsəŋ²¹³tsʻiã⁴²　赚钱

赔本儿　pʻei⁴²per⁵⁵

票子　pʻiɔ⁴²tsɿ˙　纸币

元宝　yã⁴²⁻²¹³pɔ⁵⁵

铜子儿　tʻuŋ⁴²⁻²¹³tsʿer⁵⁵　铜制硬币，外圆内方

制钱儿　tʂʅ²¹³tsʻiʿɛr⁴²　明清时由本朝制造的铜钱

字儿　tsʿer⁴²　硬币有数字的一面

面儿　miʿer⁴²　硬币无数字的一面

洋钱　iaŋ⁴²tsʻiã⁴²

一块钱　i⁵⁵kʻuɛ²¹³tsʻiã⁴²

一毛钱　i⁵⁵mɔ⁵⁵tsʻiã⁴²

一个铜子儿　i⁵⁵kəˈtʻuŋ⁴²tsʻer⁵⁵

赁房子　liẽ²¹³faŋ⁴²⁻⁵⁵tsʅˈ

典房子　tiã⁵⁵faŋ⁴²⁻⁵⁵tsʅˈ

绸缎庄　tʂʻəu⁴²⁻⁵⁵tuã（或：tã）tsuaŋ²¹³

杂货铺　tsɑ⁴²⁻⁵⁵xuəˈpʻu²¹³

当铺　taŋ²¹³⁻⁴⁵pʻu²¹³

钱庄　tsʻiã⁴²tsuaŋ²¹³

银行　iẽ⁴²⁻²¹³xaŋ⁴²

银匠　iẽ⁴²tsiaŋˈ

饭馆子　fã⁴²kuã⁵⁵⁻⁴⁵tsʅˈ

下馆子　ɕia⁴²kuã⁵⁵⁻⁴⁵tsʅˈ

跑堂儿的　pʻɔ⁵⁵tʻãr⁴²tiˈ

粮店　liaŋ⁴²tiã²¹³

店　tiã²¹³　客栈

油坊　iəu⁴²⁻⁵⁵faŋˈ

皮匠　pʻu⁴²tsiaŋˈ

锔锅的　tɕy⁵⁵kuə²¹³tiˈ

锢漏子　ku⁴²luˈtsʅ　铜锅铜盆的匠人

焊匠　xã⁴²tsiaŋˈ

木匠　mu⁴²tsiaŋˈ

拐子尺　kuɛ⁵⁵⁻⁴⁵tsʅˈtʂʻʅ⁵⁵　曲尺

灰斗子　xuei²¹³təu⁵⁵⁻⁴⁵tsȵ˙　　墨斗

瓦匠　ua⁵⁵⁻⁴²tsiaŋ˙

瓦刀　ua⁵⁵tɔ²¹³

泥板　mi²¹³⁻⁴²pã˙　　抹子

麻刀　ma⁴²⁻⁵⁵tɔ˙　　抹墙时和在泥中的碎麻

铁匠铺　tʻiə⁵⁵⁻⁴⁵tsiaŋ˙pʻu²¹³

铁匠　tʻiə⁵⁵⁻⁴⁵tsiaŋ˙

成衣铺　tʂʻəŋ⁴²⁻⁵⁵i˙pʻu²¹³

　　裁缝铺　tsʻɛ⁴²⁻⁵⁵fəŋ˙pʻu²¹³

剃头匠儿　tʻi²¹³tʻəu⁴²tsiˤãr⁴²

待诏担子　tɛ⁴²⁻⁵⁵tʂəu˙tã⁴²tsȵ˙　　剃头挑子：～ 一头热（言一厢情愿）

头发茬子　tʻəu⁴²⁻⁵⁵fɑ˙tsʻa⁴²⁻⁵⁵tsȵ˙

剃头刀子　tʻi²¹³tʻəu⁴²tɔ²¹³tsȵ˙

推子　tʻei²¹³tsȵ˙

剃头　tʻi²¹³tʻəu⁴²

刮脸　kʻua⁵⁵⁻²¹³liã⁵⁵　　修面

刮胡子　kʻua⁵⁵⁻²¹³xu⁴²⁻⁵⁵tsȵ˙

剃和尚头　tʻi²¹³xuə⁴²⁻⁵⁵tʂʻəŋ˙tʻəu⁴²　　剃光头

剃平头　tʻi²¹³pʻiŋ⁴²tʻəu⁴²

剃分头　tʻi²¹³fẽ²¹³tʻəu˙

洗头　si⁵⁵tʻəu⁴²

捶脊梁　tsʻuei⁴²tsi⁵⁵liaŋ⁴²

抠耳朵　kʻəu²¹³ər⁵⁵təu⁴²

澡堂子　tsɔ⁵⁵tʻaŋ⁴²tsȵ˙

寿衣铺子　ʂəu²¹³⁻⁴⁵i²¹³p'u⁴²tsʅ˙

棺材铺　kuã²¹³ts'ɛ⁴²p'u²¹³

宰把子　tsɛ⁵⁵⁻²¹³pa⁵⁵⁻⁴²tsʅ˙　屠夫

杀猪　sa⁵⁵tʂu²¹³

宰羊　tsɛ⁵⁵⁻⁴⁵iaŋ⁴²

　杀羊　sa⁵⁵iaŋ⁴²

宰牛　tsɛ⁵⁵niəu⁴²

肉铺子　iəu²¹³p'u⁴²tsʅ˙

肉案子　iəu²¹³ã⁴²tsʅ˙　卖肉用的长桌子

二十　文化教育

读书人　tu⁴²ʂu²¹³iẽ⁴²

识字儿的　ʂʅ⁵⁵⁻⁴⁵ts'er˙ti˙

睁眼儿瞎　tsəŋ²¹³iˤɛr˙ɕia⁵⁵　文盲

学校　ɕyə⁴²⁻⁵⁵ɕiɔ˙

　学屋　ɕyə⁴²⁻⁵⁵u˙

上学　ʂaŋ²¹³ɕyə⁴²

招生　tʂɔ²¹³⁻⁴⁵ʂəŋ²¹³（或：səŋ²¹³）

报名　pɔ²¹³miŋ⁴²

考场　k'ɔ⁵⁵⁻⁴²tʂ'aŋ⁵⁵

唱号　tʂ'aŋ²¹³xɔ⁴²

卷子　tɕyã⁴²tsʅ˙

交卷儿　tɕiɔ²¹³tɕyɛr⁴²

收卷儿 ʂəu²¹³tɕyɛr⁴²

交白卷儿 tɕiɔ²¹³pei⁴²tɕyɛr⁴²

交头卷 tɕiɔ²¹³tʻəu⁴²tɕyã⁴²

批卷儿 pʻi²¹³tɕyɛr⁴²

出榜儿 tʂʻu⁵⁵⁻⁴²pãr⁵⁵

第一名 ti⁴²i⁵⁵⁻⁴⁵miŋ˙

坐小椅子 tsuə⁴²siɔ⁵⁵⁻²¹³i⁵⁵⁻⁴⁵tsʅ˙ 　最后一名

考上了 kʻɔ⁵⁵⁻⁴⁵ʂaŋ⁴²ləu˙

落榜了 luə²¹³paŋ⁵⁵⁻⁴⁵ləu˙

毕业 pi⁵⁵iə²¹³

毕业证儿 pi⁵⁵iə²¹³tʂɤ̃r⁴²

私塾 sʅ²¹³su⁵⁵

上学 ʂaŋ⁴²⁻²¹³ɕyə⁴²

放学 faŋ²¹³ɕyə⁴²

放假 faŋ²¹³tɕia⁵⁵

放伏假 faŋ²¹³fu⁴²tɕia⁵⁵ 　放暑假

放寒假 faŋ²¹³xã⁴²tɕia⁵⁵

百家姓儿 pei⁵⁵tɕia²¹³siʻɤ̃r⁴²

千字文 tsʻiã²¹³tsʅʻuẽ⁴²

三字经儿 sã²¹³tsʅˈtɕiʻɤ̃r⁴²

念书 niã⁴²ʂu²¹³

温书 uẽ²¹³⁻⁴⁵ʂu²¹³

背书 pei⁴²ʂu²¹³

写仿 siə⁵⁵⁻²¹³faŋ⁵⁵

仿纸　faŋ$^{55\text{-}42}$tsʅ^{55}

描红　miɔ^{42}xuŋ^{42}

批仿　pʻi^{213}faŋ^{55}

作文儿　tsuə^{42}uer^{42}

　写文章　siə^{55}uẽ^{42}tʂaŋ˙

稿儿　kɔr^{55}

起个草儿　tɕʻi$^{55\text{-}45}$kə˙tsʻɔr^{55}

誊清儿　tʻəŋ^{42}tsʻi˙ə̃r^{213}

抹了　mə^{55}ləu˙

改文章　ke$^{55\text{-}45}$uẽ^{42}tʂaŋ˙

写白字儿　siə$^{55\text{-}45}$pei^{42}tsʻer˙　写别字

漏字儿　ləu^{42}tsʻer^{42}

满分儿　mã^{55}fer^{213}（或：mã$^{55\text{-}45}$fer˙）

零分儿　liŋ$^{42\text{-}55}$fer˙

　鸭蛋　ia^{55}tã^{42}

钢笔　kaŋ^{213}pi^{55}　自来水笔

钢笔头儿　kaŋ^{213}pi^{55}tʻəur^{42}

蘸水儿钢笔　tsã^{213}sʻuer^{55}kaŋ^{213}pi^{55}

毛笔　mɔ^{42}pi^{55}

　水笔　suei$^{55\text{-}42}$pi^{55}

大字儿笔　ta^{213}tsʻer^{42}pi^{55}

小字儿笔　siɔ$^{55\text{-}45}$tsʻer^{42}pi^{55}

笔杆儿　pi$^{55\text{-}213}$ker^{55}

笔头儿　pi$^{55\text{-}45}$tʻəur^{42}

笔尖儿 ipi⁵⁵tsiˤɛr²¹³

笔帽儿 pi⁵⁵mɔr⁴²

笔筒 pi⁵⁵⁻⁴²tˤuŋ⁵⁵

砚台 iã⁴²⁻⁵⁵tˤɜˤ˙

研墨 iã⁴²mei²¹³

墨不厚 mei²¹³pu˙xəu⁴²　墨不浓

墨盒子 mei²¹³xə⁵⁵⁻⁴⁵tsʅ˙

压纸条儿 iɑ⁴²⁻²¹³tsʅ⁵⁵tˤiˤɔr⁴²　镇纸

墨汁 mei²¹³tʂʅ⁵⁵

拣笔 tˤiã⁴²pi⁵⁵

打水儿 tɑ⁵⁵⁻²¹³sˤuer⁵⁵　灌墨水

教室 tɕiɔ²¹³ʂʅ⁴²

讲台 tɕiaŋ²¹³tˤɛ⁴²

黑板 xei⁵⁵⁻²¹³pã⁵⁵

粉笔 fẽ⁵⁵⁻²¹³pi⁵⁵

黑板擦儿 xei⁵⁵⁻²¹³pã⁵⁵tsˤɑr⁵⁵

石板 ʂʅ⁴²⁻²¹³pã⁵⁵

石笔 ʂʅ⁴²⁻²¹³pi⁵⁵

课本儿 kˤə²¹³per⁵⁵

笔记本儿 pi⁵⁵tɕi²¹³per⁵⁵

分数儿册儿 fẽ⁴²sur⁴²tsˤer⁵⁵

点名册儿 tiã⁵⁵⁻⁴⁵miŋ⁴²tsˤer⁵⁵

点名 tiã⁵⁵⁻⁴⁵miŋ⁴²

到 tɔ²¹³（或：tɔ⁴²）

起立　tɕʻi⁵⁵⁻⁴⁵li⁴²

上课　ʂaŋ⁴²kʻə²¹³

下课　ɕia⁴²kʻə²¹³

考试　kʻɔ⁵⁵⁻⁴⁵sʅ⁴²

小考儿　siɔ⁵⁵⁻⁴²kʻɔr⁵⁵

一点儿　i⁵⁵⁻²¹³tiˤɛr⁵⁵

点一个点儿　tiã⁵⁵i⁵⁵⁻⁴⁵kəˈtiˤɛr⁵⁵

一横儿　i⁵⁵xə̃r⁴²

一画儿　i⁵⁵⁻⁴⁵xuɑr⁴²

偏旁儿　pʻiã²¹³pʻã̃r⁴²

单立人儿　tã²¹³li⁴²iˤer⁴²

双立人儿　suɑŋ²¹³li⁴²iˤer⁴²

宝盖儿　pɔ⁵⁵kɛr⁴²

竖心儿　ʂu⁴²siˤer²¹³

犬犹儿　tɕʻyã⁵⁵⁻⁴⁵iˤəur⁴²

单耳朵　tã²¹³ər⁵⁵⁻⁴⁵təuˈ

侧玉儿　tsei⁵⁵⁻⁴⁵yˤer⁴²

挑土儿　tʻiɔ²¹³tˤur⁵⁵

竹字头儿　tsu⁵⁵⁻⁴⁵tsʅˈtˤəur⁴²

火字儿旁　xuə⁵⁵tsˤerˈpʻɑŋ⁴²

四点水儿　sʅ²¹³tiã⁵⁵⁻⁴²sˤuer⁵⁵

三点水儿　sã²¹³tiã⁵⁵⁻⁴²sˤuer⁵⁵

两点水儿　liɑŋ⁵⁵⁻⁴²tiã̃ˈsˤuer⁵⁵

病子旁　piŋ⁴²⁻⁵⁵tsʅˈpʻɑŋ⁴²

走之儿 tsəu⁵⁵tsʿer²¹³

乱丝儿 lã⁴²sʿer²¹³

挑手儿 tʿiɔ²¹³ʂəur⁵⁵

草字头 tsʿɔ⁵⁵tsʅ˙tʿəu⁴²

戒尺 tɕiɛ⁴²ʂʅ⁵⁵（或：tʂʅ⁵⁵）

　戒尺板子 tɕiɛ⁴²ʂʅ⁵⁵（或：tʂʅ⁵⁵）pã⁵⁵⁻⁴⁵tsʅ˙　拿～打手心儿

打手心儿 ta⁵⁵⁻⁴²ʂəu⁵⁵siʿer²¹³

逃学 tʿɔ⁴²ɕyə⁴²

　告假 kɔ²¹³tɕia⁵⁵

二十一　游戏

扳不倒儿 pã²¹³⁻⁴²pu˙tʿɔr⁵⁵　不倒翁

风筝儿 fəŋ²¹³tsʿə̃r

藏□儿 tsʿaŋ⁴²mar²¹³　捉迷藏

将军保 tsiaŋ⁴²tɕyə̃²¹³pɔ⁵⁵　儿童游戏：剪子胜包袱，包袱胜槌子，槌子胜剪子

剪子 tɕiã⁵⁵⁻⁴⁵tsʅ˙　游戏时伸出中指和食指成剪子状

包袱 pɔ²¹³fu⁴²　游戏时张开五指

槌子 tsʿuei⁴²⁻⁵⁵tsʅ˙　游戏时伸出拳头

踢毽儿 tʿi⁵⁵⁻⁴⁵tɕiʿer⁴²

弹蛋儿 tʿã⁴²tʿɛr⁴²　弹玻璃小球儿

吹胰子泡儿 tsʿuei²¹³i⁵⁵⁻⁴²tsʅ˙pʿɔr²¹³　吹肥皂泡

吹咘咘噔儿 tsʿuei²¹³pu˙pu˙tʿə̃r⁴²　吹一种玻璃制品使之发声的游戏

打水漂儿 ta⁵⁵suei⁵⁵pʿiʿɔr²¹³

占房儿 tʂã²¹³fãr⁴²

　跳房儿 tʰiɔ²¹³fãr⁴²

跳马 tʰiɔ²¹³ma⁵⁵　一个儿童屈身，众儿童依次张开腿跳过去的游戏

打瓦 ta⁵⁵⁻⁴²ua⁵⁵　一种击打砖块的游戏

叼小鸡儿 tiɔ²¹³siɔ⁵⁵tɕiʳer²¹³

拜老玩儿玩儿 pɛ²¹³lɔ⁵⁵uɛr⁴²uɛr˙　类似"过家家"的一种儿童游戏

捻捻转儿 niã⁵⁵⁻⁴⁵niã˙tʂʮɛr⁴²　自制陀螺

破门儿 pʰə²¹³mer⁴²　猜谜语

耍龙灯 sua⁵⁵luŋ⁴²təŋ²¹³

跑旱船 pʰɔ⁵⁵xã⁴²tʂʰuã⁴²

踩高跷 tsʰɛ⁵⁵kɔ²¹³⁻⁴⁵tsʰiɔ²¹³

撮头子戏 tsʰuə⁵⁵tʰəu⁴²⁻⁵⁵tsʮ˙ɕi²¹³　木偶戏

大戏 ta²¹³⁻⁴⁵ɕi²¹³　京剧

棒儿棒儿戏 pãr⁴²⁻⁵⁵pãr˙ɕi²¹³（或：pɔ̃r⁴²⁻⁵⁵pɔ̃r˙ɕi²¹³）　当地的一种旧剧

　　　种，现已不唱

戏台子 ɕi²¹³tʰɛ⁴²tsʮ˙

戏箱 ɕi²¹³⁻⁴⁵siaŋ²¹³　盛演出服装的箱子

开台了 kʰɛ²¹³tʰɛ⁴²ləu˙

煞戏了 sa²¹³ɕi⁴²ləu˙

　煞台了 sa²¹³tʰɛ⁴²ləu˙

戏子 ɕi²¹³tsʮ˙　（旧）

　演员 iã⁵⁵yã⁴²　（新）

拿大顶 na⁴²ta²¹³tiŋ⁵⁵　倒立

变把戏儿 piã²¹³pa⁵⁵⁻⁴⁵ɕiʳer⁴²　玩魔术

200

耍把戏儿 sua²¹³pa⁵⁵ɕiᶠer⁴²　玩武术

说书 ʂuə⁵⁵ʂu²¹³

（放）起火（faŋ²¹³）tɕʻi⁵⁵⁻⁴²xuə˙　鞭炮的一种，能冒着花升空

花 xua²¹³　烟火

放花 faŋ²¹³⁻⁴⁵xua²¹³

二踢脚 ər⁴²⁻⁵⁵tʻi tɕyə⁵⁵　双响儿

炮仗 pɔ⁴²tʂəŋ˙

滴达金儿 ti⁵⁵⁻⁴⁵ta⁴²tɕiᶠer²¹³　一种烟花，可拿在手里燃放，燃放时有美丽的星火
　　　　不断飘落

戏迷 ɕi²¹³mi⁴²

棋迷 tɕʻi⁴²mi⁴²

牌九 pʻɛ⁴²tɕiəu⁵⁵

推牌九 tʻei²¹³pʻɛ⁴²tɕiəu⁵⁵

麻将 ma⁴²tɕiaŋ²¹³

打麻将 ta⁵⁵ma⁴²tsiaŋ²¹³

色子 sei⁵⁵tsʅ˙　骰子

打色子 ta⁵⁵sei⁵⁵tsʅ˙

压宝 ia⁵⁵⁻²¹³pɔ⁵⁵

二十二　动作

摇头 iɔ⁴²tʻəu⁴²

点头 tiã⁵⁵⁻⁴⁵tʻəu⁴²

抬头 tʻɛ⁴²tʻəu⁴²

仰头　iaŋ$^{55\text{-}213}$tʻəu^{42}

低头　ti^{213}tʻəu^{42}

回头　xuei^{42}tʻəu^{42}

转脸儿　tʂuã$^{55\text{-}213}$liˤɛr^{55}（或：lɛr^{55}）

摇头晃脑　iɔ^{42}tʻəu^{42}xuaŋ$^{42\text{-}213}$nɔ^{55}

张嘴　tʂaŋ^{213}tsuei^{55}

闭煞嘴儿　pi^{42}saˑtsˤuer^{55}

噘嘴　tɕyə$^{55\text{-}213}$tsuei^{55}　努嘴：他向我 ~，要我离开这儿

噘嘴儿　tɕyə$^{55\text{-}213}$tsˤuer^{55}　噘嘴的人：他是个 ~，像猴儿样

转过脸儿去　tʂuã^{42}kuəˑliˤɛr$^{55\text{-}45}$（或：lɛr$^{55\text{-}45}$）tɕʻi

脸红了　liã^{55}xuŋ$^{42\text{-}55}$ləuˑ

　红了脸了　xuŋ^{42}ləuˑliã^{55}ləuˑ

睁眼　tsəŋ^{213}iã^{55}

瞪眼　təŋ^{42}iã^{55}

吹胡子瞪眼　tsˤuei^{213}xu$^{42\text{-}55}$tsʅˑtəŋ^{42}（或：təŋ$^{42\text{-}213}$）iã^{55}

闭煞眼　pi^{42}saˑiã^{55}

挤呐眼儿　tsi$^{55\text{-}45}$naˑiˤɛr^{55}　挤眼

转眼儿　tʂuã$^{55\text{-}42}$iˤɛr^{55}

眼珠子乱转　iã^{55}tʂu^{213}tsʅˑlã$^{213\text{-}45}$tʂuã^{213}　四处乱看

瞅　tsˤəu^{55}　盯

吊线　tiɔ^{213}siã^{42}　男女间以目示情

夹着眼泪儿　tɕia$^{55\text{-}45}$tsʅˑiã^{55}lɛr^{42}

眯缝眼儿　mi^{213}fəŋ^{42}iˤɛr^{55}

耷拉耳朵　ta^{213}la^{42}ər$^{55\text{-}45}$təuˑ

□哈着眼　ma²¹³xɑ⁴²tsʅˈiã⁵⁵　垂着眼皮，不睁眼：老母猪，耷拉着耳朵 ~

竖着耳朵　ʂu⁴²tsʅˈər⁵⁵⁻⁴⁵təuˈ

举手　tɕy⁵⁵⁻²¹³ʂəu⁵⁵

摆手　pɛ⁵⁵⁻⁴²ʂəu⁵⁵

招手　tʂɔ²¹³ʂəu⁵⁵

摇手　iɔ⁴²ʂəu⁵⁵

撒手　sɑ⁵⁵⁻⁴²ʂəu⁵⁵

放手　faŋ²¹³ʂəu⁵⁵

松手　suŋ²¹³ʂəu⁵⁵

着手　tʂuə⁴²ʂəu⁵⁵　开始（干）

　下手　ɕiɑ⁴²ʂəu⁵⁵

动手　tuŋ⁴²ʂəu⁵⁵　打架：只准闹，不兴 ~

动手动脚儿　tuŋ⁴²ʂəu⁵⁵tuŋ⁴²⁻²¹³tɕyˈər⁵⁵

光准嘴嘎达，不准手抓耍　kuaŋ²¹³tʂuẽ⁵⁵tsuei⁵⁵kɑ²¹³tɑˈ，pu⁵⁵⁻⁴²

　　tʂuẽ⁵⁵ʂəu⁵⁵tsuɑ²¹³suɑˈ　只准动嘴，不准动手

拍巴掌儿　pʻei⁵⁵pɑ²¹³tʂə̃rˈ

倒背手儿　tɔ⁴²pei⁴²ʂəur⁵⁵

揣着手　tsʻuɛ²¹³tsʅˈʂəu⁵⁵　两手分别放在另一手的袖子里：天冷的时候，人都爱 ~

□□着手儿　ku⁵⁵su⁴²tsʅˈʂəur⁵⁵　手缩在衣袖里

扒拉　pɑ²¹³lɑˈ　拨弄：鸡蛋只能一个一个地拿，不能乱 ~

拨拉　pu⁴²lɑˈ　拨弄：针掉到土里去了，找根棍儿 ~~

抹着腰儿　tɕiɑ²¹³tsʅˈiˈər²¹³

捂着　u⁵⁵tsʅˈ　~ 眼儿

摸索　mə²¹³suə⁴²　①摸，探取：在黑影里(黑暗处) ~ ｜从袋子里 ~ 出一个东西来

②抚摩：头上碰起一个疙瘩，快叫手 ~~|~ 小猫儿

擎 tɕ'iŋ⁴² 　一个手 ~ 着一个瓜

撮 ts'uə⁵⁵ 　向上托，推，举：快往上 ~ 他一把！| 大怪把他爹 ~ 在墙头上(《墙头记》)

凑 ts'əu⁴² 　移动，靠：大家往这儿 ~~| 大伙 ~ 在一起儿谈

拥 yŋ²¹³ 　推：我 ~ 了他一把 | 把茶杯 ~ 过来

掖 iə⁵⁵ 　塞进：~~ 被 | 钱 ~ 在褥子底下

抻 tʂ'ẽ²¹³ 　拉：~ 面条儿

□ tsu⁵⁵ 　捣：~ 了他一皮锤（拳头）

掂 tiã²¹³ 　捣：~ 蒜

搣 tɕ'yə⁵⁵ 　①折断：~ 苞米秸 ②在碓臼里捣：~ 苞米渣子 |~ 胡秫米

□ yə⁵⁵ 　折：~ 枝花儿

把尿 pɑ⁵⁵⁻⁴²niɔ⁴² 　抱着孩子使小便

把屎 pɑ⁵⁵⁻⁴²sʅ⁵⁵ 　抱着孩子使大便

扶着 fu⁴²⁻⁵⁵tsʅ

　招着 tʂɔ²¹³tsʅ˙

搀着 ts'ã²¹³tsʅ˙

掐着指头算 tɕ'iɑ⁵⁵⁻⁴⁵tsʅ˙tsʅ⁵⁵⁻⁴⁵t'əu˙suã²¹³

弹 t'ã⁴² 　用手指弹击物

捏皮锤 miə²¹³p'i⁴²⁻²¹³ts'uei⁴² 　攥起拳头

跺脚 tuə²¹³tɕyə⁵⁵

跷脚儿 tɕ'iɔ²¹³tɕy˙ər⁵⁵ 　掂起后跟儿

跷脚儿蹑跗儿 tɕ'iɔ²¹³tɕy˙ər⁵⁵niã²¹³fur⁴² 　高抬腿，轻着地，不出声地慢走

蜷腿儿 tɕ'yã⁴²t'ʿer⁵⁵

盘腿儿 p'ã⁴²t'ʿer⁵⁵

踢腿儿　t'i⁵⁵⁻⁴²t'ᵉr⁵⁵

撒腿儿　sɑ̃⁵⁵⁻²¹³t'ᵉr⁵⁵　裤腿儿没捆扎

跑腿儿　p'ɔ⁵⁵⁻²¹³t'ᵉr⁵⁵

弯着腰　uɑ̃²¹³tsʅˀiɔ²¹³

　　拱拱着腰儿　kun²¹³kuŋˀtsʅˀiˀɔr²¹³

　　锅着腰　kuə²¹³tsʅˀiɔ²¹³

　　哈　xɑ⁴²　点头～腰｜把腰一～

长巴　tʂɑŋ⁵⁵⁻⁴⁵pɑˀ　伸懒腰：睡觉起来，～～真好！

撑腰儿　ts'əŋ²¹³⁻⁴⁵iˀɔr²¹³　（给人）支持

耸耸肩儿　ts'uŋ⁵⁵⁻⁴⁵ts'uŋˀtɕiˀer²¹³

搭拉肩膀　tɑ⁵⁵⁻⁴⁵lɑˀtɕiɑ̃²¹³pɑŋˀ

蜷　tɕyɑ̃⁵⁵　用脚的前部横向踢

踦　p'ɑŋ⁵⁵　用脚板蹬

踹　ts'uɛ⁴²　使劲用脚底向外蹬

蹬　təŋ²¹³

伸胳膊　ʂẽ²¹³kə⁵⁵⁻⁴⁵pɑˀ

蜷胳膊　tɕyɑ̃⁴²kə⁵⁵⁻⁴⁵pɑˀ

擤鼻挺　siŋ⁵⁵⁻²¹³pi⁴²⁻⁵⁵t'iŋˀ　擤鼻涕

打喷涕　tɑ⁵⁵p'ˀẽ²¹³t'iˀ

　　打啊涕　tɑ⁵⁵a²¹³t'iˀ

打嗝儿　tɑ⁵⁵kər²¹³　打饱嗝

打嗝儿逗　tɑ⁵⁵kər²¹³təuˀ　因横膈膜痉挛而嘴里发出声音

趷蹲　ku²¹³tẽˀ

　　蹲趷　tẽ²¹³kuˀ

205

蹲　t͜ɛ̃²¹³

盘腿儿坐　p‘ã⁴²t‘er⁵⁵tsuə⁴²

磕着了　k‘ɑ⁵⁵⁻⁴⁵tsʐ˙ ləu˙　摔伤了

磕倒了　k‘ɑ⁵⁵⁻⁴⁵tɔ⁵⁵⁻⁴⁵ləu˙　摔倒了

跌着了　tiə⁵⁵tsʐ˙ ləu˙

绊倒了　pã²¹³⁻⁴²tɔ˙ ləu˙

摔倒了　suɛ²¹³tɔ˙ ləu˙

爬起来　p‘ɑ⁴²tɕʻi˙ lɛ˙

站起来　tsã⁴²tɕʻi˙ lɛ˙

倒栽葱　tɔ²¹³tsɛ²¹³⁻⁴⁵ts‘uŋ²¹³　头先着地摔倒

抢倒　ts‘iaŋ⁵⁵⁻⁴⁵tɔ⁴²

嘴啃地　tsuei⁵⁵k‘ɛ̃⁵⁵⁻⁴⁵ti⁴²

狗吃屎　kəu⁵⁵tʂʐ⁵⁵⁻²¹³sʐ⁵⁵　（贬）摔了个 ~

仰八扎　iaŋ⁵⁵⁻⁴⁵pɑ˙ tsɑ²¹³　身体向后摔倒

说闲话儿　ʂuə⁵⁵ɕiã⁴²⁻⁵⁵xuɑr˙　①背后谈论人：别叫人 ~ ②聊天

闲说话儿　ɕiã⁴²ʂuə⁵⁵⁻⁴⁵xuɑr⁴²　聊天

打叉儿　tɑ⁵⁵⁻⁴⁵ts‘ɑr⁴²　乱插嘴

答应　tɑ⁴²⁻⁵⁵iŋ˙

不说话儿　pu⁵⁵ʂuə⁵⁵⁻⁴⁵xuɑr⁴²　因闹矛盾，见了面互不言语：他两家 ~

不吱声儿　pu˙ tsʐ⁵⁵ʂə̃r²¹³　不做声

不吭气儿　pu˙ k‘əŋ²¹³tɕʻiʻer⁴²

不言不语地　pu⁵⁵iã⁴²pu⁵⁵⁻⁴²y⁵⁵ti˙

不爱搭理　pu⁵⁵ɛ²¹³tɑ²¹³li˙

不理　pu⁵⁵⁻⁴²li⁵⁵

哇呀 ua²¹³ia⁴² 乱吵：～ 甚么！

张罗 tʂaŋ²¹³luə⁴² ①乱吵：开会的时候，大家不要 ～ ②操办：请你 ～ 这件事吧

骗 pʻiã²¹³ 欺骗

熊 ɕyŋ⁴² 骗：货不好，价钱大，净 ～ 人

哄 xuŋ⁵⁵ 骗，讨好：这个孩子会 ～ 人儿

胡弄 xu⁴²luŋ⁴² 欺骗：他 ～ 人

告诵 kɔ⁴²suŋˋ ①告诉 ②背后告小状

学 ɕyə⁴² 对他 ～ 一遍

　　学舌 ɕyə⁴²ʂə⁴²

喳嘁 tsʻa²¹³tsʻiˋ 说悄悄话

找寻事儿 tsɔ⁵⁵⁻⁴⁵siẽ⁴²sʻer⁴² 找事端、挑衅

抬杠 tʻɛ⁴²kaŋ²¹³

顶嘴儿 tiŋ⁵⁵⁻²¹³tsʻuer⁵⁵

犟嘴 tɕiaŋ⁴²tsuei⁵⁵ 顶嘴：话也不听，还 ～

打仗 ta⁵⁵tʂaŋ²¹³ 打架

骂 ma⁴²

　　嗻 tɕyə⁴²

咕喽 ku²¹³ləuˋ 内心不满，嘴里嘀咕

挨骂 ɛ⁴²ma⁴² 受骂

挨说 ɛ⁴²ʂuə⁵⁵ 受批评

嘱咐 tʂu⁵⁵fu⁴²

叫 tɕiɔ²¹³ 你去 ～～ 他

碰见 pʻəŋ⁴²tɕiãˋ

行礼 ɕiŋ⁴²li⁵⁵

作揖　tsuə⁵⁵⁻²¹³ji⁵⁵

看望　kʰã²¹³uaŋ⁴²

闯门子　tsʰuaŋ²¹³mẽ⁴²⁻⁵⁵tsʅˑ　串门儿

数划　su⁵⁵⁻⁴²xuaˑ　编排着训斥人：又让他 ～ 了一顿

巴数　pa²¹³suˑ　比较严肃比较狠的批评：叫我把他好一顿 ～

讨近乎　tʰɔ⁵⁵tɕiẽ⁴²xuˑ

担当　tã²¹³taŋˑ　包涵、原谅：你多 ～ 一些吧！

巴结　pa²¹³tɕiəˑ

溜沟子　liəu⁵⁵kəu²¹³tsʅˑ　拍马屁

看得起　kʰã²¹³⁻⁴²tiˑtɕʰi⁵⁵

轧伙计　ka⁵⁵⁻⁴⁵xuə⁵⁵⁻⁴⁵tɕi⁴²　咱这些人 ～ 吧！

轧伙　ka⁵⁵⁻⁴⁵xuəˑ　①相处：他们 ～ 的挺好 ②非法同居

惯　kuã²¹³　娇惯：～ 孩子

迁就　tsʰiã²¹³tsiəu⁴²

不依　puˑi²¹³　不满意而提出批评：他做完了以后，我 ～ 他了

搻出去　niã⁵⁵⁻⁴⁵tʂʰuˑtɕʰy

搁　kə⁵⁵　放：～ 桌子上

摁　uẽ⁵⁵　安放：～ 桌子上

兑　tei²¹³　搀兑：酒里 ～ 水

　搀　tsʰã²¹³　酒里 ～ 水｜～ 假

拾掇　ʂʅ⁴²⁻⁵⁵tuəˑ　收拾

挑　tʰiɔ²¹³　拣，选

提溜起来　ti²¹³liəuˑtɕʰiˑlɛˑ

□　tɕiẽ²¹³　用手提：他 ～ 着两条鱼

拎　liɛ̃²¹³　把衣裳一～，搭到肩上了

拣起来　tɕiã⁵⁵taʔi˙lɛ˙

拾起来　ʂɿ⁴²⁻⁵⁵tɕʔi˙ɜ˙

擦掉　tsʔɑ⁵⁵tiɔ⁴²

掉了　tiɔ⁴²ləu˙　丢了：我的钢笔～

找着了　tsɔ⁵⁵⁻⁴⁵tsɿ˙ləu˙

擽起来　luə⁴²⁻⁵⁵tɕʔi˙ɜ˙　把书～

堆起来　tei²¹³tɕʔi˙ɜ˙

剩下　ʂəŋ⁴²⁻⁵⁵ɕiɑ˙

知道　tʂɿ²¹³tɔ˙

懂了　tuŋ⁵⁵⁻⁴⁵ləu˙

明白了　miŋ⁴²⁻⁵⁵pei˙ləu˙

认得　iɛ̃⁴²⁻⁵⁵ti˙

不认得　pu⁵⁵iɛ̃⁴²⁻⁵⁵ti˙

认　iɛ̃⁴²　～字儿｜～亲

合计合计　xə⁴²⁻⁵⁵tɕi˙xə⁴²⁻⁵⁵tɕi˙

琢磨琢磨　tsuə⁴²⁻⁵⁵mə˙tsuə⁴²⁻⁵⁵mə˙

掂弄掂弄　tiã²¹³luŋ˙tiã²¹³luŋ˙　掂量一下：你～，这个瓜能有多沉儿（多重）？

寻思　siɛ̃⁴²⁻⁵⁵sɿ˙

约莫　yə⁵⁵⁻⁴⁵mu˙　大约

猜　tsʔuɛ²¹³　这件事儿，我～是他干的

信　siɛ̃²¹³　相信

疑心　i⁴²siɛ̃²¹³

拿不定主意　nɑ⁴²pu˙tiŋ²¹³tʂu⁵⁵⁻⁴⁵i˙

上心　ʂaŋ⁴²siẽ²¹³　留神，当心：路滑 ~ 走，别跌倒

犯瘆　fã⁴²sẽ²¹³　恐怖得头发都竖起来

吓唬人　ɕia⁴²xuəˑiẽ⁴²

害吓　xɛ²¹³⁻⁴⁵ɕia²¹³　害怕

惊了一下子　tɕiŋ²¹³ləuˑi⁵⁵ɕia⁴²⁻⁵⁵tsʅˑ

慌了　xuaŋ²¹³ləuˑ　着慌

着急　tʂuə⁴²⁻²¹³tɕʻi⁴²

操心　tsʻɔ²¹³⁻⁴⁵siẽ²¹³

挂念　kua⁴²niãˑ

担心　tã²¹³⁻⁴⁵siẽ²¹³

放不下心　faŋ⁴²puˑɕiaˑsiẽ²¹³

巴望　pa²¹³uaŋˑ

巴不得　pa²¹³puˑti　孩子们一进腊月门儿就 ~ 过年

记着　tɕi⁴²tsʅˑ

忘了　uaŋ⁴²⁻⁵⁵ləuˑ

想起来了　siaŋ⁵⁵⁻⁴⁵tɕʻiˑʒɿˑ leˑ ləuˑ

眼红　iã⁵⁵⁻⁴⁵xuŋ⁴²　你别 ~，你要是 ~ 你也去

格痒人　kə⁴²⁻⁵⁵iaŋˑŋ iẽ⁴²　讨厌人

嫉妒　tsi⁵⁵⁻⁴⁵tu⁴²

稀罕　ɕi²¹³xãˑ　喜欢，喜爱

怄气　əu²¹³⁻⁴⁵tɕʻi²¹³

生气　səŋ²¹³⁻⁴⁵tɕʻi²¹³

心疼　siẽ²¹³⁻⁴⁵tʻəŋ²¹³

爱　ɛ²¹³　喜欢：~ 看书 |~ 写字儿

欢气 xuã²¹³tɕ'i⁴² 欢喜，高兴

向 ɕiaŋ²¹³（或：ɕiaŋ⁴²） 偏爱，偏袒

　偏向 p'iã²¹³⁻⁴⁵ɕiaŋ²¹³

降 ɕiaŋ⁴² 抓住短处或话柄，使之挨批评受气：他要是说了不算，你就 ～ 他

感谢 kã⁵⁵⁻⁴⁵siə˙

怨 yã²¹³

抱怨 pɔ⁴²⁻⁵⁵yã˙

埋怨 mã⁴²⁻⁵⁵yã˙

嗑 k'ə²¹³ ～ 瓜子

咳 k'ɑ²¹³ 嗓子里有口痰，把它 ～ 出来

溲 səu⁵⁵ 揉：～ 面

擸 lɛ⁵⁵ 撕：把这块布 ～ 开 ｜～ 下一张纸来

攞 k'uɛ⁵⁵ 搔：～ 痒痒儿 ｜～ 破了皮

敁 t'əu⁵⁵ 从筒状器里倒出：把帽筒里的碎东西 ～ 出来

□ luə⁵⁵ ①薅：～ 草②把住不放：～ 住！

□ tsuẽ⁵⁵ 吐：你把桃核儿 ～ 出来 ｜～ 鱼刺

□ tɕ'iəu⁵⁵ 磨蹭：你在那里 ～ 啥？

□脸 ts'iəu⁵⁵⁻⁴²liã⁵⁵ ①太顽皮，不听说：他 ～ ，老师批评他了 ②扮鬼脸：这孩子

　就会 ～ ！

二十三　位置

上头儿 ʂaŋ⁴²⁻⁵⁵t'əur˙

下头儿 ɕia⁴²⁻⁵⁵t'əur˙

上边儿　ʂaŋ⁴²⁻⁵⁵piˤɛrˑ

下边儿　çia⁴²⁻⁵⁵piˤɛrˑ

上面儿　ʂaŋ⁴²⁻⁵⁵miˤɛrˑ

下面儿　çia⁵⁵miˤɛrˑ

顶儿上　tiˤɚr⁵⁵⁻⁴⁵ʂaŋˑ

底下　ti⁵⁵⁻⁴⁵çi⁴²

左边儿　tsuə²¹³⁻⁴⁵piˤɛr²¹³

右边儿　iəu²¹³⁻⁴⁵piˤɛr²¹³

左面儿　tsuə²¹³⁻⁴⁵miˤɛr⁴²

右面儿　iəu²¹³miˤɛr⁴²

中间儿　tsuŋ²¹³tçiˤɛr⁴²

　当中　taŋ²¹³tsuŋ⁴²（或：taŋ²¹³⁻⁴⁵tsuŋ²¹³）

里头　li⁵⁵⁻⁴⁵tʰəuˑ

外头　uɛ⁴²⁻⁵⁵tʰəuˑ

前头　tsʰiã⁴²⁻⁵⁵tʰəuˑ

后头　xəu⁴²tʰəuˑ

前边儿　tsʰiã⁴²⁻⁵⁵piˤɛrˑ

后边儿　xəu⁴²piˤɛrˑ

旁边儿　pʰaŋ⁴²piˤɛrˑ

跟前儿　kẽ²¹³tsʰiˤɛrˑ

不距远儿的地方儿　puˑtçy yˤɛr⁵⁵tiˑti⁴²fãrˑ　附近

哪来　na⁵⁵⁻⁴⁵lɛˑ　你家在～？

　哪里　na⁵⁵⁻⁴⁵liˑ

地下　ti⁴²⁻⁵⁵çiaˑ

掉地下了　tiɔ⁴²ti⁴²⁻⁵⁵ɕiɑˑləuˑ

天上　tʰiã²¹³ʂaŋˑ

山上　sã²¹³ʂaŋˑ

道上　tɔ⁴²⁻⁵⁵ʂaŋˑ

街上　tɕiɛ²¹³ʂaŋˑ

墙上　tsʻiaŋ⁴²ʂaŋˑ

门上　mẽ⁴²⁻⁵⁵ʂaŋˑ

桌子上　tsuə⁵⁵⁻⁴⁵tsʅˑʂaŋˑ

椅子上　i⁵⁵⁻⁴⁵tsʅˑʂaŋˑ

手来（或：里）　ʂəu⁵⁵⁻⁴⁵lɛˑ（或：liˑ）

腰来（或：里）　iɔ²¹³lɛˑ（或：liˑ）

怀来（或：里）　xuɛ⁴²⁻⁵⁵lɛˑ（或：liˑ）

嘴来（或：里）　tsuei⁵⁵⁻⁴⁵lɛˑ（或：liˑ）

心来（或：里）　siẽ²¹³lɛˑ（或：liˑ）

家来（或：里）　tɕia²¹³lɛˑ（或：liˑ）

屋来（或：里）　u⁵⁵⁻⁴⁵lɛˑ（或：liˑ）

水来（或：里）　suei⁵⁵⁻⁴⁵lɛˑ（或：liˑ）

河来（或：里）　xuə⁴²⁻⁵⁵lɛˑ（或：liˑ）

井来（或：里）　tsiŋ⁵⁵⁻⁴⁵lɛˑ（或：liˑ）

沟来（或：里）　kəu²¹³lɛˑ（或：liˑ）

乡来（或：里）　ɕiaŋ²¹³lɛˑ（或：liˑ）

城里　tʂʻəŋ⁴²li⁵⁵　县城：在～读书

城里　tʂʻəŋ⁴²⁻⁵⁵liˑ　城内：乡里买不到的东西～有

镇上　tʂẽ⁴²ʂaŋˑ

大门外　tɑ²¹³mɛ̃⁴²uɛ⁴²

门外头　mɛ̃⁴²uɛ⁴²⁻⁵⁵t'əu˙

墙外　ts'iaŋ⁴²uɛ⁴²

　墙外头　ts'iaŋ⁴²uɛ⁴²t'əu˙

　墙头外来（或：里）　ts'iaŋ⁴²t'əu˙uɛ⁴²⁻⁵⁵lɛ˙（或：li˙）

窗外来（或：里）　ts'uaŋ²¹³uɛ⁴²⁻⁵⁵lɛ˙（或：li˙）

东边儿　tuŋ²¹³pi'ɛr˙　　村 ～ 是麦地

西边儿　si²¹³pi'ɛr˙

南边儿　nã⁴²⁻⁵⁵pi'ɛr˙

北边儿　pei⁵⁵⁻⁴⁵pi'ɛr˙

东头儿　tuŋ²¹³t'əur˙　　他家在村 ～

西头儿　si²¹³t'əur˙

南头儿　nã⁴²⁻⁵⁵t'əur˙

北头儿　pei⁵⁵⁻⁴⁵t'əur˙

望里走　u⁴²⁻²¹³li⁵⁵⁻⁴²tsəu⁵⁵

望东走　u⁴²⁻²¹³tuŋ²¹³tsəu⁵⁵

望回走　u⁴²⁻²¹³xuei⁴²tsəu⁵⁵

窝回来走　uə²¹³xuei⁴²lɛ˙tsəu⁵⁵　　返回走

道东　tɔ⁴²tuŋ²¹³

道西　tɔ⁴²si²¹³

道南　tɔ⁴²nã⁴²

道北　tɔ⁴²pei⁵⁵

道边儿　tɔ⁴²pi'ɛr²¹³

山前　sã²¹³ts'iã˙

山前头 sã²¹³ tsʻiã⁴²⁻⁵⁵tʻəu˙

山后 sã²¹³xəu˙

山后头 sã²¹³xəu⁴²⁻⁵⁵tʻəu˙

山东边儿 sã²¹³⁻⁴⁵tuŋ²¹³piʻɛr˙

山东来（或：里）sã²¹³tuŋ²¹³lɛ˙（或：li˙）

山西边儿 sã²¹³⁻⁴⁵si²¹³piʻɛr˙

山西来（或：里）sã²¹³⁻⁴⁵si²¹³lɛ˙（或：li˙）

山南边儿 sã²¹³nã⁴²⁻⁵⁵piʻɛr˙

山南来（或：里）sã²¹³nã⁴²⁻⁵⁵lɛ˙（或：li˙）

山北边儿 sã²¹³pei⁵⁵⁻⁴⁵piʻɛr˙

山北来（或：里） sã²¹³pei⁵⁵⁻⁴⁵lɛ˙（或：li˙）

城东 tʂʻəŋ⁴²tuŋ²¹³

城西 tʂʻəŋ⁴²si²¹³

城南 tʂʻəŋ⁴²nã⁴²

城北 tʂʻəŋ⁴²pei⁵⁵

城东南 tʂʻəŋ⁴² tuŋ²¹³ nã⁴²

城西南 tʂʻəŋ⁴²si²¹³nã⁴²

城西北 tʂʻəŋ⁴²si²¹³pei⁵⁵

城东北 tʂʻəŋ⁴²tuŋ²¹³pei⁵⁵

车上 tʂʻə²¹³ʂɑŋ˙

车里 tʂʻə²¹³li˙

车里头 tʂʻə²¹³li⁵⁵⁻⁴⁵tʻəu˙

车外边儿 tʂʻə²¹³uɛ⁴²⁻⁵⁵piʻɛr˙

车外来（或：里） tʂʻə²¹³uɛ⁴²⁻⁵⁵lɛ˙（或：li˙）

车前头　tʂʻə²¹³tsʻiã⁴²⁻⁵⁵tʻəu˙

车后头　tʂʻə²¹³xəu⁴²⁻⁵⁵tʻəu˙

边儿上　piʻer²¹³ʂaŋ˙

角儿上　tɕiʻar⁵⁵⁻⁴⁵ʂaŋ˙

棱儿上　liʻər⁴²ʂaŋ˙

尖儿上　tsiʻɛr²¹³ʂaŋ˙

尾巴上　i⁵⁵⁻⁴⁵paˑʂaŋ˙

房后（来）　faŋ⁴²xəu˙（lɛ˙）

门后　mẽ⁴²xəu˙

　门掩后来（或：里）　mẽ⁴²⁻⁵⁵iãˑxuəu⁴²⁻⁵⁵lɛ˙（或：li˙）

脑后　nɔ⁵⁵⁻⁴⁵xuəu˙

背后　pei²¹³xuəu˙

腚后　tiŋ⁴²xəu˙

床底下　tsʻuaŋ⁴²ti⁵⁵⁻⁴⁵ɕiaˑ

楼底下　ləu⁴²ti⁵⁵⁻⁴⁵ɕiaˑ

脚底下　tɕyə⁵⁵ti⁵⁵⁻⁴⁵ɕiaˑ

碗底儿　uã⁵⁵⁻²¹³tiʻer⁵⁵（或：uã⁵⁵⁻⁴²tiʻer⁵⁵）

锅底儿　kuə²¹³tiʻer⁵⁵

缸底儿　kaŋ²¹³tiʻer⁵⁵

鞋底儿　ɕiɛ⁴²tiʻer⁵⁵

袜底儿　ua⁴²tiʻer⁵⁵

心底儿　siẽ²¹³tiʻer⁵⁵

以前　i⁵⁵⁻⁴⁵tsʻiã⁴²

以后　i⁵⁵xəu²¹³

216

以上　i$^{55\text{-}45}$ʂɑŋ^{42}

以下　i$^{55\text{-}45}$ɕiɑ^{42}

今后　tɕiẽ$^{213\text{-}45}$xəu^{213}

以东　i^{55}tuŋ^{213}

以西　i^{55}si^{213}

以南　i$^{55\text{-}45}$nã^{42}

以北　i$^{55\text{-}213}$pei^{55}

以里　i$^{55\text{-}213}$li^{55}

以外　i$^{55\text{-}45}$uɛ^{42}

之前　tsʅ$^{213\text{-}55}$tsʻiã^{42}

之后　tsʅ$^{213\text{-}55}$xəu^{42}

二十四　代词等

俺　ã^{55}　　①我　②我们

我的　uə^{55}ti˙　（只属于我一个人的）

俺的　ã^{55}ti˙　我们的

你　ni^{55}

他　tʻɑ^{213}

恁　nẽ^{55}　你们（不是敬称）

他们　tʻɑ^{213}mẽ˙

咱　tsẽ^{55}　我们（包括说话的对方）

大伙儿　tɑ^{213}xuər^{55}

人家　niẽ$^{42\text{-}55}$（或：n̩i$^{42\text{-}55}$）tɕiɑ˙　人家：不要和 ~ 打仗

217

谁 suei⁴²

甚么 ʂ̣ẽ⁴²（或：ʂəŋ⁵⁵）mə˙

们 1：

他们 tʻa²¹³mẽ˙

们 2：

爷儿们 iˤɛr⁴²mẽ˙ 合称父亲和子女们：父子 ~

娘儿们 niˤãr⁴²mẽ˙ 合称母亲和子女们：她 ~

妯儿娌儿们 tʂ̣ʮer⁴²⁻⁵⁵lɛr˙mẽ˙

家：

娘家 niaŋ⁴²⁻⁵⁵tɕia˙

婆婆家 pʻə⁴²pʻə˙tɕia˙

姥娘家 lɔ⁵⁵⁻⁴⁵niaŋ˙tɕia˙ 外祖母家

丈人家 tʂ̣aŋ⁴²⁻⁵⁵iẽ˙tɕia˙

小孩子家 ɕiɔ⁵⁵xɛ⁵⁵tʂ̣ʅ˙tɕi 小孩儿们

谁家 suei⁴²⁻⁵⁵tɕia˙

价：

整天价 tʂ̣əŋ⁵⁵tʻiã²¹³tɕia˙

成年价 tʂ̣ʻəŋ⁴²⁻²¹³niã⁴²⁻⁵⁵tɕia˙

俩：

咱俩 tsẽ⁵⁵⁻⁴²lia⁵⁵ 咱们两个

恁俩 nẽ⁵⁵⁻⁴²lia⁵⁵ 你们两个

他（们）俩 tʻa²¹³（mẽ˙）lia⁵⁵

夫妻俩 fu²¹³tsʻi˙lia⁵⁵

娘儿俩 niˤãr⁴²lia⁵⁵（或：娘儿两个 niˤãr⁴²liaŋ⁵⁵⁻⁴⁵kə˙）

爷儿俩　iᶠer⁴²liɑ⁵⁵（或：爷儿两个　iᶠer⁴²liɑŋ⁵⁵⁻⁴⁵kə˙）

妯儿娌儿俩　tʂ ʮer⁴²⁻⁵⁵ler˙ liɑ⁵⁵

弟兄俩　ti⁴²ɕyŋ˙ liɑ⁵⁵

哥儿俩　kər²¹³liɑ⁵⁵

姊妹俩　tsɿ⁵⁵⁻⁴⁵mei˙ liɑ⁵⁵

师徒俩　sɿ²¹³tʰu⁴²liɑ⁵⁵

头儿 1：

　吃头儿　tʂʰɿ⁵⁵⁻⁴⁵tʰᵃəur˙　吃的东西的质量、口感：这种桃子的 ~ 挺好，那种桃子

　　没甚么 ~

　喝头儿　xə⁵⁵⁻⁴⁵tʰᵃəur˙　喝的东西的质量、滋味：这种酒很有 ~ ，那种酒 ~ 不好

　看头儿　kʰã⁴²tʰᵃəur˙　所看的东西好不好、值不值得：这本书有 ~ ，那本书没 ~

　干头儿　kã⁴²tʰᵃəur˙　所做事情的价值、意义：这件事有 ~ ，那件事没 ~

　奔头儿　pẽ⁴²tʰᵃəur˙　有希望，前前途：有 ~

　想头儿　siɑŋ⁵⁵⁻⁴⁵tʰᵃəur˙　有啥 ~ ？

头儿 2：

　苦头儿　kʰu⁵⁵⁻⁴⁵tʰᵃəur˙　吃了不少 ~

　甜头儿　tʰiã⁴²⁻⁵⁵tʰᵃəur˙　尝到了 ~

怎么　tsəŋ⁴²⁻⁵⁵mə˙　他 ~ 说的？

怎么（样）　tsəŋ⁴²⁻⁵⁵mə˙（iɑŋ⁴²）　这个字儿 ~ 写？

这　tʂə⁴²（或：tʂɿ²¹³）

这来　tʂə⁴²lɛ˙　这里

这个　tʂɿ²¹³kə˙

这样儿　tʂɿ²¹³iᶠãr⁴²　我要 ~ 的

怎么（样儿）　tsəŋ⁴²⁻⁵⁵mə˙（iᶠãr⁴²）　这么，这么样儿：就 ~ 办 | 就 ~ 写

那 na⁴²（或：ni²¹³）

那里 na⁴²li˙

那个 na⁴²kə˙ （新，少）

那么（样儿） nəŋ⁴²mə˙（iᶠãr⁴²） 那么，那么样：他不去，～你去吧｜这事
儿不能～做

呢个 ni⁵⁵⁻⁴⁵（或：ni²¹³）kə˙ 那个（多）

呢样 ni²¹³iaŋ˙ 那样：～东西｜～的人儿

□来 niə⁴²lɛ˙ 那里：不在这里在～

哪 na⁵⁵

哪里 na⁵⁵⁻⁴⁵li˙

哪来 na⁵⁵⁻⁴⁵lɛ˙ 哪里

哪个 na⁵⁵⁻⁴⁵kə˙ 哪个

哪样 na⁵⁵⁻⁴⁵iaŋ˙ 哪一样儿：～东西？

二十五　形容词

好 xɔ⁵⁵

不错 pu⁵⁵⁻⁴⁵tsʼuə˙

不大离儿 pu⁵⁵⁻⁴⁵taˑlɛr⁴² 差不多

不怎么样 pu⁵⁵⁻⁴⁵tsəŋˑməˑiaŋ²¹³

不济事 pu⁵⁵⁻⁴⁵tsiˑsʅ 无济于事，没有用

坏 xuɛ⁴²

　赖 lɛ²¹³ 跟"好"配合用：好～把这事儿办了

歹　tɛ⁵⁵　跟"好"配合用：他不知道好 ~

差　tsʻɑ²¹³

太差池　tʻɛ²¹³⁻⁴⁵tsʻɑ²¹³tʂ1̩⁴²　太不好：这事儿办得 ~ ，交待不住

杂□　tsɑ⁴²⁻⁵⁵mɑˑ　不好，次等：以 ~ 货充好货

俊　tsyẽ²¹³

丑　tʂʻəu⁵⁵　指人

难看　nã⁴²kʻã²¹³　指物也指人：衣裳这么做真 ~｜他长得真~

要紧　iɔ²¹³tɕiẽ⁵⁵

热闹　iə²¹³⁻⁴²nɔˑ

结实　tɕiə⁵⁵⁻⁴⁵ʂ1̩ˑ

牢靠　lɔ⁴²⁻⁵⁵kʻɔˑ　①坚固：这墙砌得挺 ~　②办事周密、不出差错：这人办事儿挺 ~

干净　kã²¹³tsiŋ̍ˑ

肮脏　aŋ²¹³tsaŋ̍ˑ

邋刹　lɑ²¹³⁻⁴²sɑˑ　拖拉，不利索、不整齐

咸　ɕiã⁴²

　　口重　kʻəu⁵⁵⁻⁴⁵tsuŋ⁴²　（比较委婉的说法）

咸载儿载儿的　ɕiã⁴²⁻²¹³tsʻɛrˑ tsʻɛr⁵⁵⁻⁴⁵tiˑ　褒义：这菜 ~ ，挺好吃

　　咸载儿的　ɕiã⁴²tsʻɛr⁵⁵⁻⁴⁵tiˑ

咸滋滋的　ɕiã⁴²⁻²¹³ts1̩ˑ ts1̩²¹³⁻⁴⁵tiˑ　贬义，不该咸而咸了，常用于说明流质食物：

　　　这水怎么 ~

咸呱达的　ɕiã²¹³kuɑ²¹³⁻⁴⁵taˑ tiˑ　义同"咸滋滋的"，常用于说明菜一类食物

淡　tã⁴²

　　口轻　kʻəu⁵⁵tɕʻiŋ²¹³　（比较委婉的说法）

淡生儿生儿的　tã⁴²⁻⁴⁵sʻərˑ sʻər²¹³⁻⁴⁵tiˑ　褒义：你做菜不要太咸了，叫它 ~

淡生儿的　tã⁴²⁻⁴⁵sˤə̃r²¹³ti˙

淡咧咧的　tã²¹³liə˙liə²¹³⁻⁴⁵ti　贬义，太淡：这鱼 ~ ，没味气（味道）

厚　xəu⁴²

　厚出出的　xəu⁴²⁻²¹³tʂʻu˙tʂʻu⁵⁵⁻⁴⁵ti　过稠：饭做得 ~ ，不好喝

薄　pə⁴²

　薄溜溜儿的　pə²¹³liəu˙liˤəur²¹³（或：lˀəur²¹³）ti　褒义：这饭 ~ ，挺
　　好喝

　薄溜儿的　pə²¹³lirəur˙liˤəur²¹³（或：lˀəur²¹³）ti⁴²

薄咧咧的　pə²¹³liə˙liə²¹³⁻⁴⁵ti　贬义，太薄

纰　pʻi²¹³　不密：树栽得很~｜再密一点儿，缝得太 ~ 啦

密　mei²¹³

肥　fei⁴²　（形容动物和食用肉）~ 猪｜肉 ~

胖　pʻɑŋ²¹³　（形容人）这人很 ~

瘦　səu²¹³　（形容人或动物、肉）人 ~｜肉 ~｜猪 ~

舒服　ʂu²¹³fu˙　身体、精神舒适：坐得挺 ~｜有点小病感到不 ~｜挨了批评心里不 ~
　好受　xɔ⁵⁵⁻⁴⁵ʂəu⁴²

　舒坦　ʂu²¹³tʻã

难受　nã⁴²ʂəu⁴²　① 身上难受　② 心里难受

　难过　nã⁴²⁻⁵⁵kuə²¹³（或：nã⁴²⁻⁵⁵kuə˙）　（心里）难受：他死了，我很 ~

麻烦　mɑ⁴²⁻⁵⁵fã

罗嗦　luə²¹³suə˙　①麻烦：这事儿真 ~ ②说话不精练：这人说话真 ~

皮　pʻi⁴²

　调皮　tʻio⁴²⁻⁴⁵pʻi⁴²

行　ɕiŋ⁴²　有本事：这小伙子真 ~

222

不行　pu˙ɕiŋ⁴²　没有本事：这家伙 ～

熊　ɕyŋ⁴²　没有本事，窝囊：这家伙真 ～

不中用　pu˙tsuŋ²¹³yŋ⁴²　无本事，没能力：那个人 ～

缺德　tɕʻyə⁵⁵⁻⁴²tei⁵⁵　品德差

机灵　tsi²¹³（"机"，单字音tɕi²¹³，此处读为tsi²¹³）liŋ⁴²　聪明伶俐

鬼　kuei⁵⁵　狡猾

巧　tɕʻiɔ⁵⁵　灵巧

糊涂　xu⁴²tu˙

窝囊废　uə²¹³⁻⁴²naŋ˙fei²¹³　怯懦无能的人

大方　ta²¹³⁻⁴²faŋ˙

小气　siɔ⁵⁵⁻⁴⁵tɕʻi˙　不大方

生古　kɑ⁵⁵⁻⁴⁵ku˙　吝啬

囫囵　xu⁴²⁻⁵⁵lẽ˙　整个儿：这块肉不嚼嚼，～ 吞了

凉快　liaŋ⁴²kʻuɛ˙　这里真～｜到树底下 ～～，消消汗儿

　风凉　fəŋ²¹³liaŋ⁴²

僻静　pʻi⁵⁵⁻⁴⁵tsiŋ˙　偏僻安静

活动　xuə⁴²⁻⁵⁵tuŋ˙　不稳固，松动：这个牙 ～ 了

对心思　tei²¹³⁻⁴⁵siẽ²¹³sɿ　合乎心意，满意：你办的这件事，我真 ～

晚　uã⁵⁵　迟：来 ～ 了

庄户　tsuaŋ²¹³xu˙　土气：这个人真 ～!

二十六　副词等

刚才　kaŋ²¹³tsʻɜ⁴²　他 ~ 还在这里｜他 ~ 来过一趟

　才　tsʻɜ⁴²　你怎么 ~ 来？｜你 ~ 来就要走

　刚　kaŋ²¹³　你怎么 ~ 来？｜我 ~ 来

正好　tʂəŋ²¹³xɔ⁵⁵　①刚好：这包鱼 ~ 一斤 ②正巧：我刚要找他，~ 他来了

正　tʂəŋ²¹³　不大不小 ~ 合适

凑巧　tsʻəu²¹³tɕʻiɔ⁵⁵　碰巧：我刚要找他，正巧他来了，这事儿真 ~ 了

将就　tsiaŋ²¹³tsiəu⁴²　勉强接受或适应不很满意的事物或环境

凑付　tsʻəu²¹³⁻⁴²fuˑ　①将就 ②凑在一块儿，含有物以类聚的意思

净　tsiŋ²¹³　都，全：这班的学生 ~ 是些学习好的

有点儿　iəu⁵⁵⁻⁴²tiʻɛr　这房子盖得 ~ 歪

恐怕　pʻəŋ⁵⁵⁻⁴²pʻɑ　今天 ~ 要下雨

兴许　ɕiŋ²¹³ɕy⁵⁵　或许，也许：他 ~ 能来｜~ 他病了

差点儿　tsʻɑ²¹³tiʻɛr⁵⁵　~ 磕了一跤

非……不行（或：不成）fei²¹³……puˑɕiŋ⁴²（或：puˑtʂʻəŋ⁴²）　这
　　　事 ~ 他办 ~

就手　tsiəu⁴²⁻²¹³ʂəu⁵⁵　马上，立刻：我一叫他，他 ~ 来了

趁早儿　tʂʻɛ̃²¹³tsʻɔr⁵⁵　赶快，索性：叫他 ~ 死了这条心吧｜你 ~ 走吧，再等就晚了

千万　tsʻiã²¹³⁻⁴⁵uã²¹³　一定，务必：到了学校 ~ 写封信来

甚么时候　ʂɛ̃⁴²⁻⁵⁵（或：ʂəŋ⁴²⁻⁵⁵）məˑʂ̩⁴²xəuˑ　①表疑问：我 ~ 到你家去
　　　②随时：你 ~ 来都行

眼看　iã⁵⁵kʻã²¹³　马上，很快：庄稼 ~ 就要熟了

幸亏　çiŋ²¹³⁻⁴⁵kʻuei²¹³

当面　taŋ²¹³miã⁴²

背后　pei²¹³xəu⁴²

背腔后来　pei²¹³⁻⁴²tiŋˈxəu⁴²lɛˈ　背后里：他常 ～ 说人坏话

一块儿　i⁵⁵kʻuɛr⁴²　一起：咱 ～ 走

个人　kə²¹³iẽ⁴²　独自，一个人：你 ～ 走吧 | 这件事我 ～ 就办了

捎着　sɔ²¹³tsʅˈ　顺便：你进城 ～ 给我买本书

特为的　tei⁵⁵⁻⁴⁵ueiˈtiˈ　故意地：他 ～ 把我的车子撞坏了

赶着　kã⁵⁵⁻⁴⁵tsʅ　到底：他 ～ 走了没有

根本　kẽ²¹³pẽ⁵⁵

真　tʂẽ²¹³　这人 ～ 好

平　pʻiŋ⁴²　满（只用于表示年龄的整数的前面）：他今年 ～ 四十了

快　kʻuɛ²¹³　将近：他 ～ 四十了

一共　i⁵⁵kuŋ²¹³

白　pei⁴²　别，不用：～ 动，我给你照个相 | 明天你 ～ 来了

偏　pʻiã²¹³　你不叫去，我 ～ 去

胡　xu⁴²

胡搞　xu⁴²kɔ⁵⁵　专指乱搞男女关系

乱搞　lã²¹³kɔ⁵⁵　①同"胡搞"②不按规矩办事情

瞎搞　çia⁵⁵⁻⁴²kɔ⁵⁵　做事情有点盲目：他干工作没计划，～

瞎呼隆　çia⁵⁵xu²¹³luŋ⁴²　瞎搞，追求声势

胡说　xu⁴²ʂuə⁵⁵　骂人话，指说些没有根据的话

瞎说　çia⁵⁵⁻⁴²ʂuə⁵⁵　比"胡说"轻

乱说　lã²¹³ʂuə⁵⁵　随便说：你们不要 ～

胡吃海菜　xu⁴²tʂʅ˙xɛ⁵⁵tsʻɛ²¹³　指做菜不讲烹饪技术，乱做一气

头来（或：里）　tʻəu⁴²lɛ˙（或：li˙）　①前头：你 ~ 走，我随后就来 ②从前：在 ~ ，女的都兴包脚（缠足）

起先　tɕʻi⁵⁵siã²¹³　先，原先：我 ~ 不知道，后来才听说

先　siã²¹³　这本书你 ~ 看｜你 ~ 头里走

腔后儿　tiŋ²¹³xəur⁴²　后面(比较随便的口气)：你先吃，我 ~ 再吃｜我先看，你 ~ 再看｜他走在 ~

余外　y⁴²⁻²¹³uɛ⁴²　另外：除这两个人，~ 还有一个｜我个人买了一件，~ 还给弟弟买了一件

格外　kə⁵⁵⁻⁴⁵uɛ˙　特别：他比别人 ~ 能出汗｜他粉的墙 ~ 白

坡儿坡儿地　pʻər²¹³⁻⁴⁵pʻər²¹³ti˙　柔和，不急：~ 说说他｜这块事儿只能 ~ 来，急不得

二十七　次动词等

教　tɕiɔ²¹³　被：这本书 ~ 他撕破了｜这本书 ~ 他给我撕破了｜这本书 ~ 他给撕破了

给　kei⁵⁵　这本书 ~ 撕破了

把　pɑ⁴²　~ 书拿来

□　kɑ⁴²　(老派口语)

□　xuɑŋ⁴²　和：你 ~ 他一块儿走吧｜你 ~ 他好｜你 ~ 他说说这块事儿

朝着　tʂʻɔ⁴²tsʅ　他 ~ 我点头

上　ʂɑŋ⁴²　他 ~ 哪去｜我 ~ 城里

望　uɑŋ⁴²　朝向：你 ~ 哪去｜~ 北走

到 tɔ²¹³　你 ～ 哪天能完成任务｜我 ～ 今日还不会｜拿 ～ 天井里晒晒

头先 tʻəu⁴²siã²¹³　从前：～ 我上学的时候，生活很艰苦

头 tʻəu⁴²　在……之前：～ 下雨，先刮风｜～ 吃饭，先洗手

待 te⁵⁵　①在：你家 ～ 哪来｜他 ～ 家吗　②将要：我 ～ 上城

从 tsʻuŋ⁴²　你 ～ 哪儿来｜～ 今日起，我教你写字

照着 tʂɔ²¹³⁻⁴²tʂʅ˙　依照：你 ～ 他那件衣裳做吧｜～ 他的那张画儿又画了一张

叫 tɕiɔ²¹³　①照：～ 我说，这事儿非办不成｜～ 我的想法，不该这么办　②用：～ 大盅

　　喝酒｜～ 毛笔写字儿　③被：小张 ～ 人打伤了｜门 ～ 风吹开了

履着 ly⁵⁵⁻²¹³tʂʅ˙　顺着，沿着：你 ～ 这边走｜你 ～ 大道一直往前走

给 kei⁵⁵　你 ～ 我写封信｜你 ～ 我把水倒了

　替 tʻi⁴²　这活儿我 ～ 你干

给我 kei⁵⁵⁻⁴⁵uə˙　（虚用）你 ～ 走｜你 ～ 把饭吃下去｜你 ～ 把地扫干净

向 ɕiaŋ⁴²　你 ～ 老大爷打听一下路

　问 uẽ⁴²　～ 他借本书｜～ 你借点钱用

把……叫…… pa⁴²……tɕiɔ²¹³……　莱州人把伯父叫大大(儿)

把……当…… pa⁴²……taŋ²¹³……　有的人把麦苗当韭菜

从小 tsʻuŋ⁴²⁻²¹³siɔ⁵⁵　他 ～ 爱干活

望外 uaŋ⁴²⁻²¹³uɛ⁴²　他有好书不 ～ 拿

二十八　儿化举例

见第二章"语流音变"部分，此处略。

二十九　量词

一把 i$^{55\text{-}42}$pɑ^{55}：

　　一把椅子　i$^{55\text{-}42}$pɑ^{55}i$^{55\text{-}45}$tsʅ˙

　　一把壶　i$^{55\text{-}42}$pɑ^{55}xu^{42}

　　一把刀　i$^{55\text{-}42}$pɑ^{55}tɔ^{55}

　　一把剪子　i$^{55\text{-}42}$pɑ^{55}tsiã$^{55\text{-}45}$tsʅ˙

　　一把笤帚　i$^{55\text{-}42}$pɑ^{55}tʻiɔ$^{42\text{-}55}$tʂu˙

　　一把锁　i$^{55\text{-}42}$pɑ^{55}suə^{55}

一把 i$^{55\text{-}213}$pɑ^{55}：

　　一把米　i$^{55\text{-}213}$pɑ^{55}mi^{55}

　　一把土　i$^{55\text{-}213}$pɑ^{55}tʻu^{55}

一把儿 i$^{55\text{-}213}$pɑr^{55}：

　　一把儿萝卜　i$^{55\text{-}213}$pɑr^{55}luə$^{42\text{-}55}$pei˙

　　一把儿芹菜　i$^{55\text{-}213}$pɑr^{55}tɕʻiẽ$^{42\text{-}55}$tsʻɛ˙

一本 i$^{55\text{-}42}$pẽ^{55}：

　　一本书　i$^{55\text{-}42}$pẽ^{55}ʂu^{213}

一笔 i$^{55\text{-}213}$pi^{55}：

　　一笔账　i$^{55\text{-}213}$pi^{55}tʂaŋ^{213}

　　一笔钱　i$^{55\text{-}213}$pi^{55}tsʻiã^{42}

一匹 i^{55}pʻi^{213}：

　　一匹马　i^{55}pʻi^{213}mɑ^{55}

一封 i^{55}fəŋ^{213}：

一封信　i⁵⁵fəŋ²¹³siẽ²¹³

一服　i⁵⁵fu²¹³：

　　一服药　i⁵⁵fu²¹³yə²¹³

一道　i⁵⁵tɔ⁴²：

　　一道河　i⁵⁵tɔ⁴²xuə⁴²

　　一道题　i⁵⁵tɔ⁴²tʻi⁴²

一顶　i⁵⁵⁻²¹³tiŋ⁵⁵：

　　一顶帽子　i⁵⁵⁻²¹³tiŋ⁵⁵mɔ⁵⁵⁻⁴²tsʅ

　　一顶轿子　i⁵⁵⁻²¹³tiŋ⁵⁵tɕiɔ⁴²⁻⁵⁵tsʅ

一锭　i⁵⁵⁻²¹³tiŋ⁵⁵：

　　一锭墨　i⁵⁵⁻²¹³tiŋ⁵⁵mei²¹³

一块　i⁵⁵kʻuɛ²¹³：

　　一块事儿　i⁵⁵kʻuɛ²¹³sʻer⁴²

一朵　i⁵⁵tuə⁵⁵：

　　一朵花儿　i⁵⁵tuə⁵⁵⁻⁴²xuɑr²¹³

一顿　i⁵⁵tẽ²¹³：

　　一顿饭　i⁵⁵tẽ²¹³fã⁴²

　　一顿骂　i⁵⁵tẽ²¹³mɑ⁴²

一条　i⁵⁵tʻiɔ⁴²：

　　一条腿　i⁵⁵tʻiɔ⁴²tʻei⁵⁵

　　一条裤子　i⁵⁵tʻiɔ⁴²kʻu⁴²tsʅ

　　一条板凳　i⁵⁵tʻiɔ⁴²pã⁵⁵⁻⁴⁵təŋ⁴²

　　一条河　i⁵⁵tʻiɔ⁴²xuə⁴²

一辆　i⁵⁵⁻²¹³liŋ⁵⁵：

一辆车子 $i^{55\text{-}213}liŋ^{55}tʂ'ə^{213}tsɿ·$

一挂 $i^{55}kuɑ^{213}$：

　　一挂大车 $i^{55}kuɑ^{213}tɑ^{213\text{-}42}tʂ'ə·$

一枝 $i^{55}tsɿ^{213}$：

　　一枝花儿 $i^{55}tsɿ^{213}xuɑr^{213}$

一只 $i^{55\text{-}213}tʂɻ^{55}$：

　　一只手 $i^{55\text{-}213}tʂɻ^{55}ʂəu^{55}$

　　一只胳膊 $i^{55\text{-}213}tʂɻ^{55}kə^{55\text{-}45}pɑ^{42}$

　　一只脚 $i^{55\text{-}213}tʂɻ^{55}tɕyə^{55}$

　　一只船 $i^{55\text{-}213}tʂɻ^{55}tʂ'uã^{42}$

　　一只鞋 $i^{55\text{-}213}tʂɻ^{55}ɕiɛ^{42}$

　　一只袜子 $i^{55\text{-}213}tʂɻ^{55}uɑ^{42}tsɿ·$

一个 $i^{55\text{-}45}kə·$：

　　一个眼 $i^{55\text{-}45}kə· iã^{55}$

　　一个牲口 $i^{55\text{-}45}kə· səŋ^{213}k'əu·$

　　一个鸡 $i^{55\text{-}45}kə· tɕi^{213}$

　　一个手 $i^{55\text{-}45}kə· ʂəu^{55}$

　　一个鸭子 $i^{55\text{-}45}kə· iɑ^{55\text{-}45}tsɿ·$

　　一个簪子 $i^{55\text{-}45}kə· tsã^{213}tsɿ·$

　　一个客 $i^{55\text{-}45}kə· k'ei^{55}$　　（老）

　　一个同志 $i^{55\text{-}45}kə· t'uŋ^{42}tsɿ^{213}$

一盏 $i^{55\text{-}213}tsã^{55}$：

　　一盏灯 $i^{55\text{-}213}tsã^{55}təŋ^{213}$

一张 $i^{55}tʂɑŋ^{213}$：

一张桌子　i⁵⁵tʂaŋ²¹³tsuə⁵⁵⁻⁴⁵tsʅ˙

一张纸　i⁵⁵tʂaŋ²¹³tsʅ⁵⁵

一张画儿　i⁵⁵tʂaŋ²¹³xuar⁴²

一张图　i⁵⁵tʂaŋ²¹³tʻu⁴²

一张锨　i⁵⁵tʂaŋ²¹³ɕiã²¹³

一张票　i⁵⁵tʂaŋ²¹³pʻiɔ²¹³

一张嘴　i⁵⁵tʂaŋ²¹³tsuei⁵⁵

一张皮　i⁵⁵tʂaŋ²¹³pʻi⁴²

一领　i⁵⁵liŋ⁵⁵：

一领席　i⁵⁵⁻²¹³liŋ⁵⁵si⁴²

一桌　i⁵⁵⁻²¹³tsuə⁵⁵：

一桌席　i⁵⁵⁻²¹³tsuə⁵⁵si⁴²

一桌客　i⁵⁵⁻²¹³tsuə⁵⁵kʻei⁵⁵

一场　i⁵⁵⁻²¹³tʂʻaŋ⁵⁵（或：i⁵⁵tʂʻaŋ⁴²）：

一场雨　i⁵⁵⁻²¹³tʂʻaŋ⁵⁵y⁵⁵

一场大祸　i⁵⁵⁻²¹³tʂʻaŋ⁵⁵ta²¹³⁻⁴⁵xuə²¹³（或：i⁵⁵tʂʻaŋ⁴²ta²¹³xuə²¹³）

一场戏　i⁵⁵⁻²¹³tʂʻaŋ⁵⁵ɕi²¹³

一场风　i⁵⁵⁻²¹³tʂʻaŋ⁵⁵fəŋ²¹³

一场大雪　i⁵⁵⁻²¹³tʂʻaŋ⁵⁵ta²¹³syə⁵⁵

一场电影儿　i⁵⁵⁻²¹³tʂʻaŋ⁵⁵tiã⁴²⁻²¹³iˤɚr⁵⁵

一出　i⁵⁵⁻²¹³tʂʻu⁵⁵：

一出戏　i⁵⁵⁻²¹³tʂʻu⁵⁵ɕi²¹³

一床　i⁵⁵tsʻuŋ⁴²：

一床被　i⁵⁵tsʻuŋ⁴²pei⁴²

一床褥子 i⁵⁵tsʻun⁴²y⁴²tsʅ˙

一身 i⁵⁵ʂẽ²¹³：

　一身皮袄 i⁵⁵ʂẽ²¹³pʻi⁴²ɔ⁵⁵

　一身汗 i⁵⁵ʂẽ²¹³xã⁴²

　一身土 i⁵⁵ʂẽ²¹³tʻu⁵⁵

一件 i⁵⁵tɕiã⁴²：

　一件制服 i⁵⁵tɕiã⁴²tʂʅ⁵⁵fu⁴²

一杆 i⁵⁵⁻²¹³kã⁵⁵：

　一杆枪 i⁵⁵⁻²¹³kã⁵⁵tsʻiɑŋ²¹³

　一杆秤 i⁵⁵⁻²¹³kã⁵⁵tʂʻəŋ²¹³

一管 i⁵⁵⁻²¹³kuã⁵⁵：

　一管笔 i⁵⁵⁻²¹³kuã⁵⁵pi⁵⁵

一根 i⁵⁵kẽ²¹³：

　一根头发 i⁵⁵kẽ²¹³tʻəu⁴²⁻⁵⁵fɑ˙

　一根棍儿 i⁵⁵kẽ²¹³kuer⁴²

　一根筷子 i⁵⁵kẽ²¹³kʻuɛ⁴²tsʅ˙

　一根绳子 i⁵⁵kẽ²¹³ʂəŋ⁴²⁻⁵⁵tsʅ˙

　一根线 i⁵⁵kẽ²¹³siã²¹³

一棵 i⁵⁵kʻuə²¹³：

　一棵松树 i⁵⁵kʻuə²¹³syŋ²¹³ʂu˙

　一棵白菜 i⁵⁵kʻuə²¹³pei⁴²⁻⁵⁵tsʻɛ˙

　一棵菊花儿 i⁵⁵kʻuə²¹³tɕy⁵⁵xuɑr²¹³⁻⁴²

一粒 i⁵⁵li²¹³：

　一粒米 i⁵⁵li²¹³mi⁵⁵

一粒沙　i⁵⁵li²¹³sɑ²¹³

一滴　i⁵⁵⁻²¹³ti⁵⁵：

　　一滴水　i⁵⁵⁻²¹³ti⁵⁵suei⁵⁵

一块　i⁵⁵kʻuɛ²¹³：

　　一块砖　i⁵⁵kʻuɛ²¹³tʂuã²¹³

　　一块瓦　i⁵⁵kʻuɛ²¹³uɑ⁵⁵

　　一块石头　i⁵⁵kʻuɛ²¹³ʂʅ⁴²⁻⁵⁵tʻəu˙

　　一块镜子　i⁵⁵kʻuɛ²¹³tɕiŋ⁴²tsʅ˙

　　一块布　i⁵⁵kʻuɛ²¹³pu²¹³

　　一块手巾　i⁵⁵kʻuɛ²¹³ʂəu⁵⁵⁻⁴⁵tɕiẽ˙

　　一块饽饽　i⁵⁵kʻuɛ²¹³pə²¹³pə˙

　　一块肉　i⁵⁵kʻuɛ²¹³iəu²¹³

　　一块钱　i⁵⁵kʻuɛ²¹³tsʻiã⁴²　一元钱

　　一块墨　i⁵⁵kʻuɛ²¹³mei²¹³　（成锭）

　　一块故事　i⁵⁵kʻuɛ²¹³ku⁵⁵⁻⁴⁵sʅ˙

一块儿　i⁵⁵kʻuɛr⁴²：

　　一块儿墨　i⁵⁵kʻuɛr⁴²mei²¹³

　　一块儿故事　i⁵⁵kʻuɛr⁴²ku⁵⁵⁻⁴⁵sʅ˙

　　一块儿路　i⁵⁵kʻuɛr⁴²lu⁴²

一口　i⁵⁵⁻²¹³kʻəu⁵⁵：

　　一口猪　i⁵⁵⁻²¹³kʻəu⁵⁵tʂu²¹³

　　一口缸　i⁵⁵⁻²¹³kʻəu⁵⁵kaŋ²¹³

　　一口锅　i⁵⁵⁻²¹³kʻəu⁵⁵kuə²¹³

　　一口气　i⁵⁵⁻²¹³kʻəu⁵⁵tɕʻi²¹³

一口饭　i$^{55\text{-}213}$k'əu^{55}fã^{42}

一口水　i$^{55\text{-}213}$k'əu^{55}suei^{55}

一口井　i$^{55\text{-}213}$k'əu^{55}tsiŋ^{55}

吃一口　tʂʅ^{55}i$^{55\text{-}213}$k'əu^{55}

喝一口　xə^{55}i$^{55\text{-}213}$k'əu^{55}

一口儿　i$^{55\text{-}213}$k'əur^{55}:

　　一口儿人　i$^{55\text{-}213}$k'əur^{55}iẽ^{42}

两口儿　liaŋ$^{55\text{-}213}$k'əur^{55}　夫妻俩

　　两口子　liaŋ^{55}k'əu$^{55\text{-}42}$tsʅ

一眼　i$^{55\text{-}213}$iã^{55}:

　　一眼井　i$^{55\text{-}213}$iã^{55}tsiŋ^{55}

一架　i^{55}tɕia^{213}:

　　一架飞机　i^{55}tɕia^{213}fei$^{213\text{-}45}$tɕi^{213}

一间　i^{55}tɕiã^{213}:

　　一间房子　i^{55}tɕiã^{213}faŋ$^{42\text{-}55}$tsʅ

一件儿　i^{55}tɕiʿɛr^{42}:

　　一件儿衣裳　i^{55}tɕiʿɛr^{42}i^{213}ʂaŋ^{42}

一趟　i^{55}t'aŋ^{213}:

　　一趟字　i^{55}t'aŋ^{213}tsʅ^{42}

　　一趟树　i^{55}t'aŋ^{213}ʂu^{42}

　　一趟桌子　i^{55}t'aŋ^{213}tsuə$^{55\text{-}45}$tsʅ

　　一趟椅子　i^{55}t'aŋ^{213}i$^{55\text{-}45}$tsʅ

　　一趟座位儿　i^{55}t'aŋ^{213}tsuə$^{42\text{-}55}$uer

一趟儿　i^{55}t'ãr^{42}:

一趟儿字　i⁵⁵t'ãr⁴²tsʅˋ

一趟儿树　i⁵⁵t'ãr⁴²ʂu⁴²

一行　i⁵⁵xɑŋ⁴²：

　一行字　i⁵⁵xɑŋ⁴²tsʅ⁴²

　一行树　i⁵⁵xɑŋ⁴²ʂu⁴²

一篇　i⁵⁵p'iã²¹³：

　一篇文章　i⁵⁵p'iã²¹³uẽ⁴²tʂɑŋˋ

一段　i⁵⁵tuã⁴²：

　一段故事　i⁵⁵tuã⁴²ku⁵⁵⁻⁴⁵sʅˋ

一片　i⁵⁵p'iã²¹³：

　一片好心　i⁵⁵p'iã²¹³xɔ⁵⁵siẽ²¹³

　一片好意　i⁵⁵p'iã²¹³xɔ⁵⁵i⁴²

一片儿　i⁵⁵p'iˊɛr⁴²：

　一片儿肉　i⁵⁵p'iˊɛr⁴²iəu²¹³

　一片儿姜　i⁵⁵p'iˊɛr⁴²tɕiɑŋ²¹³

一层　i⁵⁵ts'əŋ⁴²：

　一层纸　i⁵⁵ts'əŋ⁴²tsʅ⁵⁵

　一层布　i⁵⁵ts'əŋ⁴²pu²¹³

一股　i⁵⁵⁻²¹³ku⁵⁵：

　一股香味　i⁵⁵⁻²¹³ku⁵⁵ɕiɑŋ²¹³uei⁴²

　一股臭味　i⁵⁵⁻²¹³ku⁵⁵tʂ'əu²¹³uei⁴²

一座　i⁵⁵⁻²¹³tsuə⁵⁵：

　一座山　i⁵⁵⁻²¹³tsuə⁵⁵sã²¹³

　一座塔　i⁵⁵⁻²¹³tsuə⁵⁵t'ɑ⁵⁵

一座庙 i$^{55\text{-}213}$tsuə^{55}miɔ^{42}

一盘 i^{55}pʰã^{42}：

　一盘棋 i^{55}pʰã^{42}tɕʰi^{42}

　一盘活儿 i^{55}pʰã^{42}xuər^{42}　一阵子，一气儿活：俺都干了 ~ 啦他才来

一门儿 i^{55}mer^{42}：

　一门儿亲事 i^{55}mer^{42}tsʰiẽ^{213}sʐ̩

一刀 i^{55}tɔ^{213}：

　一刀纸 i^{55}tɔ^{213}tsʐ̩^{55}

一桩 i^{55}tsuaŋ^{213}：

　一桩事儿 i^{55}tsuaŋ^{213}sʳer^{42}

一缸 i^{55}kaŋ^{213}：

　一缸水 i^{55}kaŋ^{213}suei^{55}

　一缸油 i^{55}kaŋ^{213}iəu^{42}

一碗 i$^{55\text{-}213}$uã^{55}：

　一碗饭 i$^{55\text{-}213}$uã^{55}fã^{42}

　一碗水 i$^{55\text{-}213}$uã^{55}suei^{55}

　一碗米 i$^{55\text{-}213}$uã^{55}mi^{55}

　一碗汤 i$^{55\text{-}213}$uã^{55}tʰaŋ^{213}

　一碗菜 i$^{55\text{-}213}$uã^{55}tsʰɛ^{213}

　一碗肉 i$^{55\text{-}213}$uã^{55}iəu^{213}

　一碗茶 i$^{55\text{-}213}$uã^{55}tsʰa^{42}

一盅 i$^{55\text{-}213}$tsuŋ^{55}：

　一盅酒 i$^{55\text{-}213}$tsuŋ^{55}tsiəu^{55}

一包 i^{55}pɔ^{213}：

一包药 $i^{55}po^{213}yə^{213}$

一包花生 $i^{55}po^{213}xua^{213-45}səŋ^{213}$

一卷儿 $i^{55-213}tɕy^{ʻ}ɛr^{55}$：

一卷儿东西 $i^{55-213}tɕy^{ʻ}ɛr^{55}tuŋ^{213}si^{ʻ}$

一卷儿纸 $i^{55-213}tɕy^{ʻ}ɛr^{55}tsʅ^{55}$

一捆 $i^{55-213}tɕ^{ʻ}yẽ^{55}$：

一捆行李 $i^{55-213}tɕ^{ʻ}yẽ^{55}ɕiŋ^{42-55}li^{ʻ}$

一捆麦秸 $i^{55-213}tɕ^{ʻ}yẽ^{55}mei^{42}tɕiɛ^{213}$

一捆草 $i^{55-213}tɕ^{ʻ}yẽ^{55}tsʻɔ^{55}$

一担 $i^{55}tã^{213}$：

一担谷 $i^{55}tã^{213}ku^{55}$

一担米 $i^{55}tã^{213}mi^{55}$

一挂 $i^{55}kua^{42}$(或：$i^{55}kua^{213}$)：

一挂鞭炮 $i^{55}kua^{42}piã^{213}pʻɔ^{42}$

一挂大车 $i^{55}kua^{42}ta^{213-42}tʂʻə^{ʻ}$

一句 $i^{55}tɕy^{213}$：

一句话 $i^{55}tɕy^{213}xua^{42}$

一位 $i^{55}uei^{213}$：

一位客人 $i^{55}uei^{213}kʻə^{55-45}iẽ^{ʻ}$　　(新)

一对儿 $i^{55}tʻer^{42}$：

一对儿花瓶子 $i^{55}tʻer^{42}xua^{213}pʻiŋ^{42-55}tsʅ^{ʻ}$

一对儿蝴蝶儿 $i^{55}tʻer^{42}xu^{42-55}tiʻɛr^{ʻ}$

一对儿鸳鸯儿 $i^{55}tʻer^{42}iã^{213}iʻãr^{ʻ}$

一对儿夫妻 $i^{55}tʻer^{42}fu^{213}tsʻʅ^{ʻ}$

一对儿虾　i⁵⁵tʻer⁴²ɕia²¹³

一对　i⁵⁵tei²¹³：

　　一对花瓶子　i⁵⁵tei²¹³xua²¹³pʻiŋ⁴²⁻⁵⁵tsʅ

　　一对虾　i⁵⁵tei²¹³ɕia²¹³

　　一对鸳鸯儿　i⁵⁵tei²¹³iã²¹³iˤãr

　　一对手套儿　i⁵⁵tei²¹³ʂəu⁵⁵tʻɔr⁴²

一副　i⁵⁵fu²¹³：

　　一副眼镜　i⁵⁵fu²¹³iã⁵⁵tɕiŋ²¹³

　　一副手套儿　i⁵⁵fu²¹³ʂəu⁵⁵tʻɔr⁴²

　　一副对子　i⁵⁵fu²¹³tei⁴²tsʅ

一套　i⁵⁵tʻɔ²¹³：

　　一套家具　i⁵⁵tʻɔ²¹³tɕia²¹³⁻⁴⁵tɕy²¹³

　　一套衣裳　i⁵⁵tʻɔ²¹³i²¹³ʂaŋ

　　一套办法儿　i⁵⁵tʻɔ²¹³pã⁴²far

这种　tʂʅ²¹³tsuŋ⁵⁵：

　　这种人　tʂʅ²¹³tsuŋ⁵⁵iẽ⁴²

　　这种事情　tʂʅ²¹³tsuŋ⁵⁵sʅ⁴²tsʻiŋ

　　这种东西　tʂʅ²¹³tsuŋ⁵⁵tuŋ²¹³si

　　这种衣裳　tʂʅ²¹³tsuŋ⁵⁵i²¹³ʂaŋ

　　这种虫子　tʂʅ²¹³tsuŋ⁵⁵tsʻuŋ⁴²tsʅ

老样儿　lɔ⁵⁵iˤãr⁴²

一伙儿　i⁵⁵⁻²¹³xuər⁵⁵

一帮儿　i⁵⁵pãr²¹³

一帮子　i⁵⁵pãŋ²¹³tsʅ

一拨儿　i$^{55\text{-}213}$pər^{55}

一股绺儿　i$^{55\text{-}213}$ku^{55}liˈəur^{213}（又：i$^{55\text{-}213}$ku^{55}ləur^{213}）　一个鼻孔出气：

　　他俩 ~

一起子　i^{55}tɕˈi^{213}tsɿˈ　一段时间：这 ~ 他不爱吃饭儿｜这 ~ 没见到他

一窝　i^{55}uə^{213}：

　　一窝蜂子　i^{55}uə^{213}fəŋ^{213}tsɿ

　　一窝狗　i^{55}uə^{213}kəu^{55}

　　一窝猫　i^{55}uə^{213}mɔ^{42}

一嘟噜　i^{55}tu^{213}luˈ：

　　一嘟噜葡萄　i^{55}tu^{213}luˈ pˈu$^{55\text{-}45}$tˈəuˈ

一拃　i^{55}tsɑ^{213}：

　　一拃长　i^{55}tsɑ^{213}tʂˈɑŋ^{42}

一虎口　i$^{55\text{-}213}$xu^{55}kˈəuˈ：

　　一虎口长　i$^{55\text{-}213}$xu^{55}kˈəuˈ tʂˈɑŋ^{42}

一庹　i$^{55\text{-}213}$tˈuə^{55}：

　　一庹长　i$^{55\text{-}213}$tˈuə^{55}tʂˈɑŋ^{42}

一指　i$^{55\text{-}213}$tsɿ^{55}：

　　一指长　i$^{55\text{-}213}$tsɿ^{55}tʂˈɑŋ^{42}

一沟儿　i^{55}kəur^{213}：

　　三沟儿去了一沟，还剩两沟儿　sɑ̃$^{213\text{-}45}$kəur^{213}tɕˈy^{42}ləuˈ i^{55}

　　　　kəur^{213}，xɛ^{42}ʂəŋ^{42}liɑŋ^{55}kəur^{213}

一脸　i$^{55\text{-}213}$liã^{55}：

　　一脸汗　i$^{55\text{-}213}$liã^{55}xã^{42}

一肚子　i^{55}tu^{42}tsɿˈ：

一肚子气 i⁵⁵tu⁴²tsʅˋ tɕʻi²¹³

一肚子本事 i⁵⁵tu⁴²tsʅˋ pẽ⁵⁵⁻²¹³sʅˋ

一肚子坏水儿 i⁵⁵tu⁴²tsʅˋ xuɛ⁴²sʻuer⁵⁵

一脬 i⁵⁵pʻə²¹³：

　一脬尿 i⁵⁵pʻə²¹³niɔ⁴²

　一脬屎 i⁵⁵pʻə²¹³sʅ⁵⁵

一顿 i⁵⁵tẽ²¹³：

　吃一顿 tʂʻʅ⁵⁵i⁵⁵tẽ²¹³

　打一顿 tɑ⁵⁵i⁵⁵tẽ²¹³

　骂一顿 mɑ⁴²i⁵⁵tẽ²¹³

一趟 i⁵⁵tʻaŋ²¹³：

　去一趟 tɕʻy⁴² i⁵⁵tʻaŋ²¹³

　来一趟 lɛ⁴²i⁵⁵tʻaŋ²¹³

　走一趟 tsəu⁵⁵i⁵⁵tʻaŋ²¹³

一下儿 i⁵⁵ɕiʻɑr⁴²：

　打一下儿 tɑ⁵⁵i⁵⁵ɕiʻɑr⁴²

　看一下儿 kʻã⁴²i⁵⁵⁻²¹³ɕiʻɑr⁴²

一眼 i⁵⁵⁻²¹³iã⁵⁵：

　看一眼 kʻã⁴²i⁵⁵⁻²¹³iã⁵⁵

一会儿 i⁵⁵xuer⁴²：

　说一会儿 ʂuə⁵⁵iˋxuer⁴²

　坐一会儿 tsuə⁴²iˋxuer⁴²

　歇一会儿 ɕiə⁵⁵iˋxuer⁴²

一阵 i⁵⁵tʂẽ⁴²：

下一阵雨 $\varphi ia^{42}i^{55}t\underline{s}\tilde{e}^{42}y^{55}$

刮一阵风 $kua^{55}i^{55}t\underline{s}\tilde{e}^{42}fən^{213}$

一场 $i^{55\text{-}213}t\underline{s}'a\eta^{55}$：

笑一场 $sio^{42}i^{55\text{-}213}t\underline{s}'a\eta^{55}$

闹一场 $no^{42}i^{55\text{-}213}t\underline{s}'a\eta^{55}$

斗一场 $təu^{42}i^{55\text{-}213}t\underline{s}'a\eta^{55}$

一面 $i^{55}mi\tilde{a}^{42}$（或：$i^{55}\ mi\tilde{a}^{213}$）：

见一面 $t\varphi i\tilde{a}^{42}i^{55}mi\tilde{a}^{213}$

三十　数词等

阳历 $ia\eta^{42}li^{213}$

一号 $i^{55}xo^{42}$

二号 $ər^{213}xo^{42}$

三号 $s\tilde{a}^{213}xo^{42}$

十号 $\underline{s}\underline{l}^{42}xo^{42}$

阴历 $i\tilde{e}^{213\text{-}45}li^{213}$

初一 $ts'u^{213}i^{55}$

初二 $ts'u^{213}ər^{42}$（或：$ts'u^{213\text{-}45}\ ər^{213}$）

初三 $ts'u^{213}s\tilde{a}^{213}$

初十 $ts'u^{213}\underline{s}\underline{l}^{42}$

老大 $lo^{55}ta^{213}$

老二 $lo^{55}ər^{213}$

老三　lɔ⁵⁵sã²¹³

老九　lɔ⁵⁵⁻²¹³tɕiəu⁵⁵

老十　lɔ⁵⁵⁻⁴⁵ʂʅ⁴²

末脚子　mə⁴²tɕyə˙tsʅ　　指最小的一个，不面称

大哥　tɑ²¹³⁻⁴⁵kə²¹³

二哥　ər²¹³⁻⁴⁵kə²¹³

三哥　sã²¹³⁻⁴⁵kə²¹³

一个　i⁵⁵kə²¹³

两个　liɑŋ⁵⁵⁻⁴⁵kə˙

俩　liɑ⁵⁵

三个　sã²¹³kə˙

仨　sɑ⁵⁵

四个　sʅ²¹³⁻⁴²kə˙

第一　ti˙⁴²⁻²¹³i⁵⁵

第二　ti⁴²ər²¹³

第三　ti⁴²sã²¹³

第十　ti⁴²⁻²¹³ʂʅ⁴²

第一个　ti⁴²⁻²¹³i⁵⁵⁻⁴⁵kə˙（或：ti²¹³ i⁵⁵ kə²¹³）

　　头一个　tʻəu⁴²i˙kə²¹³

第二　ti⁴²ər²¹³kə˙

　　二一个　ər²¹³i˙kə²¹³

第三个　ti⁴²sã²¹³kə˙

　　三一个　sã²¹³i˙kə²¹³

第四个　ti⁴²tʅ²¹³⁻⁴²kə˙

四一个　s$ɿ^{213}$i˙ kə^{213}

第五个　ti^{42}u$^{55\text{-}45}$kə˙

五一个　u$^{55\text{-}45}$i˙ kə^{213}

第六个　ti$^{42\text{-}213}$liəu$^{55\text{-}45}$kə˙

六一个　liəu^{213}i˙ kə^{213}

第七个　ti$^{42\text{-}213}$ts‘i$^{55\text{-}45}$kə˙

第八个　ti$^{42\text{-}213}$pɑ$^{55\text{-}45}$kə˙

第九个　ti$^{42\text{-}213}$tɕiəu$^{55\text{-}45}$kə˙

第十个　ti$^{42\text{-}213}$ʂɿ$^{42\text{-}55}$kə˙

一来……二来　i$^{55\text{-}45}$lɛ^{42}……ər^{213}lɛ^{42}

一　i^{55}

二　ər^{213}

三　sã^{213}

四　sɿ^{213}

五　u^{55}

六　liəu^{213}

七　ts‘i^{55}

八　pɑ^{55}

九　tɕiəu^{55}

十　ʂɿ^{42}

一百　i$^{55\text{-}213}$pei^{55}

一千　i^{55}ts‘iã^{213}

一万　i^{55}uã^{213}

零　liŋ^{42}

一百零一　i⁵⁵⁻²¹³pei⁵⁵liŋ⁴²i⁵⁵

两　liaŋ⁵⁵

两斤　liaŋ⁵⁵tɕiẽ²¹³

两斤半　liaŋ⁵⁵tɕiẽ²¹³pã²¹³

二两　ər²¹³⁻⁴²liaŋ˙

二钱　ər²¹³tsʻiã⁴²

二分　ər²¹³⁻⁴²fẽ˙

二厘　ər²¹³li⁴²

两丈　liaŋ⁵⁵⁻⁴⁵tʂaŋ˙

二尺　ər²¹³⁻⁴²tʂʅ˙

二寸　ər²¹³⁻⁴⁵tsʻuẽ²¹³

两丈二　liaŋ⁵⁵⁻⁴⁵tʂaŋ˙ər˙

二尺二　ər²¹³⁻⁴²tʂʅ˙ər˙

二寸二　ər²¹³⁻⁴⁵tsʻuẽ²¹³ər˙

二里　ər²¹³⁻⁴²li˙

二斗　ər²¹³⁻⁴²təu˙

两升　liaŋ⁵⁵ʂəŋ²¹³（或：二升　ər²¹³⁻⁴²ʂəŋ˙）

两项　liaŋ⁵⁵⁻⁴²ɕiaŋ⁵⁵

二亩　ər²¹³⁻⁴²mu˙

一百二十　i⁵⁵pei⁵⁵ər²¹³⁻⁴²ʂʅ˙

一百二十个　i⁵⁵pei⁵⁵ər²¹³⁻⁴²ʂʅ˙kə²¹³

二百　ər²¹³⁻⁴²pei˙

二百二十　ər²¹³⁻⁴²pei⁵⁵ər²¹³⁻⁴²ʂʅ˙

二百二十个　ər²¹³⁻⁴²pei˙ər²¹³⁻⁴²ʂʅ˙kə²¹³

两千　liaŋ⁵⁵tsʻiã²¹³

两千二百　liaŋ⁵⁵tsʻiã²¹³ər²¹³⁻⁴²peiˑ

两千二百个　liaŋ⁵⁵tsʻiã²¹³ər²¹³⁻⁴²peiˑkə²¹³

两千二百二十　liaŋ⁵⁵tsʻiã²¹³ər²¹³⁻⁴²peiˑər²¹³⁻⁴²ʂʅˑ

两万　liaŋ⁵⁵uã²¹³

两万二千　liaŋ⁵⁵uã²¹³ər²¹³⁻⁴⁵tsʻiã²¹³

两万二千二百　liaŋ⁵⁵uã²¹³ər²¹³⁻⁴⁵tsʻiã²¹³ər²¹³⁻⁴²peiˑ

几　tɕi⁵⁵：

　　几个　tɕi⁵⁵⁻⁴⁵kəˑ　　（不定数）

　　几个儿　tɕi⁵⁵⁻⁴⁵kərˑ　　（不定数，表示少）没 ~ 小鸡

　　十几个　ʂʅ⁴²⁻⁵⁵tɕiˑkə²¹³

　　十几个儿　ʂʅ⁴²⁻⁵⁵tɕiˑkər²¹³　　（表示少）街上只有 ~ 人

好　xɔ⁵⁵：

　　好几个　xɔ⁵⁵⁻⁴²tɕiˑkə²¹³

　　十好几个　ʂʅ⁴²xɔ⁵⁵⁻⁴²tɕʅ⁵⁵kə²¹³

　　好几百　xɔ⁵⁵⁻⁴²tɕi⁵⁵⁻²¹³pei⁵⁵

　　好几千　xɔ⁵⁵⁻⁴²tɕi⁵⁵tsʻiã²¹³

　　好几万　xɔ⁵⁵⁻⁴²tɕi⁵⁵uã²¹³

些　siə²¹³：

　　好一些　xɔ⁵⁵⁻⁴⁵iˑsiə²³

　　大一些　tɑ²¹³⁻⁴²iˑsiə²¹³

点儿　tiˤɛr⁵⁵：

　　一点儿　i⁵⁵⁻⁴²tiˤɛr⁵⁵

　　一点儿点儿　i⁵⁵⁻⁴²tiˤɛr⁵⁵⁻⁴⁵tiˤɛrˑ

好点儿 xɔ⁵⁵⁻⁴²tiˤɛr⁵⁵

大点儿 tɑ⁴²tiˤɛrˑ

多 tuə²¹³：

　　十多个 ʂɿ⁴²tuə²¹³⁻⁴⁵kə²¹³

　　十多个儿 ʂɿ⁴²tuə²¹³kər²¹³⁻⁴²

来 lɛ⁴²（或：lɑˑ）：

十来个 ʂɿ⁴²⁻⁵⁵lɛˑ（或：lɑˑ）kə²¹³

　　十来个儿 ʂɿ⁴²⁻⁵⁵lɛˑ（或：lɑˑ）kər²¹³⁻⁴²

　　一百来个儿 i⁵⁵⁻²¹³pei⁵⁵lɛ⁴²⁻⁴⁵kər²¹³⁻⁴²（只有儿化一种说法）

　　百来十个 pei⁵⁵⁻⁴⁵lɑˑʂɿ⁴²kə²¹³

　　百来十个儿 pei⁵⁵⁻⁴⁵lɑˑʂɿ⁴²⁻⁵⁵kər²¹³⁻⁴²

　　一千来个儿 i⁵⁵tsˤiã²¹³lɛ⁴²⁻⁴⁵kər²¹³⁻⁴²（只有儿化一种说法）

数 su⁴²：

　　千数个 tsˤiã²¹³su⁴²kəˑ

　　万数个 uã²¹³⁻⁴²suˑkəˑ

约数：

一两个（儿） i⁵⁵⁻⁴²liɑŋˑkə²¹³（或：kər²¹³⁻⁴²）

两三个（儿） liaŋ⁵⁵⁻⁴⁵sãˑkə²¹³（或：kər²¹³⁻⁴²）

　　三两个（儿） sã²¹³liɑŋˑkə²¹³（或：kər²¹³⁻⁴²）

三四个（儿） sã²¹³⁻⁴²ʂɿˑkə²¹³（或：kər²¹³⁻⁴²）

八九个（儿） pɑ⁵⁵⁻⁴⁵tɕiəuˑkə²¹³（或：kər²¹³⁻⁴²）

　　八九十来个（儿） pɑ⁵⁵⁻⁴⁵tɕiəuˑʂɿ⁴²lɑˑkə²¹³（或：kər²¹³⁻⁴²）

三五个（儿） sã²¹³uˑkə²¹³（或：kər²¹³⁻⁴²）

一二十个（儿） i⁵⁵⁻⁴⁵ərˑʂɿˑkə²¹³（或：kər²¹³⁻⁴²）

二三十个（儿）　ər²¹³⁻⁴²sã˙ ʂʅ˙ kə²¹³（或：kər²¹³⁻⁴²）

三五十个（儿）　sã²¹³u˙ ʂʅ˙ kə²¹³（或：kər²¹³⁻⁴²）

千儿八百　tsʻiã²¹³ər˙ pɑ⁵⁵⁻²¹³pei⁵⁵

万儿八千　uã²¹³⁻⁴²ər˙ pɑ⁵⁵tsʻiã²¹³

千百万　tsʻiã²¹³pei⁵⁵uã²¹³

成千上万　tʂʻəŋ⁴²tsʻiã²¹³ʂɑŋ²¹³⁻⁴⁵uã²¹³

半　pã²¹³：

　半个　pã²¹³⁻⁴²kə˙

　半拉　pã²¹³lɑ⁵⁵　（一半）

　一半儿　i⁵⁵⁻⁴⁵pɛr²¹³⁻⁴²

　两半儿　liaŋ⁵⁵⁻⁴⁵pɛr²¹³⁻⁴²

　一大半儿　i⁵⁵tɑ²¹³pɛr²¹³⁻⁴²

　一个半　i⁵⁵⁻⁴⁵kə˙ pã²¹³

　一半个儿（价）　i⁵⁵pã˙ kər²¹³⁻⁴²（或：kər˙）（tɕiɑ˙）（表示少）

　两个半　liaŋ⁵⁵⁻⁴⁵kə˙ pã²¹³

　一星儿半塌儿　i⁵⁵⁻⁴⁵si˙ə̃r˙ pã²¹³tʻɑr⁵⁵　少量，一点儿：剩下～的，我不要了

　半斤　pã²¹³⁻⁴²tɕiẽ˙

　斤半　tɕiẽ²¹³pã˙　（不说"一斤半"）

　一半斤儿（价）　i⁵⁵⁻⁴⁵pã˙ tɕiˊer²¹³（tɕiɑ˙）　表示量少：这些豆子～有坏的

　一斤半斤　i⁵⁵tɕiẽ²¹³pã²¹³⁻⁴²tɕiẽ˙　（表示量少）

　两斤半　liaŋ⁵⁵⁻⁴⁵tɕiẽ˙ pã²¹³

　两亩半　liaŋ⁵⁵⁻⁴⁵mu˙ pã²¹³

　两斗半　liaŋ⁵⁵⁻⁴⁵təu˙ pã²¹³

　二里半　ər²¹³⁻⁴²li˙ pã²¹³

……上下（岁）ʂaŋ⁴²ɕia˙　他有二十 ~（岁）

……来往（斤）lɛ⁴²uaŋ⁵⁵　这些玉米五十 ~（斤）

……左右　tsuə⁵⁵iəu²¹³　这块木头有二十公分 ~（长）

倍　pei²¹³：

一倍　i⁵⁵pei²¹³

两倍　liaŋ⁵⁵pei²¹³

双倍　suaŋ²¹³⁻⁴⁵pei²¹³

三倍　sã²¹³⁻⁴⁵pei²¹³

成儿　tʂʻə̃r⁴²（一般指十分之几）：

一成儿　i⁵⁵⁻⁴⁵tʂʻə̃r⁴²

八成儿　pa⁵⁵⁻⁴⁵tʂʻə̃r⁴²　①十分之八：庄稼苗旱旱死了 ~　②大约，可能（表猜测）：

他 ~ 赶集去了（不说"八九成儿"）

一百成儿　i⁵⁵⁻⁴⁵pei⁵⁵tʂʻə̃r⁴²　特好，很好：他待你这算 ~ 了｜这些庄稼能打这

么多，算是 ~ 了

分数儿　fẽ²¹³sʻur˙：

二分之一　ər²¹³⁻⁴²fẽ˙tsʅ˙i⁵⁵

两□儿一　liaŋ⁵⁵əur²¹³i⁵⁵

三分之一　sã²¹³⁻⁴²fẽ˙tsʅ˙i⁵⁵

三□儿一　sã²¹³⁻⁴²əur²¹³i⁵⁵

……沟儿拉……沟儿　kəur²¹³la⁵⁵……kəur²¹³　几分之几（口头语，专用

于十以内的分数）：

两沟儿拉一沟儿　liaŋ⁵⁵kəur²¹³la⁵⁵i⁵⁵kəur²¹³　二分之一

三沟儿拉两沟儿　sã²¹³⁻⁴⁵kəur²¹³la⁵⁵liaŋ⁵⁵kəur²¹³　三分之二

五沟儿拉三沟儿　u⁵⁵kəur²¹³la⁵⁵sã²¹³⁻⁴⁵kəur²¹³　五分之三

十沟儿拉九沟儿　ʂ̩^{42}kəur^{213}la^{55}tɕiəu^{55}kəur^{213}　　十分之九

成　tʂʻəŋ^{42}：

　　成百　tʂʻəŋ^{42}pei^{55}

　　成千　tʂʻəŋ^{42}tsʻiã^{213}

　　成万　tʂʻəŋ^{42}uã^{213}

　　成千上万　tʂʻəŋ^{42}tsʻiã^{213}ʂaŋ^{42}uã^{213}

上　ʂaŋ^{42}：

　　上百　ʂaŋ^{42}pei^{55}

　　上千　ʂaŋ^{42}tsʻiã^{213}

　　上万　ʂaŋ^{42}uã^{213}

乘法儿　tʂʻəŋ^{42}far˙：

　　一二的二　i$^{55\text{-}45}$ər˙ti˙ər^{213}　　（"的"也可为"得"tei^{55}，不读轻声，下同）

　　二二的四　ər$^{213\text{-}42}$ər˙ti˙ʂ̩^{213}

　　三四一十二　sã$^{213\text{-}45}$ʂ̩^{213}i$^{55\text{-}213}$ʂ̩$^{42\text{-}55}$ər˙

　　三七二十一　sã^{213}tsʻi^{55}ər$^{213\text{-}42}$ʂ̩˙i^{55}　不管～

　　三八二十四　sã^{213}pa^{55}ər$^{213\text{-}42}$ʂ̩˙ʂ̩^{213}　　（"二十"的"十"，发音轻微，有时

　　　　听不到）

　　四七二十八　ʂ̩^{213}tsʻi^{55}ər$^{213\text{-}42}$ʂ̩˙pa^{55}　　（"十"音明显）

　　五八四十　u$^{55\text{-}213}$pa^{55}ʂ̩$^{213\text{-}42}$ʂ̩˙

　　八八六十四　pa$^{55\text{-}42}$pa^{55}liəu$^{213\text{-}42}$ʂ̩˙ʂ̩^{213}

　　九九八十一　tɕiəu$^{55\text{-}42}$tɕiəu^{55}pa^{55}ʂ̩˙i^{55}

数字成语：

一来二去　i^{55}lɛ^{42}ər^{213}tɕʻy$^{213\text{-}42}$

一清二白　i^{55}tsʻiŋ$^{213\text{-}42}$ər^{213}pei^{42}

249

一清二楚　i⁵⁵tsʻiŋ²¹³⁻⁴²ər²¹³tsʻu⁴²

一干二净　i⁵⁵kã²¹³ər²¹³tsiŋ⁴²

一刀两断　i⁵⁵tɔ²¹³liɑŋ⁵⁵tuã⁴²（或：tã⁴²）

一举两得　i⁵⁵⁻⁴²tɕy⁵⁵liɑŋ⁵⁵⁻⁴²tei⁵⁵

三番五次　sã²¹³⁻⁴⁵fã²¹³u⁵⁵tsʻɿ⁴²

三年五载　sã²¹³niã⁴²u⁵⁵⁻⁴²tsɛ⁵⁵

三日两头　sã²¹³⁻⁴⁵i̱²¹³liɑŋ⁵⁵tʻəu⁴²

三长两短　sã²¹³tʂʻɑŋ⁴²liɑŋ⁵⁵⁻⁴²tuã⁵⁵（或：tã⁵⁵）

三言两语　sã²¹³iã⁴²liɑŋ⁵⁵⁻⁴²y⁵⁵

三心二意　sã²¹³⁻⁴⁵siẽ²¹³ər²¹³i̱⁴²

四平八稳　sɿ²¹³pʻiŋ⁴²pɑ⁵⁵⁻²¹³uẽ⁵⁵

四通八达　sɿ²¹³⁻⁴⁵tʻuŋ²¹³pɑ⁵⁵ta⁴²

四面八方　sɿ²¹³⁻⁴⁵miã²¹³pɑ⁵⁵fɑŋ²¹³

五湖四海　u⁵⁵xu⁴²sɿ²¹³xɛ⁵⁵

五花八门儿　u⁵⁵xuɑ²¹³pɑ⁵⁵mer⁴²

七上八下　tsʻi⁵⁵ʂɑŋ⁴²pɑ⁵⁵ɕia⁴²

七拼八凑　tsʻi⁵⁵pʻiẽ²¹³pɑ⁵⁵⁻⁴⁵tsʻəu²¹³⁻⁴²

乱七八糟　lã²¹³tsʻi̱ pɑ⁵⁵tsɔ²¹³

乌七八糟　u²¹³tsʻi̱ pɑ⁵⁵tsɔ²¹³

七嘴八舌　tsʻi⁵⁵⁻²¹³tsuei⁵⁵pɑ⁵⁵⁻⁴⁵ʂə⁴²

千真万确　tsʻiã²¹³⁻⁴⁵tʂẽ²¹³uã²¹³tɕʻyə⁵⁵

千军万马　tsʻiã²¹³⁻⁴⁵ tɕyẽ²¹³uã²¹³mɑ⁵⁵

千变万化　tsʻiã²¹³⁻⁴⁵piã²¹³ uã²¹³xuɑ⁴²

千言万语　tsʻiã²¹³iã⁴²uã²¹³y⁵⁵

长三短四　tʂʻɑŋ⁴²sã²¹³tã⁵⁵sʅ²¹³
掉七缺八　tiɔ⁴²tsʻʅ⁵⁵tɕʻyə⁵⁵⁻⁴²pɑ⁵⁵

附　干支、属相

干支 kã²¹³⁻⁴⁵tsʅ²¹³

甲　tɕia⁵⁵	丑　tʂʻəu⁵⁵
乙　i⁵⁵	寅　iẽ⁵⁵
丙　piŋ⁵⁵	卯　mɔ⁵⁵
丁　tiŋ²¹³	辰　tʂʻẽ⁴²
戊　u⁵⁵	巳　sʅ²¹³
己　tɕi⁵⁵	午　u⁵⁵
庚　kəŋ⁵⁵	未　uei²¹³
辛　siẽ²¹³	申　ʂẽ²¹³
壬　iẽ²¹³	酉　iəu⁵⁵
癸　kuei²¹³	戌　sy⁵⁵
子　tsʅ⁵⁵	亥　xɛ²¹³

属相 su⁵⁵⁻²¹³siɑŋ⁴²

子鼠　tsʅ⁵⁵⁻⁴²ʂu⁵⁵	午马　u⁵⁵⁻⁴²mɑ⁵⁵
丑牛　tʂʻəu⁵⁵niəu⁴²	未羊　uei²¹³iɑŋ⁴²
寅虎　iẽ⁵⁵⁻²¹³xu⁵⁵	申猴儿　ʂẽ²¹³xəur⁴²
卯兔　mɔ⁵⁵⁻⁴⁵tʻu⁴²	酉鸡　iəu⁵⁵tɕi²¹³
辰龙　tʂʻẽ⁴²luŋ⁴²	戌狗　sy⁴²kəu⁵⁵
巳蛇　sʅ²¹³ʂə⁴²	亥猪　xɛ²¹³⁻⁴⁵tʂu²¹³

第四章　语　法

一　词

（一）名词

1. 莱州方言中带"子"尾的名词特别丰富，在以下几个方面表现得尤为明显。

（1）人体部位及器官名称。例如：

头发梢子	眼珠子	脚丫子	身子（身体）
头发茬子	眼眶子	脚掌子	鼻子
头发根子	眼皮子	脚背子	胡子
后脑勺子	腮帮子	手腕子	嗓子
耳朵垂子	嘴巴子	手掌子	吞子（咽喉）
耳朵根子	嘴皮子	手脖子	脖子
耳朵眼子	牙花子	手背子	膀子
耳朵梢子	脖颈子	血管子	奶子
鼻孔眼子	肤皮子	腚垂子	肚子
舌头尖子	胸脯子	杆腿子	肠子
舌头根子	奶头子	腿肚子	腰子（肾）
肩膀头子	小肚子	脚脖子	胰子
脊梁杆子	脚指甲盖子	脑袋 [tei] 瓜子	
肚脐眼子	手指甲盖子	耳门台子（太阳穴）	
尾巴根子	大腿根子	脖项 [siaŋ⁴²] 颈子	
手丫巴子	腚肛 [kã] 眼子		

拐肘　[tʂu⁴²] 头子　　　　　　脚葫芦子（踝子骨）

（2）服饰及服饰组成部分的名称。例如：

头发卡子	耳捂子	帽子	领子
耳朵挖子	裤腿子	结子	袖子
裤腰带子	鞋帮子	簪子	裤子
裹脚布子	鞋底子	叉子	靴子
扎腿带子	鞋垫子	圈子（耳环）	袜子
衣裳里子	鞋里子	坠子（耳坠）	兜子
鞋带子	金镯子	褂子	
袜筒子	腿卡子	手镏子	

（3）树木各部分的名称。例如：

树根子	树桩子	树墩子	树杈子
树枝子	树梢子	树叶子	

　2. 某些村镇名称的构词特点

　　莱州的村镇名称，以“家”字收尾者特多，能占全县村镇名称的百分之三十左右，这是一个很突出的特点。例如：

河套张家	南蔡家	姜家	无根枣田家
上家刘家	北蔡家	宋家	观音寺王家
大原杜家	腰刘家	毛家	
小原杜家	洼迟家	潭家	

　　有些相邻的自然村镇，在名称上有一定联系，反映了它们之间在历史上的某种渊源关系。基本表现为两种方式：一是共用一个相同的修饰语，二是有一个共同的中心语。这些相同成分，有的是村镇名称，有的与山川河流有关，也有的是其地理位置的反映。例如：

崖头田家	张官李家	城后张家	海庙孙家
崖头孙家	张官刘家	城后曲家	海庙姜家

崖头刘家	张官王家	城后万家	海庙于家
崖头韩家	张官周家	城后刘家	海庙坡子
河套（音[tʋ·]，下同）新庄	城后王家		海庙后
河套于家	河套张家	山孙家	海庙港
河套朱家	河套赵家	山张家	
河西刘家	河西朱家	山宋家	

以上是共用一个相同的修饰语，以下是有一个相同的中心语：

林家北流	前坊北	东庄头	前魏家
三教北流	东坊北	西庄头	中魏家
花园北流	西坊北	张家庄头	西魏家
上王家	西大宋	东大宋	
下王家	西小宋	东小宋	

3. "手"作为名词词尾，在莱州方言中可以表示从事某种职业或擅长某种技术的人，例如："吹手"、"鼓手"、"吹鼓手"、"刀斧手"，还可以表示"方法"或"姿势"、"样子"之类的意思。表示"方法"义的，例如：

说手：你这么个～，他一定不爱听。你换个～，这件事就能办成了。

做 [tsəu⁴²] 手：这种菜，换个～，味道会更好。

表示"姿势"、"样子"义的，例如：

坐手　站手　吃手　睡手　走手　笑手　跑手

4. 名词 AA 式

（1）AA 式构词

莱州方言中很多亲属称谓，是由 AA 式构成的。例如：

爷爷　奶奶　叔叔　婶婶

大大（伯父母）　姑姑　舅舅　姥姥

哥哥　姐姐　妹妹　弟弟

（2）AA 式构形

给小孩讲话，几乎所有的名词都可以用 AA 式，第二个音节儿化。例如：

刀刀儿　猫猫儿　鸡鸡儿　帽帽儿

鞋鞋儿　袜袜儿　裤裤儿　车车儿

有些名词，既可以单音节化，也可以重叠儿化，在语义上两者没有什么不同。例如：

杠杠儿（杠杠儿=杠儿，下同）

格格儿　沫沫儿　面面儿　渣渣儿　泡泡儿

星星儿　片片儿　柜柜儿　块块儿　毛毛儿

绒绒儿　根根儿　芽芽儿　神神儿（神祇）

5. 方位词"来"（轻声）

莱州方言中方位词"来"，附于名词或名词性短语之后，其意义相当于普通话中的"里"。例如：

指处所：　城来　　村来　　　家来有人

指时间：　假期来　　上个月来他去过一次

指范围：　话来有话　主席团来有他

"来"跟表示机构的名词组合，既可指机构又可指表示机构所在的处所：

往县来（指机构）汇报情况。

从县来（指处所）回来。

"来"跟某些表示人体部分的名词组合，有实指和虚指两种意义：

手来有封信。（实指）

嘴来不说，心来有数。（虚指）

（二）动词

1.“巴”在莱州方言中，不但可以做词尾构成名词（如：哑巴指人，也指雌性的蝉、响巴雄性的蝉、结巴、喀巴等）、动词（如：拉 [lɑ²¹³] 巴、捏 [miə⁴²] 巴等）、形容词（如：干巴、紧巴、窄巴等），而且还可以做单音节动词的形尾。“巴” 做词尾与形尾不同，做词尾时，只是凑足双音节，没有什么特殊的意义。而做形尾时，则表示动作行为粗略不细，时间用得少，显得快等意思。例如：

画巴起来（完毕）行了，不用细描！

缝巴起来行了，针脚纰 [pʰi²¹³]（疏，长）怕什么？

锅底下捅巴了几把草，又忙锅上的。

把东西装巴车上就行了，时候不早了，快走吧！

去说巴几句快回来，俺在这儿等着你。

“巴”的结合面很广，一般单音节及物动词，只要表达上需要，都可以跟“巴”组合。

2. 普通话中，单音节动词重叠，有两种格式，“VV 式”和“V 一 V 式”。在莱州方言中，单音节动词重叠只有“VV 式”和“V 巴 V 巴式”而无“V 一 V 式”。例如：

写写　写巴写巴　　　算算　算巴算巴
搓搓　搓巴搓巴　　　敲敲　敲巴敲巴

莱州方言不说“写一写”、“算一算”、“搓一搓”、“敲一敲”。

3. 作为助动词的“看”，在莱州方言中不单用，总是采取重叠的形式附于动词或动词性词组之后，表示尝试。例如：

你先尝尝看看　　　让我想想看看
你给我量一下看看　先做几天看看

（三）形容词

1. 形容词的前缀和后缀

莱州方言中常用的形容词前缀见下表：

前缀	形容词			前缀	形容词		
精	～瘦	～短	～矮	锃	～亮	～明	～晴
	～湿	～轻	～枵		～新	～绿	
	～薄			绷	～干	～硬	～紧
老	～肥	～长	～远	钢	～硬		
	～高	～沉	～厚	稀	～嫩	～软	～松
	～大			绝	～瘦	～细	
溜	～光	～圆	～滑	酥	～脆	～焦	
	～薄	～细	～枵	齁	～咸		
焦	～黄			烘	～黑		
娇	～黄			通	～红		
光	～冷	～热		巴	～苦	～涩	
怪	～冷	～热	～沉	生	～疼	～硬	
	～疼			死	～沉	～辣	

从上表可以看出，形容词的前缀有的结合能力强，有的结合能力弱。从感情色彩方面来看，有的表示喜爱的感情，如："锃"、"酥"；有的表示厌恶的感情，如："精"、"怪"、"死"、"生"；有的表示中性，如："老"、"溜"、"光"、"绝"等等。

从结合能力上来看，多数前缀是有选择性的。有些前缀常与一对反义词中的一方配搭而不跟另一方配搭。如："老"和"精"，见下表，能配搭的标"+"，反之标"-"。

形容词 前缀	矮	近	短	细	浅	瘦	薄	湿	高	远	长	粗	深	胖	厚	干
精	+	+	+	+	+	+	+	+	-	-	-	-	-	-	-	-
老	-	-	-	-	-	-	-	-	+	+	+	+	+	+	+	+

莱州方言中，单音节形容词的后缀很丰富。有的是单音节的，

如：　A＋B→AB；有的是双音节的，又分两种情况：　A＋B₁B₂→AB₁B₂，　A＋BC→ABC；也有的是三个音节的，如：A＋BCD→ABCD。以上各式后面全部加"的"，以下分项说明：

（1）A＋B→AB 儿的

B 读阴平，时值较大；多数儿化，具有褒义。例如：

热乎儿的 iə²¹³⁻⁵⁵xur²¹³ti· 　　　黑乎儿的 xei⁵⁵xur²¹³ti·

胖乎儿的 pʻɑŋ²¹³⁻⁵⁵xur²¹³ti· 　粘乎儿的 niã²¹³⁻⁵⁵xur²¹³ti·

辣嗖儿的 la²¹³⁻⁵⁵sʳəur²¹³ti· 　冷嗖儿的 ləŋ⁵⁵sʳəur²¹³ti·

慢腾儿的 mã²¹³⁻⁵⁵tʻə̃r²¹³ti· 　绿争儿的 ly²¹³⁻⁵⁵tsʻə̃r²¹³ti·

（2）A＋B₁B₂→AB₁B₂ 儿的

本式跟（1）式关系很密切，在意义和用法上没有什么区别。B₁B₂ 的声调有两种读法：

第一，B₁ 读阳平，B₂ 读阴平，例如：

热乎儿乎儿的　iə²¹³xur²¹³⁻⁴²xur²¹³ti·

蓝蔚儿蔚儿的　lã⁴²⁻²¹³uer²¹³⁻⁴²uer²¹³ti·

矮趴儿趴儿的　iɛ⁵⁵pʻar²¹³⁻⁴²pʻar²¹³ti·

第二，B₁ 读轻声，B₂ 读上声。例如：

热乎儿乎儿的　iə²¹³⁻⁴²xur·xur²¹³⁻⁵⁵ti·

蓝蔚儿蔚儿的　lã⁴²uer·uer²¹³⁻⁵⁵ti·

矮趴儿趴儿的　iɛ²¹³⁻⁵⁵pʻɑ·pʻar²¹³⁻⁵⁵ti·

以上两种说法比较随意，差不多每个词都有这样两种现象，在表义方面很难说有什么不同。

AB₁B₂ 式的形容词，其中 B₂ 可以儿化，也可以不儿化。B₂ 儿化时，B₁ 也多半儿化；B₂ 不儿化时，B₁ 绝不儿化。这类形容词的儿化应以 B₂ 为观察的依据。B₂ 儿化（B₁ 儿化或不儿化）时，整个词具有表喜爱的色彩；B₂ 不儿化时则属中性，有的带有贬义。例如：

冬天的炕头烧的热乎儿乎儿的，真好！

夏天呆在屋来热乎乎的，怪闷的慌。

下面举 AB_1B_2 式形容词的例子，B_1B_2 声调的两种情况分（甲）（乙）标注。

黑乎乎的　　　　（甲）xei⁵⁵xu²¹³⁻⁴²xu²¹³ti˙

　　　　　　　　（乙）xei⁵⁵xu˙xu²¹³⁻⁵⁵ti˙

黑乎儿乎儿的　　（甲）xei⁵⁵xur²¹³⁻⁴²xur²¹³ti˙

　　　　　　　　（乙）xei⁵⁵⁻⁴⁵xur˙xur²¹³⁻⁵⁵ti˙

粘乎乎的　　　　（甲）niã⁵⁵xu²¹³⁻⁴²xu²¹³ti˙

　　　　　　　　（乙）niã²¹³⁻⁴²xu˙xu²¹³⁻⁵⁵ti˙

粘乎儿乎儿的　　（甲）niã²¹³xur²¹³⁻⁴²xur²¹³ti˙

　　　　　　　　（乙）niã²¹³⁻⁴²xur˙xur²¹³⁻⁵⁵ti˙

脆生生儿的　　　（甲）tsʻuei²¹³səŋ²¹³⁻⁴²sʻə̃r²¹³ti˙

　　　　　　　　（乙）tsʻuei²¹³səŋ˙sʻə̃r²¹³ti˙

厚墩墩儿的　　　（甲）xəu⁴²tə̃²¹³⁻⁴²tʻer²¹³ti˙

　　　　　　　　（乙）xəu⁴²tə̃tʻer²¹³ti˙

乱央央的　　　　（甲）lã²¹³ian²¹³⁻⁴²iaŋ²¹³ti˙

　　　　　　　　（乙）lã²¹³ian˙iaŋ²¹³⁻⁵⁵ti˙

臭烘烘的　　　　（甲）tʂʻəu²¹³xuŋ²¹³⁻⁴² xuŋ²¹³ti˙

　　　　　　　　（乙）tʂʻəu²¹³xuŋ˙xuŋ²¹³⁻⁵⁵ti˙

乱糟糟的　　　　（甲）lã²¹³tsɔ²¹³⁻⁴²tsɔ²¹³ti˙

　　　　　　　　（乙）lã²¹³tsɔ˙tsɔ²¹³⁻⁵⁵ti˙

（3）A＋BC→ABC 的

在莱州方言中，这是一种贬义形式。B 读轻声，C 读阴平。例如：

臊不唧的 sɔ²¹³pu˙tsi²¹³ti˙　　　酸不唧的 suã²¹³pu˙tsi²¹³ti˙

甜不唧的 tʻiã²¹³⁻⁵⁵pu˙tsi²¹³ti˙　　白不列的 pei⁴²⁻²¹³pu˙liə²¹³ti˙

咸戛滋的　çiã⁴²kɑˈtsʅ²¹³tiˈ　　　滑唧溜的　xuɑ⁴²tsiˈliəu²¹³tiˈ

在莱州方言中，还有一种形容词后缀"的慌"（读轻声），多跟单音词结合，也跟双音节词结合，结合后表示程度的加深。例如：

热的慌　　　饿的慌　　　冻的慌　　　渴的慌
累的慌　　　困的慌　　　疼的慌　　　想的慌
饥困的慌　　难受的慌　　渴劳的慌

（4）A＋BCD→ABCD 的

这种形式多带贬义。BC 读轻声，D 读阴平。例如：

黑不溜秋的　xei⁵⁵puˈliəuˈtsˈiəu²¹³tiˈ
灰不楞登的　xuei²¹³puˈləŋˈtəŋ²¹³tiˈ
潮二戛唧的　tʂˈɔ²¹³⁻⁵⁵ərˈkɑˈtsi²¹³tiˈ
咸不拉唧的　çiã⁴²puˈlɑˈtsi²¹³tiˈ
甜不拉唧的　tˈiã⁴²puˈlɑˈtsi²¹³tiˈ
臊不拉唧的　sɔ²¹³puˈlɑˈtsi²¹³tiˈ
懒二戛唧的　lã⁵⁵ərˈkɑˈtsi²¹³tiˈ

在莱州方言中，形容词的前后缀尽管都具有表达感情的作用，但还是有区别的，前缀主要是表示程度的加深，后缀则侧重于描摹事物的性质状态。

2. 形容词的重叠

在莱州方言中，单音节和双音节的形容词都有重叠形式。

单音节形容词的重叠分两种不同的类型，各自的句法功能也有差异。

（1）第二个音节一律读轻声，不儿化，后面不加"的"；第一个音节声调的变化，与两字组轻声前的变调情况相同。这种重叠形式用于做定语，具有摹状作用而不表示程度加深。例如：

尖尖　tsiã²¹³tsiãˈ　～嘴儿　　弯弯　uã²¹³uãˈ　～眉儿
歪歪　ue²¹³uẽˈ　～头儿　　　勾勾　kəu²¹³kəũˈ　～鼻子

空空　kʻuŋ²¹³kʻuŋˑ ～肚子　方方　faŋ²¹³faŋˑ ～脸｜～盒

长长　tʂʻaŋ⁴²⁻⁵⁵tʂʻaŋˑ ～脸　团团　tʻã⁵⁵⁻⁴⁵tʻãˑ ～脸｜～瓜

圆圆　yã²¹³⁻⁵⁵yãˑ ～脸　斜斜　siə²¹³⁻⁵⁵siəˑ ～肩膀｜～街

痒痒　iaŋ⁵⁵iaŋˑ ～肉儿　扁扁　piã⁵⁵piãˑ ～头｜～篓子

（2）第二个音节一律读阴平，大多数儿化，后面加"的"；第一个音节声调的变化，与两字组阴平前的变调规律相同，这种重叠用于做状语或补语，有表示程度加深的作用，等于说"很 A"。例如：

好好儿的　xɔ⁵⁵xɔr⁵⁵⁻²¹³tiˑ ～干｜说的～

死死儿的　sʅ⁵⁵sʳer⁵⁵⁻²¹³tiˑ 忘的～

松松儿的　suŋ²¹³⁻⁴⁵sũr²¹³tiˑ ～绑起来

高高儿的　kɔ²¹³⁻⁴⁵kɔr²¹³tiˑ 挂的～

软软儿的　yã⁵⁵yʳer⁵⁵⁻²¹³tiˑ 揉的～

慢慢儿的　mã⁴²mɛr⁴²⁻²¹³tiˑ ～（轻轻地）拍打着孩子睡觉

熊熊儿的　ɕyŋ⁴²ɕyʳə̃r⁴²⁻²¹³tiˑ 装（假装）的～

远远儿的　yã⁵⁵yʳer⁵⁵⁻²¹³tiˑ ～站着｜走的～

紧紧儿的　tɕiẽ⁵⁵tɕiʳer⁵⁵⁻²¹³tiˑ 捆的～

轻轻儿的　tɕiẽ²¹³⁻⁴⁵tɕiʳer⁵⁵⁻²¹³tiˑ ～放下

满满的　mã⁵⁵mã⁵⁵⁻²¹³tiˑ ～装一筐｜装的～

早早儿的　tsɔ⁵⁵tsʳɔr⁵⁵⁻²¹³tiˑ ～来了

明明儿的　miŋ⁴²miʳə̃r⁴²⁻²¹³tiˑ ～说好了｜听的～

莱州方言中，双音节形容词的重叠 A₁A₂B₁B₂，其意义作用与普通话相同，但其变调有自己的特点。一般情况是：A₂ 变为轻声，A₁ 受 A₂ 轻声的影响也变调，其变化情况与两字组轻声变调规律相同；B₁ 变为阳平，B₂ 变为阴平。例如：

清清楚楚　tsʻiŋ²¹³tsʻiŋˑ tsʻu⁵⁵⁻⁴² tsʻu⁵⁵⁻²¹³

干干净净　kã²¹³kãˑ tsiŋ⁴²tsiŋ⁴²⁻²¹³

整整齐齐　tʂəŋ⁵⁵⁻⁴⁵tʂəŋ˙ tsʻi⁴²tsʻi²¹³

结结实实　tɕiə⁵⁵⁻⁴⁵tɕiə˙ ʂɹ⁴²ʂɹ⁴²⁻²¹³

四四方方　ʂɹ²¹³ʂɹ˙ faŋ²¹³⁻⁴²faŋ²¹³

痛痛快快　tʻuŋ²¹³⁻⁴²tʻuŋ˙ kʻue²¹³⁻⁴²kʻue²¹³

平平安安　pʻiŋ⁴²pʻiŋ˙ ã²¹³⁻⁴²ã²¹³

勤勤快快　tɕʻiẽ⁴²tɕʻiẽ˙ kʻue²¹³⁻⁴²kʻue²¹³

康康健健　kʻaŋ²¹³kʻaŋ˙ tɕiã²¹³⁻⁴²tɕiã²¹³

大大方方　ta²¹³⁻⁴²ta˙ faŋ²¹³⁻⁴²faŋ²¹³

公公道道　kuŋ²¹³kuŋ˙ tɔ⁴²tɔ⁴²⁻²¹³

在莱州方言中，单音节形容词加前缀后还可以重叠，为"B ABA"式，表示语义加重。例如：

精瘦精瘦的　死沉死沉的　溜光溜光的　通红通红的
焦黄焦黄的　生疼生疼的　稀软稀软的　老远老远的
酥脆酥脆的　光冷光冷的

此外，单音节和双音节的形容词前加程度副词"挺"后，也还可以重叠，为"挺A挺A"、"挺AB挺AB"的形式，表示语义加重。例如：

挺大挺大的　　　　　　　挺小挺小的
挺好挺好的　　　　　　　挺坏挺坏的
挺高挺高的　　　　　　　挺低挺低的
挺干净挺干净的　　　　　挺老实挺老实的
挺热闹挺热闹的　　　　　挺勤快挺勤快的

3. 形容词程度表示法

莱州方言中形容词程度的表示方法，除了前边谈到的加前缀、重叠等等之外，较普遍的方式是用不同的程度副词"挺"、"更"、"真"、"顶"、"够……（了）"等表示不同的程度。

挺　表程度比原来高，近似于普通话中的"很"。例如：

挺大　　　　挺小　　　　挺好　　　　挺坏

挺干净　　　挺肮脏　　　挺大方　　　挺小气

挺机灵　　　挺糊涂　　　挺老实　　　挺奸猾

更　表示程度进一步、高一级，带有明显的"比较"义。例如：

这个更大　　　　那个更小

他更大方　　　　他更老实

真　表示程度比原来高很多，并且带有比较强的"确认"意味。例如：

真好　　　真坏　　　真高　　　真瘦

真大方　　真小气　　真老实　　真奸猾

顶　表示在同类比较中到了顶点，没有比它更高级的了。例如：

顶好　　　顶小　　　顶大方　　　顶小气

够……（了）　程度副词与语气词"了"[lə] 配合使用，表示程度极高，所带感情色彩很强烈。例如：

够好了　　够坏了　　够大方了　　　够小气了

太……（了）　程度副词与语气词"了"[lə] 配合使用，表示一种超常的程度。例如：

太好了　　　太坏了　　　太短了　　　太远了

太老实了　　太奸猾了　　太大方了　　太小气了

除上述几种情况之外，在莱州方言中某些由反义语素组成的并列复合词，前加"不"或"没"，词义偏转在消极方面，程度也随着加深。例如：

不深浅儿＝很浅　　　　　不长短儿＝很短

不宽窄儿＝很窄　　　　　不厚薄儿＝很薄

不高下儿＝很矮，很低　　不高矮儿＝很矮

不多点儿＝很少　　　　　　不大点儿＝很小

不（或：没）粗细儿＝很细

不（或：没）距远儿＝很近

（四）数量词

1. 序数表示法

在莱州方言中，序数通常由基数加"第"构成，如：第二、第三等，但"第一"习惯说成"头一"，例如：

头一个　　　　头一末儿第一次

头一回儿　　　头一家儿

"头"跟"一"之外的基数词"两、三……"等结合时，则表示该数及在前的几个数量范围。例如：

头两名：包括第一名和第二名。

头三句：包括第一、二、三共三句。

在莱州方言中，还有一种很特殊的说法，即："头一×（×：代表量词，下同），二一×，三一×"，等于说"第一×，第二×，第三×"。例如：

头一句说的挺好，二一句不怎么样，三一句也不好。

头一天干的挺好，二一天干的也还行，三一天就不怎么样了。

这种说法多用于前三个数，按序连说时一般到"三一×"为止，不再说"四一×"。

在莱州方言中，表示排行的次序是直接将"大"和数词"二、三"等加于名词之前。例如：

大哥　　　　二哥　　　　三哥

大姐姐　　　二姐姐　　　三姐姐

大大伯　　　二大伯　　　三大伯

大兄弟媳妇	二兄弟媳妇	三兄弟媳妇
大姑	二姑	三姑
大姨	二姨	三姨
大爷爷	二爷爷	三爷爷

2. 分数表示法

在莱州方言中，特别是在老派人中，几乎不说"百分之几"、"千分之几"，"十分之几"也少说。大家习惯于笼统地说"一半儿（二分之一）"、"一大半儿（二分之一以上）"、"一小半儿（二分之一以下）"。一定要具体说明"十分之几"时，习惯说"几成儿"、"几沟儿"。例如：

好的能占七成儿，差的占三成儿。

好的能拉七沟儿，差的能拉三沟儿。"拉"表示"接近于"

当说"几分之一"时，习惯说作"几溜儿一"。例如：

三溜儿一　　四溜儿一　　七溜儿一

八溜儿一　　好的能拉五溜儿一

3. 概数表示法

（1）基数词连用，表示两个数之间的概数。例如：

一两个儿　　二三家儿　　十二三个儿　　十七八家儿

二十五六斤　四十八九岁　一二十个　　　二三十斤

四五百斤　　五六万斤

（2）数词后面加"来"或"多"。例如：

二十来个　　二十多个人　　二百来斤　　三百多斤

四千来斤　　四千多斤　　　五万来斤　　五万多斤

"来"表示接近那个数目或稍微超过那个数目，用"多"则只表示超过那个数目。"来"、"多"只能加在"十"、"百"、"千"或以"十"、"百"、"千"为末位的多位数的整数之后，而不能加在表示带零头儿的数词之后。例如：

十来个儿　　一百二十来个儿　　三千来斤儿

四千二百来斤儿　　五万八千来斤儿

※十五来个儿　本书例前标有"※"者，表示该例莱州方言中不能说。

※一百二十五来个

※三千五百一十五来斤儿

如果出现带零头儿的数词，则在量词之后加"来的"，表示"左右"、"上下"的意思。例如：

十五个来的　　　一百二十五个来的

三千五百一十五斤来的

4. 量词"些"

量词"些"在莱州方言中的使用频率高于普通话，且有两种用法是普通话里所没有的。

（1）"些＋名词"。这是方言中表示复数的一种特殊形式，等于"名词＋们"。"些"是"某些"、"有些"、"这些"、"那些"长期省说的结果，可以做主语。例如：

些人都说你调走了。

些孩子非等他爹回来一块吃。

些工人（或：学生、老师等）都挺高兴。

他家些兄弟（或：姊妹儿）处的都挺好。

（2）"些"之前可以出现"一"之外的数词，表示整体分成的部分，或组成整体的部分，相当于普通话中的"份儿"。例如：

分成三些，给他两些。

分成十五些，恁家拿七些。

5. 量词的"个"化和"块"化

在莱州方言中，个体量词也是很丰富的（参见下附《名词、量词配合对照表》），但是，"个"化、"块"化的现象很突出，习惯上少用或不用个体量词，而多用"个"或"块"。例如：

个	块
① 唱个歌儿	唱块歌儿
② 买几个鱼	
③ 买个车子（自行车）	买块车子
④ 做个文章写个诗	写块诗歌
⑤ 一个手拿一个苹果	
⑥ 一个嘴说不过两个人	
⑦ 找你办个事儿	找你办块事儿

在莱州方言中，像"线"、"绳子"之类长条形的东西，可以用"块"来称说。例如：

买几块檩条子　　　　手里拿着块棍子
找几块椽子　　　　　弄块铁丝
纫块线缝衣裳　　　　买块绳子捆行李

6. 动量词"下子"

普通话中表示动作次数的"下儿"，在莱州方言中多说成"下子"。例如：

拍一下子　　　　　　打一下子
摇了几下子　　　　　这事儿你跟他说一下子
那本书得到图书馆里找一下子

7. 量词重叠

在莱州方言中，部分单音节量词（包括部分准量词或临时量词）的重叠，除"AA"式外，还有一种"A 儿顶 A 儿"的格式，有进一步强调"每一"的意思。例如：

个儿顶个儿　　　　　家儿顶家儿
天顶天儿　　　　　　年顶年儿
块顶块儿　　　　　　棵顶棵儿
回儿顶回儿　　　　　伐儿顶伐儿

末儿顶末儿　　　　　　　趟儿顶趟儿

附:《名词、量词配合对照表》

　　本表是跟《现代汉语八百词》(吕叔湘主编)中《名词、量词配合表》的全部条目的对照。为了方便观察"个"化、"块"化的情况,将原来《名词、量词配合表》的条目分别摘列成三个表,表①是方言中用"块"或可以用"块"的(与"个"并用的也附于此表),表②是方言中用"个"或可以用"个"的,表③是方言中用字与普通话不同的。至于与普通话用字完全相同的,为数不多,从略。

　　表①

名　词	量　词	
	普 通 话	莱州方言
B		
板	块	块
碑	块,个,座	块,个,座
表手表	只,块,个	块,个
冰	块,层	块,层
冰雹	场,颗,粒	场,块
饼干	块	块
玻璃	块	块
布	块,幅,匹	块,匹
C		
肠子	根,条	根,块
窗帘	块	块,个
词诗词	首,阕	块,首
D		
地	块,片	块,片

点心	块	块
电池	节，对	块，节，对
电线	条，段，截，卷	根，块
电影	个，场，部	块，场
豆腐	块	块
F		
肥皂	块，条	块
G		
甘蔗	块，节	根，块，节
歌	首，支，个	块，个
故事	个，段，篇	块，个
管子	根，段，截	根，块，截儿
J		
姜	块	块
镜子	面，块，个	块，个
M		
墨	块，锭	块，锭
木头	块，根	块，根
N		
泥	块，滩，坨	块，滩
O		
藕	节，根	块，根
P		
劈柴	块	块
皮	块，张，层	块，张，层
R		
肉	块，片	块，片

S		
伤	处，块	块
伤疤	块，条，道	块，条，道
烧饼	个，块	个，块
绳子	条，根	条，块
诗	首，句，行	块，首，句，行
石头	块	块，堆，垛
手巾	块，条	块，根
T		
糖糖果	块，颗	块，粒糖豆儿
田	块	块
铁丝	根，段，条，截，卷	根，块儿，条，截儿
头巾	条，块	块，根儿
W		
围巾	条	块，条
X		
西瓜	个，块，牙	个，块
线	条，根，股，支，轴，子，团，桄，条画条线	块儿，根，股儿，桄儿，条，道（儿）
香肠	根	根儿，块儿
香蕉	个，根，把	个，块
云	朵，块，片，团	块，朵，片
Y		
牙膏	支，管	块
砚台	块，个，方	块，个

影片	部，个	个，部，块
月饼	个，块，牙	个，块
Z		
砖	块，撅	块，堆，撅
钟	个，座	个，座，块

表②

名 词	量 词	
	普 通 话	莱州方言
B		
办法	个，套	个
报社	家，个	个，家
被单	条，床	个，根，条，床
被面	条，床，幅	个，床
鞭炮	个，挂，串	个，挂
鞭子	条，根	个，根
扁担	根，条	个，根
标语	条，幅	个，条
表表格	张，个	个，张
C		
蚕	条	个
苍蝇	只，个	个，只
铲子	把	个，把
车床	台	个，台
车厢	节，个	个，节
车站	个，座	个
城	座	个，座
城市	座，个	个，座

尺	把	个，根，把
翅膀	只，个，对，双	个，对，双
虫	条_{长形的}	个_{长形的、非长形的皆可}
	个_{非长形的}	条，根_{长形的}
锄头	把	把，个
船	条，只，艘，个	个，只
窗户	扇，个	个，扇
床	张，个	个，张
词_{词语}	个，条	个
D		
灯	盏，个	个，盏
灯管	根，支	个，根
凳子	张，个，条_{长形的}	个
笛子	枝，支，管	个
E		
耳朵	个，只，对，双	个，只，双
耳环	个，只，对，副	个，对，副
F		
饭店	家，个	个，家
房间	个	个，间
飞机	架	个，架
坟	座，个	座，个
缝纫机	台，架	个，台
斧子	把	个，把
G		
缸	口，个	口，个
工人	个，名	个

工作	件，项，个	个
弓	张	张，个
宫殿	座	座，个
沟	条，道	条，个
狗	条，只	个，只，条
鼓	个，面	个
瓜	个	个
瓜子儿	颗，粒	个，粒
关口	道，个	个，道
棺材	口，个，具	口，个
锅	口，个	口，个
H		
汗珠	颗，滴	个，滴
河	条	条，个
河堤	道	道，个
狐狸	只，个	只，个
蝴蝶	只，个，对	只，个，对
黄瓜	条	根，个
火箭	支，枚	个
J		
机枪	挺	挺，个
鸡	只，个	只，个
计划	个，项	个
肩膀	个，双	个
剪子	把	把，个
剑	口，把	口，把，个
江	条	个，条

教室	间，个	个
角	个，只，对	个，对
橘子	个，瓣	个
剧院	家，座	个，座，家儿
军舰	艘，只，条	只，条，个
K		
炕	铺，个	个，铺
客人	位，个	个
口袋	条大的	个大的、小的皆可
	个小的	条，根大的
口号	个，句	个，句
筐	个，副	个
矿山	个，座	个，座
L		
喇叭	个，支	个
篮子	只，个	个
狼	只，条，个	个，只，条
老虎	只，个	只，个
老鼠	只，个	个，只
烙饼	张，块，牙	张，个
雷	个，声	个
犁	张	张，把，个
礼堂	个，座	个，座
理由	个，条，点	个，条
帘子	个，挂	个，副
驴	头，条	条，个
旅馆	家，个，座	家儿，个

轮子		只，个	个
锣		面，个	面，个
骆驼		匹，**峰**，个	个，匹
	M		
麻袋		条，个	条，个
马		匹	匹，个
马达		台，个	台，个
码头		个，座	个
馒头		个	个
猫		只，个	个，只
蜜蜂		只	只，个
帽子		顶，个	个，顶
门		扇，个，道	个，扇
命		条	条，个
命令		道，个，条	道，个
磨		盘，个，眼	盘，个
	N		
碾子		盘，个	个，盘
鸟		只，个	只，个
牛		头，条	头，个
	P		
螃蟹		只，个	个
炮		门，尊	门，个
炮艇		艘，只	艘，只，个
琵琶		面，个	个
票		张	张，个
	Q		

棋子儿	个	个
旗	面，杆	面，个
枪	枝，支，杆，条	杆，个，条
桥	座，个	座，个
亲戚	座，门，家，处	门儿，个
琴	把胡琴、提琴，个，架	个，把，台钢琴 风琴
青蛙	只，个	个，只
蜻蜓	只，个	个，只
蛆	条	条，个
裙子	条	条，个
R		
人	个，帮，伙	个，帮，伙，群，
	口计算人口用	口计算人口用
人家	个，户，家	户，家，个
任务	项，个	个，项
S		
伞	把	把，个
嗓子	副，个，条	个，副
扫帚	把	个，把
森林	个，处，片	个，片
山	座	个，座
山口	道，个	个
山脉	条，道	个，道
扇子	把	把，个
商店	个，家	个，家儿
商品	个，批，件	个，批
上衣	件	件子，个

勺子	把，个	个，把
舌头	条，个	个，条
蛇	条	条，个
牲口	头	个，头
尸体	个，具	个
收音机	台，个	个，台
手榴弹	颗，个	个
手套	副，双，只	只，个，双，副
手镯	个，只，对，副	个，只，对，副
书店	家，个	个，家
梳子	把	把，个
树枝	根，枝	根，个
刷子	把，个	个，把
水泵	台	个，台
水车	台，架	个
水库	个，座	座，个
水桶	个，只，副	个，副，对
水闸	道，座	道，个，座
塑像	个，座，尊	个，座
蒜	头，瓣	头，个，瓣
算盘	把，个	个，把
隧道	个，孔	个
唢呐	个，支	个，支
销	把	支，把，个
T		
塔	座	个，座
台阶	级，个	个，层

坦克	辆	个，辆
毯子	条	条，个
梯子	个，架	个
题	道，个	个
蹄子	个，只	个，只
兔子	只，个	个，只
拖拉机	台	个，台
W		
碗	个，摞	个，摞
尾巴	条，根	个，根
味儿	股	个，股儿
文件	个，份，叠	个，份儿
X		
席子	领，张，卷	领，个
戏	出，台，个，场	出，个，台，场
虾	只，个	个，只
弦	根	根，个
箱子	个，口	个，口
相片	张，帧，幅	张，个
象	头	个，头
消息	个，条，则	个，条
箫	枝，支	个，支
心	颗，个，条	个，个
信箱	个，只	个
星	颗，个	个
Y		
鸭子	只，个	个，只

牙齿	颗，口，排	颗，个，排，口
牙刷	把，支	个，把，支
眼睛	只，个，双，对	个，只，双，对
羊	只，头	个，只，头，群
腰带	根，条	个，根
钥匙	把	把，个
叶子	片，张	片，个
医院	所，家，个	家，个
仪器	台，架，件	个，台，架
仪式	项	个，项
椅子	把，个	个，把
意见	个，条，点	个，条，点儿
银行	个，所，家	个，家
邮票	张，枚，套	个，张，套
鱼	条，尾	个，条
鱼网	个，副，张	个，□xuə^{42}
鸳鸯	对，只，个	对，个，只
原则	个，项，条	个，条
乐器	件	个，件，套
Z		
炸弹	颗，个	个
针	根，个，枚	个，根
枕头	个，对	个，对
政策	项，个，条	个，条
职业	项	个
制度	条，项，个	个，项，条
种子	颗，粒	个，粒

珠子	粒，颗，串，挂	个，粒，串
猪	口，头	个，头，口
主张	项，个	个
柱子	根	个，根
锥子	把	把，个
桌子	张，个	个，张
子弹	粒，颗，发	个，粒，发
字	个，行，笔	个，行
钻	台，把	个
钻石	粒，颗	个，粒
嘴	张，个	个，张

表③

名　词	量　词	
	普　通　话	莱州方言
B		
被子	条，床	床
鼻涕	条，（一）把	把
笔	枝，支，管	管
布景	堂，套，台	场
C		
车	辆	挂马车
唱片	张，套	张
钞票	张，沓，叠	张，叠，摞
成绩	分，项	分
D		
稻子	株，墩	棵
地图	张，幅，本，册	张，本

东西		件，样	样儿
豆子		粒，颗	粒
队伍		支，路	支
	F		
饭		顿，餐，份，桌，口	顿，口，桌
房子		所，间，栋，幢	栋təŋ²¹³
风		场，阵，股	场，阵，股
	G		
膏药		张，块，贴	贴
镐		把	张，把
胳臂		条，只，个，双	只，双
工具		件，样	样
	H		
胡子		撇，撮，绺，把	把，撇儿
花儿		朵，枝，瓣，束，簇	朵，把
花生		粒，颗	粒
话		句，段，（一）席（一）番	句，些
画		张，幅，轴	张
灰		把，撮，层	把，层，行儿ɕiˤər⁴²
火		团，把	把，堆
火柴		根，盒，包	根儿，盒儿，包儿
火车		列，节	趟，节
货物		件，批	批，些儿
	J		
技术		门，项	样，门儿
家具		件，样，套，堂	样，套，件

箭		枝，支	根，支
交易		笔，宗	笔
轿子		顶，乘，抬	顶，抬
K			
课		堂，节，门	门儿，节，堂
筷子		枝，支，根，双，把	根儿，双，副，把
L			
礼物		件，份儿	样，份
粮食		颗，粒	粒
楼房		座，栋，所，幢	座
露水		滴，颗	滴
骡子		匹，头	匹，头
M			
麻		株，缕	棵，批
麦子		棵，株	棵
毛		根，绺，撮	根儿，撮儿
毛线		根，支，团，股	根儿，股儿
眉毛		道，双，对	道，双
棉花		株，棵，团	棵
P			
牌		副，张	棵，张，副
葡萄		粒，颗，串，架，棵	粒，串，嘟噜，棵
Q			
气		股，团，缕	股
墙		堵，垛，道	堵，道
锹		把	张，把
S			

砂子	粒，把，撮	粒，把，捧
收入	笔，项	项，笔
书	本，册，部，卷，套，摞	本，套，摞子
树	棵，株，行	棵，行，趟儿
水	滴，汪，滩	滴，滩
丝	根，缕	根儿
T		
痰	口	口，滩
头发	根，绺，撮	根，撮子
土	把，撮，层	把，捏mie²¹³，层
腿	条，只，双	条，只，双
W		
瓦	块，片，垅	页，片，垅
文章	篇，段	篇，段
蚊帐	顶，个	□xuə⁴²
武器	件，批	样，批
X		
香	盘盘香，支，根，子线香	盘盘香，根儿
香烟	支，根，盒，包，条，筒	根，盒儿，条儿
笑容	（一）丝，（一）副	（一）脸，（满）脸
笑脸	（一）副	（一）副
心意	（一）片，（一）番	（一）片
凶器	件，把	样儿
Y		
烟	股，缕	道，股

眼泪	滴，串，行，（一）把	滴，行，（一）把
秧苗	根，棵，株	棵，根
药	副，服，剂，味，丸 以上中药，片，粒以上片剂	服，丸 片，粒
运动体育	场，项	项，次
运动政治	场，次	次，场，末儿
Z		
杂志	本，份，期，卷	本，份，期
纸	张，片，刀，沓	张，刀
竹子	根，节	根，节，棵

几个特殊的量词，附记于下：

行　ɕiŋ⁴² 层：一～皮｜一～灰

趟　t'aŋ⁴² 行，排：三～树｜两～玉米｜一～桌子

末儿　mər⁴² 次：一共回来两～｜这一～

盘儿　p'ɛr⁴² ①把儿，遍：打了三～扑克

②一会儿：要一～再走

把　pa⁵⁵ 鸡蛋十个为一～

（五）代词

1. 人称代词

格 人　数 称	主　格		领　格	
	单　数	复　数	单　数	复　数
第一人称	我	俺	俺	俺
第二人称	你	恁nẽ⁵⁵	恁	恁
第三人称	他	他们	他	他们

（1）第一人称复数，老派和妇女说"俺"，学生和新派说"我们"。例如：

俺这几个人轧伙_{相处}的挺好。

俺都爱听武老二儿。_{山东快书}

莱州方言中没有"俺们"的说法。

"俺"也可以用于单数，限于两种情况：一是出于小孩特别是女孩之口，是一种撒娇、亲昵口吻；妇女在长辈或尊敬的人面前自称，表示谦恭。二是用于领格，例如："俺娘上俺姐家去了。"有时也可以表示单数。"俺娘"、"俺姐"便二者兼而有之。

（2）第二人称复数"恁"，有人也写为"您"，但莱州方言中并无表示敬称的用法。例如：

恁真不是些玩艺儿！_{你们真不是东西！}

用于领格时，只能用"恁"而不用"你"。用"恁"表示 "你"、"你的"或 "你们"、"你们的"等意思。例如：

① 就恁_你个人在家？　　② 恁_{你的}娘就恁_你一个闺女？

③ 恁_{你们}大伙儿都来吧！　　④ 这是恁_{你们的}学校？

（3）第三人称复数，莱州话说"他们"。复数如果带有同位数量词，"们"多半省略，说成"他俩"、"她姊妹三个"、"他四个人"等。

在莱州方言中，"们"出现在"娘"、"爷"、"姊妹"、"弟兄"、"哥"、"姐"等词后边，组成一种合称，"们"属于构词成分，并不表示复数。如："娘们儿"是母亲与子女的合称_{另一义指成年女人}，"弟兄们"是弟弟与哥哥的合称，等等。这些表示合称的词，有时可以再加"们"，例如："娘们儿们"、"爷儿们儿们"、"哥们儿们"，这时有突出复数的意味。

（4）咱 tsẽ^{55}（或：tsẽ^{42}）

莱州方言中只说"咱"，不说"咱们"。"咱"既可以表单数也可以表复数。例如：

① 你去吧，咱不去_{我不去}。

　　② 这个事儿，咱一个人说了不算。

　　③ 明天咱都去找他耍。

　　④ 他们都走了，咱也都走吧。

　　在莱州方言中，不说"我们"、"你们"、"咱们"而说"俺"、"恁"、"咱"，不表示敬称等等现象，完全是保留了宋元时的特点（参见吕叔湘、江蓝生《近代汉语指代词》）。

　　（5）个人 kə²¹³iei˙（或：kə⁵⁵iẽ⁴²）、自个儿 tsʅ⁵⁵⁻⁴²kər⁵⁵

　　莱州话里不说"自己"，而说"个人"或"自个儿"，意义和用法与普通话中的"自己"相同。例如：

　　　　办事儿不能光有个人没旁人。<small>不能光顾自己不考虑别人</small>

　　　　自个儿的事得自个儿办。

　　（6）人家 iẽ⁴²⁻⁵⁵tɕia˙、乜 niə⁴²

　　"人家"和"乜"的意义、用法基本相同，在妇女和儿童中多用"乜"。

　　第一，称代除说话者之外或某个人以外的人，相当于"别人"。例如：

　　　　你看看人家（或：乜），再看看你个人，你不难过吗？

　　　　好好地管教孩子，别叫乜（或：人家）说闲话。

　　第二，称代说话者自己，相当于"我"。例如：

　　　　妈妈，乜要做件新衣裳。

　　　　爹，乜要上学！

　　（7）大伙儿、轧 [ka⁵⁵] 大伙儿

　　莱州方言中很少说"大家"，多说"大伙儿"、"轧大伙儿"。

　　（8）旁人

　　"旁人"相当于普通话中的"别人"，在莱州方言中只说"旁人"而不说"别人"。

2. 指示代词

在莱州方言中，指示代词"这"和"那"的读音各自都有许多变体，复杂而特殊。

（1）这

读书音为 tʂə²¹³，口语有诸多读音，系自由变体。见下表：

读音	用　　例
① tʂə²¹³	（例略）
② tʂʅ²¹³	这个人　这棵树　这样东西　这些日子　这样办事
③ tʂɛ⁴²	这来（这里）
	这儿：从这儿往前走
④ tsəŋ⁵⁵	这么大的苹果才卖这么几个钱
	都说好了，就这么办吧。
	事情就这么样了。
⑤ tʂɑ⁴²	来了以后，又要这个又要那个。

"这"读 tʂɑ⁴²，限于"这个"，连用时表示虚指，如果是确指，不说 tʂɑ⁴²kə˙，而说 tʂʅ²¹³kə˙。

（2）那

读书音为 nɑ²¹³，口语里也有诸多语音变体。见下表：

读音	用　　例
① nɑ²¹³	（例略）
② ni²¹³	那个人　那棵树　那样东西　那些日子　那样办事
③ niə⁴²	那来（那里）
	那儿：东西放的很乱，这儿一堆那儿一堆的。
④ nəŋ⁵⁵	那么：就那么办吧。
	这么办不好，那么，你说怎么办？
⑤ niɑ⁴²	来了以后，又要这个又要那个。

"那"读 niɑ⁴²，限于"那个"，连用时表示虚指，如果是确指，

不说 nia^{42}kə˙，而说 ni^{213}kə˙

（3）这样 tʂʅ^{213}iaŋ˙

用在名词前面表示性质，用在动词前表示方法。例如：

我要这样的衣裳，不要那样的。

这样的人到哪都受欢迎。

这样说可不行，得客气点儿。

这样做挺好。

（4）这么样儿 tsəŋ$^{42-55}$mə˙i^{ɤ}ãr˙

只出现于动词前表示方式方法。例如：

这么样儿想的就这么样儿说。

都商量好了，就这么样儿办吧。

（5）那样儿 ni^{213}i^{ɤ}ãr˙

多用在名词前或"的"字结构中表示性质。例如：

我要这样的，不要那样儿的。

那样儿的人我们可不欢迎。

（6）那么 nəŋ^{55}mə˙

第一，在动词前表示方式方法。例如：

叫他就那么办吧，我没意见。

你们那么说就挺好。

第二，有连接作用：

他们都走了，那么我怎么办呢？

大队里都这么决定了，那么我就这么办吧。

（7）那么样儿 nəŋ^{55}mə˙i^{ɤ}ãr^{42}

意义和用法跟"那么"相同。

3. 疑问代词

（1）哪 na^{55}

在普通话里，"哪"和"那"的区别仅在声调上，而莱州方言中两者的不同既表现在声调上也表现在韵母上。比较如下：

哪	na⁵⁵　哪来（哪里）　　哪个　　哪会儿
那	ni²¹³　那个　　那会儿 niə⁴²　那来（那里） nəŋ⁵⁵　那么

（2）怎么　tsəŋ⁵⁵⁻⁴⁵mə˙

在莱州方言中，疑问代词"怎么"和指示代词"这么"的读音完全一样，其意义的区分完全靠语气和语境。

这个事儿，我该 tsəŋ⁵⁵⁻⁴⁵mə˙办？——怎么

照我说，你该 tsəŋ⁵⁵⁻⁴⁵mə˙办。——这么

这个事儿，tsəŋ⁵⁵⁻⁴⁵mə˙办都行。——怎么

（3）多么　tuŋ²¹³⁻⁴²mə˙、多tuə²¹³

在莱州方言中，"多么"与"多"基本通用，都是出现于形容词前用来询问程度。"多"是"多么"的省略。例如：

多么远儿？＝多远儿？　　　多么长儿？＝多长儿？

多么厚儿？＝多厚儿？　　　多么沉儿？＝多沉儿？

多么大儿？＝多大儿？

（4）多少　tuə²¹³ʂuə⁵⁵

用在名词或量词前询问数量。例如：

多少人？　　　　　多少钱？（或：多钱？）

多少斤？　　　　　多少尺？

多少升？　　　　　多少天？

（5）嘎　ka⁴²

疑问代词"嘎"直接出现于人称代词或名词性词语的后边做谓语，询问"怎么样"、"怎么办"、"多少"等。往往在对比的情况下提出疑问时使用，即同时说到几个事物对象，当前边的事物对象该"怎么办"、是"怎么样"已经明确而后边的事物对象该"怎

么办"、是"怎么样"还有疑问时，就用"嘎"提出，相当于普通话的"呢"。例如：

你们都去，我嘎？ 我去不去？

同学们都买了这本书，你嘎？ 你买不买？

恁爹不叫你去，恁娘嘎？ 恁娘让不让你去？

俺家的花都开了，恁家的嘎？ 你家的开未开？

俺家的花开的真好看，恁家的嘎？ 开得好不好？

这两天儿天气一直不好,问问气象站,明天嘎？明天怎么样？

这摞砖是三百块，那一摞嘎？ 那一摞多少块？

这一筐萝卜五十斤，那一筐嘎？ 那一筐多少斤？

这本书给他，那本嘎？ 那本给谁？

有时"嘎"与"待 tɛˀ"配合使用，用来问原因。例如：

人家都去了，恁待不去嘎？ 你为什么不去？

这件衣裳这么好，恁待不买嘎？ 你为什么不买？

人家都今日去，恁待明天嘎？ 你为什么明日去？

同学们都考的挺好，恁待不好嘎？ 你为什么不好？

（六）副词

莱州方言中的副词在词汇编里已有记录，这里分类补充部分"调查表"之外的常用副词。

1. 表示范围

一堆儿 $i^{55}t'er^{213}$　如同普通话中的"一起"：我们几个人～去上学。

一齐儿 $i^{55}tsʰiˀer^{42-213}$　表示几种事情同时发生：我们～走。

一共一 $i^{55}kuŋ^{213}i^{55}$　即"一共"：他家今年～养了五个猪。

同共一 $t'uŋ^{42}kuŋ^{213}i^{55}$　也说为"同共"，即"一共"。

一块儿 $i^{55}k'uer^{42}$　一起：我们一块儿走吧。

2. 表示时间

立时 li²¹³sʅ˙　立刻：说了～就办。

就而 tsiəu⁴²ər²¹³　借着办一件事也把另一件事紧接着办了，也含有顺便的意思：你进城时～把我的这块事也办一办。｜我前天借了你家一个盆，我用完了，你走的时候～捎回去吧。

一就儿 i⁵⁵tsiˑəur²¹³　同时，一并：我～也把这块事儿办了。

都 təu²¹³　第一，表示范围，也说成"全都"。第二，表示时间，相当于"已经"，也说成"早都"：他小儿子～中学毕业了。｜我～把事儿办完了，他才来的。

长着 tʂaŋ⁵⁵tsʅ˙　经常，常常：他～来。

定价儿（也写成"盯价儿"）tiŋ²¹³tɕiˑɑr⁴²　一直：他～干了三年。

直 tʂʅ⁴²　一直：他～说不歇歇。

先发儿 siã²¹³fɑr⁴²　刚才：他～还在这来这儿来，怎么一转身就走了？

常形儿 tʂʻɑŋ⁴²⁻²¹³ɕiˑ ̃ɚr⁴²　经常、常常：他～来耍。

赶大门儿 kã⁵⁵tɑ²¹³mer　将来：～进城也去买些好衣裳。

管几儿 kuã⁵⁵⁻⁴²tɕiˑer˙（或kuã²¹³tɕiˑer⁵⁵）　不管几时，不论什么时候：这些事儿他～也不管。｜这些话～也不能说去。

以老儿 i⁵⁵lɔr˙　原来，原本：他～挺好。

冷大惊的 ləŋ⁵⁵taˑ tɕiŋ²¹³ti˙　忽然：他说着说着，～不说了。

尽自 tsiẽ⁵⁵⁻⁴⁵tsʅ˙　一直不停地：他～说。｜他～走，也不歇歇。

待 tɛ⁵⁵　将，将要：我明天～进城。｜你～去做什么？

好 xɔ⁵⁵　作为副词，有接近、快要、将近的意思：苹果～熟了。｜你再等等，他～回来了。

3. 表示可能

定准儿 tiŋ²¹³tʂuer⁵⁵　一定：他～能来。

准保儿 tʂuer⁵⁵⁻²¹³pɔrˑ　一定。

保准 pɔ⁵⁵⁻²¹³tʂuẽ⁵⁵　一定。

备不住 pei⁴²⁻⁵⁵puˑtʂu⁴²　可能，也许：～他也能来。｜他～也能来。

不见起 pu⁵⁵tɕiã²¹³tɕʻiˑ　不见得，不一定，有可能不：他～能来。｜他～能愿意去。

（兴）许是（ɕiŋ²¹³）ɕy⁵⁵sɿˑ　可能是：这几天我也没看见他，～他出门看亲去了。

准成 tʂuer⁵⁵tʂʻəŋˑ　一定：他～赶集去了。

4. 表示语气

敢子 kã⁵⁵⁻⁴⁵tsɿ　表示求之不得的意思：你能帮我办办这块事儿那～好。

怪不当的 kuɛ⁴²puˑtaŋ⁴²tiˑ　怪不得：天气预报说今日要下雨，～这么热。｜～他没去，原来他怕去了吃亏。

让上 iaŋ⁴²ʂaŋˑ　不巧，偏偏：他才买的个新盆，～叫我给他打破了。｜他本来对这个会有意见不愿意来参加，～我又忘了告诉他，所以他就没参加。

果不（其）然 kə⁵⁵⁻⁴²puˑ（tɕʻiˑ）iã⁴²　果然，说要下雨，～下了。

得亏 tei⁵⁵kʻuei²¹³　幸亏：这块事～你帮忙办了，真得好好的谢谢你！

轻不些儿 tɕʻiŋ²¹³puˑsiˑɛr²¹³　用于否定句，表示不到十分必要的时候：他～不求人。｜他～不说这样的话。

急忙儿 tɕi⁵⁵mãrˑ　义同"轻不些儿"。

大约摸儿 ta²¹³⁻⁵⁵yəˑmur⁵⁵　大约：这一箱～有三十斤。｜这些活～天黑前就干完了。

（七）介词

介词"把"、"叫"、"发"等在莱州方言中使用频率很高，其意义和用法也有许多与普通话不同之处。

1. 把

"把"在口语中说 ka^{42}，老派读书音和新派读 pa^{42}。

莱州话里介词"把"和疑问代词"嘎"都读为 ka^{42}，而且用的面很广，使用频率很高，这在外县人听来感到非常特殊。招远方言中有个常用词"本儿 per^{213}"，方言特色也极浓。所以胶东人有"莱州 'ka^{42}'，招远 'per^{213}'"的话。人们把"把"、"嘎"读 ka^{42} 作为莱州话的方言特点看待。

介词"把"在普通话里表示处置义的用法，莱州方言也都具备，此处不赘述。"把"在方言中还有表示处所、时间、范围等起点义的用法，相当于普通话中的"从"或"打"，这是普通话"把"字所不具有的。例如：

把这来往东走。

他把哪里来？

他把济南那边来。

他天天把俺家门前走。

把明日打头儿_{开始}，天天跑早操。

他把上个月打头儿就戒烟了。

把城里到平里店汽车站能有三十来里地。

他想把烟台坐火车回北京。

把干部起到一般社员，每人都要积一天绿肥。

2. 叫 $t\varicon io^{213}$

（1）表示被动义，相当于普通话中的"被"字，但有许多特殊的用法，详见本章"被动句"部分。

（2）表示动作、行为赖以进行的凭借，相当于普通话中的

"用"、"拿"。例如：

> 叫小盅子儿喝烧酒，叫大杯喝啤酒。
>
> 得叫毛笔或钢笔写，不能叫铅笔写。
>
> 叫这块木头当梁吧。
>
> 叫这块布做裤子吧。

（3）表示放任、不干涉、不过问。相当于普通话中"听"、"随便"、"由"的意思。例如：

> 你叫他说去，你不用吱声，看能怎么的。
>
> 你先不用管，叫他干去吧。
>
> 你不用往心里去，叫他个人说去吧。

（4）表示允许、许可，相当于普通话中的"让"。例如：

> 吃完了饭，才叫我走。
>
> 别叫羊跑丢了。
>
> 公家的东西，不能叫私人拿走。

（5）表示致使的意思。相当于普通话中的"使"、"使得"。例如：

> 你到哪里去了？叫我到处找你。
>
> 应当叫他感到他现在是很幸福的。
>
> 他这么一听，叫他觉着很好。

（6）表示支使、支派某人做某事。例如：

> 他叫我干什么，我就干什么。
>
> 党叫干的事儿，我从不说半个"不"字儿。
>
> 队长叫他到北山锄地。
>
> 老师叫学生扫地、擦玻璃。

3. 跟　kẽ²¹³

莱州方言介词"跟"，除了具有普通话中的意义和用法外，还有表示动作、行为发生处所的意义，相当于普通话中的"在"。

例如：

跟这来栽棵花。

跟我这来住吧，不用找旅店了。

跟家里做吧，不用出去了。

不用到东北了，就跟本县找个工作罢。

4. 发　fɑ⁵⁵

表示动作、行为的起点，相当于普通话中的"从"，但仅限于过去时，不用于未来时。例如：

他发小儿就爱耍。

发他走了也没往家捎信。

他发去年就上中学了。

发分家的时候，他就搬出去住了。

他发前日就进城了。

他发去年起，年年回来探亲。

※发后天起，他就要打夜班了。

※他发明年起，就要上中学了。

5. 问道　uɛ²¹³⁻⁴²tɔ·

在予取义方面，表示方向，相当于普通话中的"向"。例如：

我问道他借本书。

我来问道他借书。

我没问道他借钱，他也没问道我借钱。

你问道我要，我问道谁要！

（八）连词

在莱州方言中，有许多特殊的连词是普通话里所没有的。下边收录部分较常用的，并作些比较说明。

1. 因□tʂəu⁵⁵以（或：□tʂəu⁵⁵以）

用于因果句，相当于普通话中的"因为"。例如：

　　因□以他劳动好，村里人才都看重他。

　　因□以今日下雨，我才没出去干活。

　　正因□以下雨，他才没出去干活。

　　他没出去干活是因□以下雨。

2. 就得　tei˙……才……

用于条件句，相当于普通话中的"只有……才……"。例如：

　　就得你去，才能办成这件事。

　　天旱的时候，就得多浇水，庄稼才能长的好。

3. 赶着……赶着……（"着"读轻声　tsʅ˙）

（1）表示两个动作同时进行，而且紧密连接。例如：

　　她家炸面鱼，她赶着炸赶着吃，炸完了也吃饱了。

　　今日的火烧，赶着做赶着就卖了。

（2）表示两个动作同时进行，相当于普通话中的"边……边……"。例如：

　　他赶着笑赶着说。

　　他赶着走赶着说。

4. 但凡儿　$tã^{213}fɚ^{42}$（或：待凡儿　$tɛ^{213}fɚ^{42}$）

与"只要"、"如果"近义，用于表达未能遂愿的句子，表示责备、埋怨的语气。例如：

　　你但凡儿听我的话，也不至于吃这样的亏。

　　平时但凡儿用用功，也不会考的这么差。

5. 不光

用于递进句，相当于普通话中的"不但"。例如：

　　不光学习好，思想也好。

　　不光听大人的话，还能帮大人干活。

　　他不光不去，而且还不叫孩子们去。

不光是他，连他爹都去了。

6. 兴许（或：也许）

用于选择句，相当于普通话中的"或者"、"可能"。例如：

他今日没在家，兴许上他闺女家去了，也兴许赶集去了。

今日兴许能下雨，也兴许能刮风。

7. 就是

（1）用于让步句，相当于普通话中的"即使"。例如：

就是下雨，我也要去。

就是个人没有，也不去问道他借。

（2）用于让步句，还相当于普通话中的"宁可"。例如：

就是个人受点累，也别让老人受累。

就是个人吃亏，也不让大伙儿吃亏。

（3）用于假设句中做连词，详见本章的"句子"部分。

8. 管

用于条件句，相当于普通话中的"不论"、"无论"，是"不管"的省略说法。例如：

管谁，都得去劳动。

管它干的湿的，他都要。

管他答应不答应，咱先干了再说。

9. 错过

用于条件句，相当于普通话中的"除非"。例如：

错过他没来，要是来了，一定会来看望老师的。

错过是他，要是换成旁人，就不能这样住手罢手。

10. 虽然是（或：虽然是说）

用于让步句，即普通话中的"虽然"。例如：

他虽然是天分差，可是肯用功。

今年虽然是说天旱，可是浇水勤，庄稼没误了长。

（九）助词

1. 的

普通话"的"、"地"、"得"三个结构助词，在莱州方言中都读轻声ti，语音上没有什么不同。在书写上，教师、学生和搞文字工作的人一般都加以区分，而普通群众却都习惯于写成"的"，不作字形的区别。

相当于普通话中的"的"，在莱州方言中有些习惯用法，很有地方特色。

（1）"的"经常插在动词谓语和宾语之间，形成"动词＋的＋宾语"的格式，例如：

① 我在烟台下的车。
② 我夜来_{昨天}发的信。
③ 我和他弟弟一块儿上的城。
④ 是老张帮我搬的车子。
⑤ 炕上坐的客人，他在地下站的。
⑥ 他拿的书走进教室里。
⑦ 有客等的我，我得赶快回去。
⑧ 我去看过，他家里锁的门。

这种格式可以分为甲、乙两类。例①至例④为甲类，例⑥至例⑧为乙类。

甲类的特点是：

第一，从形式上看，动词前一定带有状语，有时状语前还可以带"是"表示强调，其格式为："是＋状语＋动词＋的＋宾语"。

第二，从意义上看，这种格式只适用于表示动作、行为已经在过去实现或完成。它有明显的强调意味，但强调的不是动作、行为的本身，而是与动作、行为有关的某些方面，即状语所表示的内容，如时间、处所、方式、条件、原因、目的等等。例①强调下车的处所，例②强调发信的时间，例③强调进城的方式，例④强调"帮我搬车子"的对象。

这类句子的否定形式，是否定语词出现于状语前边，而不能出现在状语之后动词谓语前边，这正说明这类句子所强调的是状语所表达的内容。例如：

⑨ 我不是在青岛下的车，是在烟台下的车。

⑩ 我不是今天发的信，是夜来发的信。

⑪ 我不是跟他哥哥上的城，是跟他弟弟上的城。

⑫ 是老张帮我搬的车子，不是老李帮我搬的车子。

乙类的特点是：

第一，从形式上看，动词前未必带状语；可以带"是"字表示强调，但"是"字的位置很灵活，可以出现在状语的前边，也可以出现在状语之后谓语的前边。两种格式为："是＋状语＋动词＋的＋宾语"和"状语＋是＋动词＋的＋宾语"。

⑬ 他是手里拿的书。

⑭ 他手里是拿的书。

第二，从意义上看，这种句式表示动作、行为正在进行，是持续态；从"时"方面来看，不仅适用于过去时，也适用于现在时。这种用法的"的"相当于普通话中的时态助词"着"，按说也应适用于将来时，可是莱州方言中这种用法的"的"并不用于将来时。例如：

①夜来（昨天）他家锁的门，②今日他家里还锁的门，

③我估计，明日他家还能锁着门，因为他出门儿走亲戚去了。分句①是过去时，分句②是现在时，这两个分句里用的是"的"，当然也可以用"着"；分句③属将来时，则只能用"着"不能用"的"。

莱州方言中"的"字的这两种句式，乙类是普通话中所没有

的；甲类虽然普通话中也有，但是使用不及方言普遍，表意作用也不尽相同。

（2）"的"插在指人的名词、代词和指职务、身份的名词中间，表示某人取得某种职务或身份。例如：

你们村谁的队长？ 谁任队长？

张大海的队长。 张大海任队长。

在家里是老婆的掌柜的。 在家里老婆说了算。

今天是我的庄。 我是庄主。

（3）有些句子末尾用"的"，表示事情已经发生。例如：

我是吃了饭才去的。

我骑着车子去的。

他什么时候走的？

俺是从东边来的。

2. 来 $1\varepsilon^{42}$

"来"在莱州方言中有几种不同的用法：第一，趋向动词。如：他来我去｜迎面走来一个人｜把车子搬出来。第二，方位词，相当于"里"。如：家来｜村来｜学校来。第三，时态助词。如：你都忙什么来？｜他刚才还在这来来，怎么一转眼不见了？｜上星期天你是不是去赶集来？｜原来我也有枝这样的钢笔来，后来送给朋友了。｜你忘了当时老师怎么教育咱来？

作为时态助词的"来"，属表经验态，其意义大体上相当于普通话中的"来着"。莱州方言中只说"来"，不说"来着"。（本节普通话的例词及说明，皆摘自《现代汉语八百词》）

（1）普通话"来着"只能用于句中有"谁、什么"的特指问句，不能用于一般问句。而莱州方言中的"来"，不受这种限制。例如：

普通话　谁发言来着？｜他说什么来着？（不说"他发言来

着吗？"　｜"他说话没有来着？"）

莱州方言　谁发言来？｜他说什么来？

他发言来吗？｜他说话来没有？

莱州方言中的"来"，不只用于句末，也可以用于句中。例如：

他发言来没有？｜他说什么来没有？｜这话你说来没说？

这种钢笔你有来没有？｜这种苹果你吃来没吃？

"来"与"过"的用法也不全同。不论有没有宾语，"过"都紧接在动词之后；而"来"，当有宾语时，却一定在宾语之后。例如：

谁发过言？

谁发言来？（不说"谁发来言？"）

我发来。

你吃过这种苹果？

你吃这种苹果来？（不说"你吃来这种苹果？"）

你看过这本小说吗？

你看这本小说来吗？（不说"你看来这本小说吗？"）

我看过这本小说。

我看这本小说来。

（2）普通话中用"来着"的句子，其谓语动词不能用动结式、动趋式，动词前也不能有状态修饰语，而莱州方言中用"来"的句子，其谓语动词没有这些限制。例如：

普通话　我拿书来着。（不说"我拿走来着。"　｜"我拿出去来着。"　｜"我偷偷地拿来着。"）

莱州方言　我拿书来。｜我拿走来。｜我拿出去来。｜我偷偷地拿来。

（3）普通话里用"来着"的句子，如果句中无时间词语，一般指不久前发生的事，例如："我去天津来着"（指前几天），莱州方言里用"来"的句子，可以指前不久，也可以指很久以前发生的事。例如：

你出去做什么来？_{刚才}

我跟你说来_{前几天}，你怎么忘了？

这件事我听老人们说来。_{很久以前}

偷瓜摸枣的事，我也干来。_{遥远的童年时}

其时间远近的区别，依靠语境。

（4）普通话"来着"不能与"过"同在一句话中出现，而莱州方言中"来"与"过"可以在一句话中同现。例如：

我吃过这种苹果来。

我听说过这个事儿来。

为这件事，我说_{批评}过他来。

这个话，我听见过来。

这样的事儿，我也办过来。

二　词　组

（一）特殊结构

在莱州方言中，有许多特殊的固定结构，它们都表示特定的语义。这种结构能产性很高，每一种都能生成许许多多同类性质的词组。常见的有以下几种：

1. 干 A 也 A 不 B、怎么 A 也 A 不 B

"干"是一个副词，一直不停的意思。"A"是及物动词，单音节或双音节。"B"是动词、形容词或词组，表示 A 的结果。整个结构所表达的意义是：一直不停地 A，但是得不到预期的效果B。例如：

干练也练不好。

干写也写不完。

干琢磨也琢磨不透。

干商议也商议不上来。

干研究也研究不出个结果来。

干批评也批评不好。

干撵也撵不走他。

在莱州方言中，"干 A 也 A 不 B"与"怎么 A 也 A 不 B"两种形式并存，但是表意功能有所不同。前者表示动作时间长，后者则表示用了许多不同的方法。试比较：

干练也练不好。一直不停地练也练不好。

怎么练也练不好。用各种方法练也练不好。

2. AA 的

"A"为单音节的动词、形容词。动词"A"带宾语"B"时，可成为"ABA 的"形式。整个结构用来回答造成某一结果的原因。例如：

问：你怎么出了这么多的汗？

答：跑跑的。（或：跑路跑的。）

问：头怎么磕破了？

答：闹闹的。

问：今年粮食打的怎么这么少？

答：旱旱的。

问：这个人怎么挨打了？

答：坏坏的。

问：他弟兄们怎么不上门儿了？

答：打打的。（或：打仗打的。）

"跑跑的"、"打打的"等可以看成是"跑路跑的"、"打仗打的"结构的省略，但是不能把全部"AA 的"都看成是"ABA 的"

省略，因为有些"AA 的"结构并不存在相应的"ABA 的"结构，如"闹闹的"、"旱旱的"等。另外，也不是所有的"ABA 的"都可以省略为"AA 的"。例如：

问：手怎么破了？
答：削铅笔削的。
问：你怎么感冒了？
答：在水库洗头洗的。

3. 可不 A 起来（或：去了）

"A"为动词、动宾词组或形容词。"起来"（或：去了）读轻声。整个结构表示"很 A"、"非常 A"的意思。

城市里可不热闹起来。
屋里生的炉子，可不暖和起来。
这个人可不勤快起来。
他可不聪明起来。
这个瓜可不甜起来。
他可不小气起来。
他可不笨起来。
他对他爷爷可不想念起来。非常想念
做这种事他可不愿意起来。他非常愿意做这种事儿
他家可不有钱起来。
他做事可不有办法起来。

4. 还有个 A？

"A"一般是动词或形容词。整个结构属反诘问，表示"根本不可能 A"，"A 是无法实现的"。例如：

这种事儿还有个办？根本无法办
这个地还有个锄儿？这块地根本不能锄，无法锄
河水这么大还有个过？无法渡河

他这么懒日子还有个好？ <small>生活无法好</small>

粮食常晒，还有个坏儿？ <small>根本不能坏</small>

袋子这么结实，还有个破？ <small>根本破不了</small>

5. 没个 A（儿）

"A"一般是动词或形容词，整个结构所表达的意思与"还有个 A"相同，不过这种结构是直陈语气。例如：

这种事儿没个办。 <small>这事根本无法办成</small>

这个地没个锄。 <small>不能锄，无法锄</small>

河水这么大没个过。

他这么懒日子没个好。

粮食常晒，没个坏儿。

袋子这么结实，没个破。

6. A 不出个好 A 来

"A"是动词。整个结构表示"A 这个动作、行为持续下去，将会出现不好的结果"。

他这样不听话，弄不出个好弄来。 <small>这样弄下去，将来会出事故的。</small>

他人心粗，这个事儿办不出个好办来。

干不出个好干来。

他能开拖拉机？开不出个好开来。

7. A 不完（或：了）的 A

"A"是动词。整个结构极言其多，等于说"不管如何 A 也 A 不完"。例如：

钱（多的）化不了的化。

粮食（多的）吃不完的吃。

衣服（多的）穿不了的穿。

房子（多的）住不了的住。

活儿（多的）干不完的干。

　　　　草（多的）烧不完的烧。

　　8. 回 A 朝 B

　　"回"也有人写作"会"，皆无实在意义，整个结构等于说"A
朝 B"、"A 向 B"。"A"指代"门儿"、"窗口儿"、"头儿"、"脸"、
"腔儿"等，"B"指代"东西南北内外上下左右前后"等方位词。
例如：

　　　　他家回门儿朝东。门儿向东

　　　　这间房子回窗口朝南。窗口向南

　　　　回脸朝里坐着。面向里坐着

　　　　回脸朝上。

　　　　回头儿朝里。

　　　　回身儿朝外躺着。

　　　　回腔儿朝里躺着。

　　　　照工作证的相片时，一定要回脸儿朝前。

　　"回"字也可省略，省略后意义不变，但以有"回"为顺口。

　　9. A 不烦

　　"A"是动词或形容词，"烦"读fa²¹³（阴平）。整个结构是
述补性的。等于说"不胜 A"，表示承担不了、不能忍受的意思。
例如：

　　　　累不烦　憋不烦　气不烦　热不烦　干不烦　冻不烦

　　　　影不烦声响大或乱，影响人叫影人

　　　　两手举了半天的筐，举不烦了。

　　10. A 人的

　　这是一种使动结构。在莱州方言中，这种以"人"为宾语的
使动词组很多。例如：

　　　　恨人的使人恨

　　　　气人的令人生气

经常作为使动用的词有以下一些：

恨　气　恼　羞　怵　疼　想　馋　怕　吓　愁　烦

累　乏　急　惊　躁　困　焦　欢喜tɕ'i　窝囊　草鸡

厌气　急躁　烦气　格羊使人生厌，惹人厌恶　懊悔　麻痒东西丑
恶，让人看了心里不舒服

11. A 的和什么样

这是述补结构，"A"是形容词，"和"读轻声xuaŋ。整个结构表示"很 A 很 A 的"意思。例如：

渴的和什么样　　　饿的和什么样
累的和什么样　　　困的和什么样
欢喜的和什么样　　难过的和什么样
便宜的和什么样　　小气的和什么样
感动的和什么样　　老实的和什么样

12. 一 AA 的 B、一 AA 到 B

"A"是动词，"B"是补语，"的"之后是表示结果的语词，"到"之后是表示时间、处所的语词。整个结构等于说"一直 A 的 B"、"一直 A 到 B"。例如：

一说说的大伙儿都哭了。
一哭哭的眼睛都肿了。
叫他一说说的大伙都笑的肚子疼。
一说说到快做饭的时候。
一跑跑到村东头才赶上他。

13. 什么 A 不 A 的

"A"是名词。整个结构在对话时用，承接对方所说到的"A"的内容而发，并不表示疑问，而是表示说话人对"A"的看法和态度，有时表示与己无关，有时表示无所谓、看不起。例如：

他说事情办成后要给你一些钱。

什么钱不钱的，我不要。

事情办成后一定送礼物表示感谢！

什么礼物不礼物的，不能这样办。

他闺女说，恁儿子要是能给他家养老过继给他家，他家的房子给恁。

你给他说，什么房子不房子的，俺心里没有。他家这种人，俺不侍候。

14. A 不（是）A，B 不（是）B 的

整个结构表示"不伦不类"、"既不是 A，也不是 B"的意思，含有贬义。"A"、"B"是相同的一类词，或者都是名词或者都是形容词，但"A"与"B"在意义上对立。例如：

① 你看他那个熊样，脸不是脸，鼻子不是鼻子的。

② 那块布灰不灰蓝不蓝的，一点不好看。

③ 现在的年轻人，打扮的男不（是）男，女不（是）女的，真难看。

"是"字有时一定要用，如①；有时一定不能用，如②；有时可用可不用，如③。"是"字使用与否，跟意义的表达没有什么关系，好像与"A"、"B"的词性有些关系："A"、"B"是体词的多用"是"，"A"、"B"是谓词性的少用"是"。

15. 爱 A 不 A

"A"是动词或动词性词组。整个结构是"爱 A 便 A，不爱 A 就不 A"的紧缩，表示"A 不 A"完全在于行为者自己的"爱不爱"，与别人无涉。例如：

我爱去不去，他管不着。

你爱买不买，不用问我。

他爱管不管，不用你操心。

这是分给你的任务，不是爱干不干的事，必须完成。

（二）惯用语

莱州方言中有许多词组，结构比较固定，口头经常使用，而其含义往往不是像一般词组那样直接从字面上看出，本书称为惯用语。现将常用的举例说明如下（按音序排列，除读音特殊的以外，一般不标音）：

八九不离十　差不多：这样说还～。

白拉倒　无用处，无能力：这个人～，办不了大事儿。

白有　别这样。单独成句，不做句子成分。

半□子 $pa\tilde{}^{213\text{-}45}xa^{213}ts\text{ʅ}$　半路里：事情才干到～，就停下了。

半零不落　活未干完，事情未办好：营生干的～，就走了。

半腰儿（或：半截儿、半截子）　中间：这故事才讲到～，他就停下不讲了。

背黑锅　受冤枉：你不能替他～。

鼻子不是鼻子，脸不是脸　生气发火的样子。

边儿边儿旮旯　指靠边沿的零散地方：在屋前屋后～的地场种了些扁豆。

不大离形儿　差不多：～你就给他把这块事儿办一办。｜～就卖给他。

不当景儿（或：不当阁儿）　不当回事儿，不在乎：对他来说，根本～。

不对劲　①合不来，闹别扭：我们俩在一起老是觉着～。②不舒服：没干的衣裳穿在身上～。

不对劲儿　不对，有差错：他一想～，少给了售货员三元钱，又回去给了人家。

不二五眼　①有眼力：他真～，选了个好帮手。②质量不差：我的货～，你买吧。

不赶趟儿 时间来不及：快要开车了，快走吧，要不就～啦。

不割十的 "不割舍"的音转，舍不得的意思：这张画这么好，真～卖了它。

不跟脚儿 特指鞋大。

不跟趟儿 行动慢，不能与别人一般快：他走路～。｜和大人们一块儿锄地，小人～。

不够称儿 喻指人不聪明，有点儿傻：他弟兄们都～。

不见起 不一定：他～能来。

不紧不离儿 副词性词组，多用于否定句子。意思是"不轻易，不是很必要"：他～不找人给他办事。｜他～不找干部办什么事。

不跨堆 不足，不够：今早饭～，又去食堂买了几个馒头。｜这点钱～。

不老少 很多：他有～的书。

不起眼儿 不值得重视，不引人注目：标语不能贴在～的场儿。

不是善茬子 指很厉害、惹不得的人：他～。

不吐口儿 不允许，不答应：他想买块车子，可他爹一直～。

不□（"这样"的合音 tʂaŋ²¹³）**不□**（"那样"的合音 niaŋ²¹³）**的** 指讲话、办事犹豫不决，态度不明确。

不着家儿 不回家，不在家里停留：他这一期子忙的都～。

插着空儿 抽时间，抓住闲空儿：你再忙，也得～把我这块事儿办一办。

差老成色了 差得很远，无法相比：因为天太旱了，今年的庄稼～。

常巴闲儿里 平时，空闲的时候：先别急，这个事儿放了～办吧。

成的东西了　东西很多：他家里～。

成的人了　很多人：会场里～。

吃不住劲儿　受不了：大伙这一说，他就～。

吃黑食　背着人自己吃好东西，也指暗中独吞钱财。

打哈哈儿　开玩笑：那个人就是爱～。

打离婚　离婚。

打冒支　假借别人的名义行骗。

打平伙儿　众人集资聚吃。

打腰　吃香，吃得开：他在村里可～啦。

大关目泱泱的　"泱泱的"有时读 $ia\eta^{213\text{-}42}ia\eta^{213}ti$，有时读 $ia\eta^{55}ia\eta^{55\text{-}45}ti$。端架子，瞧不起人，对人不热情。

当（了）什么景儿　①"当"读 $ta\eta^{213}$，指任什么职：他在村里～？②"当"读 $ta\eta^{213\text{-}42}$，反诘问，表示起不了大的作用，没有什么了不起的：这么点钱～？

倒不出手来　抽不出时间，腾不出空来：最近工作太忙，～办个人的事儿。

二马天堂　心不在焉，糊里糊涂：我说了半天，他～，一句也没听懂。

二五眼　识别能力差：他真～，用那么个人。

翻过来打脊梁，覆过去打胸膛　强词夺理，比喻这么说有理，那么说也有理：他～，理他都占着。

费劲巴力　花费很大的力气：父母～的给他盖起了新房子。

服软儿　认输，承认不对：没关系，你去给他～，他能原谅你。

赶大门儿　将来，以后：～进城，我给你买件好衣裳。｜～长大了，就能挣钱养家糊口了。

赶趟儿　时间来得及：现在走还～。｜还有一个多小时才开

311

车，～，不用急。

过日不好　是"好过日"的反义词组，指不善持家理财：她～，男人工资也不少，可孩子们穿的不好，吃的也不好。

好过日　善于勤俭持家：他家的人都～，不乱花钱。

好中　很容易：你要的这些东西～找，我家里就有的是很多。｜这几年儿，在县城里～找工作。

还消提（说）（或：不消提/不消说）　"消"系"需要"的音转。"还消提"是反问口气，意思是不需要提及，不必说：这块事儿～？

糊弄局儿　不实在，欺骗：伙计们在一起可不能耍～。

划魂儿　纳闷，琢磨不定：我听了心里直～，不知该怎么办。

黄了　指事情没有办成：原想开个小商店，因为没有钱又～。｜他们的这件事儿～。

急门儿　很紧急：他不要罢了，一要就要个～。

几好儿　很好：这块事他办的～。｜人长的～。

家长里短　家常、家常话：婆娘们在一起拉～。

姜木人儿　用泥做的人物玩具。

讲（或：说）瞎话　"话"不儿化，指说假话骗人：不要信，他这是～。

讲瞎话儿　讲故事：小孩们就是爱听～。

脚前脚后儿　前后相继，时间相隔不久：他俩是～走的。

节骨眼儿　关键时刻：在这个～上，你可不能走。

就打着　即使：～他也来，人手也还不够。

看上眼儿　看得中，合心意：这块布他能～。

来不来的　副词性词组，时常：～不理我了。｜～不到他家去了。

老鼻子了　①很多很多的：今年打的粮食～。②非常：那种鸟～俊了。｜他跑起来～快了。

老去了（或：老了）　很多、很大：会场上的人～。｜他们差_{相差}～。

愣头儿青　鲁莽冒失的人：他是个～。

漓溜儿歪斜　①不直，歪歪扭扭：我也耧了一趟，可是～。②形容人走路不稳、东倒西歪的样子：他喝酒醉了，～家去了_{回家去了}。

里外里　①两方面合计：恁家二百来斤，俺家三百来斤，～加起来也还不够。　②表示不论如何计算，不论如何说：这件事儿，～是你没理儿。

力巴头　外行，不开窍：我是个～，你还是找明白人去问吧！

凉了半截子　比喻失望。

两河水儿　不同国度的男女结婚所生的子女：这个孩子是个～。

两眼儿一抹黑　对情况不了解，新到一个地方一切都不熟悉：他刚来，～，有事找谁去？

没大儿没小儿　不知尊敬长辈，没有礼貌：孩子们不能～的。

没头儿到肚儿　没完没了：他说起话来～。

没正形　不严肃，不正经：他说话～，我批评教育他，你别生气。

磨不开（也写作"抹不开"）　害羞，不好意思，难为情，拉不下脸来：她想要块手表，又～说。

末居老儿　位居最后：别人到的早，他只好排在～。

面子事儿　希望能给予关照：～，给我办一办。

难说话儿　脾气坏，难以商量事情。

闹了半天（或：闹了归期）　在发现了真实情况时使用，相当于"原来"：～是你不叫他们去。｜你说的话～都是假的。

能到了哪里 不足用：一个月才给我这么点儿钱，～？

念秧儿 有要求不直接说出来，绕着说，希望别人领会：他也在我跟前～，我装作听不懂，没理他。

尿裆水裤的 ①形容人穿着不整齐：你看他穿的～。②形容人办事不爽利，拖泥带水：他办事儿～。

跑老客儿 来往各地做买卖：解放前他在东北～。

亲戚道里的 沾亲带故，有亲戚关系：都是～，这么点东西哪好要钱？

勤不着懒不着的 勤的不是时机，干了不应干的事儿。

清汤寡拉水 形容菜少味差的汤或米粒少的稀饭。

三日两头儿（或：**三天两头儿**） 指每隔不长的时间（就出现同一种动作、行为）：他～来一趟。｜他～来吃饭。

上来一半阵儿家 有时候，不是经常的：～，媳妇子也会惹婆婆生气。

烧高香 谢天谢地：娶了这么个好媳妇儿家去，他家真～了！

生插杠子 在事情进行当中插手：这个事儿～，我怕办不好。

十七大八 形容少女已成年：你都～了，还和个孩子样。

耍熊儿 做事、干活不出力，不拿出真本事来。

甩大鞋 爱到处转，不认真工作、干活，也指什么事也不干、游手好闲的人：他是个～的干部。｜旧社会他～。

甩手掌柜的 什么事情也不管的人：他是个～。

顺着杆子往上爬 顺着别人的意思往下说，以讨好于人：人家说什么你也说什么，你就会～！

丝丝拉拉 ①犹犹豫豫：大家都要去，他还～。②很轻而又时断时续的：他觉着肚子～的疼。

四五六儿 基本道理、礼貌：这么大的孩子了，可连个～还不懂。

随大流儿　随着众人，不前不后。

随风打淌淌　没有什么主见，说话、办事随大流儿：他也是个～的人。

听说听道儿的　听话，顺从：小媳妇才过门儿，都～。

头不抬眼不睁　一心做某事，别的什么也不顾：我进去了，他～，光算他的账。

土埋半截子　比喻人已垂老：他是～的人了。

挖门子　想方设法寻找能达到个人目的的门路：他要办个商店，天天～张罗本儿。

妄口儿唠 lɔ²¹³ 舌　说谎话。

稳住架儿　情绪稳定，不慌张：不管他说什么，你都要～，不用怕。

无冬立夏　即无冬无夏，一年四季：他～都穿着那件工作服。

细大溜儿的　每次不多却经常：喂牲口要喂料，但要～。

心里有个小九九　心中有数：这块事应该怎么办，他～。

眼目前儿　眼下，目前。

一半回儿家　①偶尔，次数不多：他～也来家看看老人。②短时间：车才开走，～回不来。

一骨节儿（或：一骨碌儿）　很短的一段。

一时半晌儿　短时间：这么多的活儿，～干不完。

一五一十　原原本本，详详细细：把这件事～的讲给他听。

有鼻子有眼儿的　常放在"说"、"讲"、"传"等词后边做补语，比喻非常详细真实：他讲的～的。

有的是　很多：他～钱。｜他家粮食～！

有章程　有能力、办法：他很有～。

云山雾罩的　说大话，不实在：你听他～！

这阵儿说话　现在：～，他身上才有五块钱。｜～，他走了快十分钟了。

直筒子　性格直爽，有什么说什么，心中不存什么的人：他是个～。

中不溜丢的　中等的：他的学习～。|这筐苹果都是～个儿。

嘴荏子　指讲话的本事，能说会道称"好～"，笨嘴拙舌称"～不好"或"～不行"。

坐地户儿　当地土生土长的老住户：～不要排挤外来户。

坐地窝儿　根本，本来：他～就没去。

坐蜡　遇到困难，陷入困境：这一下他可真～了。

（三）补语

1. 可能补语

可能补语是对动词、形容词就某种可能性作出补充说明的成分。与普通话比较，莱州方言的可能补语有下述主要特点。

（1）普通话里有一种可能补语，其格式是动词之后加"得"或"不得"，如：吃得、吃不得、去得、去不得。普通话中的这种补语，在莱州方言中不用其肯定形式，其相对应的说法是用"能"字短语：

能＋动词（式一）

能吃吃得　　　能说说得

能看看得　　　能去去得

普通话中这种补语的否定形式，在莱州方言中有两种说法与之相对应：

不能＋动词（式二）

动词＋不的（式三）

例如：

不能吃　不能看　不能说　不能去

　　　　吃不的　看不的　说不的　去不的

　　在莱州方言中，读轻声 ti 的动词后缀，当地习惯写作"的"。式二是式一的否定形式。式三，普通话中也说（莱州方言用"的"，普通话用"得"），但在莱州方言中虽然与式二并用，其语气却比式二重。例如：

　　　　① 生柿子有毒，可吃不的！
　　　　② 这个话犯□□tɕʻiɔ⁴²kʻʉẽ禁忌，你可千万说不的！
　　　　③ 这事千万大意不的！
　　　　④ 动钱的事儿，马虎不的！

　　例①、例②是动词带"不的"的例子。例③、例④是形容词带"不的"的例子。

　　（2）普通话中有以"得"连接补语的形式，否定式用"不"，如：吃得饱，吃不饱；听得清，听不清。这种补语的否定形式，莱州话跟普通话相同；其肯定形式莱州话里习惯上用下面两种格式：

能＋动词＋补语

　　　　能吃饱吃得饱　　　　能听清听得清
　　　　能出来出得来　　　　能进去进得去

动词＋补语＋了 la 或 lʉ

　　　　吃饱了吃得饱　　　　听清了听得清
　　　　出来了出得来　　　　进去了进得去

　　（3）可能补语出现在疑问句中，普通话一般是采用肯定式与否定式相选的形式。例如：

　　　　① 吃得吃不得？　　去得去不得？
　　　　② 吃得饱吃不饱？　听得清听不清？
　　　　③ 出得来出不来？　进得去进不去？

这种形式，莱州方言里很少说。在莱州话里，上列①类说成：

能＋动词＋不能＋动词

或进而简化成：

能不能＋动词

例如：

　　　　能吃不能吃？　　　能不能吃？

　　　　能去不能去？　　　能不能去？

　　上列②类、③类在莱州方言中有多种说法，例如：

能＋动补＋不能＋动补

　　　　能吃饱不能吃饱？　　能听清不能听清？

　　　　能出来不能出来？　　能进去不能进去？

能不能＋动补

　　　　能不能吃饱？　　　能不能听清？

　　　　能不能出来？　　　能不能进去？

能＋动补的肯定否定相迭形式

　　　　能吃饱吃不饱？　　能听清听不清？

　　　　能出来出不来？　　能进去进不去？

动词＋"不"＋动补的肯定式

　　　　吃不吃的饱？　　　听不听的清？

　　　　出不出的去？　　　进不进的来？

　2. 处所补语

　　普通话中有一种处所补语，表示人或物随动作到达的处所，或表示动作持续到什么时间，处所词语用"到"引进。例如：

　　　　他一直把我送到村头上。

　　　　把书放到桌子上。

这种补语中的"到"字，在莱州方言中往往省略不说，成为处所词语直接做补语。例如：

　　　　把书放桌子上。

他一直把我送村头上。

把大衣挂墙上。

把粮食放瓮来。

把褥子放炕上。

这种省略了"到"字的句子，如果说得缓慢时，动词与补语之间，即"到"字可以出现的位置上，往往有一个较模糊的轻音节"了（音lɑ˙或ləu˙）"。

3. 倒装补语

补语位于谓语之后，是普通话中一条最基本的规律，莱州方言中却有补语前置的情况。其格式为：

补语＋宾语＋谓语

例如：

① 忙的我，发过了年儿从过了春节到现在，连一趟城里都没去。

② 发离开老家，一次苹果还没吃来。

③ 一次百货店也没去逛。

④ 这几天，他一末儿头都没洗。没洗一次头

⑤ 他一次饭都没做。

⑥ 他从小长到这么大，一回儿姑姑家也没去。

以上说法限于否定句中数词是"一"的数量补语，并且宾语也前置，含有明显的强调和夸张。

三 句子

（一）比较句

比较事物的性状、程度、高低、异同或差别的句子，称为比

较句。在普通话中，比较句有众多形式。这些形式在莱州方言中也都不同程度地使用。莱州方言中有三种比较句式是普通话里所不见的。

1. 带"起"字的比较句

用"起tɕʻi"做介词引进比较对象，介宾结构置于形容词之后。

（1）肯定形式。例如：

　　她姊妹们一个俊起一个。她姊妹们一个比一个漂亮。

　　这个屋子暖和起那个屋子。这间屋子比那间屋子暖和。

　　西服难做起便服。西服比便服难做。

这种句式与古汉语中带"于"字的差比句相同。例如：

　　霜叶红于二月花。（杜牧）

　　或重于泰山，或轻于鸿毛。（司马迁）

（2）否定形式，在形容词前加"不"、"没"、"没有"之类的否定词。例如：

　　他不高起我。

　　小李的成绩从来没有好起小张。

（3）疑问形式有是非问和反复问两种。

是非问在句末加疑问语气词，整个句子使用问调。例如：

　　这朵花香起那朵花吗？

　　这块西瓜不甜起那块吗？

反复问用形容词的肯定与否定相迭形式。例如：

　　这朵花香不香起那朵？

　　这块西瓜甜不甜起那块？

2. 带数量补语的比较句

带数量补语的比较句，普通话有用介词"比"引进比较对象的说法，如：

哥哥比弟弟大四岁。

这根绳子比那根绳子短三尺。

这种比较句在莱州方言里，往往是没有"比"字，被比较的对象置于比较语之后，形成"A＋比较语＋B"的格式。例如：

在村里，我长他一辈儿。我比他大一辈儿。

我大他两岁。我比他大两岁。

我高他一头。我比他高出一个头。

谁还矮谁一个头？谁还比谁矮一头？

谁还差谁一块？谁还比谁少一块？

3. 带"赶上"、"跟上"的比较句

"赶上"、"跟上"表示"比得上"、"如同"义，使用时没有什么不同。

（1）肯定形式。如：

他赶上我胖了。　　　他跟上我胖了。

他赶上他哥哥高了。　　他跟上他哥哥高了。

这辆车子能赶上那辆结实。

好棉布能跟上人造丝抗穿。

（2）否定形式。常用"赶不上"或"跟不上"，义同普通话里的"不及"、"不如"。例如：

他赶不上我胖。　　　他跟不上我高。

那辆车子赶不上这辆结实。

棉布跟不上呢子抗穿。

（3）疑问形式，有两种：

第一，原结构用疑问语调说，例如：

他赶上我胖了？　　　他赶不上我胖了？

这辆车赶上那辆结实？　　这辆车跟不上那辆结实？

第二，插用"跟不跟上"或"赶不赶上"，例如：

他赶不赶上我胖?　　　　他跟不跟上我胖?

这辆车赶不赶上那辆结实?

这辆车跟不跟上那辆结实?

（二）正反问句

当做谓语或补语的动词（含能愿动词）、形容词是双音节词（AB）时，普通话用肯定否定相选的形式表示正反问，其格式为：

AB＋不（或：没）＋AB

学习不学习文件?

洗得干净不干净?

研究没研究这个问题?

上述正反问句，莱州当地人习惯于用下列格式：

A₁＋不（或：没）＋AB

而且在口语中，高度追求A₁的单音节化，类化作用很强，不论 AB 是什么结构性质的动词、形容词，都可以纳入这种格式中表示正反问。例如：

你们面不面熟?　　　　外边风不风凉?

他自不自觉?　　　　你眼不眼馋?

你还犹不犹豫?　　　　你闻闻,这东西臭不臭烘烘的?

你尝尝,这个柿子涩不涩巴即的?

（三）被动句

莱州方言中的被动句有下列特点：

1. 普通话中表示被动意义的句子，通常用"被"字，口语里更多的是用"叫"、"让"等字。这类句子中的"被"、"叫"、"让"都可以带宾语，也都可以不带宾语。莱州方言表示被动意义的句子，一般不用"被"字，也不用"让"字，而是用"叫"字，并

且"叫"字之后一定要带"施事"做宾语。这是莱州话最常用的
形式。例如：

　　俺的花裁子_{花苗儿}叫那个鸡吃没了。

　　大伙儿都叫他说笑了。

　　小张叫人打伤了。

　　那个狗叫人打的都不能动了。

　　小孩子叫听瞎话儿迷住了。_{被听讲故事迷住了。}

　　他叫儿子进了社办企业当会计欢喜的见人就说。

　2. 在普通话的被动句中，"被"、"叫"、"让"常跟"给"字
配合使用，但这种句子中的"给"字不能再带宾语。而在莱州方
言被动句中，"给"字与"叫"字在同一句子里出现时，"给"字
有时还可以带宾语。"给"字所带的宾语，常见的是"我"、"俺"、
"咱"、"恁"、"他"、"他们"、"人家"、"大伙儿"等人称代词。
这种宾语并不是"施事"（"施事"已由"叫"字引进），它是"受
事"的领有者，它与"受事"前面所带的领属性定语，在逻辑意
义上，在所用词语上，总是保持着明显的一致性。例如：

　　你的衣裳叫我给你弄脏了。

　　他的衣裳叫我给他弄脏了。

　　他的这块事儿叫我给他耽误了。

　莱州方言的被动句中，并不是任何情况下"给"字都能带宾
语。"给"字带宾语是有一定条件的：受事有明确的领有者可指，
而且对领有者需要加以强调时，才可以带宾语；如果没有明确的
领有者可指，则不能带宾语。例如：

　　他这是叫坏人给骗了。

　　坏人叫公安局给抓起来了。

　　有些人叫厂子里给留下了。

　　海水也叫工厂的废水给污染了。

这类句子，其中的"受事"都没有明确的领有者可指，所以"给"字都带不上宾语。

3. 在普通话的被动句中，"给"字有时单独出现，不跟"被"字配合使用，这时，"给"字的作用相当于"被"，表示被动义，并且能引进"施事"作为自己的宾语。例如：

门给风吹开了。

衣服给雨淋湿了。

在莱州方言的被动句中，"给"字有时也单独出现，不跟"叫"字配合使用。例如：

衣裳也给撕破了，牙也给打出血了。

房子给弄脏了。

你的书给弄破了。

他的钢笔给拿走了。

但是，莱州方言这类被动句里的"给"字，却与普通话中的"给"字大不相同。最明显的是它并不相当于"被"、"叫"，它不能引进施事做宾语，只能起强化语义的作用。这种"给"字单独出现而不跟"叫"字配合使用的被动句，似是上述"叫"字与"给"字同时出现的被动句的省略形式。这可以从下述语言事实中看得清楚。

（1）这类句子中的"给"字都可以省略，省略之后只是失去了原来的强调意味而丝毫也没有改变原来的被动意义。

（2）这类句子若加以扩展，要引进"施事"及"受事"的领有者，那么引进"施事"的是"叫"字而不是"给"字，引进"受事"的领有者的是"给"字而不是"叫"字。例如：

他的衣裳叫人给他撕破了，他的牙也叫人给他打出血了。

我的房子叫孩子们给我弄脏了。

你的书叫我给你弄破了。

他的钢笔不知叫谁给他拿走了。

他的黄狗叫人给他打死了。

他的老牛叫老张给他拉走了。

4. 在莱州方言被动句中，"受事"可以出现在动词谓语之后做宾语。

普通话中，被动句里也有动词谓语带宾语的情况，例如：

他给地主害死爹，我给地主害死娘。（刘白羽）

她为了保护集体的羊群，被草原的暴风雪冻坏了双手。

（《草原英雄小姐妹》）

但是，这种宾语是有条件限制的，即宾语所代表的事物在意念上为主语代表的事物所领有。这种情况，在莱州方言中也存在。莱州方言还另有一种"受事"出现于谓语之后做宾语的现象。例如：

可叫他气死我了。我可被他气死了。

真叫这块事儿愁坏了我了。

生叫家务事缠住了她，也不能在村里做工作。她硬被家务事缠住了身。

叫我狠狠地训了他一顿，他才好了。他被我狠狠地批评了一次。

管保儿是叫他骑走了你的车子。你的车子可能是被他骑走了。

叫孩子们打破了窗上的玻璃了。

这种说法在莱州方言中很普遍，纯系一种习惯，没有什么特殊的表达作用。但这种说法有其历史根源。反映在唐宋以后，特别是元明文学作品里，有大量的"受事"居于动词谓语之后做宾语的被动句。例如：

被猴行者骑定馗龙。（《大唐三藏取经诗话》）

被杨行密拿了杨师古。（《五代史评话》）

孩子，则被你烦恼杀了我也。（关汉卿杂剧《赵盼儿风月救风尘》第二折）

被我骂那老猪狗，那婆子便来打我。（《水浒传》第二十
六回）

看来，莱州方言中的上述被动句法现象，很可能就是近代汉语中
这种被动句法的遗留。

（四）几种有特点的复句

1. 并列句

莱州方言中，有一种并列句很具地方特色，而且在口语里十
分流行。其格式为："既之（或：既上）A，又 B。"表达的意义
是："已经处于 A 的境地，偏偏又出现了情况 B。"A 和 B 表示的
内容，都是当事人所不希望出现的。例如：

这两年他既之生活困难，谁想到他孩子又生病住院了。

他既之没有钱，又得给老人治病。

他既之生气，你又去惹他。

他既之心来难受，你又去提过去的事情！

2. 转折句

莱州方言中，有一种转折句是普通话中所没有的。其基本格
式是："处 A，还 B。"表达的基本意义是："事实是 A，却还 B。"
整个句子具有贬义，意在强调不应当 B。例如：

她处长的丑，还觉着俊的要命。

他处没有钱，还爱穷摆谱。

他处什么不是，还觉着个人了不起。

他处学习成绩差，平时还不知道努力。

3. 假设句

莱州方言表达假设意义时有一种习惯说法，即在一般假设句
前先用一语肯定事实，然后再从反面立设。这种说法，对比和强
调的意味极浓，有特殊的表达作用。其基本格式为："（这）就是

A，要是 B，就 C。"例如：

这就是他没看见，要是他看见了，就不会饶你。

我就是没有钱，要是有钱，非买这本书不可。

就是我，要是换成旁人，保证不会答应你。

这就是他没来，要是他来了，就一定会跟你去。

这就是天旱，要是不旱，庄稼一定会丰收。

在莱州方言中，如果从正反两个方面假设，习惯的说法是："A 便罢，要是 B，就 C。""便罢"相当于文言文中的"则已"。例如：

他不来便罢，要是来了，一定会来看望我。

他给我便罢，他要是不给我，我就去找领导人要。

这块事不办便罢，要是办，就一定得办好。

4. 紧缩句

在莱州方言中，紧缩句也是多种多样，但当前后两个谓语为同一个动词时，中间的关联词"就"有时省略不说，形同两个动词的重叠。例如：

他待走走吧。 他要走就走吧。

他待去去吧。 他要去就去吧。

他要拿拿去吧。 他要拿就拿去吧。

他愿唱唱吧。 他愿意唱就让他唱吧。

他爱吃吃吧。 他爱吃就吃吧。

他爱看看吧。 他爱看就看吧。

四　语法例句标音

以下按《方言》1981 年第 3 期"方言调查词汇表"语法部分

的内容，将该部分所刊普通话的说法用莱州话说出来，分为语序、比较、例句、了、着、得、的、后加成分、前加成分九部分。

（一）语序

1. 我应不应该来？uə˙iŋ²¹³⁻⁴²pu˙iŋ²¹³⁻⁴²kɛ˙lɛ⁴²？
2. 他愿不愿意说？tʻɑ˙yã²¹³⁻⁴²pu˙yã²¹³⁻⁴²i˙ʂuə⁵⁵？
3. 你打不打算去？ni˙tɑ⁵⁵⁻⁴⁵pu˙tɑ⁵⁵⁻⁴⁵sã˙tɕʻi²¹³？
4. 你能不能来？ni˙nəŋ⁴²pu˙nəŋ⁴²lɛ⁴²？
5. 他敢不也去？tʻɑ˙kã⁵⁵⁻⁴⁵pu˙kã⁵⁵⁻⁴⁵tɕʻi²¹³⁻⁴²？
6. 还有没有饭？xɛ˙iəu⁵⁵⁻⁴⁵mei˙iəu⁵⁵⁻⁴⁵fã⁴²？
7. 你上（或：到、去）没上（或：到、去）过北京？ni˙ʂaŋ²¹³⁻⁴²（或：tɔ²¹³⁻⁴²、tɕʻi²¹³⁻⁴²）mei˙ʂaŋ（或：tɔ˙、tɕʻi˙）kuə˙pei⁵⁵tɕiŋ²¹³？
8. 他知不知道？tʻɑ˙tʂʅ²¹³pu˙tʂʅ²¹³tɔ˙？
9. 他不知道。tʻɑ˙pu⁵⁵tʂʅ²¹³tɔ˙。
10. 你认不认的？ni˙iẽ⁴²pu˙iẽ⁴²ti˙？
11. 我不认的。uə˙pu⁵⁵⁻⁴⁵iẽ⁴²ti˙。
12. 你还记不记的？ni˙xɛ⁴²tɕi²¹³⁻⁴²pu˙tɕi˙ti˙？
    你还想不想着？ni˙xɛ⁴²siaŋ⁵⁵⁻⁴⁵pu˙siaŋ⁵⁵⁻⁴⁵tʂʅ˙？
13. 我不记的。uə⁵⁵pu˙tɕi²¹³⁻⁴²ti˙。
    我不想着。uə⁵⁵pu˙siaŋ⁵⁵⁻⁴⁵tʂʅ˙。

（二）比较

1. 这个大，那个小，这两个东西哪个好？tʂʅ²¹³kə˙tɑ⁴²（或：tɑ²¹³），ni²¹³kə˙siɔ⁵⁵，tʂʅ²¹³liaŋ⁵⁵⁻⁴⁵kə˙tuŋ²¹³si˙na⁵⁵⁻⁴⁵kə˙xɔ⁵⁵？
2. 这个比那个好。tʂʅ²¹³kə˙pi⁵⁵ni²¹³kə˙xɔ⁵⁵。
3. 今日比夜来好多了。tɕi²¹³⁻⁴²i˙pi⁵⁵iə⁴²lɛ˙xɔ⁵⁵tuə²¹³ləu˙（或：

lə˙、la˙）。今天比昨天好多了。

4. 明日比今日还要（或：能）好。mi⁴²⁻⁵⁵i˙pi⁵⁵tɕi²¹³i˙xɛ⁴²iɔ˙（或：nəŋ）xɔ⁵⁵。

5. 那个不如这个好。ni⁵⁵⁻⁴⁵kə˙pu⁵⁵⁻⁴⁵y⁴²tʂʅ²¹³kə˙xɔ⁵⁵。

6. 这些房子不如那些房子好。tʂʅ²¹³siə˙faŋ⁴²tsʅ˙pu˙y²¹³ni⁵⁵⁻⁴⁵siə˙faŋ⁴²tsʅ˙xɔ⁵⁵。

7. 这个有没有那个大？　tʂʅ²¹³kə˙iəu⁵⁵⁻⁴⁵mei˙iəu⁵⁵ni⁵⁵⁻⁴⁵kə˙ta²¹³⁻⁴²？

8. 这个和那个一边儿（或：一般儿）大。tʂʅ²¹³kə˙xuaŋ⁴²ni⁵⁵⁻⁴⁵kə˙i⁵⁵piʿer²¹³（或：per²¹³）ta˙。

9. 这个人比那个人高，不过（或：可是）没（有）那个人胖。tʂʅ²¹³kə˙iẽ⁴²pi⁵⁵ni⁵⁵⁻⁴⁵kə˙iẽ⁴²kɔ²¹³，pu˙kuə²¹³（或：kʿə⁵⁵⁻⁴⁵sʅ⁴²）mei²¹³（iəu˙）ni²¹³kə˙iẽ⁴²pʿaŋ²¹³。

10. 这些孩子和猴儿样，满那来爬。tʂʅ²¹³siə˙xɛ⁴²tsʅ˙xuaŋ⁴²xəur⁴²iaŋ˙，mã⁵⁵na²¹³lɛ˙pʿa⁴²。这些孩子像猴儿似的，到处乱爬。

（三）例句

1. 你贵姓？ni⁵⁵kuei²¹³siŋ⁴²？
　　你姓什么？ni⁵⁵siŋ²¹³ʂəŋ⁴²⁻⁵⁵mə˙？

2. 我姓王。uə⁵⁵siŋ²¹³uaŋ⁴²。
　　免贵姓王。miã⁵⁵kuei²¹³siŋ²¹³uaŋ⁴²。

3. 你姓王，我也姓王，咱俩个都姓王。ni⁵⁵siŋ²¹³uaŋ⁴²，uə⁵⁵⁻⁴⁵iə˙siŋ²¹³uaŋ⁴²，tsẽ⁵⁵liaŋ⁵⁵⁻⁴⁵kə˙təu²¹³⁻⁴⁵siŋ²¹³uaŋ⁴²。

4. 谁？suei⁴²？

5. 我！uə⁵⁵！

6. （我是）老王。（uə⁵⁵⁻⁴⁵sʅ⁴²）lɔ⁵⁵⁻⁴⁵uaŋ⁴²。

7. 老张来？lɔ⁵⁵tʂaŋ²¹³lɛ⁴²？老张呢？

8. 老张还在家来。lɔ^{55}tʂaŋ^{213} xɛ^{42}tɛ^{55}tɕia^{213}lɛ˙。

9. 他乜做什么？tʼaˑniə^{42}tsəu^{213}ʂəŋ$^{42\text{-}55}$mə˙？<small>他在干什么？</small>
　他在那儿做什么？tʼaˑtɛ$^{55\text{-}45}$niˑer^{42}tsəu^{213}ʂəŋ$^{42\text{-}55}$mə˙？

10. 他（正在）那吃饭。tʼaˑ（tʂəŋ^{213}tɛ^{42}）niə^{42}tʂʅ$^{55\text{-}45}$fã^{42}。

11. 他吃完（或：饱）了吗？tʼaˑtʂʅ uã$^{42\text{-}55}$（或：pɔ$^{55\text{-}45}$）ləuˑmaŋ^{55}？

12. 还没有。xe^{42}mei^{42}iəuˑ。

13. 住不□□儿一会儿就吃完了。tʂu$^{42\text{-}55}$puˑtsaŋ^{213}kɛr^{55}tsiəuˑtʂʅ$^{55\text{-}213}$uã$^{42\text{-}55}$ləuˑ。<small>过不一会儿就吃完了。</small>

14. 你怎么老□□儿还没有吃完？niˑtsəŋ$^{42\text{-}55}$məˑlɔ$^{55\text{-}45}$tsaŋ^{213}kɛr^{55}xɛ^{42}mei iəuˑtʂʅ$^{55\text{-}213}$uã^{42}？

15. 他说就走，怎么老□□（了）还没走？tʼa^{213}ʂuə^{55}tsiəu^{42}tsəu^{55}，tsəŋ$^{55\text{-}45}$məˑlɔ^{55}tsaŋ^{213}kã^{55}ləuˑxɛ^{42}mei tsəu^{55}？

16. 他正在那来和个人儿说话。tʼaˑtʂəŋ^{213} tɛ^{55}niə^{42}lɛˑxuaŋˑkəˑiˑer^{42}ʂuə^{55}xua^{42}。

17. 你上哪儿去？niˑʂaŋ^{42}ŋar$^{55\text{-}45}$tɕʼi？

18. 我上街去。uəˑʂaŋ^{42}tɕie^{213}tɕʼi$^{213\text{-}42}$。

19. 你什么时候去？niˑʂəŋ$^{42\text{-}55}$məˑsʅ^{42}xəuˑtɕʼi$^{213\text{-}42}$？

20. 我就手去。uəˑtsiəu^{213}ʂəu^{55}tɕʼi$^{213\text{-}42}$。<small>我马上就去。</small>

21. 你去干什么？ni$^{55\text{-}45}$tɕʼi kã^{213}ʂəŋ$^{42\text{-}55}$mə˙？

22. 我去买菜。uə$^{55\text{-}45}$tɕʼi me$^{55\text{-}45}$tsʼɛ^{213}（或：tsʼɛ^{42}）。

23. 你先走吧，俺住□□儿再（或：就）去。　ni^{55}siã^{213}tsəu$^{55\text{-}45}$paˑ，ã$^{55\text{-}45}$tʂu$^{42\text{-}55}$tsaŋ^{213}kɛr^{55}tsɛ^{213}（或：tsiəu^{42}）tɕʼi。

24. 好生走，别跑！xɔ$^{55\text{-}45}$ʂaŋˑtsəu^{55}，pei^{42}pʼɔ^{55}！

25. 小心掉下去爬不上来。siɔ$^{55\text{-}45}$siɛ̃ˑtiɔ$^{213\text{-}42}$ɕiaˑtɕʼi pʼa^{42}puˑʂaŋˑlɛˑ。

26. 怎么办？tsəŋ$^{55\text{-}45}$məˑpã^{42}？

27. 不那么办，得这么办。pu⁵⁵nəŋ⁴²⁻⁵⁵mə˙pã²¹³⁻⁴², tɛ⁵⁵⁻⁴⁵tsəŋ⁴²⁻⁵⁵mə˙pã˙。

28. 你和他说，不在那来，也不在这来。ni⁵⁵xuaŋ⁴²t'ɑ˙ʂuə⁵⁵, pu˙tɛ⁵⁵niə⁴²lɛ˙, iə˙pu˙tɛ⁵⁵tʂɛ⁴²lɛ˙。

29. 到底在哪来？tɔ²¹³ti⁵⁵tɛ⁵⁵na⁵⁵⁻⁴⁵lɛ˙？

30. 要多少才够？iɔ˙tuə²¹³ʂuə˙ts'ɛ˙kəu²¹³⁻⁴²？

31. 太多了，要不了那么些，只（或：就）要这些就够了。t'ɛ˙tuə²¹³ləu˙, iɔ⁴²pu˙liɔ⁵⁵nəŋ⁴²mə˙siə²¹³, tsʅ（或：tsiəu˙）iɔ˙tsʅ²¹³siə²¹³tsiəu˙kəu²¹³⁻⁴²ləu˙。

32. 不管怎么忙，也得好好学习。pu˙kuã⁵⁵tsəŋ⁵⁵⁻⁴⁵mə˙maŋ⁴², iə⁵⁵⁻⁴⁵tei˙xɔ⁵⁵⁻⁴⁵xɔ˙ɕyə⁴²si˙。

33. 他今年多大岁数了？t'ɑ˙tɕi²¹³niã⁴²tuə²¹³tɑ˙suei²¹³⁻⁴²su˙ləu˙？

34. 不过三十来岁吧！pu˙kuɔ²¹³sã²¹³ʂʅ˙lɛ˙suei²¹³⁻⁴²pɑ˙！

35. 这个东西有多沉？tsʅ²¹³kə˙tuŋ²¹³si˙iəu˙tuə²¹³⁻⁴²tʂ'ẽ˙？

36. 刚不有五十多斤沉。kaŋ²¹³⁻⁴²pu˙iəu˙u⁵⁵⁻⁴⁵ʂʅ˙tuə˙tɕiẽ²¹³tʂ'ẽ⁴²。_{大概有五十多斤重。}

37. 给我本书！kei⁵⁵⁻⁴⁵uə⁵⁵⁻⁴²pẽ˙ʂu²¹³！

　　我没有书。uə⁵⁵mei²¹³iəu˙ʂu²¹³。

38. 饭好了，快吃吧！fã⁴²xɔ⁵⁵⁻⁴⁵ləu˙, k'uɛ²¹³tʂʅ⁵⁵⁻⁴⁵pɑ˙！

39. 锅来还有没有饭？kuə²¹³lɛ˙xɛ˙iəu⁵⁵⁻⁴⁵mei˙iəu˙fã⁴²？

40. 你看看去。ni⁵⁵k'ã²¹³k'ã˙tɕ'i˙。

41. 我看了，没有了。uə⁵⁵k'ã²¹³⁻⁴²ləu˙, mei²¹³iəu˙ləu˙。

42. 吃了饭得慢慢的走。tʂʅ⁵⁵⁻⁴⁵ləu˙fã⁴²tei⁵⁵mã⁴²mã˙ti⁵⁵⁻⁴⁵tsəu˙。

43. 别跑！不要紧。pei⁴²p'ɔ⁵⁵！pu˙iɔ²¹³tɕiẽ⁵⁵。

44. 来闻闻这朵花香不香？lɛ˙uẽ⁴²uẽ˙tsʅ²¹³tuə⁴²xuɑ²¹³ɕiaŋ²¹³pu˙ɕiaŋ²¹³？

45. 真香，呕？ tsẽ²¹³⁻⁴⁵ɕiaŋ²¹³, xaŋ⁵⁵? 香得很，是吧？

46. 你是吃烟还是喝茶？ ni˙sʅ˙ tʂʅ⁵⁵iã²¹³xɛ⁴²sʅ˙ xɑ⁵⁵⁻⁴⁵tsʻɑ⁴²?

47. 烟和茶我都不稀罕！iã²¹³xuaŋ˙tsʻɑ⁴²uə⁵⁵təu²¹³pu˙ɕi²¹³xã⁴²!

48. 医生叫你多睡□□儿。i²¹³səŋ˙tɕiɔ²¹³⁻⁴²ni˙tuə²¹³suei⁴² tsaŋ²¹³kɛr⁵⁵。

49. 吃烟、喝茶，都不行！tʂʅ⁵⁵iã²¹³、xɑ⁵⁵⁻⁴⁵tsʻɑ⁴²，təu²¹³pu˙ ɕiŋ⁴²!

50. 不早了，快去吧！pu˙tsɔ⁵⁵⁻⁴⁵ləu˙，kʻuɛ˙tɕʻi⁴²pɑ˙!

51. 还早来！xɛ˙tsɔ⁵⁵⁻⁴⁵lɛ˙!

52. 住（或：等）□□儿再去吧！　tʂu⁴²⁻⁵⁵（或：təŋ⁵⁵）tsaŋ²¹³kɛr⁵⁵tsɛ²¹³tɕʻi⁴²pɑ˙!

53. 吃了饭去行不行？ tʂʅ˙ləu˙fã⁴²tɕʻi²¹³ɕiŋ⁴²⁻⁵⁵pu˙ɕiŋ˙?

54. 吃了饭就不赶趟了。tʂʅ˙ləu˙fã⁴²tɕiəu˙pu˙kã⁵⁵⁻⁴⁵tʻaŋ˙ləu˙。吃了饭再去就来不及了。

55. 不管你去不去，反正我待得去。　pu˙kuã⁵⁵ni˙tɕʻi²¹³⁻⁴²pu˙tɕʻi²¹³，fã²¹³tʂəŋ⁴²uə⁵⁵tɛ⁴²tɕʻi˙。

56. 你爱去不去！ni˙ɛ²¹³⁻⁴²tɕʻi˙pu˙tɕʻi²¹³!

57. 你爱去就去，不去拉倒。ni˙ɛ²¹³⁻⁴²tɕʻi˙tsiəu˙tɕʻi²¹³，pu˙tɕʻi lɑ²¹³tɔ⁵⁵。

58. 我非去不可。uə˙fei²¹³⁻⁴⁵ɕʻi²¹³pu˙kʻə⁵⁵。

59. 我非待得去。uə˙fei²¹³tɛ⁴²tɕi²¹³。

60. 咱赶着走着赶着说。tsẽ⁵⁵kã⁵⁵⁻⁴⁵tsʅ˙tsəu⁵⁵⁻⁴⁵tsʅ˙kã⁵⁵⁻⁴⁵tsʅ˙ʂuə⁵⁵。咱一边走着一边说。

61. 说了一遍儿又一遍儿。ʂuə⁵⁵⁻⁴⁵ləu˙i⁵⁵⁻⁴⁵piʳɛr⁴²iəu²¹³i˙piʳɛr⁴²。

62. 请你再说一遍儿。tsʻiŋ⁵⁵⁻⁴⁵ni˙tsɛ²¹³ʂuə⁵⁵i˙piʳɛr⁴²。

63. 越走越快，越说越多。yə⁴²tsəu⁵⁵⁻²¹³yə⁴²kʻuɛ²¹³，yə⁴²

ʂuə⁵⁵⁻²¹³yə⁴²tuə²¹³。

64. 这个东西好是好，就是太贵了。tʂʅ²¹³kə˙tuŋ²¹³si˙xɔ⁵⁵⁻⁴⁵sʅ˙xɔ⁵⁵，tsiəu²¹³⁻⁴²sʅ˙t'ɛ²¹³kuei⁴²⁻⁵⁵ləu˙。

65. 这个东西贵是贵，可是结实。tʂʅ²¹³kə˙tuŋ²¹³sʅ˙kuei²¹³sʅ˙kuei²¹³，k'ə⁵⁵⁻⁴⁵sʅ˙tɕiə⁵⁵⁻⁴⁵ʂʅ˙。

66. 他在哪来吃的饭？t'ɑ˙tɛ²¹³na⁵⁵⁻⁴⁵lɛ˙tʂʅ²¹³ti˙fã⁴²？

67. 他在俺家来吃的饭。t'ɑ˙tɛ²¹³ã⁵⁵tɕia²¹³lɛ˙tʂʅ⁵⁵⁻⁴²ti˙fã⁴²。

68. 真的吗？tʂẽ²¹³ti˙maŋ⁵⁵？

69. 真的，他是在俺家来吃的饭。tʂẽ²¹³ti˙，t'ɑ²¹³sʅ⁴²tɛ²¹³ã⁵⁵tɕia²¹³lɛ˙tʂʅ⁵⁵⁻⁴²ti˙fã⁵⁵。

70. 夜来昨天叫六点起来，我五点半就起来了，你怎么七点才起来？iə⁴²lɛ˙tɕiɔ˙liəu²¹³tiã⁵⁵tɕ'i⁵⁵⁻⁴⁵lɛ˙，uə⁵⁵u⁵⁵⁻⁴²tiã⁵⁵pã²¹³tsiəu⁴²tɕ'i⁵⁵⁻⁴⁵lɛ˙ləu˙，ni⁵⁵tsəŋ˙mə˙ts'i⁵⁵tiã⁵⁵⁻⁴⁵ts'ɛ˙tɕ'i⁵⁵⁻⁴⁵lɛ˙？

71. 三四个人盖一床被。sã²¹³⁻⁴⁵sʅ²¹³kə˙iẽ⁴²kɛ⁴²i˙ts'uaŋ⁴²pei⁴²。

72. 两个人坐一条板凳。liaŋ⁵⁵⁻⁴⁵kə˙iẽ⁴²tsuə˙i⁵⁵⁻⁴⁵t'iɔ˙pã⁵⁵⁻⁴⁵təŋ˙。

73. 一辆车装三千斤麦子。i²¹³liaŋ˙tʂ'ə²¹³tsuaŋ²¹³sã²¹³⁻⁴⁵ts'iã²¹³⁻⁴⁵tɕiẽ²¹³mei⁴²tsʅ˙。

74. 一辆车装不了三千斤麦子。i²¹³liaŋ˙tʂ'ə²¹³tsuaŋ²¹³pu˙liɔ⁵⁵sã²¹³⁻⁴⁵ts'iã²¹³⁻⁴⁵tɕiẽ²¹³mei⁴²tsʅ˙。

75. 十个人吃一锅饭。ʂʅ⁴²⁻⁵⁵kə˙iẽ⁴²tʂʅ˙i˙kuə²¹³fã⁴²。

76. 这锅饭十个人吃不了。tʂʅ˙kuə˙fã⁴²ʂʅ˙kə˙iẽ⁴²tʂʅ⁵⁵pu˙liɔ⁵⁵。饭太多。

77. 这锅饭十个人吃不够。tʂʅ˙kuə˙fã⁴²ʂʅ⁴²kə˙iẽ⁴²tʂʅ⁵⁵pu˙kəu²¹³。饭不够。

78. 小屋堆东西，大屋住人。siɔ⁵⁵⁻⁴²u˙tei²¹³⁻⁴⁵tuŋ²¹³si˙，ta²¹³⁻⁴²u˙tʂu⁴²iẽ⁴²。

79. 这间屋住不下十个人。tʂʅ²¹³tɕiã˙u⁵⁵tʂu⁴²pu˙ɕia⁴²ʂʅ⁴²⁻⁵⁵kə˙

iẽ⁴²。

80．这个礼堂（能）坐四五百人。tʂʅ²¹³kə˙li⁵⁵tʰaŋ⁴²（nəŋ⁴²）tsuə˙sʅ˙uʾpei⁵⁵iẽ⁴²。

81．东屋没住过人。tuŋ²¹³u⁵⁵mei˙tʂu²¹³⁻⁴²kuə˙iẽ⁴²。

82．这头毛驴拉过车，没让人骑过。tʂʅ²¹³tʰəu⁴²mɔ⁴²⁻²¹³ly⁴²la⁵⁵⁻⁴⁵kuə˙tʂʅʾə²¹³，mei⁴²iaŋ²¹³iẽ⁴²tɕʰi⁴²⁻⁵⁵kuə˙。这毛驴儿拉过车，没骑过人。

83．这匹小马儿没让人骑过，你小心点儿骑。tʂʅ²¹³pʰi⁴²siɔ⁵⁵⁻⁴²mar⁵⁵mei⁴²iaŋ²¹³iẽ⁴²tɕʰi⁴²⁻⁵⁵kuə˙，ni˙siɔ⁵⁵⁻⁴⁵sie˙tiʾer⁵⁵⁻²¹³tɕʰi⁴²。

84．我坐过船，没骑过马。uə˙tsuə⁴²kuə˙tʂʰuã⁴²，mei˙tɕʰi⁴²kuə˙ma⁵⁵。

（四）了

1．他吃了饭了，你吃了没有？tʰa˙tʂʅʾ⁵⁵ləu˙fã⁴²ləu˙，ni⁵⁵sʅʾ²¹³⁻⁴²ləu˙mei⁴²iəu˙？

2．我喝了茶还渴。uə˙xa⁵⁵⁻⁴⁵ləu˙tsʰa⁴²xɛ˙kʰa⁵⁵。

3．我吃了晚饭，溜达了□□儿，回来就睡了，做了个梦。uə˙tʂʅʾ⁵⁵⁻⁴²ləu˙uã⁵⁵⁻⁴⁵fã⁴²，liəu²¹³ta˙ləu˙tsaŋ²¹³kɛr⁵⁵，xuei⁴²lɛ˙tsiəu⁴²suei⁴²ləu˙，tsəu⁴²ləu˙kə˙məŋ⁴²。

4．我照了相了。uə⁵⁵⁻⁴⁵tʂɔ⁴²ləu˙siʾãr⁴²ləu˙。

5．我照了张相儿。uə⁵⁵⁻⁴⁵tʂɔ⁴²ləu˙tʂaŋ²¹³siʾãr⁴²。

6．有了人什么事儿都好办。iəu⁵⁵⁻⁴⁵ləu˙iẽ⁴²ʂəŋ⁴²⁻⁵⁵mə˙sʾer⁴²təu˙xɔ⁵⁵⁻⁴⁵pã⁴²。

7．别把茶碗打了。pei⁴²pa⁵⁵tsʰa⁴²⁻²¹³uã˙ta⁵⁵⁻⁴⁵ləu˙。

8．把这碗饭吃了。pa˙tʂʅ²¹³uã⁵⁵fã⁴²tʂʅʾ⁵⁵⁻⁴²ləu˙。

9．下雨了。ɕia²¹³y⁵⁵⁻⁴⁵ləu˙。

10．住雨了。tʂu⁴²y⁵⁵⁻⁴⁵ləu˙。

11．天待_{将要}好了。tʰiã²¹³tɛ˙xɔ⁵⁵ləu˙。

12. 请了桌客。ts‘iŋ⁵⁵⁻⁴⁵ləu˙ tsuə⁵⁵⁻⁴²k‘ei⁵⁵。

13. 跑了两回。p‘ɔ⁵⁵⁻⁴⁵ləu˙ liaŋ⁵⁵⁻⁴⁵xuei⁴²。

14. 打了下子。ta⁵⁵⁻⁴⁵ləu˙ ɕia⁴²tsʅ˙。

15. 去了趟。tɕ‘y⁴²ləu˙ t‘aŋ˙。

16. 晚了就不好了，咱快走吧！uã⁵⁵⁻⁴⁵ləu˙ tsiəu˙ pu˙ xɔ⁵⁵⁻⁴⁵ləu˙，tsẽ⁵⁵k‘uɛ²¹³tsəu⁵⁵⁻⁴⁵pɑ˙！

17. 好死了。xɔ⁵⁵⁻⁴⁵sʅ⁵⁵⁻⁴²ləu˙。

18. 坏死了。xuɛ⁴²sʅ⁵⁵⁻⁴⁵ləu˙。

19. 治不的。tʂʅ⁴²pu˙ ti˙。了不得：他俩好得～（不说"了不得"）。

20. 可治不的了。k‘ə⁵⁵⁻⁴⁵tʂʅ⁴²pu˙ ti˙ ləu˙。可了不得了。

21. 三天之内能不能完？sã²¹³⁻⁴⁵t‘iã²¹³tsʅ˙ nei²¹³nəŋ⁴²pu˙ nəŋ˙ uã⁴²？（不说"完了完不了"。）

22. 你办不了，我办了了。ni⁵⁵pã⁴²pu˙ liɔ⁵⁵，uə⁵⁵pã⁴²liɔ⁵⁵⁻⁴⁵ləu˙（或：lə˙、lɑ˙）。你办不了，我办得了。

23. 你诓不了我。ni˙ k‘uaŋ²¹³pu˙ liɔ⁵⁵⁻⁴⁵uə˙。你骗不了我。

24. 了了这回事儿再走。liɔ⁵⁵⁻⁴⁵ ləu˙ tʂʅ˙ xuei⁵⁵⁻⁴⁵ sʳer⁴² tsɛ²¹³ tsəu⁵⁵。

（五）着

1. 他们正那来说话。t‘ɑ˙ mẽ⁴²tʂəŋ²¹³niə⁴²lɛ˙ ʂuə⁵⁵⁻⁴⁵xuɑ⁴²。他们正在那里说着话呢。

2. 桌上放着碗水。tsuə⁵⁵⁻⁴⁵ʂaŋ˙ faŋ⁴²tsʅ˙ uã⁵⁵⁻²¹³suei⁵⁵。

3. 门口站着些人。mẽ⁴²⁻²¹³k‘əu⁵⁵tsã⁴²tsʅ˙ siə˙ iẽ⁴²。

4. 坐着吃好，还是站着吃好？tsuə⁴²⁻⁵⁵tsʅ˙ tʂʳʅ˙ xɔ⁵⁵，xɛ⁴²sʅ˙ ts‘ã⁴²⁻⁵⁵tsʅ˙ tʂʳʅ˙ xɔ⁵⁵？

5. 想好了再说，别抢着说。siaŋ⁵⁵⁻⁴²xɔ⁵⁵⁻⁴⁵ləu˙ tsɛ²¹³ʂuə⁵⁵，pei⁴²ts‘iaŋ⁵⁵⁻⁴⁵tsʅ˙ ʂuə⁵⁵。

6. 说着说着笑了。ʂuə⁵⁵⁻⁴⁵tsʅˑ ʂuə⁵⁵⁻⁴⁵tsʅˑ siɔ⁴²ləuˑ。

7. 大胆说吧！tɑ²¹³tã⁵⁵ʂuə⁵⁵⁻⁴⁵pɑˑ！大着胆子说吧！

8. 这个东西老沉。tʂʅ²¹³kəˑ tuŋ²¹³si lɔ⁵⁵⁻⁴⁵tsʰẽ⁴²。这个东西重着呢。

9. 他对人挺好。tʰɑˑ tei²¹³iẽ⁴²tʰiŋ⁵⁵⁻⁴²xɔ⁵⁵。他对人好着呢。

10. 这个小伙子挺有劲儿。tʂʅ²¹³kəˑ siɔ⁵⁵⁻⁴²xuə⁵⁵⁻⁴⁵tsʅˑ tʰiŋˑ iəu⁵⁵⁻⁴⁵tɕiˑer⁴²。这小伙子有劲着呢。

11. 站着！tsã⁴²tsʅˑ！

12. 道儿上注意点儿（或：上心点儿）。tʰɔrⁱ⁴²xɑŋˑ tʂu⁴²⁻⁵⁵iˑ tiˑer⁵⁵（或：ʂɑŋ⁴²siẽ²¹³tiˑer⁵⁵）。

13. 等我想想。təŋ⁵⁵⁻⁴⁵uəˑ siɑŋ⁵⁵⁻⁴⁵siɑŋˑ。等我想一想着！

14. 雪一着地儿就化了。syə⁵⁵iˑ tʂuə⁴²tʰer⁴²tsiəuˑ xuɑ⁴²ləuˑ。

15. 睡着了。suei⁴²⁻⁵⁵tsʅˑ ləuˑ。

16. 猜着了。tsʰuɛ²¹³（或：tsʰɛ²¹³）tsʅˑ ləuˑ。
　　能猜着。nəŋ⁴²tsʰɛ²¹³tsʅˑ。

17. 猜不着。tsʰɛ²¹³puˑ tʂuə⁴²。

18. 着火了。tʂuə⁴²xuə⁵⁵⁻⁴⁵ləuˑ。

19. 点着了。tiã⁵⁵⁻⁴⁵tsʅˑ ləuˑ。

20. 着凉了。tʂuə⁴²liɑŋ⁴²⁻⁵⁵ləuˑ。

21. 别着急，慢慢儿来。pei⁴²tʂuə⁴²⁻²¹³tɕi⁵⁵，mã⁴²mɛr⁴²⁻²¹³lɛ⁴²。

22. 挺厉害。tʰiŋ⁵⁵⁻⁴⁵li⁴²xɛ⁴²。厉害着呢。
　　挺有钱。tʰiŋ⁵⁵iəu⁵⁵⁻²¹³tsʰiã⁴²。有钱着呢。
　　挺阔。tʰiŋ⁵⁵kʰuə²¹³。阔着呢。
　　挺好看。tʰiŋ⁵⁵xɔ⁵⁵⁻⁴⁵kʰã⁴²。好看着呢。

（六）得

1. 这些果子能不能吃？tʂʅ²¹³siəˑ kə⁵⁵⁻⁴⁵tsʅˑ nəŋ⁴²puˑ nəŋ⁴²tsʰʅ⁵⁵？这些果子吃得吃不得？

2. 这是熟的，能吃。tʂʅˑsʅ⁴²su⁴²⁻⁵⁵tiˑ，nəŋ⁴²tsʻʅ⁵⁵。这是熟的，吃得。

3. 那是生的，不能吃。niˑsʅ⁴²səŋ²¹³tiˑ，puˑnəŋˑtʂʻʅ⁵⁵。那是生的，吃不得。

4. 恁能不能来？nẽ⁵⁵nəŋ⁴²puˑnəŋˑlɛ⁴²？你们来得了来不了？

5. 我没事儿，能来。uə⁵⁵mei⁴²⁻²¹³sʻer⁴²，nəŋ⁴²lɛ⁴²。我没事，来得了。

6. 他太忙，来不了（或：不能来）。tʻa²¹³tʻɛ²¹³maŋ⁴²，lɛ⁴²puˑliɔ⁵⁵（或：puˑnəŋˑlɛ⁴²）。

7. 这个东西老沉，能不能拿动了？　tʂʅ²¹³kəˑtuŋ²¹³siˑlɔ⁵⁵⁻⁴⁵tʂʻɛ̃⁴²，nəŋ⁴²puˑnəŋˑna⁴²⁻²¹³tuŋ⁴²ləuˑ？这个东西很重，拿得动拿不动？

8. 我能拿动了，他拿不动。uə⁵⁵nəŋ⁴²na⁴²⁻²¹³tuŋ⁴²ləuˑ，tʻa²¹³na⁴²puˑtuŋ⁴²。我拿得动，他拿不动。

9. 可不轻，连我都拿不动了。kʻəˑpuˑtɕʻiŋ²¹³，liã⁴²uə⁵⁵təuˑna⁴²puˑtuŋ⁴²ləuˑ。

10. 他手挺巧，画的挺好看。tʻaˑʂəu⁵⁵⁻⁴⁵tʻiŋˑtɕʻiɔ⁵⁵，xua⁴²tiˑtʻiŋˑxɔ⁵⁵⁻⁴⁵kʻã⁴²（或：kʻã²¹³）。他手巧，画得很好看。

11. 他忙的治不的，忙的连饭都忘了吃了。tʻa²¹³maŋ⁴²tiˑtʂʅ⁴²puˑtiˑ，maŋ⁴²tiˑliã⁴²⁻²¹³fã⁴²təuˑuaŋ⁴²ləuˑtʂʅ⁵⁵⁻⁴⁵ləuˑ。

12. 看他急的，脸都红了。kʻã⁴²tʻaˑtɕʻi⁵⁵⁻⁴⁵tiˑ，liã⁵⁵⁻⁴⁵təuˑxuŋ⁴²ləuˑ。看他急得，脸都红了。

13. 你说的挺好。你还会说点儿什么？　niˑʂuə⁵⁵⁻⁴⁵tiˑtʻiŋ⁵⁵⁻⁴²xɔ⁵⁵。niˑxɛ⁴²xueiˑʂuə⁵⁵⁻⁴⁵tiˑerˑʂəŋ⁴²⁻⁵⁵mə⁴²？

14. 能行。nəŋ⁴²ɕiŋˑ。做得了，能做。

15. 做好了。tsuə²¹³xɔ⁵⁵⁻⁴⁵ləuˑ。

16. 挺走字儿。tʻiŋ⁵⁵⁻⁴²tsəu⁵⁵⁻⁴⁵tsʻer⁴²。挺得意，走运。

17. 挺得门儿。tʻiŋ⁵⁵⁻⁴²tei⁵⁵mer⁴²。挺得法。

18. 能不能说？nəŋ⁴²puˑnəŋ⁴²⁻²¹³ʂuə⁵⁵？说得说不得？

19. 他说的快不快？tᴵɑ˙ ʂuə⁵⁵⁻⁴⁵tiˈ kᴵuɛ⁴²puˈ kᴵuɛˈ？ <small>他说得快不快？</small>

20. 他能不能说快？tᴵɑˈ nəŋ⁴²puˈ nəŋˈ ʂuə⁵⁵⁻⁴⁵kuɛ⁴²？

21. 撩在街上了。liɔ²¹³tɛˈ tɕiɛ²¹³ʂaŋˈ ləuˈ。（不说"丢得街上了"。）

22. 搁放在桌子上了。uẽ⁵⁵⁻⁴⁵tɛˈ tsuə⁵⁵⁻⁴⁵tsๅˈ ʂaŋ⁴²ləuˈ。（不说"搁得桌子上了"。）

23. 掉地下去了。tiɔ⁴²ti⁴²ɕiɑˈ tɕᴵiˈ ləuˈ。（不说"掉得地上了"。）

24. 别走了，住俺家来吧！pei⁴²tsəu⁵⁵⁻⁴⁵ləuˈ，tʂu⁴²ã̃ˈ tɕiɑ²¹³lɛˈ pɑˈ！（不说"住得我家里吧"。）

（七）的

1. 这是他的书。tʂๅ²¹³sๅˈ tᴵɑ²¹³tiˈ ʂu²¹³。

2. 那本是他哥哥的。niˈ pẽ⁵⁵sๅˈ tᴵɑ²¹³⁻⁴⁵kə²¹³kəˈ tiˈ。

3. 桌子上书是谁的？tsuə⁵⁵⁻⁴⁵tsๅˈ ʂaŋˈ ʂu²¹³sๅˈ suei⁴²⁻⁵⁵tiˈ？<small>桌子上的书是谁的？</small>

4. 是老王的。sๅˈ lɔ⁵⁵⁻⁴⁵uaŋ tiˈ。<small>是老王的。</small>

5. 屋来坐着那么些人，看书的看书，看报的看报，写字儿的写字儿。u⁵⁵⁻⁴⁵lɛˈ tsuə⁴²⁻⁵⁵tsๅˈ nəŋ⁴²⁻⁵⁵məˈ siəˈ iẽ⁴²，kᴵã̃ˈ ʂu²¹³tiˈ kᴵã̃²¹³⁻⁴⁵ʂu²¹³，kᴵã̃ˈ pɔ²¹³tiˈ kᴵã̃²¹³⁻⁴⁵pɔ²¹³，siəˈ⁵⁵⁻⁴⁵tsᴵer⁴²tiˈ siə⁵⁵⁻⁴⁵tsᴵer⁴²。

6. 这个合作社谁的主任？tʂๅ²¹³kəˈ xə⁴²tsuə⁵⁵⁻⁴⁵ʂə⁴²suei⁴²⁻⁵⁵tiˈ tʂu⁵⁵⁻⁴⁵iẽˈ？

7. 老王的主任，小张的副主任。lɔˈ uaŋ⁴²tiˈ tʂu⁵⁵⁻⁴⁵iẽˈ，siɔˈ tʂaŋ²¹³tiˈ fuˈ tʂu⁵⁵⁻⁴⁵iẽˈ。

8. 得说他的好话，不要说他的坏话。teiˈ ʂuə⁵⁵⁻⁴⁵tᴵɑˈ tiˈ xɔ⁵⁵xuɑ⁴²，puˈ iɔ⁴²ʂuə⁵⁵⁻⁴⁵tᴵɑˈ tiˈ xuɛ⁴²xuɑˈ。

9. 上回儿是谁请的客儿？ʂaŋ⁴²⁻²¹³xuer⁴²sๅˈ suei⁴² tsᴵiŋ⁵⁵⁻⁴⁵ tiˈ kᴵer⁵⁵？

10. 我请的。uə⁵⁵⁻⁴²tsᴵiŋ⁵⁵⁻⁴⁵tiˈ。

11. 你是哪一年来的？ni˙ sʅ˙ nɑ⁴²i˙ niã⁴²lɛ⁴²ti˙?

12. 我是前年来的北京。uə˙ sʅ˙ tsʻiã⁴²⁻⁵⁵niã˙ lɛ⁴²ti˙ pei⁵⁵tɕiŋ²¹³。

13. 你说的是谁？ni˙ ʂuə⁵⁵⁻⁴⁵ti˙ sʅ˙ suei⁴²?

14. 我不是说的你。uə⁵⁵pu⁵⁵⁻⁴⁵sʅ˙ ʂuə⁵⁵⁻⁴⁵ti˙ ni⁵⁵。

15. 他那一天见的是老张，不是老王。 tʻɑ˙ ni²¹³i˙ tʻiã²¹³tɕiã⁴² ti˙ sʅ˙ lɔ⁵⁵tʂaŋ²¹³, pu˙ sʅ⁴²lɔ⁵⁵⁻⁴⁵uaŋ⁴²。

16. 央是要是他肯来，我就没说的了。iaŋ²¹³sʅ˙ tʻɑ²¹³kʻẽ⁵⁵⁻⁴⁵lɛ⁴², uə⁵⁵tsiəu⁴²mei⁵⁵⁻²¹³ʂuə⁵⁵⁻⁴⁵ti˙ ləu˙。

17. 头里从前有做的，没吃的。tʻəu⁴²li˙ iəu⁵⁵⁻⁴⁵tsəu⁴²ti˙, mei²¹³ tʂʅ⁵⁵⁻⁴⁵ti˙。

18. 如□□儿有做的，也有吃的。y⁴²tsaŋ²¹³kɛr⁵⁵iəu⁵⁵⁻⁴⁵ tsəu⁴² ti˙, iə⁵⁵⁻²¹³iəu⁵⁵tʂʅ⁵⁵⁻⁴⁵ti˙。现在有的做，也有的吃。

19. 三个加五个是八个。sã²¹³kə˙ tɕiɑ²¹³u⁵⁵⁻⁴⁵kə˙ sʅ⁴²pɑ⁵⁵kə˙。（莱 州话没有 "三个的五个是八个"、"一千的两千共三千" 等说法。）

20. 不管是风是雨，一个劲儿的干。pu˙ kuã⁵⁵sʅ⁴²fəŋ²¹³sʅ˙ y⁵⁵, i⁵⁵⁻⁴⁵kə˙ tɕiʻer⁴²ti˙ kã⁴²。不管风啊雨的，一个劲儿干。

21. 上街买个葱蒜的，也方便。ʂaŋ˙ tɕie²¹³mɛ⁵⁵⁻⁴⁵kə˙ tsʻuŋ²¹³ suã⁴²ti˙, iə⁵⁵faŋ²¹³piã⁴²。上街买个葱啊蒜的，也方便。

22. 什么的 ʂəŋ⁴²mə˙ ti˙（不说 "伍的"）

① 柴米油盐什么的，都有的是。tsʻʅ⁴²mi⁵⁵iəu⁴²iã⁴²ʂəŋ⁴² mə˙ ti˙, təu²¹³iəu⁵⁵⁻⁴⁵ti˙ sʅ⁴²。

② 写字儿算账什么的，他都能行。siə⁵⁵tsʻer⁴²suã²¹³ tʂaŋ⁴² ʂəŋ⁴²mə˙ ti˙, tʻɑ˙ təu²¹³nəŋ⁴²ɕiŋ。

（八）后加成分

1. 要命：
① 热的要命 iə⁴²ti˙ iɔ²¹³⁻⁴⁵miŋ²¹³

② 冷的要命　ləŋ⁵⁵ ti˙ iɔ²¹³⁻⁴⁵miŋ²¹³

2. 死了（或：死人）：

　① 好受死了　xɔ⁵⁵⁻⁴⁵ʂəu⁴²sɿ⁵⁵⁻⁴⁵ləu˙

　② 欢气死了　xuã²¹³tɕʻi˙ sɿ⁵⁵⁻⁴⁵ləu˙

　③ 热死了　iə⁴² sɿ⁵⁵⁻⁴⁵ləu˙
　　 热死人　iə⁴²sɿ⁵⁵⁻⁴⁵iẽ⁴²

　④ 冻死了　tuŋ⁴²sɿ⁵⁵⁻⁴⁵ləu˙
　　 冻死人　tuŋ⁴²sɿ⁵⁵⁻⁴⁵ iẽ⁴²

　⑤ 气死了　tɕʻi⁴²sɿ⁵⁵⁻⁴⁵ləu˙
　　 气死人　tɕʻi⁴²sɿ⁵⁵⁻⁴⁵ iẽ⁴²

3. 治不的 不得了：

　忙的治不的　maŋ⁴²ti˙ tʂɿ⁴²pu˙ ti˙

4. 的慌：

　① 憋的慌　piə⁵⁵⁻⁴⁵ti˙ xuaŋ˙
　② 热的慌　iə⁴²⁻⁵⁵ti˙ xuaŋ˙
　③ 冻的慌　tuŋ⁴²ti˙ xuaŋ˙
　④ 闷的慌　mẽ⁴²⁻⁵⁵ti˙ xuaŋ˙
　⑤ 痒的慌　iaŋ⁵⁵⁻⁴⁵ti˙ xuaŋ˙
　⑥ 晒的慌　sɛ²¹³⁻⁴²ti˙ xuaŋ˙
　⑦ 气的慌　tɕʻi²¹³⁻⁴²ti˙ xuaŋ˙
　⑧ 急的慌　tɕi⁴²⁻⁵⁵ti˙ xuaŋ˙

5. 瓜唧的：

　① 懈列瓜唧的　ɕiə⁴²liə˙ kuɑ tsi⁵⁵⁻⁴⁵ti⁵⁵　稀饭放久了，面水分解；
　　人做事松松垮垮，不紧张、不上劲儿，亦称"懈列瓜唧的"。

　② 愣儿瓜唧的　ləŋ⁴²ər˙ kuɑ tsi⁵⁵⁻⁴⁵ti˙　这个年轻人～。

6. 不楞登的：

　花不楞登的　xuɑ²¹³pu˙ ləŋ⁴²təŋ²¹³ti⁵⁵　那件衣服～。| 这块布～。

7. 不唧唧的：

　　傻不唧唧的 ʂa⁵⁵⁻⁴⁵pu˙tsi⁵⁵⁻⁴²tsi⁵⁵⁻⁴²ti⁵⁵　这个人～，什么也不知道。

8. 形容词后加成分，参见本"形容词"部分，此处略。

9. 最 A 不过：

　　最好不过了 tsuei²¹³xɔ⁵⁵⁻⁴⁵pu˙kuə˙ləu˙　你把金鱼送给我一条，那～了。

（九）前加部分

"帮、胖、飘、倍儿、怪"等，莱州方言不用。

1. 溜：溜光 liəu²¹³⁻⁴⁵kuaŋ²¹³　　　　　　溜平 liəu²¹³pʻiŋ⁴²
2. 锃：锃亮 tsəŋ²¹³⁻⁴⁵liaŋ²¹³
3. 死：死不要脸 sʐ⁵⁵⁻⁴⁵pu˙iɔ²¹³liã⁵⁵
4. 崭：崭新 tsã²¹³⁻⁴⁵siẽ²¹³
5. 生：生疼 səŋ²¹³⁻⁴⁵tʻəŋ²¹³
6. 齁：齁咸 xəu²¹³ɕiã⁴²
7. 焦：焦黄 tsiɔ²¹³xuaŋ⁴²
8. 精：精瘦 tsiŋ²¹³⁻⁴⁵səu²¹³　　　　　　精淡 tsiŋ²¹³tã⁴²
9. 黢：黢黑 tsʻy²¹³xei⁵⁵
10. 稀：稀碎 ɕi²¹³⁻⁴⁵suei²¹³　　　　　　稀烂 ɕi²¹³lã⁴²
11. 老：老大 lɔ⁵⁵⁻²¹³ta⁴²　　　　　　　老高 lɔ⁵⁵kɔ²¹³
12. 老鼻子 lɔ⁵⁵⁻⁴⁵pi⁴²tsʐ　非常多

第五章　语料记音

mer⁴²

一　门儿谜语

1. tʂ\[55-45\]tɕiẽ˙ʂu⁴², tʂ\[55-45\]tɕiẽ˙xua²¹³, tʂ\[55-45\]tɕiẽ˙ʂəu⁵⁵⁻⁴⁵tɕiẽ˙
　　紫　金　树，　紫　金　花，　紫　金　手　巾
pɔ²¹³⁻⁴⁵tʂ\[213\]ma˙。　　　　tɕʻiə⁵⁵tʂ\[
包　芝　麻。　　（谜底：茄　子）

2. ʂaŋ⁴²sã²¹³tsʻ\[213\]ləu˙ləu˙, ɕia⁴²sã²¹³kuẽ⁵⁵siəu²¹³tɕʻiəu⁴², iɔ⁴²
　　上　山　刺　喽喽，　下　山　滚　绣　球，　摇
tʻəu⁴²paŋ⁴²tʂ\[˙ɕiaŋ⁵⁵, si⁵⁵⁻⁴²liã⁵⁵ pu˙su²¹³tʻəu⁴²　　　　tʂʻaŋ⁴²tsʻuŋ˙、
头　梆　子　响，　洗　脸　不　梳　头。　　（谜底：长　虫蛇、
tsʻ\[42\]uei˙、kəu⁵⁵、mɔ⁴²
刺　猬、　狗、　猫）

3. i⁵⁵tʻiɔ⁴²tʻei⁵⁵, ti⁴² lɛ˙səŋ²¹³；lian⁵⁵tʻiɔ⁴²tʻei⁵⁵, tɕiɔ²¹³u⁵⁵kəŋ²¹³；
　　一　条　腿，　地　来　生；　两　条　腿，　叫　五　更；
sã²¹³tʻiɔ⁴²tʻei⁵⁵, pɛ²¹³tsu⁵⁵⁻⁴⁵tsuŋ˙；s\[213\]tʻiɔ⁴²tʻei⁵⁵, ua⁵⁵kʻu⁵⁵luŋ˙。
三　条　腿，　拜　祖　宗；　四　条　腿，　挖　窟　窿。
uə⁴²⁻⁵⁵uər˙suã⁵⁵、kuŋ²¹³tɕi˙、ɕian²¹³lu⁴²、lɔ⁵⁵ʂu˙
　　（谜底：卧　卧儿伞、　公　鸡、　香　炉、　老鼠）

4. suei⁵⁵⁻⁴⁵lɛ˙ʒ˙səŋ²¹³, suei⁵⁵⁻⁴⁵lɛ˙tsa⁵⁵, siɔ⁵⁵⁻⁴⁵ʂ\[xəu˙mei²¹³tʻei⁵⁵
　　水　来　生，　水　来　扎，　小　时　候　没　腿
iəu⁵⁵i⁵⁴⁻⁴⁵pa˙, tʂaŋ⁵⁵ta²¹³⁻⁴²ləu˙kʻu⁵⁵⁻⁴²tʂ\[tsɔ⁵⁵⁻⁴⁵tʻa˙ʂ\[213\]tʻiɔ⁴²tʻei⁵⁵⁻⁴⁵
有　尾　巴，　长　大　了　哭　着　找　它　四　条　腿

ti˙pa⁴²⁻⁵⁵pa˙。　　　　　tsʻiŋ²¹³⁻⁴⁵ua²¹³
的爸　爸。　　　（谜底：青　　蛙）

　　5. liaŋ²¹³tʻəur⁴²tsiã²¹³tsiã˙tu⁴²pɔ²¹³naŋ²¹³，tʻa²¹³ʂaŋ⁴²iəu²¹³tʂəu˙
　　两　头儿 尖　尖 肚包　囊，　它 上　幽肉 州

tɕʻi˙iɔ²¹³⁻⁴⁵tʂaŋ²¹³，tsəu⁵⁵tɔ˙pu⁴²tʂəu˙səŋ²¹³ɕia⁴²ər⁴²　xuaŋ˙ny⁵⁵，
去要　帐，　走 到 布 州 生　下 儿 和 女，

tsəu⁵⁵⁻⁴⁵tɔ˙iã⁵⁵⁻⁴⁵　tʂəu˙tei⁵⁵⁻⁴⁵ləu˙piŋ⁴²，tsəu⁵⁵⁻⁴⁵tɔ˙kɛ⁴²　　tʂəu˙suŋ⁴²
走　 到兖眼 州 得 了　病，　走　　 到盖指甲盖儿州 送

ləu˙miŋ⁴²。　　　　　sɿ⁵⁵⁻⁴⁵tsɿ
了 命。　　　（谜底：虱　子）

　　6. i⁵⁵kʻuɛ²¹³mu²¹³⁻⁴²tʻəu˙liaŋ⁵⁵⁻⁴⁵tʻəu˙tsiã²¹³，tʻei²¹³pu˙kʻɛ²¹³tʻei²¹³
　　一　块　木 头 两　头儿尖，　推 不 开 推

pʻa˙la⁵⁵⁻⁴⁵pu˙kʻɛ²¹³tsuã²¹³。　　　　tsɔ⁵⁵⁻⁴⁵kur˙
耙拉　不 开 钻。　　（谜底：枣　核儿）

　　7. ma⁴²u⁵⁵⁻⁴⁵tsɿ，xuŋ⁴²tʂaŋ⁴²tsɿ，li⁵⁵⁻⁴⁵tʻəu˙i⁵⁵tei²¹³pei⁴²pʻaŋ⁴²
　　麻　屋 子，红　帐 子，里 头 一 对 白 胖

tsɿ˙。　　xua²¹³⁻⁴⁵səŋ²¹³
子。（谜底：花　　生）

　　8. i⁵⁵kʻuə²¹³tsʻɔ⁵⁵，yã⁵⁵⁻⁴⁵ti⁴²　pʻɔ⁵⁵，kʻɛ²¹³xuaŋ⁴²sua²¹³，tsiə⁵⁵
　　一　棵　草，圆　地遍地跑，开　黄　花，　接结

ɛ²¹³iɔ⁴²。　　　tsi⁴²li˙
哎 哟。（谜底：蒺　藜）

　　9. siɔ⁵⁵sɿ⁴²⁻⁵⁵xəurtʂẽ²¹³ta⁴²，ta⁴²ləu˙kʻuaŋ²¹³ta⁴²，sɿ⁵⁵⁻⁴⁵tɔ˙uã⁴²
　　小　时　候儿针 大，大 了 筐　大，拾　掇完

tsuaŋ²¹³tɕi⁴²，yã⁵⁵pʻə⁵⁵lɛ˙liəu⁴²⁻⁵⁵ta˙。　　　　tsʻer⁴²pʻəŋ⁵⁵
庄　稼，圆坡 来 溜 达。　　（谜底：刺儿 蓬）

10. xuŋ⁴²niaŋ⁴²⁻⁵⁵niaŋˑ, tsuə⁴²kɔ²¹³ləu⁴², tɕiã²¹³kua⁵⁵fəŋ²¹³,
　　　红　娘　娘，　坐　高　楼，　见　刮　风，
iɔ⁴²⁻⁵⁵xuẽˑtˑəu⁴²。　　　　　　　　tsˑɔr⁵⁵
摇　晃　头。　　（谜底：枣儿）

11. siɔ⁵⁵⁻²¹³ɕiˑer⁵⁵siɔ⁵⁵⁻²¹³ɕiˑer⁵⁵, i²¹³tsˑiaŋ⁴²kˑɔ²¹³piˑer⁵⁵, tɕiẽ²¹³
　　　小　喜儿小　　喜儿，依　墙　靠　壁儿，　斤
tɕiẽ　　tu⁴²pˑi⁴², su⁵⁵⁻⁴²suˑniã⁴²⁻⁵⁵tɕiˑer⁵⁵。　　　　tʂˑən²¹³
斤提一提 肚 皮，数　数 年　纪儿。　（谜底：秤）

12. tɕi⁵⁵tʂẽ⁴²kəu²¹³, tɕi⁵⁵⁻⁴⁵tʂẽ⁴²iɛ⁴², xɛ⁴²xɔ⁵⁵tʂɻ⁵⁵xɛ⁴²xɔ⁵⁵⁻⁴⁵
　　　棘 针 沟，　 棘　针 崖，　还 好 吃 还 好
mɛ⁴², xɛ⁴²xɔ⁵⁵kˑã²¹³⁻⁴⁵tsˑiẽ²¹³tɕiɔ²¹³ləu⁵⁵kuɛ⁴²。　　　　sɻ⁴²tsɻˑ
卖，　还 好 看　亲　叫　 篓拐。　（谜底：柿子）

13. i⁵⁵tɕia²¹³tsɻˑiẽ⁴²⁻⁵⁵tɕiaˑ, xuei⁴²mer⁴²tʂˑɔ⁴²ti⁴²⁻⁵⁵ɕiaˑ, tsˑɛˑ⁴²tɛˑ
　　　一 家 子人　家，　回 门儿 朝 地　下，才 得
tʂˑu⁵⁵⁻⁴⁵leˑsua⁴²suaˑ, tɕiẽ²¹³tˑˑer⁵⁵suɛ²¹³（或：suei⁵⁵）ti⁴²⁻⁵⁵ɕiaˑ。
出　来耍 耍，　斤提 腿儿 摔　　　　　　地　下。
　　　　　　　siŋ⁵⁵pi⁵⁵⁻⁴⁵tˑiŋˑ
　　（谜底：擤　鼻　涕）

14. i⁵⁵⁻⁴²kəˑxu⁵⁵, i⁵⁵⁻⁴⁵kəˑpɔ²¹³, i⁵⁵⁻⁴⁵kəˑẽ²¹³tsɻ⁵⁵⁻⁴²i⁵⁵⁻⁴⁵kəˑtˑiɔ²¹³。
　　　一　个 虎，一　个 豹，一 个 摁着　一 个 跳。
　　　tsɑ⁴²tsˑɔ⁵⁵
　　（谜底：铡　草）

15. i⁵⁵⁻⁴⁵kəˑlɔ⁵⁵⁻⁴²ma⁵⁵, sɻ²¹³tˑei⁵⁵la⁵⁵⁻⁴⁵pˑa⁴², tsuei⁵⁵⁻⁴⁵leˑtˑẽ²¹³
　　　一　个 老 马，四 腿 拉 趴，　嘴　来 吞
iẽ⁴², tu⁵⁵⁻⁴⁵tsɻˑleˑʂuə⁵⁵xua⁴²。　　　　　u⁵⁵
人，肚　子来 说　话。　（谜底：屋）

16. tsʅ⁵⁵⁻⁴⁵mei˙liaŋ⁵⁵⁻⁴⁵kə˙i⁵⁵pɛr²¹³⁻⁴⁵kɔ²¹³，iɔ²¹³lɛ˙piə⁵⁵tsʅ˙sɑ⁵⁵⁻⁴⁵
　　姊　妹　两　个一般儿　高，　腰来别　着杀
iẽ⁴²tɔ²¹³。　　　　　mẽ⁴²、mẽ⁴²suã²¹³
人刀。　（谜底：门、　门闩）

17. i⁵⁵⁻⁴⁵kə˙si⁵⁵fu˙i⁵⁵⁻⁴⁵liã⁵⁵⁻⁴²pa²¹³，ʂaŋ⁴²t'əu˙tʂʅ⁵⁵ɕia⁴²t'əu˙la²¹³。
　　一　个媳　妇一　脸　疤，上　头吃下　头拉。
　　　　tsʼɑ⁵⁵tsʼuŋ⁴²tsʅ　　tsʼɛ⁴²tsʼuŋ⁴²tsʅ˙）
（谜底：礤　床　子或：菜　床　子）

18. tɕy⁵⁵⁻⁴⁵li˙uã²¹³kuŋ⁴²i⁵⁵kẽ²¹³tsʼɛ⁴²，nəŋ⁴²kuŋ²¹³tɕiɔ⁵⁵⁻⁴⁵tsiaŋ⁴²
　　曲　里弯　弓一根　材，　能工　巧　匠
tsəu⁴²tɕʼi⁵⁵⁻⁴⁵lɛ˙，tɕyẽ²¹³tsʅ˙tɔ²¹³tsʼiã⁴²la⁵⁵i⁵⁵⁻⁴²pa⁵⁵，tɔ²¹³pa⁴²tɕyẽ²¹³
做　起　来，君　子到　前拉一把，倒把君
tsʅ˙tsʼuɛ²¹³tsɛ˙xuɛ⁴²。　　　　luɛ⁴²tɕʼyã²¹³i⁵⁵tsʅ˙
子揣　在怀。　（谜底：罗圈椅子）

19. tsʼiã⁴²⁻⁵⁵xəu˙mer⁴²tʂʼaŋ⁴²kuã²¹³tʂʼaŋ⁴²ɕiə⁵⁵，ər²¹³siaŋ⁴²kuŋ˙
　　前　后门儿常　关常　□开，二相　公
tʂʼu⁵⁵⁻⁴⁵tɕi˙tsiẽ⁴²lɛ˙，suei²¹³ã⁵⁵sʅ˙fəŋ²¹³liəu⁴²iẽ⁴²⁻⁵⁵tɕiɑ˙，tsiəu⁴²pu˙ɕy⁵⁵
出　去进来，虽俺是风　流人　家，就不许
kuɛ⁵⁵⁻⁴⁵paŋ˙tsʅ˙tsiẽ⁴²lɛ˙。　　　　fəŋ²¹³ɕia⁴²
拐　棒子进来。　（谜底：风匣风箱）

20. i⁵⁻⁴²tiʼɛr⁵⁵i⁵⁵xɤr⁴²tʂʼaŋ⁴²，i⁵⁵pʼiʼɛr²¹³tɔ²¹³nã⁴²iaŋ⁴²，liaŋ⁵⁵⁻⁴⁵
　　一　点儿一横儿　长，　一撇儿到南洋，　两
kə˙siɔ⁵⁵mu⁴²tsiʼãr，tsuə⁴²⁻⁵⁵tʂɛ˙ʂʅ⁴²⁻⁵⁵t'əu˙ʂaŋ˙（或：xaŋ˙）。
个小木匠儿，坐　在石　头上。
　　　　mə⁴²tsʅ˙
（谜底："磨"字）

21. i⁵⁵⁻⁴²tiˤɛr⁵⁵i⁵⁵⁻⁴⁵xə̃r⁴²tʂˤaŋ⁴², tˤi²¹³tsʅˑtiŋ⁵⁵ʂaŋ²¹³liaŋ⁴²,
　　一　点儿　一　横儿　长，　梯　子　顶　上　梁，

ta⁴²tiˑtʂaŋ²¹³tʂaŋˑkˤuer⁵⁵, siɔ⁵⁵⁻⁴⁵tˤer⁴²li⁵⁵⁻⁴⁵piˤer⁴²tsˤaŋ⁴²
大　的　张　张口儿，　小　的儿里　　边　藏。

　　　　kɔ²¹³tsʅˑ

（谜底："高"字）

iɔ⁴²kˤou⁵⁵xuar⁴²
二　绕　口　话儿绕口令

1. xuŋ⁴² siã²¹³xuŋ⁴²pu²¹³fəŋ⁴²xuŋ⁴²fə̃r⁴²。
　　红　线　红　布　缝　红　缝儿。

2. kã⁵⁵⁻⁴⁵ miãˑtʂu⁴²kəˑtɛˑmiã⁴²pã⁵⁵piã²¹³ʂaŋ⁴²。
　　擀　面柱　搁在　面板　边　上。

3. pˤu²¹³kəu⁵⁵⁻⁴⁵pˤi y⁵⁵⁻⁴²tsʅˑpi⁵⁵⁻⁴²pu⁵⁵ˤpˤu²¹³kəu⁵⁵⁻⁴⁵pˤi y⁴²tsʅˑ
　　铺　狗　皮褥　子比　不　铺　狗　皮褥子

tɕˤiaŋ⁴²。
强。

4. kˤaŋ⁴²tsʅˑləu⁴², ʂaŋ⁴²nã⁴²ʂã²¹³, ləu⁴²ly⁴²təu⁴², tsuə⁵⁵⁻²¹³ləu⁴²
　　扛　着楼，　上　南　山，　楼　绿　豆，　左　　楼

liəu²¹³ləu⁴², iəu²¹³ləu⁴²liəu²¹³ləu⁴², liəu⁵⁵⁻⁴⁵tsʅˑliəu²¹³ləu⁴²ləu⁴²ly⁴²
六　楼，　右　楼　六　楼，　留　着六　楼　楼　绿

təu⁴²。
豆。

5. kˤaŋ²¹³⁻⁴²tsʅˑtʂˤaŋ⁴²tsˤian²¹³ʂaŋ⁴² tʂˤəŋ⁴²tsˤian⁴², ʂaŋ⁴²⁻⁵⁵ləuˑ
　　扛　着长　枪　上　城墙，　上　了

tʂʻəŋ⁴²tsʻiaŋ⁴²sua⁵⁵tʂʻaŋ⁴²tsʻiaŋ²¹³。

城　墙　耍　长　枪。

6. fẽ⁵⁵⁻⁴⁵piˑtsʻiaŋ⁴²⁻⁵⁵ʂaŋˑxua⁴²fəŋ⁴²xuaŋˑ，xua⁴²⁻⁵⁵tiˑfẽ⁵⁵⁻⁴⁵xuŋˑ

粉　壁墙　上画凤凰，画　的粉　红

fəŋ⁴²xuaŋˑxuaŋ⁴²fəŋ⁴²xuaŋˑ。

凤　凰　黄　凤凰。

7. sio⁵⁵ʂʅ⁵⁵⁻⁴⁵tsʅˑkʻəu⁵⁵iəu⁵⁵sʅ²¹³liŋ⁵⁵ta²¹³⁻⁴²tʂʻəˑ，ɛ²¹³la⁵⁵na⁵⁵

小　十　字口　有　四　辆大　车，爱拉哪

liaŋ⁵⁵⁻²¹³liŋ⁵⁵la⁵⁵na⁵⁵liaŋ⁵⁵⁻²¹³liŋ⁵⁵。

两　辆拉哪两　辆。

ʂuẽ²¹³kʻəuˑliəur⁴²（或：ləur⁴²）

三　顺　口　溜儿歇后语

1. tʂɔ²¹³xuŋ⁴²puˑtʂʻu⁵⁵⁻⁴⁵mẽ⁴²，iə⁴²xuŋ⁴²ʂɛ⁴²sʅ⁵⁵⁻⁴⁵iẽ⁴²。

朝　红　不出　门，　夜红晒死人。

2. tʂɔ²¹³⁻⁴⁵kʻã²¹³tuŋ²¹³nã⁴²，iə⁴²kʻã²¹³si²¹³pei⁵⁵。

朝　看　东　南，夜看西北。

3. tʻiã²¹³xuaŋ⁴²kʻua⁵⁵fəŋ²¹³，ti⁴²xuaŋ⁴²iəu⁵⁵⁻⁴²y⁵⁵。

天　黄　刮风，地黄　有雨。

4. tuŋ²¹³⁻⁴⁵tsiaŋ²¹³u⁴²⁻⁵⁵luˑɕi²¹³⁻⁴⁵tsiaŋ²¹³y⁵⁵，nã⁴²tsiaŋ²¹³tʂʻu⁵⁵⁻⁴⁵

东　虹雾　露西　虹雨，南虹　出

leˑɕia⁴²lɔ⁴²y⁵⁵。

来下　涝雨。

5. suei⁵⁵kaŋ²¹³tʂʻuã²¹³tɕʻyẽ⁴²，ta²¹³y⁵⁵liẽ⁴²liẽ⁴²。

水　缸　穿　裙，大雨淋淋。

6. yẽ⁴²⁻⁵⁵ts'ɛ˙uaŋ⁴²tuŋ²¹³i⁵⁵⁻⁴⁵liəu⁴²fəŋ²¹³，yẽ⁴²⁻⁵⁵ts'ɛ˙uaŋ⁴²nã⁴²
云　彩　往　东　一　溜　风，　云　彩　往　南

i⁵⁵⁻⁴⁵liəu⁴²xã⁴²，yẽ⁴²⁻⁵⁵ts'ɛ˙uaŋ⁴²pei⁵⁵⁻⁴⁵i⁵⁵liəu⁴²suei⁵⁵，yẽ⁴²⁻⁵⁵ts'ɛ˙
一　溜　旱，　云　彩　往　北　一　溜　水，　云　彩

uaŋ⁴²si²¹³sɛ⁴²saˑtɕi²¹³。
往　西　晒煞鸡。

7. nã⁴²sã²¹³tɛ²¹³mɔr⁴²，ɕia⁴²⁻⁵⁵i˙sio⁵⁵⁻⁴⁵p'iˑɔr⁴²。
南　山　戴　帽儿，　下　一　小　　瓢儿。

8. pɑ⁵⁵⁻⁴⁵yə˙ʂɿ⁴²⁻⁵⁵u˙lo⁴²⁻⁵⁵ləu˙yər⁴²，tʂəŋ²¹³yə˙ʂɿ⁴²⁻⁵⁵u˙syə⁵⁵tɑ⁵⁵
八　月　十　五　涝　了　月儿，正　月　十　五　雪　打

təŋ²¹³。
灯。

9. kuɑ⁵⁵⁻⁴⁵ləu˙fu⁴²iə˙miã⁴²，ʂəu²¹³ləu˙iə⁵⁵⁻²¹³pu⁵⁵⁻⁴⁵tsiã⁴²；kuɑ⁵⁵
刮　　了　佛爷面，　　收　了　也　不　贱；　刮

ləu˙fu⁴²iə˙pei²¹³，pu⁵⁵⁻⁴⁵ʂəu²¹³iə⁵⁵⁻²¹³pu⁵⁵kuei²¹³。
了　佛爷背，　不　　收　也　　不　贵。从阴历四月初八日起，刮北

风还是刮南风可以预知当年年景好坏。

10. ts'iŋ²¹³miŋ⁴²tã⁴²syə⁵⁵pu⁵⁵⁻⁴⁵tã⁴²syə⁵⁵，ku⁵⁵⁻²¹³y⁵⁵tã⁴²suɑŋ²¹³
清　　明　断　雪　不　　断　雪，谷　雨　断　霜

pu⁵⁵⁻⁴⁵tã⁴²suɑŋ²¹³。
不　断　霜。

11. tɑ⁵⁵tʂ'uẽ²¹³mə²¹³⁻⁴⁵xuã²¹³tɕ'iˑ，xɛ⁴²iəu⁵⁵sɿ²¹³⁻⁴²ʂɿ˙t'iã²¹³
打　春　莫　欢　气，还　有　四　十　天

ləŋ⁵⁵t'iã²¹³tɕ'i⁴²。
冷　天　气。

12. ts'u⁵⁵⁻⁴⁵tʂer　tɕio⁴²i⁵⁵ʂəŋ²¹³，tɕ'yŋ⁴²iẽ⁴²ɕia⁴²i⁵⁵tɕiŋ²¹³。
促　织儿蟋蟀叫　一　声，　穷　人　吓　一　惊。

iəu⁵⁵⁻⁴⁵ti˙tʂʻuã²¹³mɑ⁵⁵kuɑ⁴², mei²¹³iəu⁵⁵ti˙pu²¹³kə⁵⁵⁻⁴⁵pɑ˙。
有 的 穿 马 褂， 没 有 的 抱 胳 膊。

13. tʂʻu⁵⁵tɕiəu⁵⁵tsɛ²¹³su⁵⁵tɕiəu⁵⁵，mei⁴²tsʅ˙tɔ⁴²ləu˙kʻəu⁵⁵。
出 九 再 数 九， 麦 子 到 了 口。

14. xə⁴²⁻⁵⁵mɑ˙tɑ⁵⁵uɑ²¹³uɑ˙，tsɛ²¹³tʂu⁴²sʅ²¹³⁻⁴²sʅ˙tʻiã²¹³tʂʻʅ⁵⁵ku²¹³
虾 蟆 打 哇 哇，再 住 四 十 天 吃 饹

tsɑ⁴²。
馇。青蛙开始鸣叫后，四十天麦收。

15. liəu²¹³⁻⁴²yə˙liəu²¹³，kʻã²¹³ku⁵⁵siəu²¹³。
六 月 六， 看 谷 秀。六月六日可看到谷子生穗儿。

16. tʻəu⁴²fu⁴²luə⁴²⁻⁵⁵pei˙mə²¹³fu⁴²tsʻɛ⁴²。
头 伏 萝 卜 末 伏 菜。种萝卜和种菜的时间。

17. li²¹³⁻⁴⁵tuŋ²¹³luə⁴²⁻⁵⁵pei˙siɔ⁵⁵⁻²¹³syə⁵⁵tsʻɛ⁴²。
立 冬 萝 卜 小 雪 菜。收获萝卜和大白菜的时间。

18. ʂə⁴²tsʻiã⁴²ʂə⁴²xəu⁴²mei²¹³tɔ⁵⁵tʂẽ²¹³。
社 前 社 后 麦 到 针。社日前后，小麦出芽如针。

19. pei⁴²lu⁴²tsɔ⁵⁵，xã⁴²lu⁴²tʂʻʅ⁴²tsʻiəu²¹³⁻⁴⁵fẽ²¹³tsʻiã⁴²⁻⁵⁵xəu˙
白 露 早， 寒 露 迟，秋 分 前 后

tsuei²¹³ʂʅ⁴²sʅ⁵⁵。
最 适 时。种小麦的时间。

20. təu⁴²tsʅ˙kʻɛ²¹³⁻⁴⁵xuɑ²¹³，lɔ²¹³y⁴²mə²¹³⁻⁴⁵ɕia²¹³。
豆 子 开 花， 捞 鱼 摸 虾。

21. sã²¹³tɕiəu⁵⁵sʅ⁴²tɕiəu⁵⁵，tuŋ²¹³pʻə⁴²tei⁴²tɕiəu˙。
三 九 四 九， 冻 破 碓 臼。

22. tuŋ²¹³tsɛ⁵⁵tʻəu⁴²tuŋ⁴²sʅ˙niəu⁴²，tuŋ²¹³tsɛ⁵⁵uei⁵⁵tuŋ⁴²sʅ˙
冬 在 头 冻 死 牛， 冬 在 尾 冻 死

kuei⁵⁵, tuŋ²¹³tsɛ⁵⁵tsuŋ²¹³, pu⁵⁵tʂʻuã²¹³miã⁴²ɔr⁵⁵iə⁵⁵kuə⁴²tuŋ²¹³。
鬼，　　冬　在　中，　不　穿　棉　袄也　过　冬。

冬至在上、中、下旬的天气寒冷程度。

23. sən⁵⁵tã⁴²tsiʻɛr²¹³tɕʻiaŋ⁴²⁻⁵⁵tɕʻi sən⁵⁵tã⁴²tʻer⁵⁵。
　　省　囤　尖儿　　强　　起省　囤　底儿。

24. tsʻiəu²¹³⁻⁴⁵tʻiã²¹³kuə²¹³kuə· io²¹³, tɕʻiaŋ⁴²⁻⁵⁵tɕʻi tuŋ²¹³⁻⁴²
　　秋　　天　锅　锅弯一弯腰，　强　　起冬
tʻiã tʂuã²¹³⁻⁴²tɕi tsɔ²¹³。
天　转　　几　遭。

25. ɕiŋ⁴²⁻⁵⁵ɕia· tʂʻuɛ²¹³⁻⁴²fəŋ· iəu⁵⁵tsʻiəu²¹³y⁵⁵。
　　行　下春　风　有　秋　雨。

26. tʂʅ⁵⁵⁻⁴²pu· tɕʻyŋ⁴², tʂuã²¹³pu· tɕʻyŋ⁴², ta⁵⁵suã⁴²pu· tɕɔ²¹³
　　吃　不　穷，　穿　不　穷，　打　算　不　到
lɔ⁵⁵⁻⁴⁵ʂəu⁴²tɕʻyŋ⁴²。
老　受　穷。

27. yã⁵⁵tsʻiɛ²¹³pu⁵⁵y⁴²tɕiɛ⁵⁵liɛ⁴²。
　　远　亲　不　如　近　邻。

28. tɕia²¹³pu⁵⁵⁻⁴⁵xə⁴²uɛ²¹³iɛ̃⁴²tɕʻi²¹³。
　　家　不　和　外　人　欺。

29. iã⁵⁵tɕiŋ²¹³pu⁵⁵⁻⁴⁵y⁴²ʂəu⁵⁵tɕiŋ²¹³, ʂəu⁵⁵tɕiŋ²¹³pu⁵⁵⁻⁴⁵y⁴²
　　眼　经　不　　如手　经，　手　经　不　　如
tʂʻaŋ⁴²tuə⁵⁵luŋ·。
常　　掇弄。

30. ku²¹³lɔ⁴²tsʅ　　　tsʻɛ⁴²tɕi⁵⁵, tʻɔ⁵⁵lɔ⁵⁵tsʅ·　min²¹³⁻⁵⁵
　　孤　佬　子老而无子者 财　急，讨　佬　子乞丐 命
tsʻiɛ̃²¹³。
亲。

31. $lɔ^{55}ɕiaŋ^{213}tɕiã^{213}lɔ^{55}ɕiaŋ^{213}$, $liaŋ^{55\text{-}42}iã˙lei^{42}uaŋ^{213\text{-}45}$

　　老乡　见老乡，　两　眼泪汪

$uaŋ^{213}$。

汪。

$tʂʰãr^{42}$

四　唱儿_{儿歌}

1. $ɔ^{42}ɔ^{42}ɔ^{42}$, $suei^{42}tɕiɔ^{213}tɕiɔ^{213\text{-}42}$, $kɛ^{213\text{-}45}xua^{213}pei^{42}$, $kə^{55\text{-}45}$

　　噢噢噢，　睡　觉　觉，　　盖　花　被，蛇

$tsɔ˙iɔ^{55}$, $iɔ^{55\text{-}45}ti˙pɔ^{55\text{-}45}pɔ˙tʂʅ^{42}ɔ^{213}iɔ^{42}$。

蚤咬，咬　的宝　宝直噢吆。

2. $ka^{213}ta^{42}pɐr^{55}$, $sua^{55}liəu^{42\text{-}213}xɐr^{55}$, $liəu^{42\text{-}213}xɐr^{55}$

　　嘎　嗒　板儿_{呱嗒板儿}，耍　刘　海儿，刘　海儿

$tʂʰuã^{213}tsʅ˙xua^{213}pu^{213\text{-}42}sɐr˙$。$suei^{42}mɛ^{55}ti˙$? $tiə^{213}me^{55\text{-}45}ti˙$。$suei^{42}$

穿　着花　布　衫儿。谁　买　的？爹　买　的。谁

$tsəu^{42}ti˙$? $niaŋ^{42}tsəu^{42}ti˙$。

做　的？娘　做　的。

3. $ka^{55}ta^{213\text{-}45}tɕy^{213}$, $ka^{55}ta^{213\text{-}45}tɕy^{213}$, $i^{55\text{-}213}ka^{55}ka^{55\text{-}45}tɔ^{42}naŋ^{55}$

　　割大　锯，　割大　锯，　一　割割　到　姥

$naŋ^{42\text{-}55}tɕia˙$。$naŋ^{55}naŋ^{42}pu^{55\text{-}213}kei^{55\text{-}45}fã^{42}tʂʅ^{55}$, $mə^{213}kə^{42}ia^{55\text{-}45}$

娘　家。姥　娘　不　给　饭吃，　摸　个　鸦

$tsʰyə^{42}tã^{42}tʂʅ^{55}$, $ʂɔ^{213}iə˙ʂɔ^{213}pu˙lã^{42}$, $tʂu^{55}iə˙tʂu^{55}pu˙lã^{42}$, $tɕi^{55}ti˙$

雀　蛋吃，　烧也烧　不　烂，　煮也煮　不　烂，　急　的

××　　　　　　$i^{55}tʰəu^{42}xã^{42}$。

××_{呼小孩名字}一　头　汗。

4. ka⁵⁵ta²¹³⁻⁴⁵tɕy²¹³, ka⁵⁵ta²¹³luə⁴², ka⁵⁵tɔ˙naŋ⁵⁵naŋ⁴²⁻⁵⁵tɕia˙lɔ⁵⁵
　　割　大　锯，　割　大　箩，　割　到　姥　娘　家老
xuɛ⁴²ʂu⁴²。naŋ⁵⁵naŋ⁴²tɕia²¹³lɛ⁴²tʂʅ⁵⁵pə²¹³pə，ni⁵⁵i⁵⁵kə²¹³, u⁵⁵i⁵⁵
槐树。　姥　娘　家　来　吃　饽　饽，你　一　个，　我一
kə²¹³, tʂʅ²¹³kə˙liəu⁴²⁻⁵⁵tsʅ˙kei⁵⁵ta²¹³⁻⁴⁵kə²¹³。ta²¹³⁻⁴⁵　kə²¹³lɛ⁴²tɕia²¹³
个，　这个留　　着给　大　哥。　大　哥来家
sʅ⁵⁵sin⁴²tsʅ, i⁵⁵⁻²¹³tɕyə⁵⁵p'aŋ⁵⁵⁻⁴⁵ləu˙kə⁴²p'ə²¹³uŋ⁴²tsʅ。p'ə²¹³uŋ⁴²tsʅ,
使性子，一　脚　踦　　了个破　瓮　子。破　瓮　子,
iəu⁵⁵⁻⁴²ɕiə⁵⁵⁻⁴⁵tsʅ, tʂə⁵⁵⁻⁴⁵ti˙ta²¹³⁻⁴⁵kə²¹³liɔ²¹³tɕyə⁵⁵⁻⁴⁵tsʅ。ər²¹³⁻⁴⁵
有　蝎　子，蜇　的　大　哥尬　蹶　子。二
kə²¹³lɛ⁴²tɕia²¹³sa⁵⁵xuɛr²¹³, i⁵⁵⁻⁴²tɕyə⁵⁵p'aŋ⁵⁵ləu˙kə⁴²siɔ⁵⁵p'ə²¹³⁻⁵⁵
哥　来家　撒欢儿,　一　脚　踦　了　个小　破
k'ɛr²¹³,　　　siɔ⁵⁵p'ə˙k'ɛr²¹³lɛ˙iəu⁵⁵suei⁵⁵, sa⁵⁵⁻⁴⁵ləu˙ər²¹³⁻⁴⁵kə²¹³
坩儿一种陶罐，小　破　坩儿来有　　水，　撒　了二　哥
i⁵⁵　k'u²¹³t'ei⁵⁵。
一　裤　腿。

5. siɔ⁵⁵⁻²¹³lɔ⁵⁵⁻⁴⁵ʂu˙, tsʅ²¹³ka⁴²tsʅ²¹³, mẽ⁴²⁻⁵⁵iã˙xəu⁴²⁻⁵⁵lɛ˙tʂ'aŋ²¹³
　小　老　鼠，唧　嘎　唧，门　檐后　来　唱
ta²¹³⁻⁴⁵ɕi²¹³, pã²¹³　　　　t'a⁴²ku²¹³ku˙tɕi⁴²t'a⁴²i²¹³。ər²¹³⁻⁴²təu˙
大　戏，搬用车马或牲口请来 它　姑　姑　叫它姨。　二　斗
mei⁴²tsʅ˙tʂʅ⁵⁵ʂaŋ⁴²ləu˙, tu²¹³ta˙tu²¹³ta˙suŋ⁴²xuei⁴²tɕ'i。
麦子吃上了，嘟达嘟达送回去。

6. uɛ⁴²⁻⁵⁵səŋ˙kəur⁵⁵, uɛ⁴²⁻⁵⁵səŋ˙kəur⁵⁵, tʂ'ʅ⁵⁵⁻⁴⁵pɔ⁵⁵⁻⁴⁵ləu˙fã⁴²,
　外　甥狗儿，　外　甥狗儿，　吃　饱　了　饭,
uaŋ⁴²tɕia²¹³tsəu⁵⁵。
往　家　走。

7. sã²¹³lɔ⁵⁵⁻⁴⁵uaˑ, pər⁴²tʂʻaŋ⁴², tsiaŋ²¹³ləuˑsi⁵⁵⁻⁴⁵fuˑuaŋ⁴²ləuˑ

　　山　老　鸹，　脖儿　长，　将娶　了　媳　妇　忘　了

niaŋ⁴²。lɔ⁵⁵⁻⁴⁵niaŋ⁴²tiəu²¹³ləuˑnã⁴²sã²¹³ʂaŋˑ, si⁵⁵⁻⁴⁵fuˑpei²¹³ləuˑkʻaŋ²¹³

娘。　老　娘　丢　了　南山　上，　媳妇　背　了　炕

tʻˀəur⁴²ʂaŋˑ, kuã²¹³ʂaŋ mer⁴², tu⁵⁵⁻⁴⁵ʂaŋˑtsʻuan²¹³, ɕi²¹³liəuˑxu²¹³lu⁴²

头儿　上，　关　上门儿，　堵　上　窗，　　唏溜呼噜

xa⁵⁵miã⁴²tʻaŋ²¹³。

喝　面　汤。

8. tsəu⁵⁵tɕiẽ²¹³tɕʻiɔ⁴², tsəu⁵⁵⁻⁴⁵iẽ⁴²tɕʻiɔ⁴², tiɔ⁴²ləuˑxɛ⁵⁵⁻⁴⁵lɛˑpu⁵⁵

　　走　金　桥，　　走　银　桥，　掉　了海　来不

tʂʅ²¹³tɔ⁴²。tiə²¹³iə⁴²tsɔ⁵⁵, niaŋ⁴²iə⁴²tsɔ⁵⁵, nɛ⁵⁵⁻⁴⁵nɛˑtɕia²¹³lɛˑkʻu⁵⁵kɔ²¹³

知　道。爹　也　找，　娘　也　找，奶　奶家　来哭　羔

kɔˑ。

羔。

9. pə²¹³tsʻɛ⁴²ker²¹³, xuŋ⁴²kẽ²¹³kerˑ, naŋ⁵⁵naŋ⁴²tɕiɔ²¹³uəˑiẽ⁴²

　　菠　菜　根儿，　红　根　根儿，姥　娘　教　我　纫

tʂẽ²¹³tʂerˑ。iẽ⁴²⁻⁵⁵puˑʂaŋ⁴², naŋ⁵⁵⁻⁴⁵naŋ⁴²ta⁵⁵⁻⁴⁵uəˑsã²¹³tʂu⁴²⁻⁵⁵

针　针儿。纫　不上，　姥　娘　打　我　三　挂

paŋ；　　iẽ⁴²⁻⁵⁵ʂaŋ ləuˑ, naŋ⁵⁵⁻⁴⁵naŋ⁴²kei⁵⁵⁻⁴⁵uəˑpə²¹³pəˑtʂʅ⁵⁵,

棒手杖,拐杖；纫　上　了，　姥　娘　给　我　饽　饽　吃，

tɕiəu⁴²muˑkei⁵⁵⁻⁴⁵uəˑiã²¹³fẽ⁵⁵tsʻa⁵⁵, i⁵⁵tɕʻi²¹³tsʻa⁴²tɔ⁵⁵⁻⁴⁵ʅ⁴²⁻⁵⁵tsʻi

舅　母给　我　胭粉　擦，　一　气　擦　到　十　七

paⁱ⁵⁵。tʂʅ²¹³kə⁴²kuẽ²¹³niˑtɛ⁴²　kẽ²¹³suei⁵⁵tɕia²¹³⁻⁴²? tɛ⁴²kẽ²¹³tuŋ²¹³

八。　这　个　闺　女待将要跟　谁　家？　　待跟　东

tʻã⁵⁵lɔ⁵⁵uaŋ⁴²⁻⁵⁵tɕiaˑ。

疃老　王　　家。

10. kɔ²¹³xu⁴²⁻⁵⁵ʂu˙tɕiɛ²¹³, iɛ⁵⁵xu⁴²⁻⁵⁵ʂu˙tɕiɛ²¹³, tsa²¹³tsɿ˙tsʻiaŋ⁴²

高　胡　秫秸，　矮胡　秫秸，　踏着墙

tʻəu⁴²uaŋ⁴²siəu⁴²tsʻɜ˙。siəu⁴²tsʻɜ˙tɛ⁴²tsɿ˙xuŋ⁴²iŋ²¹³mɔ⁴², si⁵⁵⁻⁴⁵fu˙tɛ⁴²

头　望秀才。　秀才戴着红缨帽，　媳妇戴

tsɿ˙mã⁵⁵⁻⁴⁵tʻəu⁴²xuã²¹³, iɔ⁴²⁻⁵⁵pɛ˙iɔ⁴²⁻⁵⁵pɛ˙tsəu⁵⁵niaŋ⁴²⁻⁵⁵tɕia˙。

着满　头　花，　摇摆摇摆走　娘　家。

niaŋ⁴²⁻⁵⁵tɕia˙tsəu²¹³⁻⁴²ti˙ka²¹³tɑ˙tsiəu⁵⁵, tsəu⁵⁵i⁵⁵pu⁴², xa⁵⁵i⁵⁵⁻⁴²kʻəu⁵⁵,

娘　　家做　的疙　瘩酒，　　走一步，　喝一　口，

i⁵⁵⁻⁴²xa⁵⁵xa⁵⁵⁻⁴⁵tɔ⁴²tɕiəu⁵⁵⁻⁴⁵yə⁴²tɕiəu⁵⁵。tɕiəu⁵⁵⁻⁴⁵yə⁴²tɕiəu⁵⁵, sɛ²¹³⁻⁴⁵

一　喝喝　到　九　月　九。　九　　月九，　晒

tsɿ²¹³ma⁴², i⁵⁵⁻⁴²uã⁵⁵tsɿ²¹³ma⁴²i⁵⁵⁻⁴²uã⁵⁵iəu⁴²。tsɿ⁵⁵mei⁴²sã²¹³kə˙lɛ⁴²

芝　麻，一　碗芝麻一　碗油。　姊妹三　个来

su²¹³tʻəu⁴²。ta⁴²ti˙su²¹³ti˙kuaŋ²¹³liəu²¹³⁻⁴⁵liəu²¹³, ər⁴²ti˙su²¹³ti˙kuẽ⁵⁵

梳头。大　的梳的光　溜　溜，　二的梳的滚

siəu²¹³tɕʻiəu⁴², sã²¹³ti˙mei²¹³ʂəŋ⁴²⁻⁵⁵mə˙su²¹³, su²¹³kə˙kəu⁵⁵tɕʻi⁵⁵

绣　球，三的没　什　么梳，　梳个狗□

liəu⁵⁵。　　　ta⁴²ti˙tɕʻi⁴²⁻⁵⁵tsɿ˙tɕiẽ²¹³luə⁴²ma⁵⁵, ər²¹³⁻⁴²ti˙tɕʻi⁴²⁻⁵⁵

□喂狗的窝窝头。大　的骑　着金　骡马，　二　的骑

tsɿ˙iɛ⁴²luə⁴²ma⁵⁵, sã²¹³ti˙mei²¹³ʂəŋ⁴²⁻⁵⁵mə˙tɕʻi⁴², i⁵⁵tɕʻi⁴²tɕʻi⁴²ləu˙

着银骡马，　三的没什　　么骑，　一骑骑了

kə⁴²tɕiɛ⁴²xə⁴²ma˙, tsəu⁵⁵i⁵⁵pu⁴², i⁵⁵ku²¹³ka⁴², ɕia⁴²ti⁴²sã²¹³tsiə⁵⁵

个疥虾蟆，　走一步，一咕嘎，吓的三　姐

kʻuɛ²¹³tʂu⁴²⁻⁵⁵ɕia˙。

快　住　下停下。

11. tʻiã²¹³ʂaŋ⁴²iəu⁵⁵ʂəŋ⁴²⁻⁵⁵mə˙? iəu⁵⁵siŋ²¹³。tsiŋ⁵⁵⁻⁴⁵lɛ˙iəu⁵⁵

天　上　有什　么？有星。　井　　来有

ʂəŋ⁴²⁻⁵⁵mə˙ʔ iəu⁵⁵suei⁵⁵。suei⁵⁵lɛ˙ iəu⁵⁵ʂəŋ⁴²⁻⁵⁵mə˙ʔ iəu⁵⁵xə⁴²⁻⁵⁵mɑ˙。
什　么？有　水。　水　来有　什　　么？有　虾　蟆。

xə⁴²⁻⁵⁵mɑ˙tsəŋ⁵⁵⁻⁴⁵mə˙tɕiɔ²¹³？ku²¹³kɑ⁴²，ku²¹³kɑ⁴²，lɔ²¹³pə⁴²⁻⁵⁵tsʅ
虾　蟆怎　么　叫？　咕　嘎，　咕　嘎，老　婆　子

pã²¹³⁻⁴⁵tɕia²¹³。
搬　　家。

12. tʂˤer⁴²　pu⁵⁵tɕiã²¹³siˤer²¹³，　　siˤer²¹³pu⁵⁵tɕiã²¹³tʂˤer⁴²，
辰儿商星　不　见　心儿参宿星，　心儿　不　见　辰儿，

tsiə⁵⁵fu⁴²pu⁵⁵tɕiã²¹³siɔ⁵⁵i⁴²⁻⁵⁵tsˤer。
姐　夫不　见　小　姨　子儿。

13. tsiə⁵⁵⁻⁴⁵fu˙tsiə⁵⁵⁻⁴⁵fu˙tsˤiŋ⁵⁵tsuə⁴²，tˤɔ²¹³⁻⁴²ʂaŋ˙tɕia⁵⁵⁻⁴⁵pã˙
姐　夫姐　夫请　坐，套　上　夹　板

tˤei²¹³mə⁴²。piã²¹³tsʅ pu⁵⁵li⁴²ʂəu⁵⁵，ta⁵⁵⁻⁴⁵ti˙tsiə⁵⁵⁻⁴⁵fu˙tʂaŋ²¹³tsʅ
推　磨。　鞭　子不　离　手，打　的姐　　夫张　　着

kˤəu⁵⁵。
口。

14. ɕia⁵⁵xuar⁴²ɕia⁵⁵xuar⁴²，iəu⁵⁵ker²¹³iəu⁵⁵par⁴²，　　kuə²¹³
瞎　话儿瞎　话儿，　有　根儿有　把儿有头有尾，锅

tˤɛ⁴²xəu⁴²lɛ˙tsuŋ⁴²ləu˙ər²¹³⁻⁴²mu˙ta²¹³⁻⁴⁵si²¹³kuɑ˙。
台　后　来　种　了二　　亩大　西　瓜。

15. ʂuə⁵⁵i⁵⁵⁻⁴⁵kə˙i⁵⁵，tɔ⁴²i⁵⁵⁻⁴⁵kə˙i⁵⁵，ʂəŋ⁴²⁻⁵⁵mə˙xua²¹³⁻⁴⁵kˤɛ²¹³
说　一　个一，道一　个一，什　么花　　开

tʂəŋ²¹³yə⁴²li⁵⁵？
正　月　里？

tʂʅ²¹³kə˙xua²¹³miŋ⁴²mã⁴²pu⁵⁵liɔ⁵⁵uə⁵⁵，iŋ⁴²tʂˤuẽ²¹³xua²¹³⁻⁴⁵kˤɛ²¹³
这　个花　名瞒　不　了我，迎　春　花　　开

tʂəŋ²¹³yə⁴²li⁵⁵。

正　　月　里。

ʂuə⁵⁵ⁱ⁵⁵⁻⁴⁵kə˙ər⁴², tɔ⁴²ⁱ⁵⁵⁻⁴⁵kə˙ər⁴², ʂəŋ⁴²⁻⁵⁵mu˙xuɑ²¹³⁻⁴⁵kʻɛ²¹³ⁱ⁵⁵

说　一　个 二，　道 一 个 二，　什　么 花　　开 一

kẽ²¹³kuer⁴²?

根　棍儿?

tʂʅ²¹³kə˙xuɑ²¹³miŋ⁴²mã⁴²pu⁵⁵liɔ⁵⁵uə⁵⁵⁻⁴², tɕiəu⁵⁵tsʻɛ˙kʻɛ²¹³⁻⁴⁵

这 个 花 名 瞒 不 了 我，　韭 菜 开

xuɑ²¹³ⁱ⁵⁵ker²¹³kuer⁴²。

花　一　根儿 棍儿。

ʂuə⁵⁵⁻⁴⁵kə˙sã²¹³, tɔ⁴²kə˙sã²¹³, ʂəŋ⁴²⁻⁵⁵mə˙xuɑ²¹³⁻⁴⁵kʻɛ²¹³tɛ⁵⁵tɔ⁴²

说　 个 三，　道个 三，　什　么花　　开 在道

piã²¹³?

边?

tʂʅ²¹³kə˙xuɑ²¹³miŋ⁴²mã⁴²pu⁵⁵liɔ⁵⁵uə⁵⁵⁻⁴², ma⁵⁵liã⁴²kʻɛ²¹³⁻⁴⁵

这 个 花 名 瞒 不 了 我，　马 莲 开

xuã²¹³tɛ⁵⁵tɔ⁴²piã²¹³。

花　在 道 边。

ʂuə⁵⁵⁻⁴⁵kə˙sʅ²¹³, tɔ⁴²kə˙sʅ²¹³, ʂəŋ⁴²⁻⁵⁵mə˙xuɑ²¹³⁻⁴⁵kʻɛ²¹³ⁱ⁵⁵ʂẽ²¹³⁻⁴⁵

说　 个 四，道个 四，　什 么 花　　开 一 身

tsʻʅ²¹³?

刺?

tʂʅ²¹³kə˙xuɑ²¹³miŋ⁴²mã⁴²pu⁵⁵liɔ⁵⁵uə⁵⁵⁻⁴², xuaŋ⁴²⁻⁵⁵kuɑ˙kʻɛ²¹³⁻⁴⁵

这 个 花 名 瞒 不 了 我，　黄　瓜 开

xuɑ²¹³ⁱ⁵⁵ʂẽ²¹³⁻⁴⁵tsʻʅ²¹³。

花　一 身　刺。

ʂuə⁵⁵i⁵⁵⁻⁴⁵kə˙u⁵⁵，tɔ⁴²i⁵⁵⁻⁴⁵kə˙u⁵⁵，ʂəŋ⁴²⁻⁵⁵mə˙kʻɛ²¹³⁻⁴⁵xuɑ²¹³
　说　一　　个五，道　一　个五，什　　么开　花
kuə²¹³⁻⁴⁵taŋ²¹³u˙？
过　　端午？
tʂʅ²¹³kə˙xuɑ²¹³miŋ⁴²mã⁴²pu⁵⁵liɔ⁵⁵uə⁵⁵⁻⁴²，ʂʅ⁴²⁻⁵⁵liəu˙xuɑ²¹³⁻⁴⁵
　这个花　名　瞒　不了我，　石　榴花
kʻɛ²¹³kuə²¹³⁻⁴⁵taŋ²¹³u˙。
开　过　　端　午。
　ʂuə⁵⁵i⁵⁵⁻⁴⁵kə˙liəu²¹³，tɔ⁴²i⁵⁵⁻⁴⁵kə˙liəu²¹³，ʂəŋ⁴²⁻⁵⁵mə˙xuɑ²¹³⁻⁴⁵kʻɛ²¹³
　说　一　　个六，道一　个六，　什　么花　开
i⁵⁵tuə⁴²iəu²¹³？
一垛　肉？
tʂʅ²¹³kə˙xuɑ²¹³miŋ⁴²mã⁴²pu⁵⁵liɔ⁵⁵uə²¹³⁻⁴²，tɕi²¹³kuã⁴²tsʅ˙kʻɛ²¹³⁻⁴⁵
　这个花　名　瞒　不了我，　鸡　冠子开
xuɑ²¹³i⁵⁵tuə⁴²iəu²¹³。
花　一　垛　肉。
ʂuə⁵⁵i⁵⁵⁻⁴⁵kə˙tsʻi⁵⁵，tɔ⁴²i⁵⁵⁻⁴⁵kə˙tsʻi⁵⁵，ʂəŋ⁴²⁻⁵⁵mə˙kʻɛ²¹³⁻⁴⁵xuɑ²¹³
　说　一　　个七，道一　个七，什　　么开　花
pʻɑ⁴²u⁵⁵⁻²¹³tsi⁵⁵？
爬屋　脊？
tʂʅ²¹³kə˙xuɑ²¹³miŋ⁴²mã⁴²pu⁵⁵liɔ⁵⁵uə⁵⁵⁻⁴²，xu⁵⁵lu⁴²kʻɛ²¹³⁻⁴⁵xuɑ²¹³
　这个花　名　瞒　不了我，　葫芦开　花
pʻɑ⁴²u⁵⁵⁻⁴⁵tsi˙。
爬屋　脊。
ʂuə⁵⁵i⁵⁵⁻⁴⁵kə˙pɑ⁵⁵，tɔ⁴²i⁵⁵⁻⁴⁵kə˙pɑ⁵⁵，ʂəŋ⁴²⁻⁵⁵mə˙kʻɛ²¹³⁻⁴⁵xuɑ²¹³
　说　一　　个八，道一　个八，什　　么开　花

ts'uei²¹³la⁵⁵⁻⁴⁵pɑˑ?
吹 喇 叭?

　　tʂʅ²¹³kəˑxuɑ²¹³miŋ⁴²mã⁴²pu⁵⁵liɔ⁵⁵uə⁵⁵⁻⁴², faŋ²¹³kuɑ⁴²k'ɛ²¹³⁻⁴⁵
　　这 个 花 名 瞒 不 了 我， 方 瓜 开
xuɑ²¹³ts'uei²¹³la⁵⁵⁻⁴⁵pɑˑ。
花 吹 喇 叭。

　　ʂuə⁵⁵i⁵⁵⁻⁴⁵kəˑtɕiəu⁵⁵, tɔ⁴²i⁵⁵⁻⁴⁵kəˑtɕiəu⁵⁵, ʂəŋ⁴²⁻⁵⁵məˑxuɑ²¹³⁻⁴⁵
　　说 一 个 九， 道 一 个 九， 什 么 花
k'ɛ²¹³xɔ⁵⁵tsəu²¹³tsiəu⁵⁵?
开 好 做 酒?

　　tʂʅ²¹³kəˑxuɑ²¹³miŋ⁴²mã⁴²pu⁵⁵liɔ⁵⁵uə⁵⁵⁻⁴², ʂu⁵⁵⁻⁴⁵tsʅˑk'ɛ²¹³⁻⁴⁵
　　这 个 花 名 瞒 不 了 我， 黍 子 开
xuɑ²¹³xɔ⁵⁵tsəu²¹³tsiəu⁵⁵。
花 好 做 酒。

　　ʂuə⁵⁵i⁵⁵⁻⁴⁵kəˑʂʅ⁵⁵, tɔ⁴²i⁵⁵⁻⁴⁵kəˑʂʅ⁵⁵, ʂəŋ⁴²⁻⁵⁵məˑk'ɛ²¹³⁻⁴⁵xuɑ²¹³
　　说 一 个 十， 道 一 个 十， 什 么 开 花
iẽ⁴²pu⁵⁵tʂʅ²¹³?
人 不 知?

　　tʂʅ²¹³kəˑxuɑ²¹³miŋ⁴²mã⁴²pu⁵⁵liɔ⁵⁵uə⁴², ts'aŋ²¹³kuˑteiˑ k'ɛ²¹³⁻⁴⁵
　　这 个 花 名 瞒 不 了 我，苍 固 堆苍耳开
xuɑ²¹³iẽ⁴²pu⁵⁵tʂʅ²¹³。
花 人 不 知。

　　16. sɑ²¹³tɑ⁵⁵sɑ²¹³, lia⁵⁵tɑ⁵⁵⁻⁴²lia⁵⁵, ts'i⁵⁵⁻⁴⁵ʂʅˑərˑtɑ⁵⁵ʂʅ⁴²
　　　　仨 打 仨， 俩 打 俩， 七 十二 打 十
pa⁵⁵。
八数数儿游戏，其和为一百。

17. i$^{55\text{-}45}$kə˙ər^{213}，liaŋ^{55}kua$^{213\text{-}45}$ser^{213}，kua$^{213\text{-}45}$ser^{213}u^{55}，

　　一　个　二，　两　瓜　丝儿，　瓜　　丝儿　五，

pu^{55}ṣaŋ^{42}su^{55}。ʂʅ$^{42\text{-}55}$kə˙tʂu^{213}，ʂʅ$^{42\text{-}55}$kə˙iaŋ^{42}，ʂʅ$^{42\text{-}55}$kə˙liəu$^{42\text{-}213}$xɛr^{55}

不　上　数。　十　个　猪，　十　个　羊，　十　个　刘　海儿

pɛ$^{213\text{-}45}$tɕiẽ^{213}t‘aŋ^{42}。ni^{55}iə$^{55\text{-}42}$ta^{55}，uə^{55}iə$^{55\text{-}42}$ta^{55}，ti^{213}liəu^{42}ka^{213}

拜　金　堂。　你　也　打，　我　也　打，　嘀　溜　嘎

la^{213}tɕiəu$^{55\text{-}45}$ʂʅ^{42}pa^{55}。

啦　九　　十　八。

18. ni^{55}p‘ei$^{55\text{-}42}$i^{55}，uə^{55}p‘ei^{55}sã^{213}，siəu$^{213\text{-}45}$xua^{213}ləu^{55}，siəu$^{213\text{-}45}$

　　你　拍　　一，我　拍　三，　绣　　花　篓，　绣

xua^{213}piã^{213}，ti^{213}tiəu^{42}kua^{213}tei^{42}tɕiəu^{55}ʂʅ^{42}sã^{213}。

花　边，　滴　丢　瓜　得　九　十　三。

19. pu^{55}sʅ^{42}tɕiẽ^{213}，tsiəu^{42}sʅ^{42}pa^{55}，tɕ‘i$^{55\text{-}45}$tsʅ˙luə$^{42\text{-}55}$tsʅ˙k‘ua^{42}

　　不　是　斤，　就　是　八，　骑　着　骡　子　跨

tsʅ˙ma^{55}，ti$^{55\text{-}213}$tiəu^{42}kua^{213}tei^{42}sʅ$^{213\text{-}42}$ʂʅ˙pa^{55}。

着马，　滴　丢　瓜　得　四　十　八。

20. i$^{55\text{-}45}$kə˙i^{55}tɛ^{42}，ma^{55}sã^{213}ta$^{55\text{-}213}$kuɛ^{55}，t‘ã^{213}t‘a˙t‘əu^{42}，tsiə$^{55\text{-}45}$

　　一　个　一袋，马　三　打　　拐，　探探　头，　接

tɕ‘i˙lɛ^{42}。

起来。

21. i$^{55\text{-}45}$kə˙i^{55}tei^{213}，ts‘uŋ$^{213\text{-}45}$xua^{213}iã$^{42\text{-}55}$sei˙，tɕ‘iɔ$^{42\text{-}55}$

　　一　个　一堆，　葱　　花　芫荽，　荞

mei˙k‘ɛ$^{213\text{-}45}$xua^{213}，sʅ^{213}ts‘i^{55}sʅ^{213}pa^{55}。

麦　开　花，　四　七　四　八。

22. i^{55}t‘ã^{42}t‘ã̃，ər^{213}liã^{42}liã̃，sã^{213}tsiə^{55}kuə^{213}，sʅ^{213}tsiẽ$^{213\text{-}45}$

　　一　弹弹，二　连　连，三　接　锅，　　四　进

uə²¹³。

窝。一种弹杏核的儿童游戏，边弹边唱。

$$ts'iɔ^{213\text{-}42}p'i\text{·}xuar^{42}$$

五 俏　皮 话儿歌后语

1. siɔ⁵⁵⁻⁴⁵lɔ˙ʂ ɥer⁵⁵，la⁵⁵mu⁴²ɕi'ɛr²¹³，ta²¹³t'əur⁴²tɛ⁵⁵xəu⁴²
　　 小　　 老鼠儿，拉 木 锨儿，大 头儿 在 后
pi'ɛr²¹³。
边儿。

2. uei⁵⁵⁻⁴⁵ɕiã⁴²ti⁴²kuɑ²¹³，ts'ɑ⁴²ti˙ts'u²¹³。
　　 潍　 县 地 瓜，　　差 的 粗。

3. tsəu²¹³məŋ⁴²tsiaŋ²¹³si⁵⁵⁻⁴⁵fu˙，tsiŋ²¹³siaŋ⁵⁵xɔ⁵⁵s'er⁴²。
　　 做　 梦　 将娶 媳 妇，净 想 好 事儿。

4. ɕia⁵⁵⁻⁴⁵tsʅ˙tiã⁵⁵təŋ²¹³，pei⁴²fei²¹³⁻⁴⁵lɑ²¹³。
　　 瞎　 子 点 灯，　 白 费　 蜡。

5. ta²¹³ɕi'er⁵⁵niaŋ⁴²tʂʅ⁵⁵miã⁴²，mei²¹³su⁴²。
　　 大 喜儿娘　 吃 面，　 没 数。

6. ia⁵⁵⁻⁴⁵pɑ˙tʂʅ⁵⁵xuaŋ⁴²⁻²¹³liã⁴²，iəu⁵⁵⁻⁴²k'u⁵⁵ʂuə⁵⁵⁻⁴⁵pu˙tʂ'u⁵⁵。
　　 哑　 巴 吃 黄　 莲，　 有 苦 说 不 出。

7. liəu⁴²⁻⁵⁵li˙tʂu²¹³tsʅ˙tiɔ⁴²⁻⁵ləu˙iəu⁴²kaŋ²¹³lɛ˙，xuɑ⁴²tei⁴²ləu˙
　　 琉　 璃珠 子 掉　 了 油 缸　 来，滑 对 了
xuɑ⁴²。
滑。

8. lã²¹³t'ɛ⁴²⁻⁵⁵ʂaŋ˙ti˙ʂʅ⁴²⁻⁵⁵t'əu˙，iəu²¹³⁻⁴⁵tʂ'əu²¹³iəu²¹³iŋ⁴²。
　　 栏厕所台　上 的 石　 头，又　 臭 又 硬。

9. tʂẽ⁴² tsʅ˙ piã⁵⁵⁻⁴⁵tã˙ suei⁴²tɕiɔ²¹³，siaŋ⁵⁵⁻⁴⁵ti˙kʻuã²¹³。
　　枕　着扁　担睡觉，　　想　的宽。

10. lã⁵⁵ ly⁴²ʂaŋ⁴²⁻²¹³mə⁴²，sʅ⁵⁵⁻⁴⁵niɔ⁴²tuə²¹³。
　　懒驴上　磨，屎尿多。

11. pei²¹³taˀ ʂəu⁵⁵⁻²¹³ʂaŋ⁴² tɕi²¹³⁻⁴⁵uə²¹³tsʅˀ，pu⁵⁵tɕiã²¹³tã⁴²。
　　背　搭手　上　鸡　窝　子，不拣　蛋简单。

12. ɕiɔ²¹³⁻⁴⁵tsʻuŋ²¹³pã⁴²təu⁴²⁻⁵⁵fuˀ，i⁵⁵tsʻiŋ²¹³ər²¹³pei⁴²。
　　小　葱拌豆　腐，一清　二　白。

13. tsʻiaŋ⁴²tʻəuˀ ʂaŋ⁴²ti˙ tsʻɔ⁵⁵，suei⁴²fəŋ²¹³ tɔ⁵⁵。
　　墙　头上　的草，随风　倒。

14. tʂəu²¹³⁻⁴⁵y²¹³ta⁵⁵⁻⁴⁵xuaŋ⁴² kɛ²¹³，yã²¹³ ta⁵⁵yã²¹³ɛ⁴²。
　　周　瑜打　黄　盖，愿打愿挨。

15. sy⁴²ʂu²¹³tsiẽ²¹³tsʻɔ⁴² iŋ⁴²，i⁵⁵⁻⁴⁵iã⁴²pu⁵⁵⁻⁴²fɑ⁵⁵。
　　徐庶进　曹营，一言不　发。

16. ma⁵⁵⁻²¹³uer⁵⁵tɕiẽ²¹³təu⁴²⁻⁵⁵fuˀ，tʻi⁴² puˀ tə⁵⁵⁻⁴⁵lɑˀ。
　　马　尾儿斤提豆　腐，提不得　啦。

17. tɕiã⁴²ləuˀ tʂaŋ⁴²⁻⁵⁵muˀ niaŋ⁴²tɕiɔ²¹³ta²¹³ sɔ⁵⁵⁻⁴⁵tsʅˀ，mei²¹³xuɑ⁴²
　　见　了丈　母娘叫大嫂　子，没　话
tsɔ⁵⁵⁻⁴⁵xuɑ⁴²。
找　话。

18. tɕʻi⁴²ly⁴²kʻã²¹³⁻⁴⁵tʂʻaŋ²¹³per⁵⁵，tsəu⁵⁵⁻⁴⁵tsʅˀ tsʻiɔ⁴²。
　　骑驴看　唱　本儿，走　着瞧。

19. kuŋ²¹³ kuŋˀ pei²¹³si⁵⁵⁻⁴⁵fuˀ tsʅˀ kuə²¹³xuə⁴²，tʂʻu⁵⁵ li²¹³ pu⁵⁵
　　公　公背　媳　妇子过　河，出　力不
tʻɔ⁵⁵⁻²¹³xɔr⁵⁵。
讨　好儿。

361

20. təu⁴²⁻⁵⁵fu˙tiɔ⁴²⁻⁵⁵tɛ˙（或：tsɛ˙）xuei²¹³lɛ˙，tsʻuei²¹³pu⁵⁵⁻⁴⁵
　　　豆　腐　掉　在　　　　　　灰　来里，吹　不
ti˙，ta⁵⁵⁻⁴⁵pu˙ti˙。
的，打　不　的。

21. ʂu²¹³ia⁵⁵⁻⁴⁵tsʅ˙ti˙，tʂu⁵⁵⁻⁴⁵lã˙ləu˙ʂẽ²¹³tsʅ˙tʂu⁵⁵pu⁵⁵lã⁴²tsuei⁵⁵。
　　　属　鸭　子的，煮　烂了身　子煮　不　烂　嘴。

22. tʂəŋ²¹³yə⁴²ʂʅ⁴²⁻⁵⁵uˈtˈiə⁵⁵mẽ⁴²ʂẽ⁴²，uã⁵⁵⁻⁴⁵ləu˙pã²¹³yə⁴²ləu˙。
　　　正　月　十　五贴　门　神，晚⁵⁵⁻⁴⁵了　半　月　了。

23. ta⁵⁵⁻⁴⁵tsʅ˙təŋ²¹³ləu˙ʂʅ⁴²fẽ²¹³，tsɔ⁴²ʂʅ⁵⁵。
　　　打　着　灯　笼　拾　粪，照　屎找死。

24. ta⁵⁵⁻²¹³tsuŋ⁵⁵ləu˙liã⁵⁵tsʻuŋ²¹³pˈaŋ⁴²tsʅ˙，pu⁵⁵ɕiŋ⁴²tsuaŋ²¹³
　　　打　肿　了脸　充　　胖　子，不　行　装
ɕiŋ⁴²。
行。

25. ta²¹³⁻⁴⁵mɛr²¹³niaŋ⁴²ti˙kuə⁵⁵⁻⁴⁵tɕyə˙，iəu²¹³tʂʻəu⁵⁵iəu²¹³
　　　大　嫚儿　娘　的裹　脚，又　臭　又
tʂʻɑŋ⁴²。
长。

26. pa⁵⁵⁻⁴⁵ta˙y⁴²tɛ²¹³liaŋ⁴²⁻²¹³mɔ⁴²，xuẽ²¹³⁻⁴⁵tsʻuŋ²¹³xɛ⁵⁵⁻⁴⁵siã˙
　　　八　大鱼戴　凉　帽，混　　充　海　先
səŋ˙。
生。

27. sɔ²¹³suei⁵⁵laŋ⁴²⁻⁵⁵tsʅ˙kei⁵⁵tɕi²¹³pɛ²¹³niã⁴²，mei˙⁴²ã²¹³xɔ⁵⁵
　　　臊　水　狼　子给　鸡　拜　年，没　安　好
liaŋ⁴²siẽ˙。
良　心。

28. tʻu⁵⁵⁻⁴⁵tʻəu⁴²sʐ⁵⁵⁻⁴⁵tsʐˑ，miŋ⁴²pɛ⁵⁵⁻⁴⁵tsʐˑ。
　　秃　头　虱　子，　明　摆　着。

29. sɔ²¹³kuɑˑta⁵⁵ly⁴²，tɕʻy⁴²ləuˑi⁵⁵pã⁴²tsʐˑ。
　　臊　瓜　打　驴，　去　了一　半　子。

30. tʂu²¹³⁻⁴⁵iəu²¹³pɔ²¹³tsʐˑta⁵⁵⁻²¹³kəu⁵⁵，iəu⁵⁵tɕʻy²¹³u⁴²⁻²¹³
　　猪　　肉　包　子打　狗，　有　去　无

xuei⁴²。
回。

31. sʐ⁵⁵⁻⁴⁵kʻəˑlaŋˑtɛ²¹³⁻⁴⁵xuar²¹³，tʂʻəu²¹³mei⁵⁵。
　　屎　壳　螂戴　花儿，　臭　美。

32. niəu⁴²tiŋ⁴²ʂaŋˑtiˑtsʻaŋ²¹³iaŋ，kɛ̃²¹³⁻⁴²tsʐˑɕia⁵⁵xuŋ²¹³iaŋ。
　　牛　腚　上　的苍　蝇，　跟　着瞎　哄　嚷。

33. lɔ⁵⁵ʻuaŋ⁴²mɛ⁴²kuɑ²¹³，tsʐ⁴²mɛ⁴²tsʐ⁴²kʻuɑ²¹³。
　　老王　卖　瓜，　自卖　自　夸。

34. ʂu²¹³lɔ⁵⁵tɕiɛ²¹³xəur⁴²　tiˑ，pu⁵⁵ʻiɔ⁵⁵⁻⁴⁵iɛ̃⁴²kə⁴²iaŋˑiɛ̃⁴²。
　　属　老蚧　猴儿蟾蜍的，不　咬　人格羊讨厌人。

35. tɕiəu⁵⁵⁻⁴⁵tsʻɛ̇ˑpɔ²¹³⁻⁴⁵kuɑ²¹³，xuɛ̃²¹³⁻⁴⁵tsʻuŋ²¹³。
　　韭　菜爆　锅，　混　葱充。

ɕia⁵⁵xuar⁴²

六　瞎　话儿故事

ɕia⁵⁵⁻⁴⁵xuar⁴²ɕia⁵⁵⁻⁴⁵xuar⁴²，iəu⁵⁵ker²¹³iəu⁵⁵par⁴²。
瞎　话儿瞎　话儿，　有　根儿有　把儿。

iã²¹³y⁵⁵

——谚　语

şẽ⁴²pi⁵⁵liəu⁴²ər⁵⁵tsʅ²¹³

1. 神 笔 刘 耳 枝

liəu⁴²ər⁵⁵ tsʅ²¹³ sʅ⁴² miŋ⁴²tʂʻɔ⁴²iẽ⁴²，te⁵⁵ tʂʻɔ⁴² li⁵⁵tsuə⁴²tɑ²¹³⁻⁴²
刘 耳 枝 是 明 朝 人， 在 朝 里 做 大

kuã²¹³，sʅ⁴²kə˙tɑ²¹³siə⁵⁵⁻⁴⁵tɕiɑ˙。　pei⁵⁵tɕiŋ²¹³tɕiẽ²¹³lã⁴²tiã²¹³şaŋ˙
官， 是 个 大 写 家大书法家。北 京 金 銮 殿 上

"tʻɛ²¹³xə⁴²tiã²¹³" sã²¹³kə˙tɑ²¹³tsʅ⁴²，tsiəu⁴²⁻⁵⁵sʅ˙tʻɑ²¹³kei⁵⁵xuaŋ⁴²⁻⁵⁵
"太 和 殿" 三 个 大 字， 就 是 他 给 皇

şaŋ˙siə⁵⁵⁻⁴⁵ti˙。
上 写 的。

liəu⁴²ər⁵⁵ tsʅ²¹³sʅ⁴²tʂʻəŋ⁴²li⁵⁵⁻⁴⁵iẽ⁴²，fa⁵⁵⁻²¹³siˊɔr⁵⁵tɕiɑ²¹³lɛ˙tʻiŋ⁵⁵
刘 耳 枝 是 城 里 人， 发 小 儿 家 来 挺

tɕʻəŋ⁴²。kʻə⁵⁵⁻⁴⁵sʅ˙tʻɑ²¹³iẽ⁴²siẽ²¹³xɔ⁵⁵，siɔ⁵⁵sʅ⁴²⁻⁵⁵xəur˙，tɛ⁵⁵tɑ²¹³tsei⁴²
穷。 可 是 他 人 心 好， 小 时 候儿， 在 大 泽

sã²¹³niã⁴²şu²¹³，tɕiəu²¹³⁻⁴²kuə˙i⁵⁵⁻⁴⁵kə˙xu⁴²⁻⁵⁵ly˙。iəu⁵⁵iˊtʻiã²¹³，şaŋ⁵⁵⁻⁴⁵
山 念 书， 救 过 一 个 狐 狸。有 一 天， 晌

uẽ˙tʻʻəur⁴²，iẽ⁴²təu²¹³ɕiə⁵⁵şaŋ⁵⁵⁻⁴⁵ləu˙，liəu⁴² ər⁵⁵ tsʅ²¹³ suei⁴²⁻⁵⁵pu˙
午头儿， 人 都 歇 晌 了， 刘 耳 枝 睡 不

tʂuə⁴²。tʻiã²¹³⁻⁴⁵iẽ²¹³şaŋ⁴²lɛ⁴²⁻⁴⁵lɑ˙，kuɛ²¹³⁻⁴⁵ɕiɑ²¹³iẽ⁴²⁻⁵⁵ti˙。tsʅ²¹³
着。 天 阴 上 来 啦， 怪 吓 人 的。这

kə˙sʅ⁴²⁻⁵⁵xəu˙，i⁵⁵⁻⁴⁵kə˙şəu⁴²şaŋ²¹³ti˙xu⁴²⁻⁵⁵ly˙pʻɔ⁵⁵tɔ⁴²tʻɑ²¹³u⁵⁵⁻⁴⁵li˙
个 时 候， 一 个 受 伤 的狐 狸 跑 到 他 屋 里

lɛ⁴²⁻⁵⁵lɑ˙。xu⁴²⁻⁵⁵ly˙iã⁵⁵⁻⁴⁵li˙iəu⁵⁵lei⁴²，iɔ⁴²tʻɑ˙tɕiəu⁴²tʻɑ˙。liəu⁴²ər⁵⁵
来 啦。狐 狸眼 里有 泪， 要 他 救 它。刘 耳

tsʅ²¹³tɕyə⁵⁵⁻⁴⁵tsʅ˙ kuaŋ²¹³kʻə⁵⁵⁻⁴⁵liã⁴²ti˙，tsiəu⁴²pɑ⁴²tʻɑ˙ts'aŋ⁴²tɛ˙ləu˙
枝 觉 着 光 可 怜 的， 就 把 它 藏 在 了

tʂʰuaŋ⁴²ti⁵⁵⁻⁴⁵ɕi⁴²，tʰa²¹³kə˙iẽ⁴²tsiəu⁴²tɕʰiə²¹³ tɛ˙tsʰuaŋ⁴²ʂaŋ˙tsuaŋ²¹³
床　底　下，　他　个　人　就　趄躺　在　床　上　装

suei⁴²tɕiɔ²¹³。pu⁵⁵tsaŋ²¹³kɛr⁵⁵，　　　tʰiã²¹³⁻⁴⁵xuẽ²¹³ti⁴²ã̃⁴²，xu²¹³lei⁴²
睡　觉。　不　□　□儿一会儿，天　昏　地　暗，呼　雷

xuə⁵⁵⁻⁴⁵ʂẽ⁴²，faŋ⁴²tsʰiã˙faŋ⁴²xəu˙，ta⁵⁵⁻⁴⁵tiˈni²¹³kə˙ɕia²¹³ iẽ⁴²tɕiˈer⁴²
火　神，　房　前房　后，　打　的　那　个　吓　人　劲儿

tsiəu⁴²pu⁵⁵⁻⁴⁵yŋ˙tʰi⁴²⁻⁵⁵laˈ！tʰa²¹³⁻⁴⁵tʰiŋ²¹³i⁵⁵⁻⁴⁵kə˙ʂẽ⁴²ʂuə⁵⁵："liəu⁴²⁻⁵⁵
就　不　用提　啦！他　听　一　个　神　说："刘

lɔˈiə⁴²tɕʰiə²¹³ tɛ˙tsʰuaŋ⁴²⁻⁵⁵ʂaŋ˙suei⁴²⁻⁵⁵tɕiɔ²¹³，pu⁵⁵⁻⁴²kã⁵⁵tsua²¹³；
老爷　趄躺　在　床　上睡　觉，　不　敢　抓；

kʰuɛ²¹³kuə⁴²ləu˙sʅ⁵⁵⁻⁴⁵tʂʰẽ⁴²laˈ，tsẽ⁵⁵xuei⁴²⁻⁵⁵tɕʰiˈpaˈ！" tsiə⁵⁵⁻⁴⁵tsʅ˙tsiəu⁴²
快　过　了时　辰啦，咱　回　去　吧！"接　着　就

tʰiã²¹³⁻⁴⁵kʰɛ²¹³yẽ⁴²suã⁴²ləuˈ。tʂʅ²¹³sʅ⁴²⁻⁵⁵xəur˙，xu⁴²⁻⁵⁵ly pʰa⁴²ləu˙tʂʰu⁵⁵
天　开云　散了。这　时　候儿，狐　狸　爬　了　出

lɛˈ，kei⁵⁵⁻⁴⁵tʰaˈkʰa⁵⁵⁻⁴⁵ləu˙kə˙tʰəu⁴²，i⁵⁵⁻⁴⁵pu⁴²i⁵⁵⁻⁴⁵xuei⁴²tʰəu⁴² ti⁵⁵tsəu⁵⁵⁻⁴⁵
来，给　他　磕　了　个　头，　一　步一　回　头　的　走

ləu˙。tʂʅ²¹³kə˙xu⁴²⁻⁵⁵ly tʂʰəŋ⁴²⁻⁵⁵ləu˙siã²¹³，uei⁴²⁻⁵⁵ləu˙pɔ²¹³tɕiəu²¹³⁻⁴⁵
了。这　个狐　狸成　了　仙，　为　了　报　救

miŋ²¹³tsʅ²¹³⁻⁴⁵ẽ²¹³，tʰa²¹³tsiəu⁴² sʅ⁴²kʰərˈ xu⁴²tsʅˈliəu⁴²ər⁵⁵tsʅ²¹³。liər⁴²
命　之　恩，它　就　时　刻儿护　着　刘耳枝。刘

ər⁵⁵tsʅ²¹³faŋ²¹³iə⁴²ɕyə⁴²，tsʰiã⁴²⁻⁵⁵piˈer˙ lɔ⁵⁵⁻⁴⁵sʅ˙iəu⁵⁵kə˙təŋ²¹³ləu˙
耳枝　放　夜学，　前　边儿老　是　有个　灯　笼

kei⁵⁵⁻⁴⁵tʰaˈtʂɔ²¹³tʰər⁴²，tɔ⁴²ləu˙tɕia²¹³mẽ⁴²kʰəur⁵⁵，təŋ²¹³tsiəu⁴²mei²¹³
给　他　照　道儿，到　了　家　门　口儿，灯　就　没

iəu⁵⁵laˈ。tʂʅ²¹³tsiəu⁴²⁻⁵⁵sʅ˙ni²¹³kə˙xu⁴²⁻⁵⁵ly tɛ⁵⁵tsʰiã⁴²⁻⁵⁵piˈer˙kei⁵⁵⁻⁴⁵
有　啦。这　就　是　那　个　狐　狸在　前　边儿　给

tʰɑˑ tʰɑ⁵⁵⁻⁴⁵tiˑ təŋ²¹³。
他　打　　的 灯。

　　liəu⁴²ər⁵⁵tsʅ²¹³niã⁴²ʂu²¹³xẽ⁵⁵⁻²¹³yŋ²¹³⁻⁴⁵kuŋ²¹³，liã⁴²siˑ siə⁵⁵⁻⁴⁵
　　刘 耳 枝　念 书 很　 用　功，　 练 习 写
tsˤer⁴²kəŋ²¹³tɕʰiẽ⁴²。mei²¹³tsʰiã⁴²mɛ⁵⁵⁻²¹³tsʅ⁵⁵，tsiəu⁴²tsei⁵⁵⁻⁴⁵ siəˑ sʅ⁴²
字 儿 更　勤。　 没 钱　买　纸，　就　摘　 些　柿
tsʅˑ iˤer⁴² taŋ²¹³tsʅ⁵⁵⁻⁴²siə⁵⁵。i⁵⁵ tʰiã²¹³ tɔ²¹³ uã⁵⁵siə⁵⁵⁻⁴⁵ɑˑ niã⁴² ɑˑ，
子 叶 儿 当　纸 写。　一　天　 到　晚 写　 啊 念 啊，
tsiəu⁴²xuaŋ⁴²tʂˤʅ²¹³ləuˑ tiˑ iaŋ⁴²。iəu⁵⁵⁻⁴⁵iẽ⁴²siə⁵⁵sʅ⁵⁵tʂˤəŋ²¹³tsã⁴²tʰɑ⁵⁵：
就　 和　 痴　 了 的 样。　 有　 人 写 诗 称　 赞 他：
"xuei²¹³xɔ²¹³ ta²¹³ tsei⁴² luŋ⁴² ʂə⁴² u⁵⁵，tsʰɛ⁵⁵⁻⁴⁵ ɕiaŋ⁴² kʰuŋ²¹³⁻⁴⁵ sã²¹³
"挥　 毫　 大 泽 龙 蛇 舞，采　　向　空　 山
sʅ⁴²iə⁴²ɕi²¹³。"kə⁵⁵⁻⁴⁵puˑ tɕʰiˑ iã⁴²，tʰɑ²¹³tʂˤəŋ⁴²ləuˑ kəˑ ta²¹³siə⁵⁵⁻⁴⁵tɕiaˑ。
稀　叶 柿。" 果　 不　其　 然，他　 成　 了 个 大 写　家。
　　tʰɑ²¹³⁻⁴⁵tɔ²¹³ tʂˤɔ⁴² li⁵⁵ tsuə⁴²ta²¹³⁻⁴²kuã²¹³ləuˑ。iəu⁵⁵⁻⁴⁵iˑ tʰiã²¹³，
　　他　 到 朝 里 做　 大　 官 了。有　一 天，
xuaŋ⁴²ʂaŋˑ tɕyə⁵⁵⁻⁴⁵tsʅˑ yã⁴²lɛˑ "tʰɛ²¹³xə⁴²tiãˑ" piã⁵⁵pu⁵⁵⁻⁴²xɔ⁵⁵，
皇　 上 觉　　着 原 来 "太 和 殿" 匾 不　好，
tɕiɔ²¹³⁻⁴²ta²¹³tʂˤẽ⁴²mẽˑ liŋ²¹³siə⁵⁵⁻⁴⁵kʰuɛˑ kua⁴²ʂaŋ。tʂʅ²¹³sʅ⁴² kei⁵⁵
叫　 大　臣 们 另 写　 块 挂 上。这 是 给
xuaŋ⁴²⁻⁵⁵ʂaŋˑ tɕia⁴²siə⁵⁵⁻⁴⁵tsʅ⁴²，suei⁴²kã⁵⁵tɕʰiŋ²¹³iˑ⁴²tuŋ⁴²pi⁵⁵？nuŋ⁴²
皇　　上 家 写　 字，　谁　敢 轻 易 动 笔？ 弄
pu⁵⁵xɔ⁵⁵kʰəˑ⁵⁵iɔ²¹³sa⁵⁵tʰəu⁴²tiˑ！ta²¹³tʂˤẽ⁴²⁻⁵⁵mẽˑ ʂaŋ²¹³iˑ lɛ⁴²，ʂaŋ²¹³iˑ
不　 好 可 要　 杀 头 的！大　 臣　 们　 商 议 来，商 议
tɕʰy²¹³，təu²¹³tɕyə⁵⁵⁻⁴⁵tsʅ tsʅ⁵⁵⁻⁴²iəu⁵⁵liəu⁴²ər⁵⁵tsʅ²¹³tsʰɛ⁴²nəŋ⁴²siə⁵⁵⁻⁴²
去，　 都　 觉　 着 只　有　刘 耳 枝　 才　能 写

xɔ⁵⁵，liəu⁴²ər⁵⁵tsʅ²¹³iə⁵⁵⁻⁴⁵puˑtʻei²¹³tsʻʅ⁴²，tsiəu⁴²ta⁴²⁻⁵⁵iŋˑləuˑ。tʻa²¹³
好，　刘　耳　枝　也　　不　推　辞，　就　答　应　了。他

pa⁴²piã²¹³siə⁵⁵xɔ⁵⁵⁻⁴⁵ləuˑ，iɔ²¹³kua⁴²ləuˑ。tsʅ²¹³i⁵⁵tʻiã²¹³，xuaŋ⁴²⁻⁵⁵ʂaŋˑ、
把　匾　写　好　了，要　挂　了。这　一　天，　皇　　上、

mã⁵⁵⁻⁴⁵tʂʻɔ⁴²uẽ⁴²u⁵⁵ta²¹³tʂʻẽ⁴²təu²¹³lɛ⁴²⁻⁵⁵ləuˑ。piã⁵⁵kua²¹³ʂaŋˑləuˑ，lɔ⁵⁵
满　朝　文　武　大　臣　都　来　了。匾　挂　上　了，老

kɔ²¹³lɔ⁵⁵kɔ²¹³tiˑ，siə⁵⁵⁻⁴⁵ti ni²¹³kə⁴²xɔ⁵⁵⁻⁴⁵tɕiˤer⁴²tsiəu⁴²pu⁵⁵⁻⁴⁵yŋˑtʻi⁴²
高　老　高　的，写　的　那　个　好　劲儿　就　不　用　提

ləuˑ！tʂəŋ⁵⁵teˑ⁴²ta²¹³⁻⁴⁵tɕia²¹³mã⁵⁵⁻⁴²kʻəu⁵⁵tɕiɔ²¹³xɔ⁵⁵⁻⁴⁵tiˑsʅ⁴²⁻⁵⁵xəurˑ，
了！正　在　大　　家　满　口　叫　好　的　时　候儿，

xuaŋ⁴²⁻⁵⁵ʂaŋˑtsʅ⁵⁵⁻⁴⁵si⁴²i⁵⁵kʻã²¹³，xuər⁵⁵⁻⁴⁵laˑ！"tsəŋ⁵⁵⁻⁴⁵məˑpa⁴²ˈtʻɛ²¹³，
皇　　上　仔　细　一　看，　火儿　啦！"怎　么　把　'太'

siə⁵⁵⁻⁴⁵tʂʻən⁴²ləˑˈta⁴²'？"tɕiɔ²¹³xuaŋ⁴²⁻⁵⁵ʂaŋˑtsəŋ⁴²⁻⁵⁵məˑi⁵⁵tsei⁵⁵⁻⁴⁵
写　成　了　'大'？"叫　皇　　上　这　么　一　责

uẽ⁴²，ta²¹³⁻⁴⁵tɕia²¹³i⁵⁵kʻã²¹³，kə⁵⁵⁻⁴⁵puˑtɕʻiˤ⁴²⁻⁵⁵iã，"tʻɛ²¹³"tsˤer⁴²
问，大　　家　一　看，　果　不　其　然，"太"　字儿

ʂɔ⁵⁵⁻⁴⁵ləˑkəˑtiˤer⁵⁵，siə⁵⁵⁻⁴⁵tʂʻən⁴²"ta⁴²"laˑ。mã⁵⁵⁻⁴⁵tʂʻɔ⁴²uẽ⁴²u⁵⁵
少　了　个　点儿，写　成　"大"啦。满　朝　文　武

ɕia⁴²tiˑa⁵⁵，ta²¹³tɕʻiˤer⁴²pu⁵⁵⁻⁴²kã⁵⁵tʂʻu⁵⁵i⁵⁵⁻⁵⁵⁻⁴²tiˤer⁵⁵，siẽ²¹³ləˑtəu²¹³
吓　的　啊，大　气儿　不　敢　出　一　点儿，心　来　都

siaŋ⁵⁵："tʂʅ²¹³i⁵⁵ɕia⁴²⁻⁵⁵tsʅˑ，liəu⁴²ər⁵⁵tsʅ²¹³kʻə⁵⁵iɔ²¹³mei²¹³⁻⁴²miŋ⁴²
想："这　一　下　子，刘　耳　枝　可　要　没　　命

ləuˑ！"suei⁴²tsʅ²¹³liəu⁴²ər⁵⁵tsʅ²¹³i⁵⁵tiˤer⁵⁵təu²¹³pu⁵⁵pʻa²¹³，xɛ⁴²puˑ
了！"谁　知　刘　耳　枝　一　点儿　都　不　怕，还　不

tɕiẽ⁵⁵puˑmɛr⁴²tiˑsuə⁵⁵："xuaŋ⁴²⁻⁵⁵ʂaŋˑsi⁵⁵⁻⁴⁵nu⁴²，uə⁵⁵tsɛ²¹³pu⁵⁵⁻⁴⁵
紧　不　慢儿　的　说："皇　　上　息　怒，我　再　补

ʂaŋˑ。" ʂuə⁵⁵⁻⁴⁵tsʅˑ, tʻa²¹³na⁴²⁻⁵⁵lɛˑ ləuˑ ta²¹³pi⁵⁵, tɛ⁵⁵mei⁴²lɛˑpʻə²¹³⁻⁴²
上。" 说　着，他 拿 来 了 大 笔， 在 墨 来 破

ləuˑpʻə²¹³⁻⁵⁵, pa⁴²mei²¹³tsã⁴²tiˑ mã⁵⁵mã⁵⁵⁻²¹³tiˑ, iəu²¹³kã²¹³⁻⁴²ləuˑ kã²¹³⁻⁴²
了破，　把 墨 蘸 的 满 满 的， 又 看 了 看

kua⁴²tɛˑ pã⁴²ɕiaˑ kʻuŋ²¹³lɛˑ tiˑ piã⁵⁵, pa⁴²pi⁵⁵ uaŋ⁴²ʂaŋ⁴²i⁵⁵ suɛ²¹³,
挂 在 半 下 空 来 的 匾， 把 笔 往 上 一 甩，

pʻa²¹³tiˑ i⁵⁵⁻⁴⁵ɕiaˑ tsʅˑ, tsiəu⁴²pa⁵⁵ni²¹³kəˑ tiˑɛr⁵⁵ tiã⁵⁵⁻⁴⁵ʂaŋˑ ləuˑ,
啪 的 一 下 子， 就 把 那 个 点 儿 点 上 了，

tʂəŋ⁴²tʂəŋˑ taŋ²¹³⁻⁴²taŋ²¹³。 xɔ⁵⁵tɕia²¹³xuə⁵⁵, tʻa²¹³tsʅ²¹³i⁵⁵ tiˑɛr⁵⁵
正 正 当 当。 好 家 伙， 他 这 一 点 儿

a⁵⁵, tʂẽ²¹³ʂẽ⁴²⁻⁵⁵ləuˑ! liã⁴²xuaŋ⁴²⁻⁵⁵ʂaŋˑ təu²¹³⁻⁴⁵tɕiŋ²¹³⁻⁴⁵tɛ²¹³ laˑ,
啊，真 神 了！ 连 皇 上 都 惊 呆 啦，

kã⁵⁵kʻuɛ²¹³ʂuə⁵⁵ "xɔ⁵⁵, xɔ⁵⁵, xɔ⁵⁵!" ʂẽ⁴²pi⁵⁵liəu⁴²ər⁵⁵tsʅ²¹³tsiəu⁴²
赶 快 说 " 好， 好， 好！" 神 笔 刘 耳 枝 就

tsəŋ⁴²⁻⁵⁵məˑ tʂʻuã⁴²piã⁴²ləuˑ tʻiã²¹³ɕia⁴²。
这　么 传 遍 了 天 下。

　　ni⁵⁵tsʅ²¹³tɔ⁴²tʻa²¹³tiã⁵⁵tsʅ²¹³kəˑ tiˑɛr⁵⁵ʂʅ⁴²tsəŋ⁵⁵⁻⁴⁵məˑ xuei⁴²ʂʅ⁴²
　　你 知 道 他 点 这 个 点 儿 是 怎 么 回 事

maŋˀ? tsiəu⁴²⁻⁵⁵ʂʅˑ tɛ⁵⁵liəu⁴²ər⁵⁵tsʅ²¹³suɛ²¹³pi⁵⁵⁻⁴⁵tiˑ ʂʅ⁴²⁻⁵⁵xəuˑ, pi⁵⁵i⁵⁵
吗？ 就　 是 在 刘 耳 枝 甩 笔 的 时 候， 笔 一

tʂʻu⁵⁵⁻²¹³ʂəu⁵⁵, tsiəu⁴²tɕiɔ²¹³ni²¹³kəˑ xu⁴²⁻⁵⁵lyˑ tsiəˑ⁵⁵⁻⁴⁵ tsʅˑ ləuˑ, pu⁵⁵
出 手， 就 叫 那 个 狐 狸 接 着 了， 不

pʻiã²¹³pu⁵⁵siə⁴²⁻⁵⁵tiˑ tsiəu⁴²kei⁵⁵⁻⁴⁵tʻaˑ tiã⁵⁵⁻⁴⁵ʂaŋˑ laˑ。
偏 不 斜 的 就 给 他 点 上 啦。

　　liəu⁴²ər⁵⁵tsʅ²¹³, miŋ⁴²tɕiɔ²¹³liəu⁴²tsʻuŋ⁴²tɕʻiŋ⁴², tsʅ⁴²iəu²¹³⁻⁴⁵
　　刘 耳 枝， 名 叫 刘 重 庆， 字 幼

suɛ̃²¹³, ər⁵⁵tsʅ²¹³sʅ⁴²tʰɑ²¹³ti˙ xɔr⁴²。

孙，　耳 枝 是 他 的 号 儿。

iɛ̃⁴²⁻⁵⁵i˙ xu⁴²⁻⁵⁵tʰuŋ˙

2. 仁　义　胡　　同

ɕiã²¹³tʂʰəŋ⁴²tuŋ²¹³mɛ̃⁴²li⁵⁵ta²¹³⁻⁴⁵tɕiɛ²¹³tɔ⁴²pei⁵⁵, iəu⁵⁵⁻⁴⁵i˙ tʰiɔ⁴²

　　县　城　东 门 里 大　街 道 北，　有 一 条

siɔ⁵⁵xu⁴²⁻⁵⁵tʰuŋ˙, tɕiɔ²¹³iɛ̃⁴²⁻⁵⁵i˙ xu⁴²⁻⁵⁵tʰuŋ˙。

小　胡　同，　叫 仁 义 胡　　同。

tʂʰuã⁴²ʂuə⁵⁵, miŋ⁴²tʂʰɔ⁴²tɕia²¹³tsiŋ⁴²niã⁴²tɕiã²¹³, tʂɛ⁴²lɛ˙ tʂu⁴²⁻⁵⁵

　　传　说，　明　朝　嘉　靖　年　间，　这 来 住

tsʅ˙ liaŋ⁵⁵tɕia²¹³tɕiɛ̃⁴²liɛ⁴²。tuŋ²¹³liɛ⁴²tɕiɔ²¹³faŋ²¹³⁻⁴⁵yə²¹³, tsʅ⁴²nã⁴²

着 两 家　近　邻。东　邻 叫 方　岳，　字 南

xu⁴², tɛ⁵⁵sã²¹³⁻⁴²si˙ tsuə⁴²kuã²¹³。si²¹³liɛ⁴²tɕiɔ²¹³tɕiaŋ²¹³tʰiŋ⁴² pɔ⁵⁵,

湖，　在 山　西 做　官。西　邻 叫 姜　廷 宝，

tsʅ⁴²kuə⁵⁵siɛ̃²¹³, tɛ⁵⁵sã⁵⁵⁻⁴⁵si˙ tsuə⁴²kuã²¹³。tʰɑ²¹³mɛ̃⁴²lia⁵⁵sʅ⁴²tʰuŋ⁴²

字 国 信，　在 陕　西 做　官。　他 们 俩 是 同

paŋ⁵⁵tsiɛ̃⁴²sʅ˙。

榜　进　士。

　　iəu⁵⁵i⁵⁵⁻⁴⁵niã⁴²tʂʰuɛ̃²¹³⁻⁴⁵tʰiã²¹³, faŋ²¹³tɕia˙ tsʅ⁵⁵⁻⁴⁵ti˙ siəu²¹³kɛ⁴²

　　有 一 年 春　　天，　方 家 子 弟 修 盖

faŋ⁴²⁻⁵⁵tsʅ˙、yã⁴²⁻⁵⁵tsʰiaŋ˙, tʂã⁴² ləu˙ tɕiaŋ²¹³ tɕia˙ i⁵⁵ tsʰuɛ̃²¹³ ti⁴² tɕi²¹³。

房　子、院　墙，　占 了 姜　家 一 寸 地 基。

tɕiaŋ²¹³tɕia˙ tsʅ⁵⁵⁻⁴⁵ti˙ siɛ̃²¹³ lɛ˙ siaŋ⁵⁵:“ni⁵⁵tɕia²¹³kuã²¹³⁻⁴⁵ta²¹³, uə⁵⁵

姜　家 子 弟 心 来 想:“你 家 官 大，　我

tɕia²¹³iə⁵⁵pu⁵⁵⁻²¹³siɔ⁵⁵, ni⁵⁵ iɔ²¹³tɕʰi²¹³fu⁴²uə⁵⁵, mei²¹³mer⁴²!” y⁴²

家 也 不　小，你 要 欺 负 我，　没 门 儿!” 于

sʅ pa⁴²tsʅ⁴²⁻⁵⁵tɕiaˑtiˑ yã⁴²⁻⁵⁵tsʰiaŋˑtʰei²¹³tɔ⁵⁵, liŋ²¹³li⁵⁵⁻⁴⁵iˑ tsʰiaŋ⁴², tʂã⁴²
是　把　自　家　的　院　　墙　推　倒，另　垒　一　墙，　　占

ləuˑ faŋ²¹³tɕia⁵⁵⁻⁴² i⁵⁵⁻⁴²tʂʅ⁵⁵ti⁴²tɕi²¹³。faŋ²¹³tɕiaˑ i⁵⁵⁻⁴⁵kʰã⁴², ta²¹³nu⁴²,
了　方　家　一　　尺　地　基。方　家　一　看，大　怒，

tsiə⁵⁵⁻⁴⁵tsʅ pa⁴²yã⁴²⁻⁵⁵tsʰiaŋˑtʰei²¹³tɔ⁵⁵, tɕio²¹³kuŋ²¹³tsiaŋ⁴²tsʰuŋ⁴²ua⁵⁵
接　　着　把　院　　墙　推　倒，叫　工　　匠　重　挖

ti⁴² tɕi²¹³, ta⁵⁵⁻⁴⁵suã ̃uaŋ⁴²uɛ⁴²ta²¹³tsi⁵⁵⁻⁴⁵kuəˑlɛˑ, piŋ²¹³pʰɛ²¹³iẽ⁴²kʰã²¹³
地　基，打　算　往　外　大　挤　过　来，并　派　人　看

ʂəu⁵⁵, tʂuẽ⁵⁵⁻⁴⁵pei⁴²tuŋ⁴²ʂəu⁵⁵ta⁵⁵tʂaŋ²¹³。tɕiaŋ²¹³tɕiaˑmei²¹³ pã⁴²
守，准　　备　动　手　打　仗。　姜　家　没　办

far⁴², tsiəu⁴²kei⁵⁵tɕiaŋ²¹³tʰiŋ⁴²pɔ⁵⁵siə⁵⁵ siẽ²¹³, tɕio⁴²tʰa²¹³ kəu²¹³⁻⁴⁵
法儿，就　给　姜　　廷　宝　写　信，叫　他　沟

tʰun²¹³pẽ⁵⁵ɕiã²¹³ɕiã²¹³⁻⁴⁵kuã²¹³, tsʅ²¹³⁻⁴²iˑ tsʅ²¹³faŋ²¹³tɕiaˑ。pu⁵⁵ tɕi⁵⁵
通　　本　县　县　　官，　治　一　治　方　家。不　几

tʰiˑɛr²¹³, tsiə⁵⁵⁻⁴⁵tɔˑtɕiaŋ²¹³tʰiŋ⁴²pɔ⁵⁵⁻⁴⁵ti xuei⁴² siẽ²¹³, siẽ²¹³⁻⁴⁵tsuŋ²¹³
天儿，接　到　姜　　廷　宝　的　回　信，信　　中

siə⁵⁵⁻⁴⁵tsʅ:
写　着：

　　　tsʰiã²¹³ li⁵⁵　sɔ²¹³⁻⁴⁵ʂu²¹³ tsʅ⁵⁵　uei⁴²tsʰiaŋ⁴²,
　　　千　里　捎　书　只　为　墙，

　　　iaŋ⁴²　tʰaˑ　i⁵⁵　tɕi²¹³ iəu²¹³ xə⁴²faŋ⁴²?
　　　让　他　一　基　又　何　妨?

　　　tʂʰaŋ⁴²tʂʰəŋ⁴²uã²¹³ li⁵⁵　tɕiẽ²¹³ iəu⁴²tsɛ⁴²,
　　　长　城　万　里　今　犹　在,

　　　pu⁵⁵tɕiã²¹³taŋ²¹³ niã⁴²　tsʰiɛ⁴²　sʅ²¹³xuaŋ⁴²。
　　　不　见　当　年　秦　始　皇。

tɕiaŋ²¹³tɕiaˑ iẽ⁴²kᵃ̃²¹³⁻⁴⁵xəu²¹³，siaŋ⁵⁵⁻⁴⁵kuəˑleˑ，siaŋ⁵⁵⁻⁴⁵kuəˑ

姜　家人看　后，　想　　过来，想　过

tɕʻi²¹³，tɔ²¹³ti⁵⁵siaŋ⁵⁵tʻuŋ²¹³laˑ，y⁴²sʅ tʂu⁵⁵⁻⁴⁵tuŋ⁴²uaŋ⁴²li⁵⁵iaŋ⁴²tʂʻu⁵⁵⁻⁴²

去，　到底想　通　啦，于是主　动　往里让出

i⁵⁵tsʻiaŋ⁴²tɕi²¹³，tsʻuŋ⁴²siẽ²¹³li⁵⁵yã⁴²⁻⁵⁵tsʻiaŋˑ。faŋ²¹³tɕiaˑtɕiã⁴²ləuˑtʻiŋ⁵⁵

一墙　基，　重新　垒院　墙。方家见了挺

tɕin²¹³tɕʻi⁵⁵，tə⁵⁵tʂʅ²¹³ʂʅ⁴²tsʻiŋ⁴²xəu²¹³，ta²¹³ʂəu⁴²kã⁵⁵tuŋ⁴²，tsiəu⁴²

惊奇，　得知实情后，　大受感动，　就

tsʻei⁵⁵⁻⁴⁵ləuˑsiẽ²¹³li⁵⁵⁻⁴⁵ti tsʻiaŋ⁴²，iə⁵⁵uaŋ⁵⁵⁻⁴²li⁵⁵nuə⁴²ləuˑi⁵⁵tsʻiaŋ⁴²tɕi²¹³。

拆　了新垒的墙，　也往　里挪了一墙　基。

tsʻuŋ⁴² tsʻʅ⁴²，　tɛ⁵⁵ faŋ²¹³tɕiaˑxuaŋ²¹³ tɕiaŋ²¹³ tɕiaˑtsʅ⁵⁵ tɕiã²¹³ ɕiŋ⁴²

从　此，　在方　家和　姜　家之间形

tʂʻəŋ⁴²⁻⁵⁵ləuˑi⁵⁵⁻⁴⁵tʻiɔ⁴²xu⁴²⁻⁵⁵tʻuŋˑ，liaŋ⁵⁵tɕia²¹³iə⁵⁵xə⁴²xɔ⁵⁵⁻⁴⁵ləuˑ，

成　了一条胡　同，　两家也和好　了，

siaŋ⁴²tʂʻu²¹³tiˑpi⁵⁵⁻⁴²i⁵⁵tsʻiã⁴²xɛ⁴²xɔ⁵⁵。iẽ⁴²mẽˑtsiəu⁴²pa⁴²tʂʅ²¹³tʻiɔ⁴²

相　处的比以前还好。人们就　把这条

xu⁴²⁻⁵⁵tʻuŋˑtɕiɔ²¹³iẽ⁴²⁻⁵⁵iˑxu⁴²⁻⁵⁵tʻuŋˑ。tʻa²¹³tiˑi⁴²tsʅ²¹³ɕiã²¹³tsɛ⁴²xɛ⁴²

胡　同叫　仁义胡　同。它的遗址现　在还

tsɛ⁴²。

在。

saŋ²¹³ʂuˑtɕʻi²¹³pʻəˑ ləuˑtu⁴²⁻⁵⁵tsʅ

3. 桑树气破了肚子

nẽ⁵⁵kᵃ̃²¹³⁻⁴²tɕiãˑleˑmei²¹³⁻⁴²iəuˑ？pu⁵⁵⁻⁴²kuã⁵⁵sʅˑta²¹³⁻⁴⁵saŋ²¹³

怎看　见来没　有？不管是大　桑

ʂuˑ，siɔ⁵⁵saŋ²¹³ʂuˑ，tʂaŋ⁵⁵⁻⁴⁵tɔ⁴²ləuˑi⁵⁵⁻⁴⁵tiŋ⁴²tiˑsʅ⁵⁵⁻⁴⁵xəuˑ，tsuŋ⁵⁵⁻⁴⁵tei

树，小桑　树，长　到了一定的时候，总　得

iəu⁵⁵⁻⁴⁵kə˙pʻə²¹³tu⁴²⁻⁵⁵tsʅ˙ti˙tʂʻãr⁵⁵。　　iɛ⁴²⁻⁵⁵tɕia˙təu²¹³ʂuə⁵⁵tʂʅ²¹³⁻⁴²sʅ˙
有　　个破　肚　子　的场儿地方。人　家　都　说　这　是

saŋ²¹³ʂu⁴²tɕʻi˙pʻə˙ləu˙tu⁴²⁻⁵⁵tsʅ˙ləu˙。ni⁵⁵tʂʅ²¹³tɔ⁴²tʻa²¹³tsʅ²¹³sʅ˙tʂəu⁵⁵⁻⁴⁵
桑　树　气　破　了肚　子了。你知　道它　这　是　□

i˙　ʂəŋ⁴²⁻⁵⁵mə˙? iəu⁵⁵tsəŋ⁴²⁻⁵⁵mə˙kə˙ɕia⁵⁵xuar⁴²，uə⁵⁵ʂuə⁵⁵⁻⁴⁵kei˙
以因为什　么？ 有 这　么　个瞎　话儿，我 说　给

nẽ⁵⁵tʻiŋ²¹³tʻiŋ˙。
恁听　听。

　　　tɛ˙ta²¹³tsɔ⁵⁵⁻⁴⁵lɛ（或：li˙），tʂɔ⁴²kʻuaŋ²¹³⁻⁴⁵iẽ²¹³xɛ⁴²mei²¹³⁻⁴⁵
　　在大　早　来（或：里），赵　匡　　胤还没

taŋ²¹³xuan⁴²⁻⁵⁵ti˙ti˙ʂʅ⁴²⁻⁵⁵xəu˙，tɕia²¹³lɛ˙tʻiŋ⁵⁵tɕʻyŋ⁴²⁻⁵⁵ti˙，ta²¹³tsʅ⁵⁵
当　皇　帝的时　候，家　来挺　穷　的，他 只

tei˙tʂʻu⁵⁵⁻⁴⁵lɛ˙tʻɔ⁴²xuan²¹³iɔ²¹³fa⁴²tʂʅ⁵⁵。ni²¹³sʅ⁴²⁻⁵⁵xəu˙，piŋ²¹³⁻⁴⁵
得　出　来逃荒　要　饭吃。 那 时候， 兵

xuaŋ²¹³ma⁵⁵lã²¹³⁻⁴²ti˙，tʂɔ⁴²kʻuaŋ²¹³⁻⁴⁵iẽ²¹³xɔ⁵⁵⁻⁴²tɕi tʻiã²¹³iə˙mei²¹³
慌　马　乱　的， 赵　匡　　胤好 几 天 也 没

suei⁴²tɕiɔ²¹³mei²¹³tʂʅ⁵⁵⁻⁴⁵fa⁴²ləu˙。xɔ⁵⁵⁻²¹³tɛ⁵⁵tɛ²¹³ti˙　　tʻɔ⁴²⁻⁵⁵tɔ
睡　觉 没 吃　饭　了。 好　□　□　的好不容易逃 到

ləu˙iə²¹³tʂʻəŋ˙pei⁵⁵⁻⁴⁵miã ta⁴²⁻⁵⁵kəur˙suẽ²¹³tɕiã˙，kʻã²¹³⁻⁴²tɔ˙tɔ⁴²pʻaŋ⁴²
了 掖 城　北　面大　沟儿孙　家， 看 到道 旁

iəu⁵⁵⁻⁴⁵kə˙siɔ⁵⁵tsʻɔ⁵⁵faŋ⁴²⁻⁵⁵tsʅ˙，tsiəu⁴²tsiɔ⁴²kʻɛ²¹³mẽ⁴²，tsʻuŋ⁴²li⁵⁵⁻⁴⁵piã
有　个小　草　房　子， 就　叫 开 门，从 里 边

tʂʻu⁵⁵⁻⁴⁵lɛ˙i⁵⁵⁻⁴⁵kə˙lɔ⁵⁵ma²¹³ma˙，tʂʅ²¹³tsiəu⁴²⁻⁵⁵sʅ˙ta⁴²⁻⁵⁵kəur˙suẽ²¹³⁻⁴⁵
出　来一　个老 妈　妈，这 就　是大　沟儿孙

ma²¹³ma˙。tʂɔ⁴²kʻuaŋ²¹³⁻⁴⁵iẽ²¹³xuan⁴²suẽ²¹³⁻⁴⁵ma²¹³ma ʂuə⁵⁵tʻa²¹³tɕi⁵⁵
妈　妈。赵　匡　　胤和　孙　妈　妈说 他　几

tʰiã²¹³tɕi⁵⁵sy⁵⁵mei²¹³tʂʅ⁵⁵⁻⁴⁵fã⁴²suei⁴²⁻⁵⁵tɕiɔˑləu˙，iaŋ²¹³tɕi　lɔ⁵⁵ma²¹³
天　几　宿　没　吃　饭　　睡　　觉　了，央　冀_{恳求}老　妈

maˑkei⁵⁵⁻⁴²tiˤɛr tʂʅ⁵⁵⁻⁴⁵tiˑ，tɔ²¹³⁻⁴⁵tɕia²¹³le˙ɕiə⁵⁵⁻⁴²ɕiə。suẽ²¹³⁻⁴⁵ma²¹³
妈　给　点儿　吃　的，到　家　来　歇　歇。孙　　妈

maˑsiẽ²¹³iˤer⁵⁵tʰiŋ⁵⁵xɔ⁵⁵⁻⁴⁵tiˑ，kə²¹³iẽ⁴²tɕia²¹³lɛˑiə⁵⁵⁻⁴²tʰiŋ⁵⁵tɕʰyŋ⁵⁵，
妈　心　眼儿　挺　好　的，个　人_{自己}家　来　也　挺　穷，

kʰə⁵⁵⁻⁴⁵sʅ tɕiəu²¹³iẽ⁴²iɔ²¹³tɕiẽ⁵⁵，tsiəu⁴²pa⁴²tɕia²¹³lɛˑʂəŋ⁴²ɕiaˑtiˑpɔ²¹³
可　是　救　人　要　紧，　就　把　家　来　剩　下的苞

miˤer⁵⁵miã⁴²⁻⁵⁵tsʅ na⁴²⁻⁵⁵ləu˙tʂʰu⁵⁵⁻⁴⁵lɛˑ，iəu²¹³lu⁴²ləu˙siəˑsaŋ²¹³ʂu iə⁴²tsʅ
米儿　面　子　拿　了　出　来，又　捋　了　些桑　树叶子，

yŋ²¹³suei⁵⁵pã⁴²⁻⁵⁵tʂʰəŋ˙pu⁵⁵⁻⁴⁵ər˙，　　　　　　　　　kə⁵⁵kuə²¹³
用　水　拌　成　□_儿_{一种野菜、树叶拌粗面蒸成的食品}，搁　锅

lɛˑtʂəŋ²¹³su⁴²⁻⁵⁵ləu˙kei⁵⁵tʂɔ⁴²kʰuaŋ²¹³⁻⁴⁵iẽ²¹³tʂʅ⁵⁵。tʂɔ⁴²kʰuaŋ²¹³⁻⁴⁵iẽ²¹³
来　蒸　熟　了　给　赵　匡　胤　吃。赵　匡　胤

ta²¹³kʰəu⁵⁵y⁴²sɛ²¹³tiˑtʂʅ⁵⁵，tʂʅ⁵⁵tiˑni²¹³kəˑɕiaŋ²¹³a˙！pu⁵⁵tsaŋ²¹³ker⁵⁵
大　口　孺　腮　的　吃，　吃　的　那　个　香　啊！不　□　□儿

tsiəu⁴²tʂʅ⁵⁵kuaŋ²¹³ləu˙，tu⁴²⁻⁵⁵tsʅ ts'əŋ²¹³tiˑpə̃r⁴²pə̃r⁴²tiˑ，tɕyə⁵⁵⁻⁴²tsʅ
就　吃　光　了，肚　子　撑　的　绷儿绷儿的，觉　　着

tʰiã²¹³tiˑɕia mei²¹³iəu pi⁵⁵tʂʅ²¹³kəˑts'ɛ²¹³fã⁴²kəŋ²¹³xɔ⁵⁵tʂʅ⁵⁵⁻⁴⁵tiˑləu˙。
天　底　下　没　有　比　这　个　菜　饭　更　好吃　的　了。

kʰə⁵⁵⁻⁴⁵sʅ tʰa²¹³pu⁵⁵tʂʅ²¹³tɔˑsʅ⁴²ʂəŋ⁵⁵muˑʂu⁴²iˤer⁴²tsəu⁴²tiˑ，taŋ²¹³⁻⁴²sʅ
可　是　他　不　知　道　是　什　么　树叶儿做　的，当　是

tɕiɔ²¹³iaŋ⁴²⁻⁵⁵ʂu iˤer⁴²tsəu⁴²tiˑ。tɔ²¹³xəu²¹³lɛˑ，tʂɔ⁴²kʰuaŋ²¹³⁻⁴⁵iẽ²¹³
叫　杨　树叶儿做　的。到　后　来，赵　匡　胤

taŋ²¹³ləu˙xuaŋ⁴²⁻⁵⁵tiˑ，uei⁴²⁻⁵⁵ləu˙tɕi⁴²tsʅ ta⁴²⁻⁵⁵kəur suẽ²¹³⁻⁴⁵ma²¹³ma
当　了　皇　帝，为　了　记着大　沟儿孙　妈　妈

ti˙ tɕiəu²¹³⁻⁴⁵miŋ²¹³tsʅ⁵⁵ẽ²¹³, tsiəu⁴²tɛ⁵⁵tʂˈəŋ⁴²⁻⁵⁵liˈ kɛ⁴²ləuˈ i⁵⁵⁻²¹ təŋ⁴²
的　救　　命　之　恩，　就　在　城　　里盖　了一　　栋

siɔ⁵⁵tsˈɔ⁵⁵⁻⁴²faŋ⁴²lɛ⁴²tɕi⁴²niã suẽ²¹³⁻⁴⁵ma²¹³maˈ, xɛ⁴²fəŋ²¹³ləuˈ iaŋ⁴²⁻⁵⁵
小　草　房　来纪念孙　妈　妈，　还　封　了　杨

ʂuˈ taŋ²¹³ʂu⁴²uaŋ⁴². tsˈuŋ⁴²ni²¹³i⁵⁵xəu²¹³, iaŋ⁴²⁻⁵⁵ʂuˈ fəŋ²¹³ ti˙ tˈiŋ⁵⁵
树当　树　王。　从　那　以后，　杨　树封　的　挺

xuã²¹³tɕˈiˈ, tʂaŋ⁵⁵⁻⁴⁵ti˙ tˈiŋ⁵⁵kɔ²¹³ti˙. saŋ²¹³ʂuˈ tsʅ²¹³tɔˈ i⁵⁵xəu²¹³tsiəu⁴²
欢　气，　长　　的挺　高　的。　桑　树　知　道以后　　就

tʂaŋ⁵⁵⁻⁴⁵tɕˈiˈ⁴²laˈ, tsuei²¹³⁻⁴⁵xəu²¹³tɕˈiˈ⁴²ti˙ pˈə⁴²ləuˈ tu⁴²⁻⁵⁵tsʅˈ laˈ.
长　　气　啦，最　　后　　气　的破　了　肚　子　啦。

　　tʂɔ⁴²kˈuaŋ²¹³⁻⁴⁵iẽ²¹³taŋ²¹³ləuˈ xuaŋ⁴²⁻⁵⁵ti˙, tʂˈəŋ⁴²tˈiã²¹³tsʅ⁵⁵⁻⁴⁵
　　赵　匡　　胤　当　了　皇　帝，成　天　吃

ti˙ sʅ⁴²sã²¹³⁻⁴⁵tʂẽ²¹³xɛ⁵⁵uei⁴², kˈə⁵⁵⁻⁴⁵sʅˈ pu⁵⁵mã⁵⁵⁻⁴²tsuˈ, lɔ⁵⁵⁻⁴⁵ sʅˈ
的是　山　　珍　海　味，　可　是　不　满　　足，　老　是

tɕyə⁵⁵⁻⁴⁵tsʅˈ ni²¹³sʅ⁴²⁻⁵⁵xəuˈ suẽ²¹³⁻⁴⁵ma²¹³maˈ tsəu²¹³ti˙ ʂu⁴²iˈɛr⁴² pu⁴²⁻⁵⁵
觉　着　那时　候儿孙　妈　妈做　的树叶儿　□

ər xɔ⁵⁵⁻⁴²tsʅ⁵⁵, tsiəu⁴²tɕiɔ²¹³tʂˈu⁴²⁻⁵⁵tsʅ kei⁵⁵⁻⁴⁵tˈaˈ tsəu²¹³, i⁵⁵tʂˈaŋ⁴²pu⁵⁵
儿好　吃，　就　叫　厨　子给　他　做，　一　尝　不

xɔ⁵⁵⁻⁴²tsʅ⁵⁵, tˈa²¹³tsiəu⁴²pa⁴²tʂˈu⁴²⁻⁵⁵tsʅˈ sa⁵⁵⁻⁴⁵ləuˈ, tsɛ²¹³tsɔ⁵⁵tʂˈu⁴²⁻⁵⁵
好　吃，　他　就　把厨　子杀　了，　再　找　厨

tsʅˈ tsəu²¹³, i⁵⁵tʂˈaŋ⁴²pu⁵⁵xɔ⁵⁵⁻⁴²tsʅ⁵⁵, iəu²¹³paˈ tʂˈu⁴²⁻⁵⁵tsʅˈ sa⁵⁵⁻⁴⁵ləuˈ,
子做，　一　尝　不　好　吃，　又　把厨　子杀　了，

iə⁵⁵⁻²¹³pu⁵⁵tsʅ²¹³sa⁵⁵⁻⁴⁵ləuˈ tuə²¹³ʂuə⁵⁵, kˈə⁵⁵tˈa²¹³tɕyə⁵⁵⁻⁴⁵tsʅˈsuei⁴²iəˈ
也　不　知杀　了多　少，　可　他　觉　着　谁　也

tsəu⁴²pu⁵⁵tʂˈu⁵⁵suẽ²¹³⁻⁴⁵ma²¹³maˈ ni²¹³kə˙ uer⁴². i⁵⁵xəu²¹³, tsʅ⁵⁵⁻⁴²
做　不　出孙　妈　妈那　个味儿。以后，　只

xɔ⁵⁵pʻɛ²¹³iẽ⁴²pa⁴²suẽ²¹³⁻⁴⁵ma²¹³maˑtsʻiŋ⁵⁵⁻⁴⁵lɛˑtsəu²¹³。suẽ²¹³⁻⁴⁵ma²¹³
好　派人把　孙　　妈　妈请　　来做。　孙　妈

maˑlɛ⁴²⁻⁵⁵ləuˑ，tʂɔ²¹³yã⁴²lɛˑtsəu⁴²tiˑni²¹³kəˑpu⁵⁵ˑərˑi⁵⁵⁻⁴⁵iaŋ⁴²，lu⁴²ləuˑsiəˑ
妈　来　了，照　原　来做的那个□儿一　样，　抒了些

saŋ²¹³ʂuˑiə⁴²tsʅ，faŋ⁴²ləuˑsiəˑpɔ²¹³miˑer⁵⁵miã⁴²⁻⁵⁵tsʅˑ，kə⁵⁵⁻⁴⁵ləuˑkuə²¹³
桑　树叶子，放　了　些苞　米儿面　子，　搁　了锅

liˑtʂəŋ²¹³keiˑtʂɔ⁴²kʻuaŋ²¹³⁻⁴⁵iẽ²¹³tʂʅ⁵⁵。kʻə⁵⁵⁻⁴⁵sʅˑtʂɔ⁴²kʻuaŋ²¹³⁻⁴⁵iẽ²¹³
里蒸　给赵匡　　胤　吃。可　是赵匡　　胤

tʂʅ²¹³sʅ⁴²⁻⁵⁵xəuˑrˑtʂʅ⁵⁵⁻⁴⁵tiˑiə⁵⁵pu⁵⁵xɔ⁵⁵⁻⁴²tʂʅ⁵⁵⁻⁴⁵ləuˑ。suẽ²¹³⁻⁴⁵ma²¹³maˑ
这　时　候儿吃　的也不　好　吃　了。孙　　妈妈

ʂuə⁵⁵：“uə⁴²⁻⁵⁵ləuˑtʻiã⁴²y²¹³mi⁴²，pɔ⁵⁵⁻⁴⁵ləuˑmi⁴²pu⁵⁵tʻiã⁴²。”
说：“饿　了甜如蜜，饱　了蜜不甜。”

后　记

　　我们对莱州（当时叫掖县）方言的初次调查是在 1981 年 4 月，是日本高级进修生太田斋方言学的教学实习内容之一。当时所以选定掖县为调查点，除去从 20 世纪 50 年代山东方言普查总结工作中得出的印象"掖县方言很有特色，值得深入调查"的原因以外，还因为掖县是明代北方韵书《韵略汇通》的编者毕拱辰的故乡，我们希望调查的成果能为研究《韵略汇通》提供一份翔实的语料。那次的调查在山东大学校园内，由钱曾怡、太田斋记录了两千多个单字音，发音人是中文系 78 级学生钱振钢。

　　比较全面的调查是在 1982 年 5 月，由钱曾怡、杨秋泽、太田斋到掖县城里，从重新记录单字音系开始，依次记录了音变、词语、语法例句和部分语料。这次调查的方法，开始是三人同时记音，边记边讨论，得出较为一致的认识，直到记完单字音和音变。接着分工记录 1981 年第三期《方言》上发表的"方言调查词汇表"，并由杨秋泽抄录太田斋所记录的那一部分。那次三个人都整理了单字音系，还分工合作了一份两千五百余字的同音字表。

　　1982 年，太田斋学习期满回国，不久杨秋泽又调离山大，后续的调查工作就主要由陈洪昕担任。陈洪昕世居掖县，自幼在掖县长大，在掖县城里上中学，1959 年离开掖县到济南上大学，妻子陈淑芳也是土生土长的掖县人。陈洪昕后来做的主要工作有：

补充同音字表，补充调查并整理词汇，全面调查语法并写出调查报告，整理语料。到 1991 年，全稿完成，共计五编。全部内容为：

前言

第一编　语音分析（单字音系、音变）

第二编　同音字汇（共 4000 余字）

第三编　词汇（约 4000 余条）

第四编　语法（词类、句式、语法例句）

第五编　语料记音（谜语、绕口令、谚语、儿歌、歇后语、故事）

1997 年 9 月至 11 月，钱曾怡赴日与太田斋合作研究，将第一、第二编进行了再次讨论和修订。1998 年至 2002 年，全稿在日本神户外国语大学《アヅア言语论丛》分三次发表，题名为《掖县方言调查研究之一、二、三》。

为了完整保存掖县方言的调查研究成果，我们决定将《掖县方言调查研究之一、二、三》汇总出版，题名《莱州方言志》，列为《山东方言志丛书》的第 17 种。这次出版，在原稿的基础上主要做了以下工作：一是改变原稿体例使之符合《山东方言志丛书》体例，二是按《山东方言志丛书》体例要求增写"绪言"一章，三是在同音字汇中适当增补常用字、酌情删节一些数量词。

本书在调查过程中得到原掖县教育局、地名办公室、外事办公室等单位的热情帮助，发音人孙镜海、孙国智、任光廷、毛汝恭、钱振钢以及陈洪昕夫人陈淑芳的积极配合。

日本学术振兴会提供了钱曾怡赴日合作的机会和经费，为本书的出版创造了有利的条件。

谢谢以上单位，谢谢各位曾给我们无私帮助的朋友。

钱曾怡

2003 年 10 月 3 日

山东方言志丛书

钱曾怡主编

1. 利津方言志　杨秋泽　　　　　　　　　语文出版社
2. 即墨方言志　赵日新　沈明　厐长举　　语文出版社
3. 德州方言志　曹延杰　　　　　　　　　语文出版社
4. 平度方言志　于克仁　　　　　　　　　语文出版社
5. 牟平方言志　罗福腾　　　　　　　　　语文出版社
6. 潍坊方言志　钱曾怡　罗福腾　　　　　潍坊市新闻出版局
7. 淄川方言志　孟庆泰　罗福腾　　　　　语文出版社
8. 荣成方言志　王淑霞　　　　　　　　　语文出版社
9. 寿光方言志　张树铮　　　　　　　　　语文出版社
10. 聊城方言志　张鹤泉　　　　　　　　　语文出版社
11. 新泰方言志　高慎贵　　　　　　　　　语文出版社
12. 沂水方言志　张廷兴　　　　　　　　　语文出版社
13. 金乡方言志　马凤如　　　　　　　　　齐鲁书社
14. 诸城方言志　钱曾怡　曹志耘　罗福腾　吉林人民出版社
15. 宁津方言志　曹延杰　　　　　　　　　中国文史出版社
16. 临沂方言志　马静　吴永焕　　　　　　齐鲁书社
17. 莱州方言志　钱曾怡　太田斋
　　　　　　　陈洪昕　杨秋泽　　　　　齐鲁书社